浙东运河文化研究丛书

浙东运河
诗路文化

张环宙　陈鹏儿　钟小安　著

A Journey of
Poetry along
the Zhedong Canal

ZHEJIANG UNIVERSITY PRESS
浙江大学出版社
·杭州·

图书在版编目（CIP）数据

浙东运河诗路文化 / 张环宙，陈鹏儿，钟小安著
. -- 杭州 : 浙江大学出版社，2024.8
ISBN 978-7-308-25048-1

Ⅰ．①浙… Ⅱ．①张… ②陈… ③钟… Ⅲ．①运河—
文化研究—浙江 Ⅳ．①K928.42

中国国家版本馆CIP数据核字（2024）第106374号

浙东运河诗路文化
ZHEDONG YUNHE SHILU WENHUA

张环宙 陈鹏儿 钟小安 著

策划统筹	金更达 宋旭华
责任编辑	宋旭华 吴心怡
责任校对	吴 庆
封面设计	杭州浙信文化传播有限公司
出版发行	浙江大学出版社
	（杭州市天目山路 148 号 邮政编码 310007）
	（网址：http://www.zjupress.com）
排 版	杭州林智广告有限公司
印 刷	绍兴市越生彩印有限公司
开 本	710mm×1000mm 1/16
印 张	25.5
字 数	365 千
版 印 次	2024 年 8 月第 1 版 2024 年 8 月第 1 次印刷
书 号	ISBN 978-7-308-25048-1
定 价	98.00 元

审图号 GS（2024）4356 号

浙江大学出版社市场运营中心联系方式：0571 - 88925591；http：//zjdxcbs.tmall.com

"绍兴文化研究工程成果文库"序

文化是观察世界的窗口，每一种文化都有其独特的符号、价值和历史。文化是理解自身的钥匙，我们的身份认同、思维方式、行为模式等，都深深打上了文化的烙印。文化更是纵览时空的明灯，它映射着我们来时的足迹，照亮了我们前行的道路。

绍兴是中华文明体系中一个极具辨识度的地域样本，早在近万年前的新石器时代早中期，嵊州小黄山就有於越先民繁衍生息。华夏文明的重要奠基人尧、舜、禹等，都在绍兴留下大量的遗迹遗存和典故传说。有历史记载以来，绍兴境域和地名屡有递嬗，春秋时期为越国都城腹地，秦汉时期为会稽郡，隋唐时期称越州，南宋时取"绍奕世之宏休，兴百年之丕绪"之意改越州为绍兴，至今已沿用近千年。

绍兴地处长江三角洲南翼，神奇的北纬30°线把绍兴和世界诸多璀璨文明发源地联结在一起。绍兴有会稽山脉南北蜿蜒和浙东运河东西横贯，"从山阴道上行，山川自相映发，使人应接不暇"，"千岩竞秀，万壑争流，草木蒙笼其上，若云兴霞蔚"。基于坐陆面海的独特地理环境，越地先民以山为骨为脊，以水为脉为魂，艰苦卓绝，不断创造，形成了与自然风光交相辉映的壮丽人文景观。

越史数千年，可以说是一部跨越时空的文化史诗，它融合了地域特色、人文特质、时代特征，生动展现了绍兴人民孜孜不倦的热爱、追求与创造，早已渗透到了一代又一代绍兴人的血脉中。绍兴文化以先秦於越民族文化暨越国文化为辉煌起点，在与吴文化、楚文化等交流融合中，不断吐故纳新、丰富发展，逐渐形成了刚柔并济的独有特质，这在"鉴湖越台名士乡"彪炳史册的先贤们身上得到充分展现：从大禹的公而忘私、治水定邦，到勾践的卧薪尝胆、发愤图强；从王充的求真务实、破除谶纬，到谢安的高卧东山、决胜千里；从陆游的壮志未酬、诗成万首，到王阳明的知行合一、"真三不朽"；从徐渭的狂狷奇绝、"有明一人"，到张岱的心怀故国、"私史无贰"；从秋瑾的豪迈任侠、大义昭昭，到蔡元培的兼容并包、开明开放；从周恩来"面壁十年图破壁"的凌云志，到鲁迅"我以我血荐轩辕"的"民族魂"……一代代英雄豪杰无不深刻展现着绍兴鲜明的文化品格。

"稽山何巍巍，浙江水汤汤。"世纪之初，时任浙江省委书记习近平同志敏锐感知文化对经济社会发展的独特作用，强调进一步发挥浙江的人文优势，把"加快建设文化大省"纳入"八八战略"总体布局。他曾多次亲临绍兴调研文化工作，对文化基因挖掘、文化阵地打造、文化设施建设、文化队伍提升、人文经济发展等方面作出重要指示，勉励绍兴为繁荣和发展社会主义文化事业作出新的贡献。习近平总书记还在多种场合反复讲到王充、陆游、王阳明、秋瑾、蔡元培、鲁迅等绍兴文化名人，征引诗文、阐发思想，其言谆谆，其意殷殷。这些年来，绍兴广大干部群众始终把习近平总书记的深情厚爱牢记于心、见效于行，努力把文化这个最深沉的动力充分激发出来，把这个绍兴最鲜明的特质充分彰显出来，把这个共富最靓丽的底色充分展示出来，不断以人文底蕴赋能经济发展，以经济发展助推文化繁荣，全力打造人文经济学绍兴范例。这种人文经济共荣共生的特质，正是这座千年古城穿越时空的独特魅力，也是其阔步前行的深层动力。

2022年3月，为深入贯彻习近平总书记在哲学社会科学工作座谈会上的重要讲话精神，认真落实浙江文化研究工程实施十五周年座谈会精神，绍兴在全省率先启动绍兴市"十四五"文化研究工程，对文化历史与现状展开全面、系统、有序的研究。一方面，借此挖掘和梳理绍兴历史文化资源，繁荣和丰富当代文化建设，规划和指导未来文化发展；另一方面，绍兴文化作为中华文化的重要组成部分，其当代的研究与传承是深入贯彻习近平文化思想的生动体现，对推动中华优秀传统文化保护传承具有重要意义。这是绍兴实施文化研究工程的初心和使命。

绍兴文化研究工程围绕"今、古、人、文"四个方面展开，出版系列图书，打造浙江文化研究工程的"绍兴样板"。在研究内容上，重点聚焦诗路文化、宋韵文化、运河文化、黄酒文化、戏曲文化等文化形态，挖掘绍兴历史文化底蕴；深入开展绍兴名人研究，解码名士之乡的文化基因；全面荟萃地方文献典籍，编纂出版《绍兴大典》，梳理绍兴千年文脉传承；系统展示古城精彩蝶变，解读人文经济绍兴实践。在研究力量上，通过建设特色研究平台、加强市内外院校与研究机构合作、公开邀约全国顶尖学者参与等方式，形成内外联动的整体合力，进一步提升研究层次和学术影响。

2023 年 9 月，习近平总书记再次亲临浙江考察，对浙江提出"要在建设中华民族现代文明上积极探索"的新要求，赋予绍兴"谱写新时代胆剑篇"的新使命。站在新的历史起点上，我们期待，通过深化绍兴文化研究工程，进一步擦亮历史文化名城和"东亚文化之都"的金名片，通过集结文化研究成果，进一步夯实赓续历史文脉、推进文化创造性转化和创新性发展的坚实根基。我们坚信，在习近平文化思想的指引下，坚持历史为根、文化为魂，必将能够更好扛起新的文化使命，打造更多中华民族现代文明建设的标志性成果，创造新时代绍兴文化新的高峰。

是为序。

中共绍兴市委书记　施惠芳

2024 年 8 月

"浙东运河文化研究丛书"序

　　四十余年的水利史、运河史及相关研究厚积薄发，多学科的学者合力推出了"浙东运河文化研究丛书"十卷本，将水利史、运河史研究扩展到水文化、运河文化研究领域，绍兴文化界迎来了又一个丰收季。丛书即将出版，主编嘱我作序。绍兴本就是蕴含深厚历史文化传统的城市，如今重点组织完成一套围绕浙东运河的包括历史、文化、地理、水利等多方面的研究成果，本是顺理成章的事，不需要他人多语。但是绍兴市领导为这个项目的启动和完成注入精力颇多，诸位作者付出了诸多心血和努力，所取得的成绩令人鼓舞，因此必须表示祝贺！并附带着对水文化研究的意义以及水历史与水文化的关系，谈点个人的看法，以就教于方家。

　　历史上的水文化研究蔚为大观。黄河流域的龙山文化、二里头文化，附属于长江流域的三星堆文化、河姆渡文化等，大都保有水文化的内容。当然考古学所揭示出来的物质创造和生产力水平，远落后于当今社会的计算机技术、航天工程所代表的物质进步和科技水平。但由于时代久远，这些远逝的物质成果和精神创造，都已演变成为一种文化符号。可见，文化概念是和历史密切相关的，如都江堰、大运河已被列为世界文化遗产，它们既是文化的物质载体，也是历史文化。进入春秋战国时期，老子、孔子、管子、荀子等先祖，对水的物质性和社会性也有许多深刻的阐释。《管子·水地》揭示了水的物质性，认为水是造就地球、构成生物的基本物质："水者何也？万物之本原也，诸生之宗室也"，"万物莫不以生"。在水的精神文化方面，大师们也都有生动的阐释。例如《荀子·宥坐》记载了孔子和弟子子贡之间的对话，这些对话颇为生动有趣。子贡问孔子：您为什么遇见大水都要停下来仔细观察呢？孔子答曰：你看，水滋养着万种生物，似德；水始终遵循着向低处流的道理，似义；水浩浩荡荡无穷无尽，似道；水跌落万丈悬崖而不恐惧，似勇；水无论居于何种容器，表面都是平的，似法；水满不必用"概"而自然平整，似正；水能深入细小孔隙，似察；水能使万物清洁，似善化；河水虽经过万种曲折，必流向东，似志。因此君子见到大水必然要停下来仔细观察。孔子阐述了对水文化的认知，他说水性，又从水性中提炼出人性和社会性，以及其中蕴含的哲理，展示水文化的美丽、丰富、生动和深刻。类似的认识不胜枚举，这里仅举此例。

近代以来，文科和理科相互融通的理念颇受推崇，许多著名学者纷纷倡导。祖籍绍兴的北大校长蔡元培在 1918 年前后曾多次在文章中提倡文理融通的理念。他曾力主"破学生专己守残之陋见"，要求学生"融通文、理两科之界限：习文科各门者，不可不兼习理科中之某种（如习史学者，兼习地质学；习哲学者，兼习生物学之类）；习理科者，不可不兼习文科之某种（如哲学史、文明史之类）"。他还指出："治自然科学者，局守一门，而不肯稍涉哲学，而不知哲学即科学之归宿，其中如自然哲学一部，尤为科学家所需要。"他坚信文理融通可以生发新思考和新认识。今时今日，融通的理念更应成为学术界的共识。近现代科学巨匠爱因斯坦也曾致力于科学与人文的相互融通。1931 年，他在对加州理工学院学生的演讲中提出："如果你们想使你们一生的工作有益于人类，那么，你们只懂得应用科学本身是不够的。关心人的本身，应当始终成为一切技术上奋斗的主要目标。……在你们埋头于图表和方程时，千万不要忘记这一点！"爱因斯坦自身贯彻实践了他科学应该服务于人文的理念。由此，视文化为政治、经济、科技的原动力，亦无不可。

文化体现出一种思维方式。

无论是东方文明还是西方文明，科学在古代都与人文处于同一体系，后来才发生分化。近百年来，西方更强调分析，而东方更强调综合。历史上的水问题，本来是在多种复杂条件下发生的，如果脱离了人文的背景，将难以获得全面的解读。历史、人文与科学相互融通，才能寻得可信的答案。以水利所属的学科为例，早前它是属于土木工程类的，后来单独分出来，再后来又分属水资源、泥沙、结构、岩土、机电等学科门类。学科门类越分越细，但各学科并非原本就是这样独立存在的，而是由于我们一时从整体上认识不了那么复杂的水问题，于是将其分解成一个个学科来研究，一个学科之中再分若干研究方向。然而细分以后，分解的各个部分就逐渐远离水利的整体，甚至妨碍对整体的理解。对学科的细分促进了认识的深入，但原本的整体被拆分后，在使用单一的、精密的分析方法去解读受多因子影响的问题时，可能得出与实际相差甚远的结论。诺贝尔奖获得者、比利时物理化学家普里高津就认为，"现代科学的新趋势已经走向一个新的综合，一个新的归纳"，他呼吁"将强调实验及定量表述的西方传统，和整合研究的自在系统的中国传统结合起来"，倡导对已有的学科门类进行整合，并要求历史和人文研究的加入。文艺复兴时期，欧洲一些思想家力求在古希腊和古罗马的优秀思想中寻找智慧。如今，我们在科学研究和方法论上是否也需要"复兴"点什么？这种"复兴"或可以使人们的认识得到某种程度的升华。

自然科学需要持有怀疑态度和批判精神，而其来源之一便是比较与融通，便是科学与人文的结合。新的学科生长点往往便生发于可以激发更多想象力的交叉领域研究。苏轼在观察庐山时说："横看成岭侧成峰，远近高低各不同。不识庐山真面目，只缘身在此山中。"大自然千姿百态，有无数个角度可以解读它，科学是一个，人文是另一个，而科学与人文的交叉融合将会使认识更加全面和丰富。既然现代基础科学在继承传统文化的过程中，依然能够推陈出新，正如数学家吴文俊和药理学家屠呦呦的工作所展现的那样，那么像水问题这样以大自然为背景、受人文因素影响更多、边界条件更复杂的学科领域，更要发挥交叉研究的优势。

古往今来，水问题的历史研究相沿不断。即使在近百年来水利科学技术突飞猛进的时代，水问题的历史研究仍不失其光辉，其本质便在于具有整合融通的优势。例如，近几十年来，水利史在着重探讨水利工程技术及其溯源研究的基础上，又加强了水利与社会相互影响的研究，其着眼点是进一步考察社会、政治、经济、文化、环境对水利的影响；同时引入相关自然科学学科如地理、气象和相关社会科学学科如哲学、经济的研究方法，以及开发相关的整合研究途径与方法，在师法古今中引申出对现实水问题，特别是宏观问题有实际价值的意见和办法。

研究水问题，水利史的加入甚至是提供了一条捷径。水利史的研究在大型工程和水利思想建设中的作用是有迹可循的。中国水利水电科学研究院水利史研究所就曾提出有说服力的成果。1989 年，《长江三峡地区大型岩崩与滑坡的历史与现状初步考察》被纳入《长江三峡地质地震专家论证文集》；1991 年提出的"灾害的双重属性"概念，被 2002 年修订的《中华人民共和国水法》所吸收；1991 年在"纪念鉴湖建成 1850 周年暨绍兴平原古代水利研讨会"上提出的"人与自然和谐发展"，被时任水利部部长认为是"破解中国水问题的核心理念"；1994 年完成的"三峡库区移民环境容量研究"项目，提出"分批外迁到环境容量相对宽裕的地区，实施开发性移民"的新方针，由长江水利委员会上报国务院三峡工程建设委员会办公室，两年后直接引起原定的长江三峡水库移民"就地后靠"方针的根本改变。2000 年以来，多项中国灌溉工程遗产的历史研究被国际组织认可，多项工程被纳入世界灌溉工程遗产名录。围绕京杭运河、隋唐运河、浙东运河全线及其重要节点的一系列成果，对中国大运河申遗起到了基础性支撑作用。这些成果是水利史基础研究长期积累的显现，其中一些成果既是水历史研究，又是水文化研究。

现代人有时轻视古人，认为他们的认知"简单"。但哪怕是"简单"的水问题，也包含了最基本的水流与建筑物间错综复杂的相互作用，以及对人与自然关系最基本的理解。这种"简单"其实是在排除了一些非基本的复杂因素的干扰后，问题本质得以更清晰地呈现，体现了大道至简、古今相通的智慧。爱因斯坦曾在 1944 年尖锐地指出："物理学的当前困难，迫使物理学家比其前辈更深入地去掌握哲学问题。"这句话不仅限于物理学范畴，实乃振聋发聩的警世恒言，提醒我们所有学科领域都应重视对历史与文化的探究。在此再一次重申："现代科学技术的发展对古老历史科学提出了新的要求，同时它又为历史研究的深入提供了新的方法和手段。科学的发展非但不应排斥历史与文化，相反地，把历史的经验和信息科学化，正是科学所要完成的重要课题。"

文化还是一种精神。

大禹治水的"禹疏九河""三过家门而不入"的佳话，铸就了中华民族艰苦奋斗的民族精神，其中蕴含的改造与顺应自然、人与自然和谐共生的思想尤为宝贵。世上许多民族有大洪水再造世界的故事流传，但只有大禹治水是讲先民在领袖带领下通过众志成城的奋斗战胜了洪水，奠定了中华大地的繁荣发展，并使得禹文化从此成为民族文化宝库中的一颗璀璨明珠。

又如都江堰飞沙堰与分水鱼嘴和宝瓶口配合，实现了自动调节内外江的分流比，既使枯水期多送水入宝瓶口，又利用凤栖窝前的弯道，强化了弯道环流，使洪水期多排沙到外江，把水力学与河流泥沙动力学原理发挥得近乎完美，可谓"乘势利导，因时制宜"哲学思想在工程实践中的生动应用，深刻诠释了人与自然和谐共生的理念。有赖科学与人文的结合，都江堰实现了运行两千多年的举世公认的卓越成就。

在水文化中，人与自然的和谐是永恒的主题。北宋时期，黄河堤防频繁决溢，治河思想因此空前活跃。苏轼在《禹之所以通水之法》一文中提出："治河之要，宜推其理，而酌之以人情。"这里的"理"，是治河的科学原理，"人情"则是社会。他认为："古者，河之侧无居民，弃其地以为水委。今也，堤之而庐民其上，所谓爱尺寸而忘千里也。"他继承了大禹的治水理念，结合宋代人居情况，建议设置滞洪区以减轻洪灾损失，极有见地。

重视水历史和水文化研究不是一时兴起，它就是中华文化的重要组成部分。在水利科学技术迅猛发展的今天，传统水利工程技术已经陈旧，但随着时代的发展，人们越来越清楚地看到，水利的成败得失不仅取决于对水的运动规律的认知和水利设施安全的保障，也直接受到诸多社会因素的影响。离开广阔而深刻的人文、历史背景来孤立地就水利谈水利是片面的。甚至可以认为，对许多水问题的解答，只靠自然科学是无能为力的，急需人文学科的参与。我们在五千年文明史中积累的许多经验和教训，都来自传统文化。因此，面对水问题，我们需要跨学科的综合视角，将自然科学与人文科学紧密结合。如果我们只寄希望于人为设计的各种各样的模型，其局限性显而易见，我们必须同时向大自然学习，因为大自然才是真正的大师。

以上对水历史和水文化的认识，是我有感于本丛书的布陈表达了类似的理解而就此说点补充的话。

至于夏商周三代之后的我国早期运河工程，《史记·河渠书》就曾历数。司马迁说："此渠皆可行舟，有余则用溉浸，百姓飨其利。"此中所言也包括吴越一带的运河在内。《越绝书》具体记载的有吴国境内太湖西边的胥溪，东边围绕太湖并入长江的常州、无锡、苏州间的水路，再向南横绝钱塘江而直入山阴（即今之绍兴）。山阴再向东则有"山阴故水道"直通曹娥江，这就是本丛书重点讨论的浙东运河的前身。越国有了古代浙东运河之利，就有了向北与吴国争锋以及与诸侯争霸的资本，于是演绎了"卧薪尝胆"和"十年生聚，十年教训"的历史剧目。交通的便利更促进了本地区文化的发展。

学习文化，理解其中丰富的内涵，对研究运河的历史发展大有裨益；同时，深入钻研运河工程和运河历史，也会对其文化内涵有更深度的解读，二者相得益彰，非只注重一方可比。"浙东运河文化研究丛书"十卷本的布陈涵盖了运河史、文化遗存、运河生态廊道、通江达海交通衔接与文化传播、名人行迹、历代文学与诗歌、名城与名镇、民俗与民风、传统产业继承与发扬等诸方面。丛书在以往研究基础上吸纳了最新的研究成果，通过近年来对史料的进一步挖掘和多视角的解读，以及对文化遗存的新发现，还原了浙东运河历史文化的诸多细节，将浙东运河与中国大运河的相关性、独特性及其在中国历史中的地位更为生动地呈现了出来，诠释了主流学界对文化的定义，即文化是"人类知识、信仰和行为的整体。在这一定义上，文化包括语言、思想、信仰、风俗习惯、禁忌、法规、制度、工具、技术、艺术品、礼仪、仪式及其他有关成分"（《不列颠百科全书》国际中文版）。由此也可见本丛书的内容丰富和意义深远。

丛书作者们通过努力完成了一项创新性的工作，促进了水利史尤其是运河史和运河文化研究的进一步成长。由此继之，也期待浙东运河与文化交叉研究的再深入，产出更多的优秀成果，让古老的浙东运河展现出时代的风采。

谨致祝贺。

周魁一

2024 年 1 月 26 日于白浮泉畔

概第
论一
　章

第二章 越国运河诗路起源

目 录 I C O N T E N T S

第三章
魏晋浙东运河
诗路发展

目 录 I C O N T E N T S

第四章
唐代浙东运河
诗路全盛

目 录 I C O N T E N T S

第五章
宋元明清浙东
运河诗路演变

第六章
现代浙东运河
诗路旅游

第七章　浙东运河诗路文化的保护、利用、传承

第一章
概　论

　　诗词从先秦兴起，到唐宋全盛，一直延续至今，历经岁月积淀，灿若繁星。诗词流淌于中华儿女的血液里，由内而外，生生不息，彰显民族文化气质。新时代，这一独具东方美学魅力的古典文学体裁，再次成为新潮流，在构筑民族自信和文化自信中发挥着应有之义，在国际文化交流中也扮演着重要的角色。浙江省以"诗"串文为主线，以"诗"为点睛之笔，提出浙江省诗路文化带战略构想，积极推动诗路文化和浙派文化建设，其中大运河诗路文化带即是四条诗路文化带之一。浙东运河作为大运河的组成部分，自"山阴故水道"始，直至通江达海，2500年里承载了无数官宦商贾和文人骚客的足迹，产生于其中的诗词浩如烟海。描绘运河风景、运河历史变迁、运河人文景观的诗词诉说着浙东运河的不朽传奇。诗词文化赋予运河以内涵，极大增加了运河文化的厚度；运河赋予诗词文化以"物质"空间，相得益彰，无疑使诗词更加具象化。浙东运河诗路文化，是大运河文化的重要组成部分，是诗词与运河的文化交融，具有多样化的时代价值。

第一节　且行且吟：中华文化中的诗词

一、中华民族共同体中的诗词情结

中国素来被称为"诗的国度"。中华古典诗词文化源远流长，蔚为大观，是中华优秀传统文化的典型代表和重要组成。[①]在漫长的中华文明史中，古典诗词一直是中华优秀传统文化的代表和高雅文学艺术的表现形式，以最简洁的文字浓缩了我国优秀传统文化的精华，[②]被广泛应用于抒情、叙事、祭祀、宴会等，在铸牢中华民族共同体意识推动社会发展进步过程中起着极其重要的作用。中国人通常将诗词作为一种表达心情、传递思想的工具，通过诗词表达自己的情感、思考和体验，从而获得心灵的满足和启迪。中华古典诗词中蕴含的民族文化心理特征，不仅表现为人们对诗词这种艺术形式的热爱与追求，也反映了中国人对自然、人情、历史、文化等方面的独特感受和哲学思辨。在中国历史上，很多名人都是诗词文化的代表，他们的诗词作品不仅具有极高的文学价值，也反映了当时的社会风貌和文化氛围，成为中华优秀传统文化宝库中的重要组成。"盛世必言诗。"长期的诗词艺术创作和审美实践，不仅记录、反映而且丰富、拓展和强化了这种民族心理特征，形成本民族一脉相承、源远流长的审美意念与艺术风格。[③]中华优秀传统文化中特有的诗词情结在历史中逐步形成。在当代中国，诗词情结依然深入人心，很多人都热爱诗词、传诵经典。人们通过学习、欣赏、创作诗词，体验文学艺术魅力，加深对中华文化的理

---

① 柯钰涵：《"文化润疆"背景下传统文化传承与推广的新模式：以新疆高校古典诗词吟唱为例》，《新疆财经大学学报》2022 年第 4 期。

② 邢程：《接受美学视角下看古诗词文化意象的英译：以许译〈唐诗三百首〉为案例》，华中师范大学 2013 年硕士学位论文。

③ 王廷弼、沈卫建：《中国古典诗词中的民族文化心理特征举隅》，《保定师范专科学校学报》2003 年第 3 期。

解。同时，诗词情结也成了中华文化独特的符号之一，体现了人们对这一优秀文化遗产的珍视和传承，反映了中华民族在历史和文化上的自信和自豪。以诗词为重要载体之一的中国民族文学在中华民族共同体的形塑过程中也发挥着重要的基础性作用。①

唐代是我国古典诗词发展的全盛时期，唐诗是我国优秀的文学遗产之一，也是世界文学宝库中的一颗璀璨明珠。唐诗兼具艺术价值和智慧灵光双重特性，以简洁生动的语言，向读者诉说着中国悠久的历史文化，凝聚了好几代中国人的精神力量。②李白的豪放飘逸，白居易的浅切平易，杜甫的沉郁顿挫，杜牧的清健俊爽，王维的诗画一体，王昌龄的雄健高昂，李商隐的朦胧隐晦……宛若芬芳各异的香茗，读后让人余味无尽。从家国大事到家庭纠纷，从人生设计到饮食起居，都在唐诗中通过精粹的语言、灵动的风格纤细入微地展示出来，唐诗就是诗化的人生。③

习近平总书记一直对古诗词文化有着特殊的情怀。2021 年 10 月，习近平总书记在北京出席中华人民共和国恢复联合国合法席位 50 周年纪念会议时，引用唐代诗人王昌龄《送柴侍御》一诗中的诗句，"青山一道同云雨，明月何曾是两乡"。④2014 年 9 月，习近平总书记在北京师范大学看望一线教师时指出："我很不赞成把古代经典诗词和散文从课本中去掉，'去中国化'是很悲哀的。应该把这些经典嵌在学生脑子里，成为中华民族文化的基因。"⑤两天后，也就是 9 月 11 日，在前往塔吉克斯坦的专机

① 刘俐俐：《基于"中华民族共同体"的中国民族文学价值观念及其文学批评意义》，《西南民族大学学报（人文社会科学版）》2022 年第 9 期。
② 邢程：《接受美学视角下看古诗词文化意象的英译：以许译〈唐诗三百首〉为案例》，华中师范大学 2013 年硕士学位论文。
③ 韩向忠：《唐诗中的文化情结》，《语文教学与研究》2016 年第 20 期。
④ 习近平：《习近平在中华人民共和国恢复联合国合法席位 50 周年纪念会议上的讲话》，中华人民共和国中央人民政府网 2021 年 10 月 25 日，https://www.gov.cn/xinwen/2021—10/25/content_5644755.htm。
⑤ 新华网：《习近平论"好老师"：教师第一位是"传道"》，2014 年 9 月 9 日，http://www.xinhuanet.com/politics/2014—09/09/c_1112412661.htm。

上，习近平总书记再谈古诗词传统文化："古诗文经典已融入中华民族的血脉，成了我们的基因。我们现在一说话就蹦出来的那些东西，都是小时候记下的。语文课应该学古诗文经典，把中华民族优秀传统文化不断传承下去。"[①]

党的十八大以来，习近平总书记引用诗词典故生动传递执政理念和治国思想，在重大报告和重要讲话中随处可见，意境深远、引人入胜，成为一道亮丽风景。[②]2015年3月，习近平总书记参加十二届全国人大三次会议江西代表团审议时引用了多首唐诗来阐释江西独特的自然生态环境，"要像对待生命一样对待生态环境。'落霞与孤鹜齐飞，秋水共长天一色''日照香炉生紫烟，遥看瀑布挂前川''不识庐山真面目，只缘身在此山中'……这些千古绝唱都是对江西自然美景的真实写照"[③]。2018年3月，习近平总书记在十三届全国人大一次会议广东代表团审议时，用"梅花香自苦寒来"称赞进城务工人员米雪梅代表的奋斗人生。[④]习近平总书记在十三届全国人大一次会议讲话中引用宋代朱熹的《春日》诗句比喻中国共产党所开创的事业："'等闲识得东风面，万紫千红总是春。'在中国共产党领导下，经过近70年奋斗，我们的人民共和国茁壮成长，正以崭新的姿态屹立于世界东

---

① 新华网：《习近平万米高空聊传统文化：要学古诗文经典》，2014年9月11日，http://www.xinhuanet.com//politics/2014—09/11/c_1112446258.htm。

② 新时代学习工作室：《2019年习近平引用的这些诗词典故言谆意重》，中国共产党新闻网2020年1月6日，http://cpc.people.com.cn/BIG7/n1/2020/0106/c164113—31535361.html。

③ 《奏响"四个全面"的时代强音——习近平总书记同出席全国两会人大代表、政协委员共商国是纪实》，中央政府门户网站2015年3月14日，https://www.gov.cn/xinwen/2015—03/14/content_2833868.htm。

④ 《奋进在新时代的浩荡春风里——习近平总书记同出席2018年全国两会人大代表、政协委员共商国是纪实》，中国网2018年3月16日，http://www.china.com.cn/lianghui/news/2018—03/16/content_50716548.shtml?a=true&f=pad。

方。"①2019年3月，在参加全国政协十三届二次会议文化艺术界、社会科学界委员联组会时，习近平总书记引用唐代诗人杜牧《泊秦淮》中的名句来警示党的不忘初心主题教育："我们不建设好他们所盼望向往、为之奋斗、为之牺牲的共和国，是绝对不行的。不能被轻歌曼舞所误，不能'隔江犹唱后庭花'。"②

　　古典诗词凝聚着中国人民的精神力量，是中华民族珍贵的文化遗产之一，是中华文化宝库中的一颗明珠，同时也对世界上许多民族和国家的文化发展产生了很大影响，对于研究古代的政治、民情、风俗、文化等都有重要的参考意义和价值。保护、传承、弘扬诗词文化，对国家建构的意义在于，它代表中华民族传统文化的精髓，是中华文明的重要组成部分；且反映了当时的政治、社会、文化等各个方面，为当时的国家建构提供了重要的思想和文化支持。不仅如此，诗词文化蕴涵着深刻的人文思想和美学理念，弘扬中华民族的爱国主义、人文精神和博大包容的文化气质，进一步塑造国家的精神风貌。同时，诗词文化作为中华民族的重要文化遗产之一，为今后的国家建构提供广泛而深厚的历史文化资源，丰富国家文化遗产的内涵与外延。

　　保护、传承、弘扬诗词文化，对文化自信的意义在于，它是中国传统文化的精华之一，代表中国古代文学艺术的最高成就，丰富国家文化遗产，使中国人民对此形成了深厚的文化认同和自豪感。诗词文化不仅在艺术上有极高的价值，更承载着道德伦理、哲学思想、历史记忆等多方面的文化价值，体现了中华民族博大精深的文化底蕴和创造力，是中华文明的重要代表之一。同时，诗词文化作为中华文化的重要展示窗口，为国际社会认识和了解中国文化提供了丰富的资源，也促进了国际文化的交流。

---

① 《等闲识得东风面，万紫千红总是春》，中国共产党新闻网2018年5月18日，http://theory.people.com.cn/gb/n1/2018/0518/c40531—29999123.html。
② 《习语智典：2019年度习近平总书记用典合集》，中国习观2019年12月16日，http://guoqing.china.com.cn/2019zgxg/2019—12/26/content_75551516.html。

保护、传承、弘扬诗词文化，对文脉赓续的意义在于，它代表中华文明的文化成就和历史记忆，具有重要的历史价值和文化价值。通过对其的传承和弘扬，能够有效地保存和传承历史文化遗产，深入感悟我国的历史文化脉络和历史演变。

保护、传承、弘扬诗词文化，对国际传播的意义在于，它代表中国人的想象力，有利于让世人了解和感受中国古代辉煌的历史文化，从而更好地了解和体会中华文化的精髓。诗词文化不仅彰显国家的文化自信，而且其影响超越中国国界，推动了国际文化交流，对世界文化产生巨大影响。诗词文化被广泛传播和接受，促进国家与国家之间的文化交流，加深相互了解和友谊，推动国际关系稳定发展。诗词文化的传承和发展，不仅有利于推动中国文化在国际上的传播，也有利于增强国际社会对中国文化的认同与尊重，提高中国在国际文化交流中的地位和影响力，进一步促进中华文化的传承、发展与创新。

二、国际文化交流中的"诗词外交"

历经漫长的演化过程，中外诗歌都以一种比较完整的语言艺术的体系来表现对世界的认知和感受，以意象为线索传达诗人们的情感、思想，呈现独特的文学价值和审美价值。从总体上来说，外国诗歌大多发源于古希腊文学，把人类的自我意识、价值观念和经验的传递视为诗歌的意义，他们注重意的表达，一并在语言艺术、形式创新给人以冲击。中国诗词在深厚的文化底蕴下注重天人合一，崇尚自然，强调平仄韵律，同时以意的表达追求语言的简洁有力，意义多层。

在国际文化交流中，诗词也体现出其深厚的时代价值。2014年7月，国家主席习近平在韩国首尔大学发表演讲时以及此前在人民大会堂中美"乒乓外交"四十周年纪念活动上致辞时，都曾引用唐代诗人王之涣《登鹳雀楼》句："欲穷千里目，更上一层楼。"①《登鹳雀楼》中"白日依山尽，黄河入海流"，描绘的是诗人登楼之后远眺之景，波澜壮阔、气势雄浑。没有任何修辞手法粉饰，仿若诗人随口吟咏，却给人以自然流畅、身临其境的感觉。首句描绘远眺夕阳挨着无尽群山而落，同时涉及天空与远方之景，次句描绘黄河奔腾而来，以此实现对上下、远近景象的全面囊括，构筑出一幅辽阔、广博的画面，意境深远。诗到此处，表面上诗人似乎已将放眼望去的景色写尽，但在后半部分，"欲穷"也是对前两句诗的承接，诗人不但展示了宽广恢弘的场景，还通过场景思考如何才能望到更远的地方。"欲穷千里目，更上一层楼"两句将由前两句的景色描绘转变为情感表达，将该诗上升至更高的心界，不只是浮于表面的登高望远的豪迈，还蕴含了更加深厚的哲理，其中不仅抒发了诗人追求抱负的情怀和乐观主义精神，也表现了他对人生愿景有了更大的期待。另外，《登鹳雀楼》在创作手法上还具有一个突出特征，即它是一首通篇用对仗完成的绝句，平仄和谐，不仅工整，而且厚重有力，达到了意义层面、形式层面的完美境界。②习近平主席借"欲穷千里目，更上一层楼"来形容中韩两国关系，借此比喻中韩关系的发展会有新机遇，到达新境界，让亚洲宽广的大陆、辽阔的海洋成为中韩合作的大平台。以东方智慧，把两国美好的梦想融入更为宏伟的亚洲梦，同亚洲各国人民走出一条共建、共享、共赢之路。习近平主席借古人对自身的期待喻亚洲人民坚持不懈追求亚洲梦的愿景，在当代国际交流中焕发出诗词的价值。

美国汉学家艾德温·卢比曾说过："唐诗是中国古典文学中耀眼的一颗明珠，独具韵律之美，其博大精深的思想内涵完全能与欧洲诗歌相媲美，从而推动全球文化交流的艺术。"从唐代留存下的诗歌也可以窥得大

---

① 《习近平在韩国国立首尔大学的演讲》，中央政府门户网站 2014 年 7 月 4 日，https://www.gov.cn/xinwen/2014—07/04/content_2712400.htm。

② 邱凌：《〈登鹳雀楼〉及其黄河意象分析：评〈黄河文化概说〉》，《人民黄河》2021 年第 9 期。

唐对待中外关系之一二，诗人们用"开元太平时，万国贺丰岁"、"梯航万国来，争先贡金帛"等来赞颂唐与亚、非、欧几十个国家的外交往来；用"西域灯轮千影合"、"异国名香满袖薰"等来勾绘长安街上的外来景色；用"海胡舶千艘"、"岸香蕃舶月"、"船到城添外国人"、"商胡忆别下扬州"等来形容当时对外通商口岸广州、福州、扬州等地对外贸易的兴旺景象；用"阑藏异国花"、"院栽他国树"等描写人民生活中受到的外来影响。[①]

唐朝以大一统、经济发达、文化繁盛的封建帝国著称，与亚非欧国家保持着频繁的交流往来，尤其是唐的邻国。

> 金花折风帽，白马小迟回。
> 翩翩舞广袖，似鸟海东来。

（李白《高句丽》）

诗仙李白以瑰丽的笔法，描写了高句丽人的装束打扮与舞姿，生动地再现了高句丽人的形象，为我国古代多民族交流的历史生活画卷增添栩栩如生的一笔。

> 御马新骑禁苑秋，白鹰来自海东头。
> 汉皇无事须游猎，雪乱争飞锦臂韝。

（窦巩《新罗进白鹰》）

诗人"以汉代唐"，开头以当朝皇帝的御马入题，后写新罗为促进两国关系进贡白鹰供唐朝统治者赏玩的史实，成为古代两国交流的有利佐证。

另外，"青云已干吕，知汝重来宾"（陶翰《送金卿归新罗》），"万里为朝使，离家今几年"（张籍《送新罗使》），都描述了新罗使臣在唐受到

---

① 耿引曾：《唐诗中的中外关系》，《中外关系史论丛（第二辑）》，世界知识出版社1987年版，第155—167页。

的礼遇，甚至玄宗亲自赋"益重青青志，风霜恒不渝"，对两国关系的发展寄予美好期望。

　　唐朝与日本的往来也十分密切。在唐代，日本被称为"礼仪君子国"，是与唐处于平等关系的国家。《旧唐书·日本传》中记载日本大臣朝臣真人来唐时，唐人对他评价甚高。"朝臣真人者，犹中国户部尚书，冠进德冠，其顶为花，分而四散，身服紫袍，以帛为腰带。真人好读经史，解属文，容止温雅。"①日本与唐的交流大部分靠遣唐使来完成，②唐朝的许多诗人和官员也与他们建立起了深厚的友谊，作诗相迎相送。

> 积水不可极，安知沧海东。九州何处远，万里若乘空。
> 向国唯看日，归帆但信风。鳌身映天黑，鱼眼射波红。
> 乡树扶桑外，主人孤岛中。别离方异域，音信若为通。
>
> （王维《送秘书晁监还日本国》）

王维与晁衡是知己好友，在晁衡归国后，他以情景交融的隐晦笔法，描述遣唐使回国路程遥远、困难重重却风光无限的场景，预祝他的好友一路平安顺风，却又因音信难达而感慨离别后再难遇见，油然生出依依不舍之感。

> 异域乡音别，观心法性同。来时求半偈，去罢悟真空。
> 贝叶翻经疏，归程大海东。何当到本国，继踵大师风。
>
> （行满《送最澄上人还日本国》）

佛教东传到了日本，众多日本僧人远渡重洋入唐求法。虽然语言各异，但在相同的信仰下，行满十分赞赏最澄的学识，在他即将归国的时候，行满

---

① 刘昫等：《旧唐书》，中华书局 1975 年版，第 5340 页。
② 百宁：《〈全唐诗〉对外交往类诗歌研究》，东北师范大学 2016 年硕士学位论文。

对他的前程充满殷切的期望，从侧面反映了唐朝与日本文化交流之密切。

正如习近平总书记作出的指示："一切生命有机体都需要新陈代谢，否则生命就会停止。文明也是一样，如果长期自我封闭，必将走向衰落。交流互鉴是文明发展的本质要求。"[①]首先，文明交流互鉴增强了人们对彼此文化的了解和理解，在文化共识的基础上增进友谊。习近平总书记指出："国之交在于民相亲，民相亲在于心相通。"[②]而心相通的途径正是加强文化交流。其次，文明交流互鉴能够于多样的思想碰撞交互中产生新的火花，在吸收融合中促进发展。这就是"多样带来交流，交流孕育融合，融合产生进步"的深刻内涵。[③]诗词作为中国具有代表性的文化，在新时代应顺应潮流进行创造性转化、创新性发展。由此而催生的诗路文化，推动古老中国展示传统文化魅力，促进国际文明交流互鉴。

三、新媒体、新群体、新潮流

"不学诗，无以言。"中国古典诗词具有意境深远、韵味无穷和语言流畅三大特点，是在继承前人基础上的不断创新、发展和沉淀的结晶。在文化多元化的今天，以新媒体技术为代表的现代信息技术迅猛发展，给我国优秀传统文化的弘扬与发展带来前所未有的挑战。[④]为真正增强民众的文化自信，中国古典诗词必须充分结合新媒体技术，推进自身发展，与新媒体时代的融合，进而在文化全球化的当下永葆生机。做好古典诗词的传播，

① 习近平：《习近平谈治国理政（第三卷）》，外文出版社 2020 年版，第 469 页。
② 习近平：《携手推进"一带一路"建设——在"一带一路"国际合作高峰论坛开幕式上的演讲》，新华社 2017 年 5 月 14 日，http://www.xinhuanet.com/world/2017—05/14/c_129604310.htm。
③ 张玲：《习近平关于对外文化交流重要论述研究》，《甘肃理论学刊》2020 年第 4 期。
④ 张竞壹：《新媒体技术对传统文化产业发展的影响》，《文化产业》2023 年第 12 期。

让古典诗词与时代同行，对赓续文化根脉、讲好中国故事有重要意义。①

近年来，中华优秀传统文化的传播方式不断创新，古典诗词从文献与书本中走上荧屏，以生动新颖的方式走向大众，中国古典诗词以新媒体为传播媒介，在生活中得到了广泛的运用，伴有全新群体参与并引领诗词的新兴潮流。在现今新媒体传播的环境下，古典诗词呈现出新特点。现今诗词传播的渠道更加多样，范围更为广阔。随着越来越多的人用手机、电脑等电子设备进行阅读，传统纸质书因此受到冷落。应此背景，催生、创造了诗词传播的新渠道，除了各种网站、论坛，微信公众号的出现也进一步使得诗词的传播范围更加广泛。古典诗词借此有效吸引了用户的注意力，使得出现式微倾向的古典诗词重新回到公众视野。同时，在阅读过程中，用户将喜欢的诗词作品转发至朋友圈或其他社交媒体，达到了二次或多次传播的效果，方便更多的古典诗词爱好者阅读和享受古典诗词。②

古典诗词穿越时空，其生命力经久不衰，其中原因除了文辞韵律之美，还在于常读常新的文化内涵以及真切动人的情感体验。如自中国古典诗词改编而来的流行歌曲《独上西楼》、《但愿人长久》、《几多愁》、《胭脂泪》等，已然成为当前的现象级曲目。古典诗词以唱的方式萦绕耳畔，令人为之沉醉。当古诗词在流行文化中"破圈"，其带来的不仅是诗词学习热，在社交媒体上还掀起了一股诗词创作浪潮。③2023年春节期间上映的电影《满江红》通过跌宕起伏的剧情设计，活化宋代抗金名将岳飞的《满江红·写怀》和宋代词人蒋捷的《一剪梅·舟过吴江》，融入家国情怀与儿女情长，在网络社交平台得到快速传播，在很大范围内掀起了一波传播潮流。电影《长安三万里》通过对众诗人、艺术家和爱国将领的刻画，以及对唐诗的展示，让观众感受到文人武将的才华和豪情，体会到唐诗跨越历

---

① 廖祥忠：《激发古典诗词的时代魅力（新语）》，人民网 2022 年 3 月 15 日，http://yn.people.com.cn/n2/2022/0315/c372441—35173963.html。
② 杨阿敏：《新媒体环境下诗歌传播的特点和路径创新》，《视听》2022 年第 4 期。
③ 许子威：《穿越历史，00 后与古诗词对话》，《中国青年报》2023 年 2 月 7 日第 9 版。

史的生命力。①当下有一些如汤养宗、谭五昌、张执浩等有较大影响力的诗人都注册开通了自己的微信公众号，通过公众号为读者推送古典诗词，为读者阅读古典诗词提供便捷渠道。此外，一些刊物如《诗刊》、《草堂》、《扬子江诗刊》也有官方微信公众号。

中央电视台播出的诗词类节目《中国诗词大会》便是新媒体环境下中国诗词新发展的体现。"赏中华诗词，寻文化基因，品生活之美。"节目通过对诗词知识的比赛与赏析，带动全民重温经典诗词，并从古人的情怀和智慧中汲取营养，涵养心灵，感受诗韵之美，体会诗词之趣。《中国诗词大会》以经典诗词为切入，从《诗经》、楚辞、唐诗、宋词到近现代诗词，不仅汲取了中华民族优秀的诗词传统文化，让观众深入了解诗词有关的创作背景、出处典故、文化内涵、家国情怀；而且注重用诗词立德树人，以春风化雨、润物无声的方式，体现对中华优秀传统文化的传承与弘扬。《中国诗词大会》自2016年创办以来，以广泛的参与性、浓郁的文化性和鲜明的时代性，成功将前人的审美境界、文化品格与当下的生活方式、思想理念相映照，带动无数观众重温古诗词，感受诗词之趣，品味诗词之美，在现代社会为中华优秀传统文化找到一块传承、转化的新土壤。根据中国广视索福瑞媒介研究（CSM）数据，2023年《中国诗词大会》节目电视端观众规模达1.89亿人，多期收视份额超过3%，收视率位列同时段专题节目第一。②

以《中国诗词大会》为代表的媒体产品激活了中国古典诗词在当代的文化热度，越来越多的青少年选手从节目中脱颖而出，在同龄人中产生积极的示范引领作用，热爱中国古典诗词在当代青少年中逐渐成为一种时尚，为提高文化素养、坚定文化自信营造了良好的社会氛围。青少年开始

---

① 周慧晓婉：《追光"新文化"动画〈长安三万里〉亮相金鸡，讲唐朝诗人李白高适》，新京报2022年11月14日，https://www.bjnews.com.cn/detail/1668396040168595.html。
② 《感受诗词之趣 品味诗词之美〈2023中国诗词大会〉诗意淋漓》，新华网2023年2月10日，http://www.xinhuanet.com/ent/20230210/cce44ca9b02645ffa649e2732c138723/c.html。

成为传播古典诗词的新群体。"当代年轻人面临的很多成长课题，都能从古诗词中寻找到相似的情感连接。久而久之他们就会发现，中华民族的根与情一脉相承。"古诗词背后所蕴含的关于亲情、友情、爱情以及家国情怀，青少年都会格外感兴趣，其细腻的情感表达方式可以让青少年群体更加真切地感受爱，学会爱，给予爱。①

随着中国文化自信的提升和传统文化逐渐被重视，越来越多的年轻人开始关注、接触和爱上诗词。在大学校园、文化活动中心等场所，诗词朗诵、诗歌比赛等活动越来越受到年轻人的欢迎。从媒体公布的数据来看，与诗词相关的话题和内容在近几年受到了年轻人的广泛关注和分享。例如，在微博、抖音、小红书等平台上，越来越多的年轻网民分享自己的诗词创作，表达自己的情感和思想。这些作品不仅展示了唐诗的文化价值和艺术魅力，同时也为年轻人提供了一种全新的文化体验和认知方式。"西窗烛"、"毛豆爱古诗"、"诗歌中国"等以国学、经典古诗词为特色的智能手机端应用程序（APP），抖音、字节跳动公益联合南开大学文学院、中华书局推出的短视频版《唐诗三百首》项目，让经典与现代巧妙融合，让唐诗在读屏时代遇到了最轻盈、灵动的传播载体，②为大众提供了丰富的诗词诵读、赏析、学习、交流平台，方便学习和交流。

中国古典诗词源远流长，是中华民族杰出的艺术创造和丰富的情感记录，是我们代代承传的文化瑰宝。诗人闻一多曾说："诗人对诗的贡献是次要问题，重要的是使人精神有所寄托。"古典文学研究专家叶嘉莹曾说："在中国文化之传统中，诗歌最可宝贵的价值和意义，就正在于它可以从作者到读者之间，不断传达出一种生生不已的感发的生命。"古典诗词之所以能传承千载，经久不衰，正因为它承载着中国人的精神追求，承载着中国人的诗

---

① 许子威：《穿越历史，00后与古诗词对话》，《中国青年报》2023年2月7日第9版。
② 闻捷：《东方快评：短视频让唐诗传承更轻盈、更灵动》，东方网2022年6月23日，https://j.eastday.com/p/1655948399049119。

情与诗心。① 例如，以唐诗为代表的中国古典诗歌作为中华优秀传统文化的重要组成部分，在以中国式现代化推进中华民族伟大复兴的新征程中发挥着重要的"春风沐雨、滋润心灵"的作用。在现今新媒体环境下，诗歌的传播随自媒体的发展逐渐从单一的文字传播走向集声音、图像、视频等多种形式为一体的全媒体时代，通过全媒体化的传播方式使诗歌在新时代实现焕然一新的发展。尽管当代年轻人的生活方式、文化背景与古典诗词创作时的社会环境大有不同，但诗词所表达的情感、思想和价值观念具有普遍的民族共性，这也是年轻人能够接受和认可诗词的重要原因之一。此外，随着文化教育的普及和多元化的文化交流，也有越来越多的年轻人开始了解和学习诗词，进一步提升了他们对诗词的接受和认可程度。穿越时空流传至今的古典诗词，成为流淌在中国人血液、基因中的韵律，成为我们在人群中找到彼此的凭证。中国诗歌通过表达现代人的思想感受和生活体验，推动中国式现代化的建设和发展，成为中国式现代化建设的重要力量。中国诗歌通过传播中国文化和推广中华文化魅力，提高中国在世界文化领域的影响力和地位，成为加强中华民族的文化自信和推动国际交流的重要桥梁。

第二节　诗画江南：浙江诗路文化带

一、基本概况

诗路是具象的地理之路，更是抽象的诗歌文化集聚空间。② 大运河诗

---

① 《中国古典诗词的当代传承：以诗情滋养心灵》，新华网 2021 年 6 月 11 日，http://www.xinhuanet.com/book/20210702/C96E4301CD5000018C881ED4E2808F90/c.html。
② 程宏亮：《文旅融合视域下长三角"唐诗之路"的诗歌资源、价值及应用策略》，《苏州科技大学学报（社会科学版）》2023 年第 1 期。

路、钱塘江诗路、浙东唐诗之路、瓯江山水诗路是浙江未来要集中精力打造的四条诗路文化带，具有较强的历史穿透力、文化吸引力、生活舒张力和自然亲近力，有条件打造具有国际国内影响力的魅力人文带、黄金旅游带、美丽生态带、富民经济带和合作开放带。[①]

（一）诗路文化带彰显浙学底蕴

浙江地处长江三角洲南翼，是中国东南沿海的一个重要省份，属于吴越文化圈，北依京津唐、中原和齐鲁，东濒东海，南邻闽粤，西接巴楚，自古以来就是中原文化与东南沿海文化相互交流的重要通道。浙江既是我国历史上著名的经济、政治中心之一，也是我国古代文明发祥地之一。从夏商周至当代，在浙江大地上先后生活过中原人、越人、西瓯人、南楚人等；在数千年的区域文化演化过程中，浙江在哲学、历史、政治、军事、科技、商业等各领域名人辈出，涌现了诸如句践、范蠡、吕祖谦、陈亮、叶适、王阳明、黄宗羲、鲁迅等不少杰出的历史文化人物，浙江因此享有"东南财富地，江浙人文薮"的美誉。这些不同地区、不同民族的文化融合在一起，形成了具有鲜明地域特色的文化类型。浙江大地上先后涌现了以"千年名门望族，两浙第一世家"的钱氏家族为代表的吴越文化，以西施与范蠡、梁山伯与祝英台、白娘子与许仙为代表的古代爱情故事，以骆宾王、贺知章、张志和、罗隐、陆游等为代表的诗词文化，以叶适为代表的主张"经世致用，义利并举"的永嘉学派，以王阳明为代表的主张"知行合一"的心学，以嘉兴南湖为主要代表的红色根脉文化，在此基础上还形成了一大批各具特色、风格迥异、影响深远的区域文化品牌，如湖州湖笔、绍兴黄酒、嵊州越剧、青田石雕等。

（二）诗路文化带建设成效显著

如果以"诗"指代文化，以"远方"指代旅游，文旅融合也是诗和远

[①] 浙江省人民政府：《浙江省人民政府关于印发浙江省诗路文化带发展规划的通知》，浙江省人民政府网 2019 年 10 月 9 日，https://www.zj.gov.cn/art/2019/10/9/art_1229019364_55443.html。

方的结合：让文化走向"远方"，让旅游更有"诗意"。浙江的诗路文化资源正是这样一种融合了文化和旅游两大要素的典型资源。①

在保护、传承、利用好诗路文化的基础上，浙江开展了一系列文化传播活动，如举办了"千村万寨、千镇百城"文旅宣传展示活动；举办诗路文化节等活动，让诗路文化走进乡村，走向社会。浙江以"1条诗路+N个目的地+N次深度体验+N批历史人物和故事"为核心内容，将文化资源与旅游产品进行深度融合。2018年，浙江省首次提出"积极打造浙东唐诗之路"，随后从省级层面公布了首批诗路旅游目的地名单，以诗歌破题文旅融合，以诗路整合文旅资源，为诗路文化带上的山、水、人文提供展示机会。2020年10月，浙江召开全省诗路文化带建设暨浙东唐诗之路启动大会。为促进诗路文化交流合作，浙江省在开展学术研讨、推进丝路诗会、拓展交流渠道等方面积极作为。2023年，浙江省诗路文化带建设现场会在衢州召开，会上公布浙江第二批诗路旅游目的地名单（表1-1），进一步挖掘了浙江在诗路文旅融合发展方面的先进和典型，让全民共享浙江大花园的"生态美"和"诗意美"。②不仅如此，浙江省还将加快培育推出名人故里研学、山水休闲度假、古迹古艺古村探秘、房车自驾露营、田园耕读乡村风情等诗路文化带十大主题精品、特色线路，加快形成符合不同客源群体需求的旅游消费产品，打造全省文旅经济新增长极，助力共同富裕。③

---

① 陈蓓蕾：《文旅融合视角下浙江诗路文化资源的开发研究》，《人文天下》2019年第21期。

② 郑文等：《跟着诗歌去旅行 浙江诗路文化带建设取得阶段性成果》，杭州网2023年5月19日，https://news.hangzhou.com.cn/zjnews/content/2023—05/19/content_8537700.htm。

③ 张雄文：《浙江诗路文化带建设应着力解决的几个问题》，《浙江经济》2022年第11期。

表 1-1　浙江省诗路旅游目的地名单

批次	公布时间	旅游目的地		诗路黄金旅游线
首批	2019-12-12	杭州市	拱宸桥桥西历史文化街区	嵊州市越剧小镇—新昌县天姥山国家级风景名胜区—天台县天台山旅游景区—临海台州府城文化旅游区—浙江神仙居景区
			建德市梅城古镇	
		湖州市	浙江莫干山风景区	
		嘉兴市	西塘古镇	
		金华市	兰溪市诸葛八卦村	
		温州市	楠溪江国家风景名胜区	
		衢州市	南孔古城	
		舟山市	普陀山风景名胜区	
		丽水市	缙云县仙都景区	
		宁波市	溪口雪窦山风景名胜区	
第二批	2023-5-18	杭州市	富阳区黄公望隐居地	
		宁波市	宁海县前童古镇	
		温州市	瓯海区山根音乐艺术小村	
		湖州市	德清县下渚湖国家湿地公园	
		嘉兴市	南湖区月河历史街区	
		绍兴市	新昌县浙东唐诗名城	
		金华市	浦江县大畈乡诗人小镇	
		衢州市	开化县根宫佛国文化旅游区	
		台州市	天台县天台山大瀑布（琼台仙谷）景区	
		丽水市	莲都区古堰画乡小镇	

（三）诗路文化带沉淀星罗古迹

浙江文化资源和文化遗产项目丰富。截至目前，全省共拥有国家级非遗代表性项目 257 个，数量居全国第一。其中，民间文学 24 项，传统音乐 15 项，传统舞蹈 18 项，传统戏剧 25 项，曲艺 28 项，传统体育、游艺与杂技 12 项，传统美术 30 项，传统技艺 54 项，传统医药 12 项，民俗 39 项。^①省级非遗代表性项目 996 个。^②

浙江坚持保护为主、抢救第一、合理利用、传承发展的方针，对历史文化名村、历史文化街区和重要遗址进行系统保护和展示。同时，浙江省积极推动历史文化名城、名镇、名村的保护与发展，通过开展"浙江历史文化名城名镇名村"申报工作，公布了一批批浙江省历史文化名城、名镇、名村，打造了一批又一批具有文化传承与保护示范效应的"样板区"和"样板村"。

浙江省的千年於越古韵历久弥新。浙江诗路是许多文人名士的游浙之路、归隐之路、上任之路，由此在这条路上孕育了丰富多元的浙学文化、佛学文化、吴越文化、山水诗文化等。^③浙江省深入挖掘古越文化的深厚底蕴和独特魅力，打造了一批"古味十足"的旅游产品。例如杭州良渚古城遗址公园以莫角山遗址为核心，通过遗址现场的剖面展示、复原展示等形式，形成一个点、线、面结合的大众化良渚文化认知体系；杭州灵隐寺景区以千年古刹灵隐寺为核心，串联起了周边的历史遗迹和人文景观；衢州龙游县依托龙游石窟群等国家级、省级重点文物保护单位丰富的历史文化资源和景区景点，打造了一系列旅游线路；临海古城以临海古城墙为核心，串联起古城、码头、街巷、古街、古民居等历史文化景观。

近年来，随着生活品质的逐渐提升，更多人出去游玩或者旅行时，越

---

① 中国非物质文化遗产网：《国家级非物质文化遗产代表性项目名录》，https://www.ihchina.cn/project#target1。

② 浙江省人民政府：《浙江省人民政府关于公布第六批省级非物质文化遗产代表性项目名录的通知》，浙江省人民政府网 2023 年 1 月 30 日，https://www.zj.gov.cn/art/2023/1/30/art_1229019364_2455818.html。

③ 廖青青：《基于浙江诗路文化的旅游文创产品品牌 IP 设计研究》，浙江工商大学 2022 年硕士学位论文。

来越倾向于观赏一些民风淳朴、古色古香的村落或历史遗迹等人文景观。①浙江诗路建设可抓住时机，将沿线古味景观推入大众视野，做出诗路品牌。

（四）诗路文化带培育优良生态

浙江的生态环境治理和保护处于国际先进水平，其中绿色发展综合得分、城乡均衡发展水平都是全国第一，浙江已在全国率先进入了生态文明建设的快车道，其生态文明制度创新和改革深化引领全国。②在建设诗路文化带的过程中，浙江省坚持可持续发展战略和"绿水青山就是金山银山"理念，为诗路文化带建设奠定了良好基础。

绿水青山是浙江诗路文化带的底色和根基。诗路文化带建设助力浙江建设全国共同富裕示范区的一项重要成果，就是以生态环境的持续改善和生态产品价值的实现提升群众的获得感和幸福感，将绿色发展理念贯穿于诗路文化带的建设与推进全过程中，在充分挖掘、保护诗路文化的基础上，兼顾自然生态的保护，创新性推进诗路资源的开发、利用，促进自然生态与人文环境结合、现代都市与田园乡村融合、历史文化与现代文明交汇，持续打响"诗画江南、活力浙江"省域品牌。③

二、战略构想

浙江诗路文化带建设对于实现城乡、区域之间均衡发展，推进富民强省建设意义重大。对于优秀传统文化保护与传承来说，地理空间上的诗路文化带能够串联起沿线各个典型地区的区域文化，传承保护浙江文化史

---

① 吴佳醍：《"诗路金华"建设与文化遗产保护利用》，《文化创新比较研究》2021年第33期。

② 朱海洋：《浙江建成全国首个生态省》，《农民日报》2020年5月12日第1版。

③ 《浙江经济》编辑部：《奔赴"诗和远方"新征程》，《浙江经济》2022年第7期。

脉，充分挖掘浙学精神在当代的价值与意义，有助于活化诗路文化的价值。对于浙江经济发展来说，诗路以水系为纽带，串联起浙江各地沿线的自然风景，打造旅游黄金路线，激发沿线区域经济活力，带动浙江各地区经济、交通及文化等领域的合作。在对该战略进行基本概况的分析后，在此基础上着重提出包括指导思想、基本原则、战略定位、建设目标、时代意义在内的基本框架和具体建设方略。

（一）指导思想

1.习近平中华优秀传统文化重要论述

文化关乎国本、国运。中华文明具有突出的连续性、创新性、统一性、和平性。浙江诗路文化带的建设始终坚持以习近平总书记关于中华优秀传统文化的重要论述为根本遵循，以社会主义核心价值观为方向，坚守中华文化立场，坚持古为今用、守正创新、兼容并蓄，推动浙东、浙西、浙南和浙北地区文化旅游深度融合、沿线城乡协调发展，共同提高区域文化软实力和地区辨识度，在以诗路为文化载体的古今文化交流和中外文明互鉴中不断赋予中华优秀传统文化新的时代气息，不断铸造新的浙江气质。

2.八八战略

2003年7月，中共浙江省委举行第十一届四次全体（扩大）会议，提出了浙江面向未来发展的系统方案，即进一步发挥"八个方面的优势"，推进"八个方面的举措"，简称"八八战略"。其中提出，要进一步发挥浙江的人文优势，积极推进科教兴省、人才强省，加快建设文化大省。科技进步与创新，被摆上更加突出的战略位置。[①]浙江以通江达海的区位优势、集群配套的产业优势、内联外通的市场优势、活力迸发的主体优势、绿水

---

① 江耘:《"八八战略"二十周年 浙江以创新开局勇立潮头》,《今日科技》2023年第2期。

青山的生态优势、协调发展的布局优势①发展浙江诗路文化带，落实文化浙江和大花园建设行动，继续发展浙江文化、浙江经济。

（二）基本原则

1.保护浙派文化，传承精神价值

浙派文化历史悠久，源远流长。自东晋时期开始，诸多士族文人携带未尽的魏晋遗风迁居浙东一带，寄情山水。到了唐代，六朝文士的文采风流得文人青睐，他们借潺潺江水、竹林清风、悠悠田野，从自然山水中体会万物齐一、师法自然的玄理。他们或寻仙，或修道，或归隐，或吟游，触景生情，借景抒情，歌以咏志。浙东山水的人文价值在他们的举手投足间流露，山水文学也由此诞生。这使得浙东唐诗之路成为中国文化史上一条举足轻重、绝无仅有的山水文化与士人文化相融合的诗歌之路。

浙派诗路文化资源依旧发挥着其留存的文化价值，并在当代与浙江诗路文化带建设联结，在"遗产属性"上，浙派诗路文化资源为浙江诗路文化带创造了新一层的思想维度。同时，由于该文化资源与浙江诗路文化带建设进行融合，浙江诗路文化带又为浙东诗路文化提供价值载体，使其得以在当代发挥浙派文化遗风。

2.发展浙派文化，融合绿色内涵

随着国力日渐强盛，越地对于传统文化的自信也逐渐恢复，浙江诗路文化带的建设逐渐提上日程。诗路文化带是浙江省大花园建设的标志性工程，也是浙江省践行"绿水青山就是金山银山"理念的时代创造与文化实践，其发展愿景是变诗词篇章为美好生活，变美丽风景为美丽经济，变绿水青山为金山银山。

（三）战略定位

1.宏观层面

通过诗歌创作和传播，提升浙江文化在国内外的影响力和知名度，推

---

① 易炼红：《深入实施"八八战略"强力推进创新深化改革攻坚开放提升 在中国式现代化新征程上干在实处走在前列勇立潮头》，《政策瞭望》2023 年第 2 期。

动中国诗歌文化的繁荣与发展，由此形成的经济、文化及社会力量，推动以浙江为代表的中国文化重塑文化自信，并将中国元素嵌入世界文化网建设的进程中。

2.中观层面

浙江诗路文化带基于浙江视角，放眼全国，通过挖掘和传承浙江文化中的诗词资源，考虑浙江现实及长远利益，倡导与时俱进、开拓创新，打造具有地方特色和文化内涵的文化旅游品牌，促进浙江文化产业的发展和地方经济的繁荣。

3.微观层面

从微观上看，所谓"诗路"是"诗"和"路"的简单组合，是"诗"的具化和"路"的诗化的统一体。诗路是以诗为灵魂、以路为载体的地域文化升华形态，是浙江钟灵毓秀的自然环境和雄浑厚实的历史人文的密切结合，是文学、儒学、佛道、艺术、民俗等诸多领域相互融合的文化体系。可以说，在漫长的历史进程中逐渐形成的大运河诗路、钱塘江诗路、浙东唐诗之路和瓯江山水诗路，以及在此基础上发展起来的诗路文化，积淀了传统浙江厚重的文明底蕴，承载了传统浙江昌达的史迹文脉，凝聚了传统浙江深邃的先贤智慧，孕育了传统浙江诗意的社会生态，体现了传统浙江多彩的生活画卷。换言之，浙江传统诗路文化既是文明发展载体，也是文化活动形态，更是精神意境、社会观念和生活方式的一种升华，因而有着丰富的历史价值、文化价值、社会价值和时代价值。[①]浙江诗路文化带战略的制定及实施，在"绿水青山就是金山银山"的基础上充分突出"浙江文化"特色，既要绿色低碳循环发展也要激发文化创新旅游模式。

（四）建设目标
1.文化传承目标

由运河诗路、浙东诗路、钱塘江诗路和瓯江诗路构成的文化环，孕育

---

① 李圣华等：《浙江诗路文化创新的实践路径与时代价值》，《浙江师范大学学报（社会科学版）》2019年第4期。

了宋元时期兴盛一时的"婺州之学"、"四明之学"、"永嘉之学"和明清时期引导全国学术潮流的"阳明之学"、"启蒙思潮"、"浙东史学"等一大批学术流派，汇聚了传统浙学的理论成就和文化光辉。这些人文传统是当代诗路建设需要传承的文化内核，也是浙江文化发展的历史基础和活力源泉。浙江诗路文化建设通过挖掘、传承和复兴诗路文化和文化资源，构建具有持续活力和浙学特色的文化体系，将其打造成为城市文化名片，推进名城、名镇、名村文化层次的不断提升。具体来说，包括加强对诗歌的研究，举办各种形式的诗歌活动和赛事，建设相关的文化设施和场馆，提升文化产业的发展水平。

2.经济发展目标

依托诗路本身蕴含的丰富的浙学文化内核和文化资源，推进原有产业的调整和升级，转变发展方向，实现文化与经济的良性互动与共赢。具体来说，通过打造浙江诗路品牌，提升浙江文化的国内外知名度和美誉度；激发文化创意产业的发展动力，打造文化产业集群，推进跨行业的数据整合和共享，建设全功能的数据平台，实现旅游的智慧化；[1]推动旅游业的发展，形成文化旅游融合的区域经济。同时，通过推动社会创新和创业，促进高技术、绿色技术和生态技术的发展，实现经济的可持续发展。打造乡村振兴与现代农业相互促进的诗路，就是要让诗画山水资源更好地转化为经济发展的新动能，让诗画田园与乡村振兴有机结合，让诗路文化与美丽经济相互促进。

3.社会发展目标

早在 2019 年的浙江省《政府工作报告》就曾指出，要"抓好'四条诗路'千万级核心景区建设，串珠成链，打造黄金旅游线，变盆景为风景"。2022 年浙江省《政府工作报告》继续指出，要"深化文旅融合，加快大运河国家文化公园、四条诗路文化带建设"。2023 年，在"四条诗路

---

① 李圣华等：《浙江诗路文化创新的实践路径与时代价值》,《浙江师范大学学报（社会科学版）》2019 年第 4 期。

文化带建设"的基础上,浙江省《政府工作报告》进一步提出要"培育一批具有浙江辨识度、国际影响力的文化旅游产业集群,进一步打响'诗画江南、活力浙江'省域品牌"。诗路本是一条文化之路、历史之路。[①]"四条诗路"贯穿浙东、浙西、浙南、浙北、浙中,成为浙江重点打造"诗画江南"全域旅游品牌的重要载体。当前,要串联起区域之间、城乡之间的均衡发展,就要将"唐诗"这一勾连"无形"与"有形"、"虚幻"与"现实"的桥梁利用起来,推动全域文化实现协同区域协作,共享资源,打造具有浙江意蕴的黄金旅游线,建立文化资源、旅游资源共享系统。同时挖掘和培育地域特色,嵌入诗路文化产业布局和诗路文化带建设。另外,民众是诗路文化建设的"践行者"。从根本上讲,诗路文化建设是基于民众的文化和生活需要进行的,民众既是诗路文化建设的出发点,也是诗路文化建设的最终归宿。一方面,只有广大民众了解、重视和接受诗路文化,准确地把握诗路文化传统并与自身的社会生活相结合,才能真正实现诗路文化的有效保护、科学传承和当代复兴;另一方面,只有广大民众积极主动地参加,才能推进诗路文化建设的全面展开和不断深入,实现诗路文化建设的社会价值。[②]促进乡村振兴,开辟增收致富新路径,以文化带助力共同富裕。

(五)时代意义

1.串联浙江文化精华,助推"文化浙江"

在浙江诗路文化带的"一环四带"规划设计中,一环指浙学文化核心环;四带为四条诗路文化带,分别是大运河诗路、浙东唐诗之路、瓯江山水诗路、钱塘江诗路。不仅汇聚了古镇名迹等,更活化了文化遗产与民族基因,例如佛宗道源、诗情画意、陶瓷茶艺、书法戏曲等由带有地域特

---

① 陈蓓蕾:《文旅融合视角下浙江诗路文化资源的开发研究》,《人文天下》2019 年第 21 期。

② 李圣华等:《浙江诗路文化创新的实践路径与时代价值》,《浙江师范大学学报(社会科学版)》2019 年第 4 期。

色的自然环境人文孕育而成的结晶。浙东唐诗之路文化资源得天独厚，其主线沿曹娥江—剡溪—椒（灵）江，包括宁波（奉化、余姚）—舟山支线，覆盖宁波、绍兴、舟山、台州等行政区域。自浙东运河转道古剡溪是名人雅士探访佛宗道源的求慕朝觐之路，王羲之《兰亭集序》、李白《梦游天姥吟留别》等名篇，吟诵了古越风情和俊山秀水。瓯江山水诗路主线沿瓯江—大溪—龙泉溪，包括楠溪江—温瑞塘河支线、松阴溪支线，覆盖温州、丽水部分行政区域。瓯江、楠溪江是逸行山水之地，也是中国山水诗的发源地，谢灵运《登池上楼》、沈括《雁荡山》等名篇佳作，开启和陶铸了瓯江山水诗路，展现了烂若披锦的瓯越文化。

2.串联浙江山水菁英，践行"绿水青山就是金山银山"理念

"绿水青山就是金山银山"，是习近平在安吉考察时提出的理念。浙江诗路文化带是一条自然山水之带，纵横间贯穿大运河、钱塘江和瓯江，盘结会稽山、莫干山、天台山和雁荡山。浙江诗路文化带是山水文化的发源地，在吸纳开发自然资源带来的红利下，结合遗产保护和绿色廊道等观念对浙江山水进行文化创新开发，全面落实大花园建设行动计划，结合新发展理念，走出一条绿色生态发展道路。

三、空间格局

依照《浙江省诗路文化带发展规划》，拟将以水系（古道）为纽带，以文化名山、名城为节点，充分衔接国土空间规划，加强诗路生态保护红线和基本农田红线管控，以构建"一环四带十地百珠"的总体空间格局，打造"一环联四带，十地聚百珠"的文化之路。

（一）"一环"——浙学文化核心环

诗路将以晋唐以来诗人行迹图、水系交通图、名城古镇图、遗产风物图、浙学学脉图为主要特征，以古驿道、现代交通为纽带，串联浙江各地具有典型特征的区域文化，勾勒浙学文化核心环。

浙学文化核心环是指浙江诗路文化带中最具代表性和核心价值的文化环节。浙学文化是指浙江地区的传统文化和文化传承，包括历史、文化、文学、哲学、科学、艺术等多个方面。以下是浙学文化核心环的四个方面。

1.诗词文化。浙江是著名的文化名省，诞生有许多著名的文学家，他们的诗词作品是浙学文化的重要组成部分，也是浙江诗路文化带的核心环节之一。

2.儒学文化。浙江是中国传统文化的重要发源地之一，有许多著名的儒学家，如王阳明，他们的思想和学说对中国文化的发展产生了深远的影响，也是浙学文化的重要组成部分。

3.湖文化。浙江有许多著名的湖泊，如西湖、鉴湖等，这些湖泊不仅是浙江的自然景观，也是浙学文化的重要组成部分。湖文化包括诗词、绘画、建筑等多个方面，它们都反映了浙学文化的深厚底蕴。

4.祭祀文化。浙江是中华文明的重要发源地之一，有丰富的祭祀文化，如孔庙、岳王庙、天宁寺等，这些祭祀场所不仅反映了浙学文化的宗教信仰，也是浙学文化的重要组成部分。

综上所述，浙学文化核心环包括诗词文化、儒学文化、湖文化和祭祀文化等多个方面，这些文化环节是浙江诗路文化带最具代表性和核心价值的组成部分，也是浙江文化的重要标志。

（二）"四带"——四条诗路文化带

浙江把具有典型山水特色的四条诗路作为重点打造的文化带（图1-1），基本贯穿浙江全域，四条诗路联结浙江，主线形似"文"的金文字形，体现了浙江文渊文脉所在。①

---

① 浙江省人民政府：《浙江省人民政府关于印发浙江省诗路文化带发展规划的通知》，浙江省人民政府网 2019 年 10 月 9 日，https://www.zj.gov.cn/art/2019/10/9/art_1229019364_55443.html。

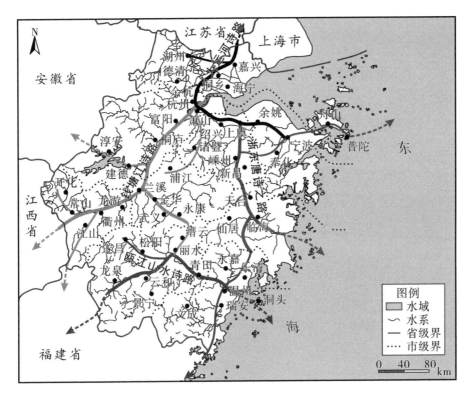

图 1-1　浙江四条诗路文化带空间分布

　　1.大运河诗路文化带。主线沿江南运河（嘉兴—杭州段）—浙东运河，以世界文化遗产保护区域为核心，包括江南运河嘉兴—杭州段、湖州南浔段、浙东运河，覆盖杭州、嘉兴、湖州、绍兴、宁波等行政区域。大运河是历代诗人寻迹江南的重要文化水脉，张志和《渔歌子》的"西塞山前白鹭飞，桃花流水鳜鱼肥"、白居易《忆江南》的"日出江花红胜火，春来江水绿如蓝"、柳永《望海潮》的"烟柳画桥，风帘翠幕，参差十万人家"等诗句，勾勒了千年古韵、江南丝路的繁荣盛景。

　　2.钱塘江诗路文化带。主线沿钱塘江—富春江—新安江—兰江—婺江—衢江，包括浦阳江支线、新安江至安徽黄山市支线，覆盖杭州、金华、衢州和嘉兴海宁等行政区域。经钱塘江溯流而上是浙闽赣皖四省通衢水运要道，孟浩然《宿建德江》、苏轼《饮湖上初晴后雨》、李清照《题八咏楼》，黄公望《富春山居图》等名篇画作，描绘的诗情、论学和画意绵延古今，承载了"浙"文化的精华。

3.浙东唐诗之路文化带。 主线沿曹娥江—剡溪—椒（灵）江，包括宁波（奉化、余姚）—舟山支线，覆盖绍兴、台州、宁波、舟山等行政区域。自浙东运河转道古剡溪是名人雅士探访佛宗道源的求慕朝觐之路，王羲之《兰亭集序》之"此地有崇山峻岭，茂林修竹，又有清流激湍，映带左右"、李白《梦游天姥吟留别》之"天姥连天向天横，势拔五岳掩赤城"等名句名篇，诵咏了古越风情和灵山秀水。

4.瓯江山水诗路文化带。 主线沿瓯江—大溪—龙泉溪，包括楠溪江—温瑞塘河支线、松阴溪支线，覆盖温州、丽水部分行政区域。瓯江、楠溪江是逸行山水之地，是中国山水诗的发源地，有谢灵运《登池上楼》之"初景革绪风，新阳改故阴"、袁枚《大龙湫》之"龙湫之势高绝天，一线瀑走兜罗绵"等名篇，描绘了"诗中之日月"的山水诗之路，展现了瓯越文化风。

这些文化带秉承浙江省内悠久的文化传统，以诗词为主题，将文化、自然、景观相结合。

（三）"十地"——十个区域文化高地

以诗路文化带中区域文化鲜明、经济实力较强、人口空间集聚、辐射带动明显的城镇文化圈为重点，打造十个特色文化高地。具体包括：以千年古脉、诗篇鸿著与水乡古镇为一体的江南运河文化高地，以闻名全国的潮文化和海塘文化为特色的钱塘潮涌壮怀地，以古越风情、诗词歌赋、书画戏曲、酿酒品茶等古越地经典文化为特色的古越文化高地，以海洋文化、佛教文化、书院文化、商贸文化为特色的海上诗路启航地，以论学释道、博纳兼容、江南邹鲁为特色的宋元论学文化高地，以弘扬南孔儒学文化、传承多元民俗文化为特色的南孔文化圣地，以新安文化、钱塘江诗词文化、书画文化为特色的富春山居诗画胜地，以名山文化、佛道文化、诗词文化为特色的佛道名山文化胜地，以瓯越文化、诗词文化、现代商贸文化为特色的中国山水诗发祥地，以生态文化、书画文化、农耕文化展示为特色的生态文化萌发地。

按地域划分更有杭州西湖文化高地、绍兴鉴湖文化高地、宁波天一阁文化高地、温州文化高地、丽水文化高地、舟山群岛文化高地、金华文化高地、台州文化高地、衢州文化高地、嘉兴文化高地、湖州文化高地等多个文化高地。这些区域都具有独特的历史、文化、自然等资源和特色。

（四）"百珠"——百个特色文化明珠

以诗路文化带中，被历代诗词记载、具有鲜明文化主题但又散布在各地的点状区块为重点，打造文博古迹、美丽非遗、名城古镇（村）、山水及海洋文旅、文化创意产业、农耕及工业遗址等六大类百个特色文化"明珠"。

1.文博古迹类。以重点文化保护单位和文化遗址为核心，包括古桥古刹、名楼书院、文化博物馆及配套展示体验和研学设施组成的文化"明珠"。有杭州拱宸桥、京杭大运河博物馆，金华八咏楼、侍王府，温州江心屿，宁波天一阁，天台国清寺等一批典型古迹。

2.美丽非遗类。以非物质文化遗产的传承创新为重点，围绕本地列入国家非遗名录、能够代表浙江地域文化的非遗项目，建设非遗保护研究和传承展示平台。有嵊州越剧文化、杭州运河文化、东阳木雕文化、龙泉青瓷文化、青田石雕文化等一批典型非遗集聚展示载体。

3.名城古镇（村）类。以历史建设保护和旅游综合开发为重点，依托国家和省级历史文化名城、历史文化名镇、传统古村落，打造一批融合古建筑保护、文化遗址、非遗风俗、文化研究、文创产业等内容的综合性或专题性文化平台。有绍兴古城、富阳龙门古镇、宁海前童古镇、兰溪诸葛八卦村、江山廿八都、永嘉芙蓉村、松阳老城、龙泉溪头村，以及国家和省级历史街区等一批典型文化聚落。

4.山水及海洋文旅类。依托省级以上旅游度假区，5A、4A级景区，以及其他比较有特色的景区，打造一批以观光、休闲、体验为特色的旅游精品线路。深入挖掘我省沿海海岸风光、海滨景观等资源，打造一批海滨度假、沿海观光、海洋运动等平台。有桐庐富春江——严子陵钓台、新昌天姥山——大佛寺、天台石梁——国清寺、温州雁荡山——楠溪江、四明山——溪口、龙泉凤阳山——百山祖、普陀山——朱家尖、洞头——南麂岛等一批全国知名景区。

5.文化创意产业类。以重要文创产业发展基地为核心，打造一批融合文化产业发展、文化艺术创作、文化交流合作的文化创意产业平台。有杭州之江文化产业带的之江发展核心（之江文化中心、数字文化产业园、艺创小镇、云栖小镇等）、东阳横店全国影视文化产业实验区、舟山观音文化园等一批重点文化创意产业集聚区。

6.农耕及工业遗址类。以弘扬浙江优秀农耕文化为重点，围绕本地列入全球重要农业文化遗产和中国重要农业文化遗产名录的农业生产系统和农家特色小吃，打造一批集研究、展示、旅游、产业发展于一体的农耕文化平台。以近现代以来形成的一批工业遗址为基础，保留产业历史文化脉络，形成一批工业遗址文化平台。有湖州桑基鱼塘系统、杭州西湖龙井茶文化系统、绍兴黄酒工业遗址等一批工农业发展历史遗存。

以上涵盖了浙江省内的历史名城、民俗文化、生态景观、文化遗产等各个方面，如西湖、千岛湖、南浔古镇、乌镇、黄龙洞、绍兴古城等。这些文化资源和旅游景点都是浙江省内的重要文化遗产，具有重要的历史、文化、旅游价值，也是浙江省内经济发展的重要支撑。通过浙江诗路文化带的空间格局的完善与建设，串联形成浙江文化精华之"链"，保护传承优秀文化，讲好浙江故事，展现浙学文化魅力，将华夏璀璨文明汇流成河，充分展现古典诗词文化的韵味，走出一条世代传承的文化自信之路。

第三节　自古通津：浙东运河诗路文化

一、浙东运河

浙东运河是我国历史上著名的水道之一，指钱塘江以南从萧山经绍兴到宁波的一段运河的统称，它既是江南运河的延伸河段，也是南北大运河的最终河段。[①]浙东运河承载了无数物资和文化的传递，是贯穿着千年古文明的重要宝库，也是我国古代十分重要的一条航运要道。浙东运河与京杭大运河、隋唐运河一起，成为中国的三大运河，组成了中国大运河，并在 2014 年的第 38 届世界遗产大会上被列入世界遗产名录，成为中国第 46 个世界遗产项目。

浙东运河，地处亚热带季风气候区，是萧绍宁平原水网区中东西向的主干道，历史上的起点是萧山的西兴镇，宁波的甬江口为终点。这段运河沿途降水量充足，但是在时间上分布不均，地势平坦，水网密布，是有名的鱼米之乡。在"以船为车，以楫为马"的河湖交错的宁绍平原地区，浙东运河是浙江先民因地制宜，利用原有天然河道加以整治疏浚而成的，其中的不少段落都是先秦时期就已经疏浚成型的河道，是我国最古老的运河系统之一，也是浙东平原水利开发建设的缩影。北魏地理学家郦道元曾在《水经注》中用"万流所凑、涛湖泛决、触地成川、支津交渠"这 16 个字描写浙东地区，由此可见自古以来浙东地区水运之发达。[②]浙东运河最早的开凿始于春秋时期，成书于战国后期的《越绝书》，就曾描述了浙东运河河段之一——山阴故水道的状况："山阴古故陆道，出东郭，随直渎阳

---

① 陈桥驿：《南北大运河：兼论运河文化的研究和保护》，《杭州师范学院学报（社会科学版）》2005 年第 3 期。

② 郭雪图：《浅析唐宋时期浙东运河流域藏书发展原因》，《文化创新比较研究》2022 年第 26 期。

春亭。山阴故水道，出东郭，从郡阳春亭，去县五十里。"（《越绝书》卷八）书中描述的"山阴故水道"从山阴（今绍兴）县城的"东郭"出发，和"山阴古故陆道"平行向东，同时经过"阳春亭"，故水道离县城约在五十里。今从绍兴城区嘉禾花园东侧护城河与古河道汇口沿古河道一水向东，与现萧绍运河汇合，经东湖景区、东鉴湖湿地公园、上虞东关，于中华孝德园之北入曹娥江，河道总长度约为28千米。秦统一六国后，在原有的运河体系之上，开凿了一系列的人工运河，形成了一条水陆并行的通道，也就是著名的陵水道。

秦至西汉，浙东运河基本没有发生显著变迁。东汉时期，山阴城及富中大塘生齿日繁。永和五年（140），会稽太守马臻开凿鉴湖，控制南面三十六源水流，基本解除了萧绍平原当时长期存在的水灾和旱灾等自然灾害，也使鉴湖等航道的通行更加便捷。三国两晋南北朝时期，会稽内使贺循开凿了地处浙东运河西段的西陵运河，这段运河西起西陵，东至会稽，沟通了钱塘江与曹娥江两道河流。《嘉泰会稽志》引《旧经》："晋司徒贺循临郡，凿此以灌田。"自此，浙东运河西段基本定型。隋时在会稽城兴建罗城，外筑城圈，共城门九，其中水门六。大业六年（610）冬十二月，隋炀帝"敕穿江南河，自京口至余杭，八百余里，广十余丈，使可通龙舟。并置驿宫、草顿，欲东巡会稽"[1]。进一步推动了两晋衣冠南渡以来快速发展的江南经济，使两浙成为中央财政收入的主要来源。《宋史》有言："国家根本，仰给东南。"大业十二年（616），"又欲筑宫于会稽，会乱，不果成"[2]。不难看出，当时的绍兴在国家运河交通体系中占据着重要的位置。

随着浙江经济在国家经济中的占比不断增加，唐时期又对运河进行了一系列的改造、整治，设置了都水监和营田使，管理河渠的修理还有灌溉与屯田等事务。贞观年间（627—649），在长安开设了义亭埭，用于处理

---

① 司马光：《资治通鉴》，中华书局1956版，第5652页。
② 司马光：《资治通鉴》，中华书局1956版，第5702页。

上、下河之间的航运问题，是后世长安闸、长安坝的前身。随着海塘由点至线的修缮和位置北移，浙东运河得到东部防海塘和西部西小江山阴侧界塘的保护，宁绍平原地区的河网水系具备很好的蓄水功能。朱储斗门、新迳斗门、越王山堰等水利工程陆续建成，运河河道的淤积问题得到妥善解决。作为浙东运河最有特色的起自绍兴迎恩门终于萧山西陵（今杭州滨江区西兴）的运道塘（亦今之古纤道）也在此时建成。长庆二年（822），白居易任杭州刺史，引西湖和临平湖的水入大运河，对沿线农田的灌溉以及周边的通航有重大意义。唐文宗大和七年（833），明州地区的它山堰竣工，成为唐代鄞西平原上最重要的蓄淡拒咸的大型水利灌溉工程，为浙东运河的繁忙交通和两岸百姓的日常生活提供保障，进一步推动了江南的经济发展。唐代韩愈有"当今富出于天下，江南居十九"之言。

五代十国战火纷飞、群雄并起，杭州依仗着自身地理及交通中心的重要位置，成为了吴越国的首府。为了发展经济，吴越王钱镠设置了专门机构"都水营田司"和专职疏浚队伍"撩浅军"等来治理当地水域，大大完善了当地的城市建设。此后，又开澜溪塘，完善塘浦圩田格局等，升级了农田排灌手段，一举多得。吴越王钱镠对浙江经济、文化、水利事业等的发展，做出了很大的贡献。北宋苏轼任职杭州期间，组织开浚多条河道，修整多个闸口，并上书请求疏浚西湖，筑成长堤，后人称之为苏堤。苏轼在杭州做的对大运河与西湖的水利系统的规划设计，对杭州乃至浙江的发展，都功不可没。

后又因人口剧增，豪强盗湖造田事件日兴。浙东运河在南宋初期淤塞情况严重，亟须开辟一条新的航道来满足大规模航运的需要，于是慈江—中大河航线被开辟了，这条航线沟通了慈江与甬江，后通过小西坝又沟通了姚江，最终通过大西坝与宁波城内等地的水系沟通，形成了一张新的水系网络。北宋姚宽曾指出："海商舶船，畏避沙潬，不由大江，惟泛余姚小江，易舟而浮运河，达于杭、越矣。"（《西溪丛语》卷上）这里所称的"大江"指的就是钱塘江，而"余姚小江"指的是姚江，即今浙东运河的东段。当时，外国使节来华，很多都取道宁波经绍兴而北上。例如《宋会要辑稿》卷一九七载："政和八年五月十五日，知明州楼异言：依诏措置，打造高丽坐船一百只，今已毕工。……十月十七日，知明州楼异言：检准高丽入贡。"按政和年代，北宋都城在东京（今开封），但高丽使节往来，均以循浙东运河转江南运河一途为便捷。《宝庆四明志》卷六说："初，高丽使朝贡每道于明，供亿繁夥。"建炎南渡期间，宋高宗由温州、定海返回，到余姚后，需换小舟前往绍兴府城，再向西经钱清堰，又因运道壅塞，只能换马陆行。此后，南宋从国家安全以及航运需要的战略角度衡量，又数次疏浚浙东运河旧道，开挖新河，增设闸堰等，浙东运河成为保障南宋国家安全的战略通道，由此地位渐隆。

元代定都大都，大运河截弯取直，海运兴起，全国的政治权力中心北移。浙东运河的战略地位下降，运力同样呈现下降态势。大德年间（1297—1307），设置浙西都水庸田使，后又改为了都水监劝农官，在浙西掌管疏浚河道等事务。延祐三年（1316）杭州运河有一次疏浚，至正六年（1346）又浚治杭州河道。但是西湖治理没有得到重视，上塘河得不到西湖足够的水量补充，以至于杭州运河的航运能力大大下降。元末，张士诚改造杭州运河体系，开浚"北关河"，这条新开辟的河道，几经辗转最终流入杭州市区，不仅避开了钱塘江沿岸高地，且沿途能够得到东苕溪等水源的补充，航运能力得到了显著提升，成为京杭运河南段的主要航道，原先的上塘河及奉口河等也仍然继续通航。

元代直至明永乐初年，北方的航运已以漕运为主，但南方尤其是浙江，仍以河运为主。明代，浦阳江改道，夺碛堰而入钱塘江，浙东运河水源减少，淤积又开始日益严重。为了加强对浙东地区的统治，又在彭谊、戴琥、汤绍恩等绍兴主政官员的努力下，白马山闸、玉山斗门、三江口闸等水利设施相继得到整治维修，隔绝了萧绍平原与后海的联系，自此西小江也成为了内河，消除了海潮上溯带来的洪潮等灾害，萧绍平原河网格局基本成型，新开由杭州辐射各地的航道基本定型，奠定了今日浙东运河的基本走向。嘉靖三十五年（1556），在塘栖设置了主捕盗的水利通判厅，改善了当地的治安环境。清代基本延续了明代对运河的治理措施，并大规模浚治西湖及杭州城内外河道。宣统二年（1910），浙江巡警道拟订了《内河水路巡警章程》，规范了水警管理的相关事项，自此，浙江对内河航运的管理逐步向规范化、现代化转换。道光二十年（1840），浙江沿海设置了一些雨量站和水位站等，近代的水文观测自此开始了。清至民国，三江口虽得到过几次维修，但也仅仅是局部治理。民国二十六年，杭嘉湖平原被日军侵略占领后，这一段运河的航运功能已经基本瘫痪了。至近代沪杭甬铁路、萧绍公路等沿浙东运河贯通建成，陆路交通逐步替代了水运交通的主导地位，浙东运河昔日的繁忙景象便日益消失在世人的视线之中。[①]

到了现在，国家高度重视大运河的文化带建设，积极加强组织建设，努力保护好大运河及其沿途的各项文化遗产，并结合旅游业的合理开发，不仅可以推动浙东运河沿岸地区的旅游业发展，更能将大运河蕴含的文化内涵发扬出去，使之生生不息，一直传承下去。

二、浙东运河诗路文化

河流本身是一种自然现实体，一经整治疏浚，便联结成为便利快捷的相互沟通的水上交通网。在疏浚河道和进行水上沟通的同时，河流自身也产生和积累了大量文化，较为典型的便是各种有关整治疏凿的记事以及后人在旅行、游览过程中所撰写的文字，诸如诗词歌赋、谚语歌谣之类。按当下旅游业日益发展的情况来看，这些都是具有宝贵价值的旅游资源。[②]浙东运河作为我国的一条古老水道，在经过了数千年的岁月沉淀之后，同样形成了一种独特的诗路文化气质和特有的诗路文化氛围。

---

① 赵任飞、鲁先进：《浙东运河古文献整理及保护措施》，《2013 年中国水利学会水利史研究会学术年会暨中国大运河水利遗产保护与利用战略论坛论文集》2013 年版，第 388—400 页。

② 陈桥驿：《南北大运河：兼论运河文化的研究和保护》，《杭州师范学院学报（社会科学版）》2005 年第 3 期。

浙东运河的诗路文化源远流长，从先秦时期至今，浙东运河一直都是文人骚客笔下的重要命题，许多文学名家留下的诗歌中都有浙东运河的印记，浙东运河在中国文学史上，始终扮演着极为重要的角色，其中，文人墨客对大运河的探访与创作在唐代达到高潮。唐诗成为浙东诗路文化的典型代表，浙东唐诗之路是较早提出且具有较大影响力的文化线路。浙东唐诗之路是以唐代诗人在浙东运河西段、曹娥江、剡溪沿线的水陆交通行迹为依托，在浙东一湖（镜湖）、两盆（剡中盆地和沃州盆地）、三山（会稽山、四明山、天台山）区域内形成的一个以诗歌为纽带，将丰富多样的单个自然和文化资源串接在一起的独特整体。[①]这一概念在 1990 年首次被提出，浙江新昌学者竺岳兵考据发现了一条唐诗诞生的重要路线，"从钱塘江开始沿浙东运河经绍兴、上虞和浙东运河中段的曹娥江溯古代的剡溪（今曹娥江及其上游新昌江）经嵊州、新昌、天台、临海、椒江以及余姚、宁波、东达东海舟山和从新昌沿剡溪经奉化溪口至宁波"[②]。

在浙东这片美丽的土地上，无数名士墨客曾到此游览，他们在大运河边创作出优美动人、深具文化传承意蕴的诗歌作品。据统计，仅仅是唐代，就有 400 多位著名诗人沿着这条浙东运河之路游玩越中山水，并在此留下了近千篇诗作名篇，以及众多诗坛佳话，最终，在此形成了这条中外旅游史上绝无仅有的浙东唐诗之路。

由于历史上的繁荣城镇大多坐落于河道的两侧，许多重要的文化遗产和历史古迹也保留于此，并且在诗歌中时常出现。浙东运河诗路文化的独特魅力便在于其丰富的历史文化底蕴，以及自然与人文景观和文化遗产的深刻融合。浙东运河穿越了杭州、绍兴、宁波等重要城市，是浙江在文化和交通方面的重要载体之一，在文学创作中有着广阔的想象空间和表现领

---

① 奚雪松、张光明：《浙东唐诗之路：一条诗歌型的文化线路》，《光明日报》2021 年 4 月 25 日第 12 版。
② 栗青生等：《智能传播视域下浙江诗路文化带乡村景观遗产再发展研究》，《文化创新比较研究》2022 年第 29 期。

域。自古以来，浙东运河就吸引了许多文人墨客的眼球，让他们心驰神往、流连忘返，并在这里留下了千古流传、历久弥新的诗篇。对这些诗歌进行梳理，大致可以划分为以下 3 种类型。

（一）直接描写运河风景的诗歌

在浙东运河上游、下游和沿岸地带，大运河以其优美的自然风光和独特的艺术特色，吸引了大批文人墨客前来游览和赋诗。他们的诗歌笔墨轻巧，用词精准，不仅非常具有艺术性和欣赏性，还蕴含着丰富的情感与哲理。唐宋时期，是浙东运河不断开拓与发展且进入鼎盛之时，其中较早关于浙东运河的诗篇可以追溯到唐代初年。如唐代诗人李白极度赞美了越中的青山秀水和美食风物的《送友人寻越中山水》："闻道稽山去，偏宜谢客才。千岩泉洒落，万壑树萦回。东海横秦望，西陵绕越台。湖清霜镜晓，涛白雪山来。"又有"谢公宿处今尚在，渌水荡漾清猿啼。脚着谢公屐，身登青云梯"之句，表达了诗人对越州秀美山水的向往。诗人白居易的《答微之夸越州州宅》："贺上人回得报书，大夸州宅似仙居。厌看冯翊风沙久，喜见兰亭烟景初。日出旌旗生气色，月明楼阁在空虚。知君暗数江南郡，除却余杭尽不如。"诗中用了大量笔墨，直接描绘了杭州婉约秀丽的江南风景，表达了诗人对此情此景的喜爱与赞美。诗人孙逖的《春日留别》："春路逶迤花柳前，孤舟晚泊就人烟。东山白云不可见，西陵江月夜娟娟。春江夜尽潮声度，征帆遥从此中去。越国山川看渐无，可怜愁思江南树。"诗中描绘了越中的悠悠夜色，让人仿佛置身于秀美的越国山川之中。诗人皇甫冉的《西陵寄灵一上人》："西陵遇风处，自古是通津。终日空江上，云山若待人。汀洲寒事早，鱼鸟兴情新。回望山阴路，心中有所亲。"诗中描绘了诗人在大运河边吊古的情景，抒发了对运河的思念以及对家乡的眷恋之情。又《赋得越山三韵》："西陵犹隔水，北岸已春山。独鸟连天去，孤云伴客还。祇应结茅宇，出入石林间。"诗人方干《送吴彦融赴举》："西陵柳路摇鞭尽，北固潮程挂席飞。"诗人张乔《越中赠别》："东越相逢几醉眠，满楼明月镜湖边。别离吟断西陵渡，杨柳秋风两岸蝉。"诗人周匡物《应举题钱塘公馆》："万里茫茫天堑遥，秦皇底事不安桥。钱塘江口无钱过，又阻西陵两信潮。"这些古诗中，所提及的"稽山"、"西陵"、"西陵渡"、"东山"、"越国"、"山阴路"、"镜湖"、"钱塘江"等地名，向我们刻画了浙东运河两岸的一些水工设施和地标性的景点。此外，诗句中的"湖清"、"花柳"、"孤舟晚泊"、"潮声"、"通津"、"柳路"等，则描述了浙东运河两岸的美丽风景，意境清新脱俗，情意悠悠绵长。诗句中多次提到的"西陵"、"西陵江"、"西陵渡"，指的就是今天位于杭州市滨江区，与京杭大运河隔江而望的西兴古镇。西陵之所以改名为西兴，是因为五代时，吴越武肃王以陵非吉语，改曰西兴，陆游有《西兴泊舟》诗，诗题用的就是"西兴"。明代万历年间到清末民国，西兴一直是重要的中转码头，而"过塘行"更是西兴镇商业全盛时期的标志。西兴古镇因其特殊的地理位置，成为军事要地，同时承担着物流的中转站作用，也是交通型城镇。作为浙东运河的起点，它是重要的渡口，亦是观潮胜地，有着重要的历史地位。[①]

（二）记录运河历史变迁的诗歌

浙东运河是中华民族的重要文化遗产，在浙东运河沿线，不仅有各个时期遗留下来的水亭码头，还有一些古桥古街、桥梁水工等。这些特有的历史文化元素，无一不激发了文人墨客创作诗歌的灵感。西兴作为浙东运河和钱塘江的西面交汇口，"自古是通津"，西兴渡既是钱塘江转入浙东运河的起点，亦是运河的终点，是历代南北物资来往的转运地。万商云集，士民络绎，市容繁华，因此衍生了"过塘行"，即为专替过往客商转运货物的"转运行"这一职业，运河之上船来船往，好不热闹。杜甫《解闷》其二曰："商胡离别下扬州，忆上西陵古驿楼。为问淮南米贵贱，老夫乘兴欲东流。"元稹的《再酬复言和夸州宅》："会稽天下本无俦，任取苏杭作辈流。断发宜刑千古越，奔涛翻动万年忧。石缘类鬼名罗刹，寺为因坟号虎丘。莫著诗章远牵引，由来北郡似南州？"表达了对会稽人杰地

---

① 黄韵、吕微露：《浙东运河古镇水岸空间形态研究：以西兴古镇为例》，《新美术》2022 年第 5 期。

灵、人才辈出的赞美之意，世界上还有什么地方的文化能与辉煌的会稽相提并论呢？施肩吾在《钱塘渡口》中写道："天堑茫茫连沃焦，秦皇何事不安桥。钱塘渡口无钱纳，已失西兴两信潮。"诗人在运河边怀古，想到世事极易变迁，运河虽有变化，但仍然静静存在于此。方干在《同萧山陈明府县楼登望》中亦曰："一县繁花香送雨，五株垂柳绿牵风。寒潮背海喧还静，驿路穿林断复通。"足见浙东运河在当时业已成为沟通宁波、绍兴和杭州的重要水上航道，也向我们展示了浙东运河在这个文化繁盛的时期内，仍能引领江南地区诗路文化发展的繁盛景象。南宋释永颐在《唐栖寺前》中描绘了："唐栖寺前溪水流，客帆来往旧杭州。津亭树老无人记，得见几回僧白头。"时光匆匆流逝，不变的是寺前的潺潺水流。明代来集之在《西陵渡九首》其二中写了："问渡钱塘趁小舟，杭州旧是帝王州。候潮门近蛟涎湿，望海楼高蜃气浮。沽客息机看去雁，渔人收网起眠鸥。不知砥柱何方在，空见滔滔日夜流。"世事变迁，杭州已不再是当年的帝王州，但钱塘汹涌之水依然滔滔不绝。宋代王十朋赞"杭之有西湖，犹人之有眉目，越之有鉴湖，犹人之有肠胃"，唐代诗人贺知章以及宋代诗人陆游曾在鉴湖畔寓居多年，留下诸多文化印记。山得水而活，水得山而媚，浩瀚明洁的鉴湖水在一个纵横百里的广阔空间上把会稽山中的"千岩万壑"组合成为一幅前所未有的山水画卷。[①]

（三）表现人文景观的诗歌

浙东运河贯穿谷地山峦，连接海外。它既有壮观的名山大川等景观，又有别具一格的乡村、民间艺术和传统生活方式。文人墨客在细致描绘自然景观的同时，还着笔表现了匠人的勤劳、商家的富足、女子的柔美及民俗娱乐等人文景观。唐宋浙东运河诗路文化的昌盛更是在此一时期的诗词中得到了充分体现。这一时期，无数文人墨客游玩于浙东运河之畔，自在地享受着由运河带来的生活便利、文化繁荣以及精神积淀。如唐代李绅的《欲到西陵寄王行周》："西陵沙岸回流急，船底粘沙去岸遥。驿吏递呼催

---

① 黄杉栅：《绍兴鉴湖文化景观历史变迁研究》，浙江农林大学 2018 年硕士学位论文。

下缆，棹郎闲立道齐桡。犹瞻伍相青山庙，未见双童白鹤桥。欲责舟人无次第，自知贪酒过春潮。"北宋词人王观的《卜算子·送鲍浩然之浙东》："水是眼波横，山是眉峰聚。欲问行人去那边？眉眼盈盈处。才始送春归，又送君归去。若到江南赶上春，千万和春住。"这首词中虽然没有直接提到浙东运河，但将浙东运河一带的山水与江南的婉约天成刻画得淋漓尽致。毛泽东诗"鉴湖越台名士乡，忧忡为国痛断肠；剑南歌接秋风吟，一例氤氲入诗囊"，诗中"剑南歌"是写南宋诗人陆游，而"秋风吟"应是写近代绍兴鉴湖女侠秋瑾，其中也阐明了以绍兴为中心的浙东之地诗路的代代传承。[①]

浙东运河的诗路文化流传至今，已经不仅仅是文学历史上的重要遗产了，它同时也是浙东地域文化的象征，有着极其珍贵的历史价值。在这片钟灵毓秀的土地上，不仅留下了海量让人不忍卒读的诗歌，还有很多蕴含哲理的民谣、谚语等，无论是什么形式的文化产物，都是浙东运河流域人民智慧的结晶，不仅包含着丰富的生活经验，还富有深刻的哲理，对现实生活有重大指导意义，十分耐人寻味。学者们对此也进行了基于不同学科视角的审视，对挖掘、保护、传承浙东运河诗路文化奠定了坚实基础（表1-2）。

表1-2　浙东运河诗路文化代表性研究成果

作者	题目	类型	出版社/期刊来源	年份	主要内容
陈桥驿	南北大运河：兼论运河文化的研究和保护	期刊	杭州师范学院学报（社会科学版）	2005	本文阐述了南北大运河沿线文化资源丰富，并呼吁为南北大运河正名。在文中建议对运河沿线的诗歌文化进行保护挖掘
邹志方	浙东唐诗之路	专著	浙江古籍出版社	2019	本书罗列了历代诗人留下的不朽诗篇，以表浙东运河之盛况

① 邱志荣、吴鑑萍：《浙东唐诗之路新探》，《浙江水利水电学院学报》2019 年第 1 期。

作者	题目	类型	出版社/期刊来源	年份	主要内容
李圣华等	浙江诗路文化创新的实践路径与时代价值	期刊	浙江师范大学学报（社会科学版）	2019	本文分析了浙江诗路文化的历史价值、文化价值、社会价值和时代价值与创新实践路径
邱志荣、吴鑑萍	浙东唐诗之路新探	期刊	浙江水利水电学院学报	2019	本文涉及文学、水利、航运、旅游、产业、历史地理、文史、文物等与浙东大运河有关的多个学科和领域的交融，其核心内容是文史、山水、创作游。提出浙东唐诗之路的研究应创新思路，进行多学科、跨区域研究以及超时空开发、振兴
胡正武	浙东唐诗之路论集	专著	浙江工商大学出版社	2019	本书共收录论文 22 篇，展示了近年来对天台山文化的研究成果
卢盛江	浙东唐诗之路唐诗全编	专著	中华书局	2022	本书简要介绍作者的生卒年代、籍贯或出生地、是否曾游浙东以及何时曾游浙东等情况
李招红	浙东唐诗之路学术文化编年史	专著	中华书局	2022	全面系统地载录了 1967—2020 年间浙东唐诗之路学术文化产生、发展、勃兴的整个历程，展现学术研究与文化建设在浙东唐诗之路这个大题目下有机结合的详尽面貌
卢盛江、李谟润	初唐浙东诗路的发展	期刊	江西师范大学学报（哲学社会科学版）	2022	本文以东晋南朝为引，展现初唐的诗路文化，但与盛唐以及中唐前期浙东诗路相较，无论诗人或诗人群体情形、诗歌数量，均相差甚远，这充分说明初唐只是浙东诗路发展的初级阶段，是东晋南朝浙东诗路向唐代诗路高潮的一个过渡阶段

浙东运河诗路文化历久弥新，丝毫没因时间的变迁与社会的发展而没落。历史上优美的诗歌描绘了浙东运河美丽的山水风光、历史变迁和诗人在浙东运河边感受到的人文、自然景观等，古时诗人们在大运河边肆意抒发自己心中的所思所感，而我们今天对这些诗歌的延续传承，不仅是因为喜爱浙东运河的秀丽风光，也表达了对于历史文化遗产的珍视和传承。今天，浙东运河已成为人们寻找古文化遗迹和可观赏景点的首选目的地之一，游客们在这里可以在精神上接触到历史上的那些诗人们，了解他们毕生所追求的事业和精神，用浙东运河建立起与诗人们联系的精神桥梁，感受他们丰富多元的精神世界。通过对浙东运河诗路文化的探索和传承，我们也可以更好地理解古代中华优秀传统文化的魅力，更好地传承我们的民族文化传统，把我们优秀的中华传统文化传播发扬，保持我们的文化自信心，带领后人走向更加美好的未来。当然诗路文化的影响不仅在国内，还通过"海上丝绸之路"传播到了国外。浙东运河诗路文化历久弥新、生生不息，我们要做的是努力保护好沿途丰富的文化遗产，发掘这些文化遗产背后的精神文明，传承并发扬之，让中国、让世界看到这条独一无二的浙东运河的文化魅力。

第四节　古韵新河：浙东运河诗路文化的时代价值

浙东运河诗路文化是中国大运河文化的重要组成部分，自先秦至今一直具有非常重要的价值与地位。于古代，是蕴含多种文化的山水人文之路，是诗歌等文学艺术创作之路，亦是宗教、哲学、文化思想的交流融合之路。浙东运河不仅创造了璀璨的诗路文化，也是研究古代运河文化不可忽略的重要部分。浙东运河诗路文化具有极为重要的当代价值与时代意义。

一、战略价值

浙东运河诗路文化是中国传统文化的重要组成部分，对于国家文化自信的促进有着重要的作用。其文化丰富多彩，包含了大量的历史、文学、艺术、民俗等方面的文化资源，可以丰富国家的文化资源，为"一带一路"国家战略和新型国际关系构建提供战略支持。浙东运河诗路文化作为中华优秀传统文化的重要组成部分，可在传承和保护的基础上，推动文化的创新和发展，促进文化产业的繁荣，提高国家的文化软实力，为国家文化的国际传播和国际形象的塑造提供有力支持。通过研究和传承浙东运河诗路文化，了解我国文化传统，增强文化自信，同时也能让世界更好地了解中国文化和历史。

二、文化价值

于文化层面，浙东运河诗路文化带诞生了辉煌的文学和艺术成就，留下了丰富的文化遗产。以浙东唐诗之路为例，唐代诗人从浙东运河直至天台山，一路留下大量脍炙人口的诗篇。李白一生四至浙江，其中三入越中，三上天台，穿行在会稽、四明、天台这三座名山之间。有感叹青春不再的《采莲曲》"若耶溪傍采莲女，笑隔荷花共人语……紫骝嘶入落花去，见此踟蹰空断肠"，盛赞美丽风景的《与南陵常赞府游五松山》"五松何清幽，胜境美沃洲"，更有对浙东情深难抑的《梦游天姥吟留别》"我欲因之梦吴越，一夜飞度镜湖月"，及至晚年，尚怀终老浙东之志。杜甫也在诗中说过："枕戈忆勾践，渡浙想秦皇。""越女天下白，鉴湖五月凉，剡溪蕴秀异，欲罢不能忘。归帆拂天姥，中岁贡旧乡。"经考证，《全唐诗》一书收录的2200余名诗人中，就有450多名到过"浙东唐诗之路"，约占总数的20%；也就是说，浙东迎来了唐代1/5的诗人前来踏步讴歌。其丰富的唐诗文化为后世带来极大的文化价值。

除了唐诗文化，还有书画、音乐等各种文化，如初唐大书法家李邕所撰书《国清寺碑并序》（现石碑已毁，仅存碑文），由唐代诗人崔尚撰文、翰林学士韩择木书写、唐玄宗亲书碑额的《新桐柏观碑颂》，与现真觉寺的《修禅道场碑铭》等。现存杭州西兴过塘行码头、绍兴八字桥、绍兴八字桥历史街区、宁波庆安会馆等众多历史文化遗址更是浙东运河诗路文化辉煌的一大证明。

三、经济价值

浙东运河诗路文化作为地方传统文化的重要组成部分，对于地方经济的拉动有着非常重要的作用。通过发展浙东运河诗路旅游业，吸引大量游客前来参观和旅游，游客的到来带来了大量的消费，包括住宿、餐饮、交通等各个方面，这都将有力促进和带动当地经济的发展。同时浙东诗路文化带以文学和诗歌为主题，积极推动文化产业的发展，包括文艺作品的创作、开发文化衍生产品、文艺演出、文化旅游等，为当地经济增长注入了新的动力。浙东诗路文化带注重文化和旅游的融合，为当地旅游业的升级和发展提供了新的思路和方向，推动了旅游业的不断创新和提升，促进浙东地区经济积极发展。

对于浙江省域品牌的助推，浙东运河诗路文化也体现了极大的价值。浙东运河诗路文化是浙江省优秀传统文化的代表，它的开发和传承可以增强浙江省域文化自信，提高浙江省在全国文化领域的影响力和美誉度。浙东运河诗路文化作为浙江省域传统文化的重要文化"IP"，可以为浙江省域品牌注入更多的文化内涵，提高其文化价值和吸引力，带动浙江省域旅游业发展的同时，提高浙江省在旅游业的知名度和美誉度，进而推动浙江省域品牌的发展。浙东运河诗路文化是浙江省域文化产业的重要资源，可以通过文化衍生产品、文艺演出、文化旅游等方式，推广浙江省域文化产业，促进其发展和繁荣。浙东运河诗路文化的开发和利用可以促进浙江省域文化交流，增强浙江省域文化的传承和发展，为浙江省域品牌在全国乃至全球的推广提供更多的支持和保障。并通过对浙东运河诗路文化的开发和利用促进中国文化产业的国际化发展，提高中国文化产业的竞争力和吸引力，进而推动中国文化产业的发展和繁荣。

四、传播价值

作为中国传统文化的重要组成部分，浙东运河诗路文化对于国际文化交流互鉴有着非常重要的作用。自古浙东地区便是中外文化融合、南北文化融合、三教文化融合的重要之地，是日本等外国学习中国文化的重要之地。因浙东地区濒临大海，海外入唐者多至明州登陆。特别是日本，为了学习中国文化，先后向唐朝派出十几次遣唐使团，通过遣唐使从中国带去大量典籍。其中，日本天台宗创始人最澄大师就是第十七次遣唐使团的成员，他曾于天台山学法。归国时，毛涣、幻梦等都有《送最澄上人还日本国》赠别诗。行满赠诗云："异域乡音别，观心法性同。来时求半偈，去罢悟真空。贝叶翻经疏，归程大海东。何当到本国，继踵大师风。"希望他返国后能不辱使命，发扬光大天台宗。遣唐使还大量输入唐朝书法、绘画、雕塑、音乐等艺术，融合为日本民族文化，中国文化由此风靡日本上层社会，渗透到思想、文学、艺术、风俗习惯等各个方面。

浙东诗路文化是大运河文化中的一道美好风景，这里有着众多文学名家留下的足迹，包括文天祥、辛弃疾、陆游等。他们的诗词歌赋描绘了大运河沿途的自然风景、人文景观，讴歌了人民英雄的壮举和爱国情怀，是海内外人士认知大运河文化的重要途径。曾两次前来实地考察的日本奈良女子大学中文系教授横山弘说："浙东唐诗之路没有国界，是世界文化的重要组成部分。"美国唐代文学会会长艾龙教授则"希望浙东'唐诗之路'能建成一条高雅的、文化气息浓厚的'干净'旅游线"。同时，浙东诗路文化是传承大运河文化的重要载体，这里保留了许多传统的文化形式和民俗习惯，如水乡文化、民间艺术等，是大运河文化的重要代表之一。浙东诗路文化在历史、文化、旅游、教育、经济等多方面均显现出了极为珍贵的时代价值，是推动文化浙江建设与国家文化建设的重要部分。浙东运河诗路文化是中国传统文化的重要组成部分，通过向世界介绍和推广浙东运河诗路文化，可以让更多人了解中国文化，促进中外文化交流和互鉴；发掘共同点和差异性，促进文化交流和合作，增进不同文化之间的理解。同时对浙东运河诗路文化的推广和传承可提高中国文化在国际上的影响力和美誉度，让更多的人了解、认同和喜爱中国文化，进而推动中国文化的传播和发展，提高中国文化的国际影响力。

五、美学价值

浙东运河诗路文化的美学价值体现在山水之美、人文之美、艺术之美和历史之美等多个方面，是中华优秀传统文化的重要组成部分，对了解和研究浙江地区的自然、历史和文化具有重要的美学价值。一是山水之美。浙东运河诗路涵盖了浙江地区丰富的山水资源，如会稽山、四明山、雪窦山、天姥山等俊秀山陵，以及钱塘江、钱清江、曹娥江等名胜河川。这些秀丽的自然景观为文人雅士提供了源源不断的创作灵感，成就了诸多优美的诗篇。二是人文之美。浙东运河诗路文化的形成和发展，离不开历朝历代文人的参与和贡献。从东晋南朝的王羲之、谢灵运，到唐代的李白、白居易、贺知章、孟浩然，再到宋代的苏轼、李清照，元明清时期的杨万里、张岱、李渔、朱彝尊、厉鹗、袁枚等，这些伟大的诗人都在浙江留下了无数赞美自然风光和人文精神的诗文，这些诗文所蕴含的人文精神，构成了浙东运河诗路文化的重要美学价值。三是艺术之美。浙东运河诗路文化的艺术价值表现在诗词歌赋等文学形式上，也体现在书画、音乐、戏曲等艺术形式中。这些艺术作品不仅具有极高的审美价值，也为我们提供了深入了解浙江地区历史和文化的重要途径。四是历史之美。浙东运河诗路文化是浙江地区历史文化的瑰宝，无论是诗词歌赋，还是艺术作品，都深深地反映了浙江地区的历史变迁和文化发展。通过浙东运河诗路文化，可以更好地理解和欣赏浙江地区深厚的历史底蕴。

第二章
越国运河诗路起源

越地文明是华夏文明的重要组成部分，唐尧拥天时禅位传贤、虞舜得人心孝德治国、夏禹顺地势科学治水，他们的高尚品行是越地先民的精神源泉。河姆渡文化是越文化的主要起源，《候人歌》见证了夏禹的治水业绩和精神，诞生于船上的《越人歌》是楚越文化交融和结合的代表作。浙东运河因山阴故水道而生，因山阴故水道而繁荣。浙东运河既是我国中原与南方文化结合与交融的结晶，也是中外文化传播与交流的通道。浙东运河流淌的是山阴故水道之水，也流淌着浙东的历史和文化。

浙东运河诗路文化是人类追求真理的一部分，是人类顺应和利用自然的发展成果。在历史的长河中，长江流域的先民创造了繁衍生存的空间，为华夏后人生存于斯留下了战天斗地、可歌可泣的史诗。中华文化的流传有悠久的历史，相关文献的记载为我们传承发展华夏文明提供了宝贵的史实。

第一节　尧舜禹与越地文化

古代华夏文明的本质是农业文明，中华文化的主体是农耕文化。而农耕文化是离不开水的文化。处于浙东的萧绍宁平原是中国经济最活跃的地区之一，自古以来因水网稠密、农田肥沃、人们勤劳、物产丰富，被称为"鱼米之乡"。浙东人口众多，开发历史悠久，农田耕作精细，是浙江省重要的粮、棉、麻和淡水鱼产区之一。

根据河姆渡文化遗址发掘出来的文物，可知於越是农耕文明地区，具有农耕文明产生的优越地理条件。距今七千年至五千年前的新石器时代，越地先民在萧绍宁平原繁衍生息，在这里先民们开发了原始农业，创造了农耕文化，成为中华民族文明史的一个主要源头。正如《虞舜文化》一书所说：

> 越人的史前文化，即不晚于、也不逊于汉人的仰韶文化。只是由于第四纪海进的干扰，使这支在宁绍平原已经发展了稻作文化的民族，因为海水吞了这片平原逼使他们迁入会稽、四明山地，使他们的生产方式，如《吴越春秋》卷六记述的，倒退到"随陵陆而耕种，或逐禽鹿而给食"的刀耕火种的迁徙农业和狩猎业的落后状态。而正是由于这种自然和人文的巨大变化，古代越族中才产生一个后来为汉族和其他民族广泛传播的神话。①

一、唐尧拥天时禅位传贤

尧、舜、禹生活的具体年代，史料无明确记载。根据考古的发掘，有的学者提出黄帝、颛顼、帝喾所在的时代是河姆渡文化（7000—4000 年前）晚期至良渚文化（距今 5300—4300 年左右）早期这一时段。当时各部落之间的文化、经济交流越来越频繁，以唐尧为领袖的陶唐氏、以虞舜为领袖的有虞氏和以夏禹为领袖的夏后氏与苗蛮部落积极参与中原逐鹿，加速了部落之间的联系，促进了民族的融合和社会的进步。

绍兴市文化广电旅游局、绍兴市水利局与绍兴市鉴湖研究会等单位通

---

① 上虞市政协文史资料委员会：《虞舜文化》，上虞市政协文史资料委员会 1997 年版，第 14 页。

过多年的现场考证、文献记载、专家咨询、遗物核实，编制了《浙江尧舜遗迹图》和《浙江禹迹图》，精选唐尧迹十六处、虞舜迹一百零三处、禹迹二百零九处。其中在浙东（杭州、绍兴、宁波）的尧迹有十一处、舜迹有八十七处、禹迹有八十八处，基本反映了尧舜禹文化在浙东的传播途径、核心地域和主要内容。为尧舜禹文化的研究、保护、交流、传播、弘扬提供了详实数据，展示了浙东运河流域深厚的历史底蕴。

唐尧（图2-1），姓伊祁，名放勋，中国上古时期部落联盟首领、"五帝"之一。唐尧传位给虞舜，虞舜传位给夏禹，同时传了"人心惟危，道心惟微；惟精惟一，允执厥中"[①]修心之法。认为现实中人的"趋利避害"本能会阻碍社会的创新与进步，虞舜提醒夏禹在获得权力的同时，必须时刻警醒自己绝不能丢掉自己身上的责任。"道心精微"，社会隐藏着的各种规律看不

图 2-1 唐尧

见、摸不着，也无法准确表达，不易找到。无数宝贵经验甚至是用生命换来的，任何自然规律的掌握都需要经历艰难险阻，付出巨大代价。而国家最高权力掌握者，不仅要努力钻研自然规律，也要全力帮助子民学习并运用自然规律。要精研，要专一，诚实保持着中道。这十六字心传，被称为"中华心法"，是尧舜禹相传五千年治国的大法。

《史记·五帝本纪》写道：

> 帝尧者，放勋。其仁如天，其知如神。就之如日，望之如云。富而不骄，贵而不舒。黄收纯衣，彤车乘白马。能明驯德，以亲九族。九族既睦，便章百姓。百姓昭明，合和万国。[②]

---

① 孔安国传，孔颖达正义：《尚书正义》，上海古籍出版社2007年版，第132页。
② 司马迁：《史记》，中华书局2006年版，第2页。

唐尧勤劳质朴、无私无畏、爱民如子，担任部落首领后，积极帮助人们发展农业生产，命令羲仲、羲叔、和仲、和叔等人到各地，按照天时指导民众耕作。当时，天下洪水滔滔，百姓愁苦不堪。唐尧不畏艰难，消除水旱灾害，派鲧治水，筑堤堵水，九年无功而返。

唐尧设置谏言之鼓，让天下百姓尽其言，立诽谤之木，方便天下百姓指出他的过错。唐尧在位后期，感觉到有必要选择继任者，他的儿子丹朱凶顽，因此与四岳商议，请他们推荐人选。四岳推荐了虞舜，说这个人很有孝行，家庭关系处理得十分妥善，并且能感化家人，使他们改恶从善。唐尧决定先考察一番，然后再作决定。他先是将自己的两个女儿娥皇和女英嫁给虞舜，看虞舜如何治理家政，结果舜使娥皇、女英与其家人和睦相处，尧十分满意；又让舜走进暴雨山林，以考察他的定力："尧使舜入山林川泽，暴风雷雨，舜行不迷。"①"舜入于大麓，烈风雷雨不迷，尧乃知舜之足授天下。"②

还让虞舜担任迎宾官员，考察他的行政能力。经过长达 20 年的各种各样的考察，唐尧觉得虞舜无论说话、办事，都很成熟可靠，而且能够建树业绩，于是决定将帝位禅让于虞舜。

唐尧积累了丰富的施政经验，通达道德之道，心中满怀德性，履行道义，是至德之人。由部落管理开始向国家管理转型，其中很重要的一条就是按各种政务任命官员，在华夏历史上第一次建立完善的政治制度，使原始部落向奴隶社会的转变奠定了基础。唐尧尽心治理天下，不把天下利益当作私有财产，最终禅位于虞舜。

---

① 司马迁：《史记》，中华书局 2006 年版，第 3 页。
② 司马迁：《史记》，中华书局 2006 年版，第 4 页。

二、虞舜得人心孝德治国

虞舜（图2-2），姓姚，有虞氏，因虞舜的眼睛有双瞳子，故取名叫"重华"，字都君，是我国上古时代部落联盟的杰出领袖，被后世尊称为舜帝。虞舜的诞生地，学界有多种意见，直到现代，虞舜诞生地及生活劳作之处仍存在分歧意见。从文献记载可以知道，舜生于姚墟的观点还是比较一致的。据《孟子·离娄下》记载："孟子曰：'舜生于诸冯，迁于负夏，卒于鸣条，东夷之人也。'"东汉末年赵岐注说："诸冯、负夏、鸣条皆地名也，负海也。在东方夷

图2-2　虞舜

服之地，故曰东夷之人也。"① 张守节《史记正义》引《会稽旧记》："舜上虞人，去虞三十里有姚丘，即舜所生也。"② 宋《元丰九域志》载余姚"有姚丘山、罗壁山、余姚江"③。宋代乐史《太平寰宇记》引《郡国志》云："上虞县东，今有姚邱，即舜葬之所。东又有谷林，即舜生之地。复有历山，舜耕于此，嘉禾降此山也。"④

根据专家考证，在余姚和上虞、会稽有虞舜的大量遗迹和传说（图2-3），共有十八处，包括虞舜母亲出生地二处，虞舜出生地二处，虞舜耕、虞舜渔、虞舜葬地各一处，这在全国其他地域来说，也是罕见的。由余姚城出西成门约6千米许，经谭家岭、石婆桥，往南沿罗壁山东麓，即有冯村，旧称"诸冯废墟"，虞舜就出生在离河姆渡西边约40千米的姚江诸冯。在虞舜出生地往西五千米左右，就是上虞。

---

① 方勇译注：《孟子》，中华书局2010年版，第150页。
② 司马迁：《史记》，中华书局1959年版，第31页。
③ 王存：《元丰九域志·两浙路》，中华书局1984年版，第209页。
④ 乐史：《太平寰宇记》，中华书局2007年版，第1935页。

图 2-3　上虞舜帝岭

据史料记载，虞舜的父亲叫瞽叟，母亲叫握登。母亲生下他不久就去世了，父亲娶了继室，又生一男一女，弟弟叫象，妹妹叫阔首。虞舜对父亲、后母孝顺，对兄弟和善。

盲者子。父顽，母嚚，弟傲，能和以孝，烝烝治，不至奸。[①]

舜父瞽叟盲，而舜母死，瞽叟更娶妻而生象，象傲。瞽叟爱后妻子，常欲杀舜，舜避逃，及有小过，则受罪。顺事父及后母与弟，日以笃谨，匪有懈。……舜耕历山，渔雷泽，陶河滨，作什器于寿丘，就时于负夏。舜父瞽叟顽，母嚚，弟象傲，皆欲杀舜。舜顺适不失子道，兄弟孝慈。欲杀，不可得，即求，尝在侧。[②]

虞舜勤耕于历山，历山在余姚城北约十千米处，现在尚有象田、舜井、石床等遗迹。

虞舜被国人尊为华夏民族道德文化的始祖，他以"孝"为治理之本。虞舜所倡导的伦理道德已成为中华传统文化的精髓，历经五千年沧海桑田，依然散发着耀眼光彩。《史记》云："天下明德皆自虞帝始。"[③]虞舜提

---

① 司马迁：《史记》，中华书局 2006 年版，第 2 页。
② 司马迁：《史记》，中华书局 2006 年版，第 3 页。
③ 司马迁：《史记》，中华书局 2006 年版，第 5 页。

倡的"孝"道是华夏民族的传统美德、精神文明的一个重要组成部分，是华夏民族开拓进取、安定团结、传承发展的主要精神力量。

虞舜曾苦心耕耘在宁绍平原，《墨子·尚贤》和《抱朴子内篇·祛惑》等对此均有记述："舜耕历山，陶河濒，渔雷泽。尧得之服泽之阳，举以为天子，与接天下之政，治天下之民。"[1]

虞舜至少在农耕、陶瓷和渔业方面作出过重大贡献，所以尧帝才决定禅位于他，古越先民才用多种方式不断歌颂他、祭祀他。虞舜对中华文明的贡献是多方面的：巡行四方祭告山川神灵；统一度量衡；修五礼朝诸侯，行厚德，远佞人；开肇十二州，疏通川流；建立法制，明正典刑；礼聘贤能之人辅佐治理国家，要求百官敬业尽责，不可怠慢公事，三年对百官进行一次考功，赏勤罚懒。虞舜对农业文明的发展有巨大贡献。他重视风霜雨雪的观测和预报，观测季风，无违农时，创制了相风鸟，使古代农业文明进入了一个新的阶段。

正如东晋前秦王嘉著《拾遗记》卷一所说：

> 尧在位七十年，有鸾雏岁岁来集，麒麟游于薮泽，枭鸱逃于绝漠。有祇支之国献重明之鸟，一名"双睛"，言双睛在目。状如鸡，鸣似凤。时解落毛羽，肉翮而飞。能搏逐猛兽虎狼，使妖灾群恶不能为害。饴以琼膏。或一岁数来，或数岁不至。国人莫不扫洒门户，以望重明之集。其未至之时，国人或刻木，或铸金，为此鸟之状，置于门户之间，则魑魅丑类自然退伏。今人每岁元日，或刻木铸金，或图画为鸡于牖上，此之遗像也。[2]

东夷民族尊重玄鸟，民间观测季风就是用相风鸟，河姆渡遗址发掘出的"双鸟异日"（图 2-4）等文物即是证明。

---

① 毕沅校注：《墨子》，上海古籍出版社 2014 年版，第 33 页。
② 王嘉等撰，王根林等校点：《拾遗记》，上海古籍出版社 2012 年版，第 14 页。

图 2-4　双鸟朝阳纹象牙雕刻蝶形器（图片来源：《绍兴通史》第 1 卷，
浙江人民出版社 2012 年版）

三、夏禹顺地势改堵为疏

夏禹，姒姓，名文命。在唐尧虞舜时期，中原大地洪水泛滥，黄河、长江及各地都有水患。上海博物馆所藏战国楚竹书《容成氏》第 23 简中提到"舜听政三年，山陵不序，水潦不渫，乃立禹为司工"[1]。而夏禹决河之阻，东注于海，天下九州"始可处也"。说明从商周到战国，世人都传说着夏禹的故事，铭记他的功绩。

据《史记·夏本纪》载：

> 禹乃遂与益、后稷奉帝命，命诸侯百姓兴人徒以傅土，行山表木，定高山大川。禹伤先人父鲧功之不成受诛，乃劳身焦思，居外十三年，过家门不敢入。薄衣食，致孝于鬼神。卑宫室，致费于沟淢。陆行乘车，水行乘船，泥行乘橇，山行乘檋。左准绳，右规矩，载四时，以开九州，通九道，陂九泽，度九山。令益予众庶稻，可种卑湿。命后稷予众庶难得之食。食少，调有余

---

① 华东师范大学中国文字研究与应用中心编：《中国文字研究》（第六辑），广西教育出版社 2005 年版，第 68 页。

相给，以均诸侯。禹乃行相地宜所有以贡，及山川之便利。①

《韩非子·五蠹》曰：

> 禹之王天下也，身执耒臿，以为民先，股无完肤，胫不生
> 毛，虽臣虏之劳，不苦于此。②

夏禹的父亲鲧没有找到水害产生的根本原因，采用"水来土掩"的方法，导致水患没有治好而最终受到惩处。夏禹是一个道德高尚的人，没有因虞舜处罚了他的父亲就放弃事业。夏禹结婚才四天，便去治水，妻子涂山氏支持丈夫前去治水。夏禹泪别自己的妻子，踏上了征程。夏禹率领民众，与洪水斗争，最终获得了胜利（图2-5）。夏禹从鲧治水失败中汲取教训，先是找到洪水暴发的原因，再想解决办法，四处探察，采用科学的疏导方式，经过整整十三年的努力，治水工程取得了巨大成功，洪水顺着挖通的河道而下，流入大海，同时还方便了人们乘船、灌溉庄稼。夏禹"行山表木，定高山大川"，"开九州，通九道，陂九泽，度九山。令益予众庶稻"，领导人民疏通江河，导引洪水入海，并兴修沟渠，发展农业。

图2-5 大禹治水图（图片来源：《浙江通史》第2卷，浙江人民出版社2005年版）

---

① 司马迁：《史记》，中华书局2006年版，第7页。
② 王先慎：《韩非子集解》，中华书局1998年版，第443页。

1994 年，上海博物馆从香港的古董市场上购入了 1200 余支战国时期的竹简，其中有一批竹简称为《容成氏》。《容成氏》叙述了夏禹治水的事迹：

> 禹亲执畚耜，以陂明都之泽，决九河之阻，于是乎兖州、徐州始可处。禹通淮与沂，东注之海，于是乎竞州、莒州始可处也。禹乃通蒌与易，东注之海，于是乎藕州始可处也。禹乃通三江、五湖，东注之海，于是乎荆州、扬州始可处也。禹乃通伊、洛，并瀍、涧，东注之海，于是乎豫州始可处也。禹乃通泾与渭，北注之河，于是乎虘州始可处也。禹乃从汉以南为名谷五百，从汉以北为名谷五百。天下之民居奠，乃饮食。①

夏禹亲手拿着治水工具，参与治理堵塞明都的洪水，疏通九河，于是人们可以在兖州和徐州居住。夏禹带领民众疏通了淮水和沂水，将水向东引入大海，于是百姓可以在竞州和莒州居住。夏禹带领民众疏通了浃水和易水，将水向东引入大海，于是人们得以在并州居住。夏禹带领民众疏通了三江五湖，将水向东引入大海，于是族人得以在荆州和扬州居住。夏禹带领民众疏通了伊水和洛水，合并瀍水和涧水，将水向东引入大海，于是人们得以在豫州居住。夏禹带领民众疏通了泾水与渭水，将水向北引入黄河，于是人们得以在雍州居住。

夏禹在十三年间把全国的水灾治理好了，奠定了中华民族以农业为立国的基础，我们才有今天，这是夏禹的功劳。在这十三年中，夏禹三次经过自己家门口都没有进去。在治水过程中，夏禹走遍华夏，对各地的地形、习俗、物产等皆了如指掌。夏禹按照自然地理形势重新将华夏规划为九个州，奠定疆土，并按照各地的土壤、物产、田地等级和经济繁荣程

---

① 浅野裕一著，高莹莹译：《古代中国的文明观》，新星出版社 2019 年版，第 19 页。

度，制定各州的贡赋。夏禹治理洪水，开创夏朝，体现出他具有带领人民战胜困难的聪明才智。

夏禹走遍九州，两次来到绍兴，第一次为治水而来，毕功于了溪；第二次巡视大越，病死，葬于会稽山（图2-6）。《越绝书·记地传》曰：

图2-6　大禹陵碑亭

> 禹始也，忧民救水，到大越，上茅山，大会计，爵有德，封有功，更名茅山曰会稽。及其王也，巡狩大越，见耆老，纳诗书，审铨衡，平斗斛，因病亡死，葬会稽，苇椁桐棺，穿圹七尺，上无漏泄，下无即水。坛高三尺，土阶三等，延袤一亩。尚以为居之者乐，为之者苦，无以报民功，教民鸟田，一盛一衰。当禹之时，舜死苍梧，象为民田也。禹至此者，亦有因矣，亦覆釜也。覆釜者，州土也，填德也，禹美而告至焉。禹知时晏岁暮，年加申酉，求书其下，祠白马。禹井，井者，法也。以为禹葬以法度，不烦人众。[1]

————————
[1]　袁康、吴平：《越绝书》，上海古籍出版社1985年版，第57页。

夏禹的遗迹各地留存不少，但夏禹的墓地，则仅有浙江绍兴会稽山一处。《史记·夏本纪》记载："帝禹东巡狩，至会稽而崩。"① 《史记·太史公自序》："迁生龙门，耕牧河山之阳。年十岁则诵古文。二十而南游江、淮，上会稽，探禹穴，窥九疑。"② 存世最早的裴骃《史记》旧注《史记集解》引张晏曰："禹巡狩至会稽而崩，因葬焉，上有孔穴，民间云禹入此穴。"③

明代弘治进士郑善夫《游禹穴记》：

> 禹穴，在会稽山阴，昔黄帝藏书处也。禹治水至稽山，得黄帝《水经》于穴中，按而行之，而后水土平，故曰："禹穴。"世莫详其处，或曰："即今阳明洞是已。"又云："禹既平水土，会诸侯稽功于涂山，寻崩，遂葬于会稽之阴。故山曰'会稽'，穴曰'禹穴'。"至今窆石尚存，或然也。后二千余年，而司马迁氏来，探书禹穴归而作《史记》，文章焕然，为百代冠，说者谓是山川之助也。又后千余年，而晋安郑善夫氏，及山阴朱君节、王君琥氏来，复探禹穴，寻黄帝藏书处。乃玩梅梁，摩挲窆石，睹先圣王遗像，得禹穴于菲井之上。徘徊瞻眺，想其卑宫而菲食，为之喟然兴怀。④

据史籍记载，从夏启时起，就在会稽山建禹陵、禹祠和禹庙，并封庶子在会稽，以奉守禹祠。如今在禹陵一带，还有不少从夏禹姓姒的居民。

夏禹为了治理洪水，长年在外与民众一起奋战，置个人利益于不顾，国而忘家，公而忘私。夏禹秉持因势利导、科学治水、以人为本的理念，

---

① 司马迁：《史记》，中华书局 2006 年版，第 10 页。
② 司马迁：《史记》，中华书局 2006 年版，第 759—760 页。
③ 司马迁：《史记》，中华书局 2006 年版，第 3294 页。
④ 阳光、关永礼主编：《中国山川名胜诗文鉴赏辞典》，中国经济出版社 1992 年版，第 628 页。

克服重重困难，耗尽心血与体力，终于完成了治水的大业。在治水过程中，夏禹展现了华夏民族的公而忘私，忧国忧民的奉献精神；艰苦奋斗，坚忍不拔的创业精神；尊重自然，因势利导的科学精神；以身为度，以身为律的律己精神；严明法度，公正执法的治法精神；民族融合，九州一家的团结精神。在夏禹的事迹中展现了自强不息，勤劳勇敢，顽强不屈，百折不挠，求生存、求发展的优秀民族精神。

夏禹治水的故事在中国家喻户晓，妇孺皆知。夏禹科学治水的成功，是中华文明起源时期集体智慧的体现。夏禹精神是华夏民族精神的象征。夏禹精神崇高、伟大，使华夏子孙感到光荣、骄傲和自豪。夏禹精神已成为中华民族凝聚人心、激励斗志、团结一心、奋发向上的力量源泉和精神支柱，鼓舞历代华夏子孙图强奋进。

第二节 《越人歌》与古越文化

水是人类的生命源泉，也是越文化的核心。杭州湾南岸的萧绍宁平原，孕育了浙东先民，距今约 7000 年前，河姆渡氏族的先民们艰辛开垦，创造出了令人惊叹不已的文明奇迹。

一、越文化的起源——河姆渡

20 世纪 70 年代初，浙江余姚发现河姆渡文化遗址，遗址位于余姚河姆渡村东北，出土了双鸟异日纹牙雕、太阳纹碟形器、双鸟纹骨匕、五叶纹陶片和猪。河姆渡文化是中国新石器晚期最具代表性的文化之一，具有丰富的文化遗存。

河姆渡文化遗址主要分布于杭州湾南岸的萧（山）绍（兴）宁（波）地区，东达舟山群岛，南至台州路桥区，迄今共发现 60 余处。河姆渡遗址出土了纹陶钵等原始艺术作品，还发现了猪、狗、牛等家畜和犀、象、鹿、虎、猴、獐等兽骨及大量的禽类、鱼类遗迹。在河姆渡遗址中，有一排排木桩、圆木、木板组成的干栏式建筑群，还有大量的稻谷遗存及陶器、石器、木耜、骨耜等农耕工具，这些物件证明我国是世界上最早种植水稻的国家之一。

河姆渡遗址出土了船桨等水上交通工具；距今约 8000 年的杭州萧山跨湖桥遗址出土了一条停放于近岸水域的独木舟。这些出土的船桨、独木舟等交通工具，说明吴越先民已经能够造舟行船，江浙沿海地区是发明、行驶舟船最早的地区之一。河姆渡遗址中发现了木桨、陶舟，以及大量的海鱼、贝类遗物和制造舟船的重要工具等，具有鲜明的海洋文化特征。由此可知，河姆渡先民已有舟船可进入海洋，或已在浩瀚的海洋中寻找和开拓生存空间。而遗址中陶舟的出土，则向世人表明：船这种物品，不仅是人们的生产、生活工具，同时也是先民精神空间中艺术创造的题材。

河姆渡文化遗址主要的文化内涵是反映河姆渡文化时期的人类生活生产和人与自然环境相处的文化遗存，蕴含丰富的栽培稻、成熟的干栏式木构建筑、独特的夹炭陶器和精美的象牙雕刻艺术品等。史学界认为：

> 以河姆渡文化为代表的长江下游发达的新石器文化，比同时期的黄河流域毫不逊色，其中某些文化因素，如夹炭黑陶中的鼎、豆、壶为代表的礼器组合，水稻的栽培，为以后的商、周文化所吸收，成为当时最具代表性的特征。因此长江下游地区的新石器文化也是中华文明的重要渊薮，代表中国古代文明发展趋势的另一条主线，与中原地区的仰韶文化截然不同。[①]

① 徐寒编著：《中国通史》，线装书局 2017 年版，第 13 页。

河姆渡文化遗址的发现，是我国新石器时代考古的重大突破，改写了我国文明发展进程的历史，向世界证明了长江流域和黄河流域都是中华文明的发祥地。

二、"南音之始"的《候人歌》

先秦时期歌谣主要是口头流传，缺少文字记录，由于年代久远，大多失传，现在散见于古代文献之中的歌谣，大多都被文人删改过，只有极少保留了原貌。原始时期的歌谣极富创造性，对后代文人的诗歌创作产生了重要的影响。

原始歌谣的出现标志我国诗歌的起源，是中华文化的一种重要体现。华夏先民创造出文字与歌谣来表达情感和愿望，歌谣是最直接的口头创作，贴近生活，便于表达思想感情和意志愿望，我们虽然不能想象七千年前的萧绍宁平原上，古越先民是如何创作"各种各样的歌"，但是遗址中发现的新石器时代的多孔骨哨和单孔陶埙，可以证明在干栏式的原始茅舍里，在月夜下、篝火旁就有歌声在回荡了。

《尚书》记载了夏禹"娶于涂山"[1]的故事。《吕氏春秋·音初》这样写道："禹行功，见涂山之女，禹未之遇而巡省南土。涂山氏之女乃令其妾候禹于涂山之阳，女乃作歌，歌曰：'候人兮猗。'"[2]这是我国有史可查的第一首恋歌，被后人称为《候人歌》。候人的是涂山氏女娇，被候的是治水英雄夏禹。

《候人歌》的产生在中国诗歌史上有着里程碑的意义，《吕氏春秋》认为是"南音之始"。《吕氏春秋·音初》认为："'候人兮猗。'实始作为南

---

① 孔安国传，孔颖达正义：《尚书正义》，上海古籍出版社2007年版，第174页。
② 许维遹撰：《吕氏春秋集释》，中华书局1998年版，第139—140页。

音。周公及召公取风焉，以为'周南'、'召南'。"①"周南"和"召南"是我国古代最早的诗歌总集《诗经》中《国风》的两个部分。

从这则记载可知，"候人兮猗"为我国现存的最早的歌谣之一，虽然只有短短一句，却表达了涂山之女对夏禹强烈的思念之情。屈原在《天问》中肯定："禹之力献功，降省下土四方。焉得彼涂山女，而通之于台桑。"②刘勰在《文心雕龙》中又再次确认："至于涂山歌于'候人'，始为南音；有娀谣乎'飞燕'，始为北声；夏甲叹于东阳，东音以发；殷整思于西河，西音以兴。音声推移，亦不一概矣。"③

通过这一声"候人兮猗"，表达了涂山氏对爱情的坚贞和执着，以及涂山氏对丈夫的思念。

《候人歌》，这首原始社会末期的歌谣，鲜明地反映了社会历史发展的重大的转折，随着原始社会的解体，歌谣逐渐地突破束缚，内容从"神"转到"人"身上，从而为歌谣增添了更多的人情世俗内容。这种爱情、夫妻关系，通过情歌的形式得到了生动的反映。《候人歌》是有史以来表现爱情和婚姻的第一首歌谣。

《候人歌》虽然仅有四字，却是我国最早的四言歌谣，尽管结尾的"兮"和"猗"是虚词，但毕竟具备了四言的体制。从二字句式上古歌谣《弹歌》"断竹，续竹，飞土，逐宍"④，到完整的四言句式，《候人歌》起着承上启下的过渡作用。另外，"兮"、"猗"的使用，体现了南方歌谣的抒情性和舒缓悠扬的音韵特征。

《候人歌》的产生，从文化形态上看，是歌谣与神话传说的结合，表明先民的信仰开始从原始宗教的神殿和祭坛走向世俗和人间。从思想内容上看，歌谣艺术与现实生活相融，《候人歌》最早触及人情世故这一文学

①　许维遹撰：《吕氏春秋集释》，中华书局 1998 年版，第 140 页。
②　田宜弘编注：《楚国歌谣集评注》，浙江工商大学出版社 2013 年版，第 7 页。
③　陆佩如、牟世金：《文心雕龙译注》，齐鲁书社 2009 年版，第 152 页。
④　崔冶译注：《吴越春秋》，中华书局 2019 年版，第 241 页。

艺术的本质，古代歌谣大多表现人类与大自然的斗争，这首歌谣却涉足人类个人感情尤其是两性关系的领域，扩大了文学表现的范畴，从而为歌谣的发展开启了一条新路。《候人歌》为以抒情为主的古越歌谣特征的形成奠定了基础，也开了抒情诗传统之先河，使我国的歌谣有了人性的味道，为古越文化的发展铺下了第一块坚实的基石。

三、以水为媒的《越人歌》

历史发展的长河中，发生了许多惊天动地、改朝换代的大事，但更多的是不能改变时局而令人感怀的小事。这些小事看似平凡，虽是世上经常可见的，但却蕴涵深奥的哲理。西汉刘向所著《说苑·善说》就记载了这么一件事：

> 襄成君始封之日，衣翠衣，带玉剑，履缟舄，立于游水之上。大夫拥钟锤，县令执桴号令，呼谁能渡君者。于是也，楚大夫庄辛，过而说之，遂造托而拜谒，起立，曰："臣愿把君之手，其可乎？"襄成君忿（然）作色而不言。庄辛迁延沓手而称曰："君独不闻夫鄂君子皙之泛舟于新波之中也？乘青翰之舟，极慢芘，张翠盖，而撽犀尾，班丽袿衽；会钟鼓之音毕，榜枻越人拥楫而歌，歌辞曰：'滥兮抃草，滥予昌枑，泽予昌州，州鍖州焉乎，秦胥胥缦予乎，昭澶秦逾，渗惿随河湖。'鄂君子皙曰：'吾不知越歌，子试为我楚说之。'于是乃召越译，乃楚说之曰：'今夕何夕兮，搴舟中流；今日何日兮，得与王子同舟？蒙羞被好兮，不訾诟耻；心几顽而不绝兮，得知王子。山有木兮木有枝，心说君兮君不知。'于是鄂君子皙乃修袂，行而拥之，举绣被而覆之。鄂君子皙亲楚王母弟也，官为令尹，爵为执圭，一榜枻越人犹得交欢尽意焉。今君何以逾于鄂君子皙？臣独何以不若榜枻之人？

愿把君之手，其不可何也？"襄成君乃奉手而进之曰："吾少之时，亦尝以色称于长者矣，未尝遇僇如此之卒也。自今以后，愿以壮少之礼谨受命。"①

文献记载襄成君接受册封的那天，楚大夫庄辛爱慕襄成君，提出了"把君之手"的请求，襄成君面色难堪没有回应。为了说服襄成君，能言善辩的庄辛给襄成君讲述了鄂君子皙和榜枻越人的故事。其中提到了越人唱给鄂君子皙的歌：

> 今夕何夕兮，搴中洲流。
> 今日何日兮，得与王子同舟。
> 蒙羞被好兮，不訾诟耻。
> 心几顽而不绝兮，得知王子。
> 山有木兮木有枝，心说君兮君不知。

显然这首歌是越地船夫为表达对鄂君子皙的倾慕之情所唱。这就是《越人歌》，也有人称《鄂君歌》，具有春秋中后期楚国歌谣典型的艺术特征和风范。

《越人歌》是我国最古老的民间歌谣之一，也是现在史料记载中所看到的楚人翻译的第一首越语歌谣。"山有木兮木有枝，心说君兮君不知"，更是比兴自然，音韵和谐，真切地表达了船夫因语言隔阂而不能向鄂君子皙一吐爱慕之情的遗憾，反映了楚越的友好交往，表达了他们团结友好的愿望。"心悦君兮君不知"至今依然是最动人的情话。正如《楚国歌谣集评注》所言：

---

① 刘向编纂，萧祥剑注译：《说苑》，团结出版社 2021 年版，第 389—390 页。

《越人歌》是我国古籍中第一首翻译作品，既显示了古越族的文学已经达到了相当高的水平，更显示了春秋中后期楚国歌谣艺术表现的特征。可以说，这首"越译楚说"的《越人歌》是以楚语楚声、以楚歌的艺术形式和表现方法对越语原歌的再创作，使之成为典型的楚歌。它的抒情委婉深沉，风貌自然清新，声韵轻悠柔曼，与战国后期出现的楚辞作品几无二致。[①]

《越人歌》叙述的是鄂君子皙礼待船工的故事，加上襄成君悔悟情节，塑造了规范官员行为的典型，于是成为君王礼待臣民的范本。这首歌主张君王应善待臣民，提醒他们礼待下人，知错必改，记住水可覆舟的教训，体现了先贤民为邦本与仁政的观点。刘向在《说苑·善说》中引用此歌，是借这首歌痛斥贵族的傲慢无理，劝谏贵族树立谦恭品格。襄成君自视高贵，不让庄辛握手。庄辛是一个能言善辩之人，用子皙礼待船工的事例直接规劝，襄成君窘而语塞。这个事例使襄成君心服口服，襄成君当即领悟，"乃奉手而进之"，并诚恳地说："自今以后，愿以壮少之礼，谨受命。"从这里可以看出，这是一个相当精彩的显宦知错必改、礼待臣民的显例，有始有终，它很符合古代先贤民为邦本和仁政的治国理念。

《越人歌》是以两种文本、两种歌体并存传世的，既有楚地民歌汉语的意译，亦有越地汉语的音译；既是一首越地歌谣原作，又是一首楚语翻译的越歌。刘向在存记歌词的汉语译意的同时，保留了当事之人用汉字录记的越人歌唱的原音。这一举措使它在我国文学史上享有独特的地位，翻译的过程也是文化传播的过程。作者是越人，歌曲具有越族特色。楚越的交流媒介由翻译者来承担，歌曲通过鄂君子皙的传播，越族文化也逐渐被楚人接纳，其中含有楚的特色也有越的特色，影响深远。时至今日，历代文人学者们对《越人歌》的译诗质量、艺术水平以及它对后来的文学作品所产生的影响进行了数不清的分析和评价。

---

① 田宜弘编注：《楚国歌谣集评注》，浙江工商大学出版社2013年版，第57页。

《中国大百科全书·中国文学》中《越人歌》条写道：

> 《越人歌》清楚表达了越人对鄂君的感戴，说明了楚越人民的亲密关系。它被传为鄂君礼贤下士的佳话。这首诗在民族历史、民族语言及文学史的研究中，具有一定价值。[①]

现代学者对《越人歌》的评论值得重视。《中华文学通史》认为：

> 这首《越人歌》在先秦诗歌中独放异彩，它的词序和虚词造句、押腰韵、取长短句式等特点，都不同于中原诗歌形式……就其内容而言，生动地表现了作者"得与王子同舟"时的受宠若惊。"今日何日兮"与"今夕何夕兮"两个诘问句的运用，突出表现了"今日"与"今夕"的不平凡性，以及作者忘情于舟游的激动与兴奋。"山有木兮木有枝，心悦君兮君不知"，更是比兴自然，音韵和谐，真切地表达了作者因语言隔阂而不能向鄂君子晰一吐爱慕之情的遗憾。总之，《越人歌》反映了楚、越两个民族的友好交往，表达了他们团结友好的愿望。也正因为这样，在"越译"将越语原歌翻译成"楚语"之后，鄂君子晰不禁"修袂行而拥之，举绣被而覆之"，对歌者待之以重礼，足见其艺术感染力之强烈。[②]

《越人歌》的风格融合了清婉隽永和质朴刚健的特点，《越人歌》的艺术成就表明，两千多年前，古越族的文学艺术已经达到了相当高的水平。今天我们读到的《越人歌》是史料记载的最早翻译作品，和楚地其他民歌

---

① 中国大百科全书总编辑委员会《中国文学》编辑委员会、中国大百科全书出版社编辑部编：《中国大百科全书·中国文学》，中国大百科全书出版社1986年版，第1216页。
② 张炯、邓绍基、樊骏主编：《中华文学通史》第一卷，华艺出版社1997年版，第609页。

一起成为了《楚辞》的艺术源头，也可以说是浙东运河诗路文化的起源。

第三节　浙东运河诗路缘起

从河姆渡时期开始，於越先民的子子孙孙，通过传承发展唐尧的禅位传贤、虞舜的大德大孝和夏禹的治水精神，构建了一部浙江文化发展史。从原始氏族文化到部落宗法文化，再到国家民主文化，各种历史形态都有。发展脉络经纬分明，初始发轫，渐进繁荣，鼎盛转型，一脉相承。

一、龙蛇图腾文化的传人

龙蛇图腾是於越先人的文化崇拜。我们知道，华夏民族崇拜龙，而龙的身体正是蛇形。传说人类始祖从开天辟地的盘古到女娲、伏羲及黄帝轩辕氏等，都是"人首蛇身"。龙的原形是蛇，是中华民族的主要崇拜图腾，是一种想象出来的灵物。传说中唐尧的母亲庆都与赤蛇生唐尧。虞舜的母亲握登见大虹而生虞舜，虹虽为云气的一种，但先民认为虹是蛇的化身（图2-7）。《大戴礼·帝系》云："鲧娶于有莘氏。有莘氏之子谓之女志氏，产文命。"[①] 甲骨文和金文中的龙、凤二字皆从辛，反映了辛与蛇复杂微妙的

图 2-7　鸿山越国贵族墓藏双龙佩
（图片来源：《扬子晚报》2005 年 4 月 5 日）

---

① 黄怀信译注：《大戴礼记译注》，上海古籍出版社 2019 年版，第 178 页。

关系。甲骨文里的虫字是一条昂首屈身的蛇，夏禹的"禹"字，也从虫，暗示与蛇的联系。从中可以看出於越的蛇文化与华夏文明曲折复杂的表现。

《管子》中有这么一段话：

> 龙生于水，被五色而游，故神。欲小则化如蚕蠋，欲大则藏于天下，欲尚则凌于云气，欲下则入于深泉。变化无日，上下无时，谓之神。[1]

龙蛇崇拜文化总体上是一种理想文化，它是一种积极的、向上的、向往腾飞的文化。"龙，春分而登天，秋分而潜渊，物之至灵也。"[2] 升苍穹登天，入大海潜渊，跨大地万里巡行，这是龙的性格，也是越人的理想人格，这就是"物之至灵也"。

於越先民是我国最早吸收龙文化的族群，崇拜龙蛇图腾并将图腾刻到身上，这是古代越人的传统，文身是其重要的一个特征。《淮南子·泰族训》许慎注："越人以箴刺皮为龙文，所以为尊荣之也。"[3]

越人黄道成《大越史》中说："子崇缵是为貉龙君，生雄王，以川泽立国，多为蛟龙所伤，王教民墨刺水怪于身以免害，文身之俗始此。"[4] 文身之后，可以让蛟龙发生误判，以为是自己的同类而免受其害。古越先民的突出特征就是"断发文身"，越人"常在水中，故断其发，文其身，以象龙子，故不见伤害也"。剪发、披发、断发即不同于中原民族的束发，文身是在身上刺划各种纹样，"将避水神也"，即躲避蛟龙之害。於越地区湿热多雨，蛇类出没频繁，先民提醒族人注意足下，严防蛇咬。又如《韩非子》所载鲁人"欲徙於越"：

---

① 房玄龄注，刘绩补注：《管子》，上海古籍出版社 2015 年版，第 287 页。
② 罗愿撰，石云孙点校：《尔雅翼》，黄山书社 1991 年版，第 283 页。
③ 刘安编，何宁撰：《淮南子集释》，中华书局 1998 年版，第 1406 页。
④ 彭适凡主编：《百越民族研究》，江西教育出版社 1990 年版，第 322 页。

鲁人身善织屦，妻善织缟，而欲徙於越。或谓之曰："子必穷矣。"鲁人曰："何也？"曰："屦为履之也，而越人跣行；缟为冠之也，而越人被发。以子之所长，游于不用之国，欲使无穷，其可得乎？"①

於越先民居住的杭州湾地区是一片沼泽平原，江河密布，背山面海。夏季气候炎热，冬天也并不寒冷。加上雨量充足，杭州湾的海水一天两次倒灌江河，涨入陆地。因此，这里经常洪水泛滥，造成人民生活的极大不便。当时有人评论越国的水土和人民生活情况，《鸡肋编》则云："大抵人性类其土风。西北多山，故其人重厚朴鲁。荆扬多水，其人亦明慧文巧，而患在清浅。"②

《管子·水地篇》中阐述了洪水的性状对越地先人性格、民风的影响："越之水浊重而洎，故其民愚疾而垢。"③

越人居住在水网密布的平原地区，经常与水打交道，难免发生意外，他们认为水中有龙，担心龙伤害自己，便以龙的形象文身，使彼视己为同类；为了祈求神明的保护，又信奉水神，并有祭祀水神之俗，而祭祀水神时又会用到船，于是用龙的形象装饰船身。

古代先贤们十分关注地理环境对人类生存发展的影响，并且对此有过精辟的见解和论述。如《礼记·王制》曰：

凡居民材，必因天地寒暖燥湿，广谷大川异制。民生其间者异俗，刚柔、轻重、迟速异齐，五味异和，器械异制，衣服异

---

① 王先慎：《韩非子集解》，中华书局1998年版，第180页。
② 庄绰撰：《鸡肋编》，中华书局1983年版，第11页。
③ 房玄龄注，刘绩补注，刘晓艺校点：《管子》，上海古籍出版社2015年版，第289页。

宜。修其教，不易其俗；齐其政，不易其宜。①

《汉书·地理志》中说：

> 凡民函五常之性，而其刚柔缓急，音声不同，系水土之风气，故谓之风；好恶取舍，动静亡常，随君上之情欲，故谓之俗。②

《管子·水地篇》中还探讨了不同地域水的不同性状对该地域人群性格、民风的影响：

> 水者何也？万物之本原也，诸生之宗室，美恶贤不肖愚俊之所产也。何以知其然也？夫齐之水道躁而复，故其民贪粗而好勇。楚之水淖弱而清，故其民轻果而贼。越之水浊重而洎，故其民愚疾而垢。秦之水泔最而稽，墆滞而杂。故其民贪戾罔而好事。齐晋之水枯旱而运，墆埔而杂，故其民谄谀而葆诈，巧佞而好利。燕之水萃下而弱，沉滞而杂，故其民愚戆而好贞，轻疾而易死。宋之水轻劲而清，故其民简易而好正。是以圣人之化世也，其解在水。故水一则人心正，水清则民心易。一则欲不污，民心易则行无邪。是以圣人之治于世也，不人告也，不户说也，其枢在水。③

---

① 陈澔注：《礼记》，上海古籍出版社 2016 年版，第 152—153 页。
② 班固：《汉书》，中华书局 2007 年版，第 306 页。
③ 房玄龄注，刘绩补注，刘晓艺校点：《管子》，上海古籍出版社 2015 年版，第289 页。

《说苑》记载了一件事：

> 越使诸发执一枝梅遗梁王。梁王之臣曰韩子，顾谓左右曰："恶有以一枝梅以遗列国之君者乎？请为二三子惭之。"出谓诸发曰："大王有命，客冠则以礼见，不冠则否。"诸发曰："彼越亦天子之封也，不得冀、兖之州，乃处海垂之际，屏外蕃以为居，而蛟龙又与我争焉，是以剪发文身，烂然成章，以象龙子者，将避水神也。今大国其命，冠则见以礼，不冠则否。假令大国之使，时过敝邑，敝邑之君亦有命矣，曰：'客必剪发文身，然后见之。'于大国何如？意而安之，愿假冠以见；意如不安，愿无变国俗。"梁王闻之，披衣出以见诸发，令逐韩子。《诗》曰："维君子使，媚于天子。"若此之谓也。[1]

其中说的"以象龙子者"，即剪发文身，让那些蛟龙以为文身的人真是其子孙。体现了越人的智慧。

萧绍宁地区有纵横交错的江河湖海，温热潮湿、雨量充沛的地理环境使得古越人熟谙水性，善于舟楫，利于水战，《淮南子·原道训》说："九疑之南，陆事寡而水事众，于是民人被发文身，以像鳞虫，短绻不裤，以便涉游，短袂攘卷，以便刺舟，因之也。"[2]《汉书·严助传》说越人"处溪谷之间，篁竹之中，习于水斗，便于用舟"[3]。

越地百姓善于使用舟船，并多次进献舟船给中原诸国，帮助中原国家训练水兵。《水经注》记载："魏襄王七年，秦王来见于蒲坂关；四月，越王使公师隅来献乘舟始罔及舟三百，箭五百万，犀角、象齿焉。"[4]

---

① 范能船编著：《说苑选注释本》，福建教育出版社 1986 年版，第 192 页。
② 刘安编，何宁撰：《淮南子集释》，中华书局 1998 年版，第 38 页。
③ 班固：《汉书》，中华书局 2007 年版，第 633 页。
④ 郦道元著，陈桥驿校证：《水经注校证》，中华书局 2007 年版，第 106 页。

《汉书·武帝纪》中有记载："归义越侯严为戈船将军，出零陵，下离水；甲为下懒将军，下苍梧。"① 当时汉朝的楼船水师大量任用越人为将军操练水军。《梁书·王僧辩传》记载，南北朝时，梁朝攻击侯景之部：

> 及王师次于南州，贼帅侯子鉴等率步骑万余人于岸挑战，又以鹢舸千艘并载士，两边悉八十棹，棹手皆越人，去来趣袭，捷过风电。僧辩乃麾细船，皆令退缩，悉使大舰夹泊两岸。贼谓水军欲退，争出趋之，众军乃棹大舰，截其归路，鼓噪大呼，合战中江，贼悉赴水。②

这件事告诉世人，古代越国虽然地处江南海滨，但吴越之地并非蛮荒之地，越地先民以其长期在水中生活和生产，习俗不与中原同，越人最独特的风俗是"断发文身"。据史料记载，夏少康初封无余到越地的时候，无余就随越人"文身断发，披草莱而邑焉"③。

墨翟在《墨子·公孟》中指出：

> 昔者，齐桓公高冠博带，金剑木盾，以治其国，其国治。昔者，晋文公大布之衣，牂羊之裘，韦以带剑，以治其国，其国治。昔者，楚庄王鲜冠组缨，绛衣博袍，以治其国，其国治。昔者，越王句践剪发文身，以治其国，其国治。此四君者，其服不同，其行犹一也。翟以是知行之不在服也。④

---

① 班固：《汉书》，中华书局 2007 年版，第 46 页。
② 姚思廉：《梁书》，中华书局 1973 年版，第 628 页。
③ 司马迁：《史记》，中华书局 2006 年版，第 272 页。
④ 毕沅校注：《墨子》，上海古籍出版社 2014 年版，第 235 页。

《淮南子·齐俗训》也说：

> 越王句践劗发文身，无皮弁搢笏之服，拘罢拒折之容，然而胜夫差于五湖，南面而霸天下。[1]

《战国策·赵策》亦云：

> 夫服者，所以便用也；礼者，所以便事也。是以圣人观其乡而顺宜，因其事而制礼，所以利其民而厚其国也。被发文身，错臂左衽，瓯越之民也；黑齿雕题，鳀冠秫缝，大吴之国也。礼服不同，其便一也。是以乡异而用变，事异而礼易。是故圣人苟可以利其民，不一其用；果可以便其事，不同其礼。儒者一师而礼异，中国同俗而教离，又况山谷之便乎？故去就之变，知者不能一；远近之服，贤圣不能同。穷乡多异，曲学多辨，不知而不疑，异于己而不非者，公于求善也。[2]

《庄子》也记载了这样一件事，说是有一个宋国人带了许多礼冠礼服到越国去，但越人"短发文身，无所用之"。

闻一多在《伏羲考》一文中针对越人"短发文身"的原因，即"避害说"、"图腾说"、"以像龙子"等说法议道：

> 越人纵然"常在水中"，也不能一辈子不登陆，对陆上害人的虎豹之类，何以又毫无戒心呢？然则断发文身似乎还当有一层更曲折、更深远的意义。龙之不加害于越人，恐怕不是受了越人化装的蒙蔽，而是它甘心情愿如此。越人之化装，也不是存心欺

---

[1] 刘安编，何宁撰：《淮南子集释》，中华书局1998年版，第781—783页。

[2] 关树东编著：《战国策》，吉林人民出版社1996年版，第305页。

骗，而是一种虔诚心情的表现。换言之，"断发文身"是一种图腾主义的原始宗教行为（图腾崇拜依然是一种幼稚的宗教）。他们断发文身以像龙，是因为龙是他们的图腾。换言之，因为相信自己为"龙种"，赋有"龙性"，他们才断发文身以像"龙形"。诸发所谓"以像龙子"者，本意是说实质是"龙子"，所差的只是形貌不大像，所以要"断其发，文其身"以像之。既然"断发文身"只是完成形式的一种手续，严格说来，那件事就并不太重要。如果一个人本非"龙子"，即使断发文身，还是不能避害的。反之，一个人本是"龙子"，即使不断发，不文身，龙也不致伤害他。不过这是纯理论的说法。实际上，还是把"龙子"的身份明白地披露出来妥当点，理由上文已经说过。还有龙既是他们的图腾，而他们又确信图腾便是他们的祖宗，何以他们又那样担心蛟龙害他们呢？世间岂有祖宗会伤害自己的儿孙的道理？讲到这里，我们又疑心断发文身的目的，固然是避免祖宗本人误加伤害，同时恐怕也是给祖宗便于保护，以免被旁人伤害。最初，后一种意义也许比前一种还重要些。以上所批评的一种"断发文身"的解释，可称为"避害说"。这样还不能完全说明断发文身的真实动机和起源，但其中所显示的图腾崇拜的背景却是清清楚楚的。例如说"常在水中"，"蛟龙又与我争焉"，等于说自己是水居的生物。说"龙子"更坦白地承认了是"龙的儿子"。说"将避水神"，也可见那龙不是寻常的生物，而是有神性的东西。①

---

① 闻一多：《神话与诗》，天津古籍出版社 2008 年版，第 23—24 页。

二、卧薪尝胆终成春秋一霸

颜师古在《汉书注》中引臣瓒注："自交趾至会稽七八千里，百越杂处，各有种姓。"[1]西汉时仍有百越之称。百越之名首次出现在吕不韦的《吕氏春秋·诗君》："扬、汉之南，百越之际。"[2]相传越国始祖是夏代少康庶子无余，《越绝书》载："昔者，越之先君无余，乃禹之世，别封於越，以守禹冢。……无余初封大越，都秦余望南，千有余岁而至句践。"[3]

句吴与於越，互为近邻，同属长江文明的支流，又经数番交融，在各自的发展中，既"各有种属"，又相互联系，既"同气共俗"，又各有特点。这就是《越绝书》所说的："吴越二邦，同气共俗，地户之位，非吴则越。"[4]

句吴，即指吴国，是春秋时期的一个小国，疆域横跨长江下游的今江苏省、上海市、山东省南部、安徽省一部分和河南省东南一部分。《史记·吴太伯世家》记载：

> 吴太伯，太伯弟仲雍，皆周太王之子，而王季历之兄也。季历贤而有圣子昌，太王欲立季历以及昌，于是太伯、仲雍二人乃奔荆蛮，文身断发，示不可用，以避季历。季历果立，是为王季，而昌为文王。太伯之奔荆蛮，自号句吴，荆蛮义之，从而归之千余家，立为吴太伯。[5]

太伯是吴国的创始人。吴国虽有内乱，总体上相安无事，和平环境给

---

① 班固：《汉书》，中华书局1982年版，第1669页。
② 许维遹撰：《吕氏春秋集释》，中华书局1998年版，第545页。
③ 袁康、吴平：《越绝书》，上海古籍出版社1985年版，第57页。
④ 袁康、吴平：《越绝书》，上海古籍出版社1985年版，第49页。
⑤ 司马迁：《史记》，中华书局2006年版，第190页。

发展生产、厉兵秣马提供了良好的机会。越国疆域在今浙江省大部，北到江苏昆山市和上海嘉定区附近，西至江西上饶市余干县附近，东到大海。两邻国逐渐发展壮大，不免会起摩擦。

孟子说："春秋无义战。"春秋五霸向战国七雄过渡时期，群雄割据，争霸天下，吴国、越国和楚国地理上相连，是近邻，各自为了生存与发展，战争不可避免。春秋末期，长江中下游的吴越两国爆发了延续 30 多年的争霸战争。在越王句践和吴王夫差两个人在位的时候，两国之间的矛盾达到了最大程度，越国灭掉吴国后这矛盾才算最终解决。

吴王阖闾在伍子胥辅佐下，修建国都于姑苏（今苏州），大力发展农业、冶炼业、训练精兵，经过几十年奋力发展，国力强盛，兵力强大，不断派兵四方征战，进行争霸战争。公元前 506 年，吴国军队在伍子胥和孙武的率领下，攻破楚国，威震天下，吴国自此开始称霸。公元前 496 年，越王允常辞世。吴王阖闾趁着句践刚刚登上王位，立足未稳之际，发兵进攻越国，结果在携李（今浙江桐乡市濮院镇西），句践派敢死队向吴军挑战，排成三行，步至吴军阵前，齐声呐喊，自刎身亡。吴军看得出神，越军趁机袭击吴军，吴军战败，越国大夫灵姑浮用戈攻击吴王阖闾，斩落吴王阖闾脚拇趾，阖闾兵败受伤，回国后不治而亡。公元前 495 年，夫差继位吴王，不断四处攻伐，于公元前 482 年北上黄池（今河南封丘县）会盟中原诸国，取得霸主地位。吴国称霸天下自公元前 506 年—公元前 473 年，前后约 34 年。

越国的发展是从越王允常开始的，史载越国最初是部落小国，至允常，开始发展农业、冶炼业等。越国自句践灭吴开始称霸，其后世代为霸，直到周赧王九年（公元前 306），楚乘越内乱，杀越王无疆，尽取吴故地至浙江钱塘江。越国强盛持续百年以上，其国力基础与句践时代推行的富国强兵政策分不开。

公元前 494 年春，句践不顾范蠡的劝阻，率军攻打吴国，在夫椒被吴军击败，越国沦陷，句践退守会稽山，向吴国投降，夫差接受了越国的请和。句践被迫以奴仆身份亲身侍奉吴王，到了吴国，夫差安排句践住在阖间坟墓旁边的一间石屋里，叫句践给他喂马。范蠡跟着做奴仆的工作。夫差每次坐车出去，句践就给他拉马，这样过了三年，夫差认为句践真心归顺了他，就放句践回国。句践在吴国的阶下囚生活，换取了夫差的信任和东山再起的机会。

公元前490年，句践忍辱负重，最终回到越国，吴王夫差只给他"东西百里"之地："东至炭渎，西至周宗，南造于山，北薄于海。"①

"卧薪尝胆"的典故就发生于这一时期。《史记·越王句践世家》：

> 吴既赦越，越王句践反国，乃苦身焦思，置胆于坐，坐卧即仰胆，饮食亦尝胆也。曰："女忘会稽之耻邪？"身自耕作，夫人自织，食不加肉，衣不重采，折节下贤人，厚遇宾客，振贫吊死，与百姓同其劳。②

句践（图2-8）回国后，屈尊纡贵，忍辱负重，向吴国称臣，贡献礼物、美女，时刻不忘受辱的情景。在发展经济、修明国政的同时，在个人生活上提倡节俭，励精奋志。句践在自己的屋里挂了一只苦胆，睡在柴草上，吃饭睡觉都要尝一尝苦胆，使自己永远记住在吴国所受之辱。越王句践为会稽山战败的耻辱而痛苦，知道必须得到民心才可与吴国死战，于是身体不安于枕席，吃饭不尝丰盛的美味，眼睛不看美色，耳朵不听钟鼓音乐。煎熬身体，耗费精力，亲近群臣，供养百姓，亲自种菜

图2-8 越王句践

---

① 崔冶译注：《吴越春秋》，中华书局2019年版，第201页。
② 司马迁：《史记》，中华书局2006年版，第273页。

吃，妻子自己织衣穿。经常车载食物，看望孤寡老弱之人，因此深得臣民的拥戴。他苦心孤诣，发愤图强，勤勉励志，坚持国策，为越国的强大奠定了基础，成为华夏后人的励志榜样。

战争使越国人口锐减，句践为了实现"越十年生聚，而十年教训，二十年之外，吴其为沼乎"①的复国大略，下令鼓励人民生育，并用酒、牲畜和粮食等物资作为生育的奖品。据《国语·越语》记载：

> 令壮者无取老妇，令老者无取壮妻。女子十七不嫁，其父母有罪；丈夫二十不娶，其父母有罪。将免者以告，公令医守之。生丈夫，二壶酒，一犬；生女子，二壶酒，一豚。生三人，公与之母；生二人，公与之饩。②

句践采取的措施主要有两方面：一是规定男女婚配年龄，增加孕育机会。规定青壮年男子不得娶老妇为妻，老年男子也不得娶年轻妇女为妻。女子 17 岁不出嫁，她的父母有罪；男子 20 岁不娶妻，他的父母有罪。这是用提早婚龄和要求婚配年龄相当的办法，来增加育龄妇女的孕育机会，以达到增殖人口的目的。二是保护孕妇和婴儿，奖励生育。规定妇女临产前要报告官府，官府派医生给孕妇接生。生了男孩，官府奖励 2 壶酒、1 条狗；生了女孩，官府奖励 2 壶酒，1 头猪。一胎生 3 个孩子的，官府供给乳母；一胎生 2 个孩子的，官府供给粮食。这些措施在当时生活和医疗条件都十分低下的越地，有效保证了人口的迅速增殖。在生育奖励下，越国的人口有了快速的增长，为战胜吴国、报仇雪耻，提供了人力保障。

无论是正义战争还是非正义战争，都同民众的利益息息相关，其胜败同民心的向背和民力的发挥程度紧密相连。由于"吴王分其人民之众，以残伐百邦，杀败吾民，屠吾百姓，夷吾宗庙。邦为空棘，身为鱼鳖饵，今

---

① 刘利，纪凌云译注：《左传》，中华书局 2007 年版，第 291 页。
② 尚学锋，夏德靠译注：《国语》，中华书局 2007 年版，第 369 页。

孤之怨吴王，深于骨髓，而孤之事吴王，如子之畏父，弟之敬兄，此孤之外言也"。[①]吴王的杀伐激起了越国人民的愤怒，使越王句践在组织伐吴战争中具有明显的反奴役性质。越国君臣非常重视民众在战争中的地位和作用，句践也充分利用了人民群众不甘心被奴役的情绪，在兵民中进行教育和训练，教育民众不能忘记会稽被围之耻。

句践在文种和范蠡辅佐之下，采取鼓励生育，奖励耕织，训练军队，奖惩军功等政策，用了漫长的 20 年时间，发展经济，训练军队，积蓄国力，越国兵强马壮，藏粮千仓，积累起了可以与吴国相抗衡的资本。公元前 473 年，越王句践经一番精心谋划，决定率军伐吴复仇，队伍在投醪河沿集结誓师。启程之日，城中闻讯的百姓来到城南，纷纷献上一坛坛自酿的"醪"（带酒糟的米酒）为越国将士饯行，预祝他们旗开得胜。但酒不够分配，句践效法秦穆公投酒河中，与军民迎流而饮，于是士气倍增。句践投酒的那条河，就是绍兴城南的"投醪河"又称"劳师泽"。

三、吴越争霸的见证——山阴故水道

越人善治水，不仅治理了穷山恶水，治出了鱼米之乡，还创建了人间天堂苏杭。浙江的历史从一定意义上说，是一部治水史。而浙江的治水史，从一定角度看，浓缩了整个华夏民族战天斗地的治水状况。钱塘江流域杭州湾两岸的萧绍宁平原地区水网密布，浙江先民早在河姆渡文化时期就进行生产和水上运输活动，萧山跨湖桥遗址的独木舟、河姆渡遗址的船桨及杭州水田畈遗址的船舶构件等实物，都能证明这个事实。

随着时代的变迁、社会的发展，从三皇五帝时期到原始社会后期，百越的族属发生了很大变化，有的消亡，有的融合，有的迁移他乡，无论变化再大，百越民族还是具有独特的文化特征。

---

① 袁康、吴平：《越绝书》，上海古籍出版社 1985 年版，第 53 页。

春秋时期，越人的活动中心仍在沿海地区，族群多是择水而居，这里江河纵横，湖泊众多，钱塘江潮水更是汹涌澎湃。越人以擅长舟楫著称海内，文献多有记载。《淮南子·齐俗训》说："胡人便于马，越人便于舟。"① 如此复杂的水环境，故越人的交通以航运为主，舟楫是内外交通的主要工具。《越绝书》中越王句践也说越人："水行而山处，以船为车，以楫为马，往若飘风，去则难从。"《越绝书·吴内传》云：

> 越王句践反国六年，皆得士民之众，而欲伐吴。于是乃使之维甲，维甲者，治甲系断。修内矛赤鸡稽繇者也。越人谓人铩也。方舟航买仪尘者，越人往如江也。治须虑者，越人谓船为须虑。巫怒纷纷者，怒貌也。怒至士击高文者，跃勇士也。习之于夷，夷，海也。宿之于莱，莱，野也。致之于单，单者，堵也。②

句践深知要振兴越国，当务之急是要发展生产，使人民休养生息，丰衣足食。句践采纳了大夫计倪"必先省赋敛，劝农桑；饥馑在问，或水或塘，因熟积储，以备四方"③ 的建议，劝民农桑，发展工商。大量增加开垦荒地和播种谷物的面积，在水资源丰富的平原东部修建了吴塘、练塘、石塘、苦竹塘等水利设施，以保障农田灌溉，在城池中建粮食基地。

句践又修凿"山阴故陆道"和"山阴故水道"。《越绝书·记地传》记载：

> 山阴古故陆道，出东郭，随直渎阳春亭；山阴故水道，出东郭，从郡阳春亭。去县五十里。④

---

① 刘安编，何宁撰：《淮南子集释》，中华书局 1998 年版，第 811 页。
② 袁康、吴平：《越绝书》，上海古籍出版社 1985 年版，第 26 页。
③ 袁康、吴平：《越绝书》，上海古籍出版社 1985 年版，第 30 页。
④ 袁康、吴平：《越绝书》，上海古籍出版社 1985 年版，第 63 页。

"故陆道"和"故水道"，是连接大越城和当时越国的大后方山会平原东部的交通要道。"山阴故水道"是一条由西向东的河道，这与流经山会平原的所有由南向北走向的河流都不同。该工程起自都城会稽，向东延伸至五十里外的曹娥江，沿途与众多的南北向溪流相交，接纳来水，故水源相当丰富，能够承担当时越国境内的东西方向水上运输的繁重任务。西起今绍兴城东的东郭门，东至今上虞区东关街道的炼塘村，《越绝书》记载：

> 练塘者，句践时采锡山为炭，称"炭聚"，载从炭渎至练塘。
> 各因事名之，去县五十里。[①]

故陆道和故水道的建成，形成了挡潮拒咸的第一道防线，为塘内农田提供了相当丰富的淡水资源，对春秋时期绍兴地区经济的发展起了很大的促进作用，使山会平原东部得到前所未有的开发。这条河道由人工开挖，是当时越地百姓在这片平原上疏凿修建的运河。山阴故水道的建成，畅通了粮食基地、冶金基地炼塘与越国都城的交通联系（图2-9）。

山阴故水道的建成，贯通了源自稽北丘陵的南北流向的东部平原诸河流，使会稽城与周边平原各生产基地的水上运输问题得到解决，便利了越地各地区的交流与战略物资的运输。对当时越地社会经济的发展和综合国力的迅速增强，都起到了积极的作用。山阴故水道既成就了句践的春秋霸业，又成为浙东大运河的开端，越地实现了历史上的第一次腾飞。

四、越国的水利建设

中国华夏文明，水文化是其重要的一部分。古代留存的大量传说，有的是人变成动物，有的是人与动物大战，都反映了人性向善、追寻光明、

[①] 袁康、吴平：《越绝书》，上海古籍出版社1985年版，第62页。

追求自由的人本精神。经过几千年的演变，通过人与动物、大自然搏斗，人对水的科学驾驭等，形成了中华民族丰富多彩的古代水文化。

1.史传的治水英雄

尧舜时代，鲧和禹是听帝命、救灾民的忠臣：

> 黄帝生骆明，骆明生白马，白马是为鲧。……洪水滔天，鲧窃帝之息壤以湮洪水，不待帝命。帝命祝融杀鲧于羽郊，鲧复生禹，帝乃命禹卒布土以定九州。①

尧、舜、禹时期，鲧、禹父子两人奉命治水，鲧治水的方法是筑堤防堵，结果愈堵愈泛滥。禹则采取疏导的策略，终于成功。传说鲧、禹治水，得到了许多神明的帮助，如女娲曾赐下堵水的"息壤"，天帝派出神龟，引导开渠的路线。禹在艰苦卓绝的治水过程中，经常变成力量宏大的熊与洪水搏斗。禹多年在外奔走治水，三过家门而不入，最终获得成功。

中国的水文化，不仅表现在人的身上，还表现在与水有关的龙的传说上，龙主要活动在水中，是神话中的灵异动物。龙这种神物，在国人的心目中具有极大能量，后演变为皇帝的象征。那些与龙有关的传说，或是由人变成龙，或是人龙大战，都反映了人们禀性向善、追寻光明、追求自由的人本精神。除此之外，还有治水高人化身动物的传说，将凡人做不到的事情，委之于神力的帮助，如大禹化身大熊，李冰化身水牛，张渤化身大猪，大禹、李冰和张渤都牺牲了家庭和个人利益，换来天下太平和百姓的安居乐业。这些故事，流传于我国各地。他们兴修水利造福众人，成为中国水文化中既神秘又生动的一页。

---

① 周明初校注：《山海经》，浙江古籍出版社 2011 年版，第 189—191 页。

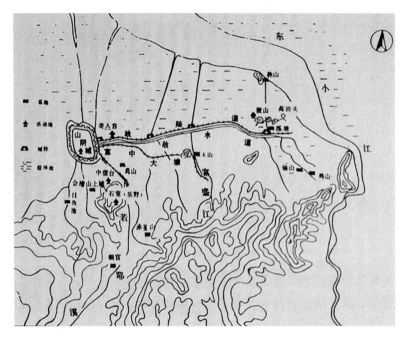

图 2-9　春秋时期越国故水道等部分生产、活动基地示意图
（图片来源：《鉴湖与绍兴水利》，中国书店 1991 年版，第 115 页）

2.以水代兵的实例

自禹以后，又经几千年，到春秋战国时期，各国争霸，诸侯国的国君为了巩固统治，用水作为武器，运用到战争中。

公元前 279 年，秦攻楚，白起采用决水攻城的战术攻克楚国别都鄢城。秦兵在距离鄢城西边百里之处筑堤蓄水，开沟挖渠，以水代兵，引西山长谷之水入鄢，以水破城。《水经注》记述了这一经过：

> 昔白起攻楚，引西山长谷水，即是水也。旧堨去城百许里，水从城西灌城东入，入注为渊，今熨斗陂是也。水溃城东北角，百姓随水流，死于城东者数十万，城东皆臭，因名其陂为臭池。后人因其渠流，以结陂田城西，陂，谓之新陂，覆地数十顷。[1]

---

① 郦道元著，陈桥驿校证：《水经注校证》，中华书局 2007 年版，第 667—668 页。

秦昭襄王因白起伐楚有功，封白起为武安君，武安镇由此而得名，将该渠命名为白起渠。后来，这条河渠成为灌渠，也被称为长渠，是史上最悠久的引水工程之一，被称为"华夏第一渠"。

郑国渠原本也是为了消耗秦国的国力而建，但渠建好却反而促进了秦国的发展强盛。《史记》记载：

> 而韩闻秦之好兴事，欲罢之，毋令东伐，乃使水工郑国间说秦，令凿泾水自中山西邸瓠口为渠，并北山东注洛三百余里，欲以溉田。中作而觉，秦欲杀郑国。郑国曰："始臣为间，然渠成亦秦之利也。"秦以为然，卒使就渠。渠就，用注填阏之水，溉泽卤之地四万余顷，收皆亩一钟。于是关中为沃野，无凶年，秦以富强，卒并诸侯。因命曰郑国渠。[1]

秦始皇统一六国后，为了收复岭南地区，出于军事需要下令凿修灵渠。灵渠沟通了湘江和漓江，沟通了南北水道，为秦统一越城岭、都庞岭、萌渚岭、骑田岭、大庾岭以南的地区提供了重要的保证。灵渠通航的当年，秦朝就收复了岭南，并设立桂林、象郡、南海三郡，将岭南归入秦朝版图。

我国古代最早沟通黄河和淮河的人工运河"鸿沟"，则是项羽与刘邦争霸、划水而治的自然工具。"鸿沟"，在战国魏惠王十年（前360）开始兴建，经秦汉到魏晋南北朝漕运一直繁荣。

3.越因水利成霸主

春秋时期，越国的中心区域南部是会稽山地，中部是一片河湖交错的沼泽平原，北部是杭州湾，南高北低。独特的台阶式地形，形成了越国中心区域内山区溪河下注平原再流入杭州湾的自然水系，海岸线沿杭坞山、

---

[1] 司马迁：《史记》，中华书局2006年版，第179页。

沼泽平原、三江口向东南伸展（图2-10）。

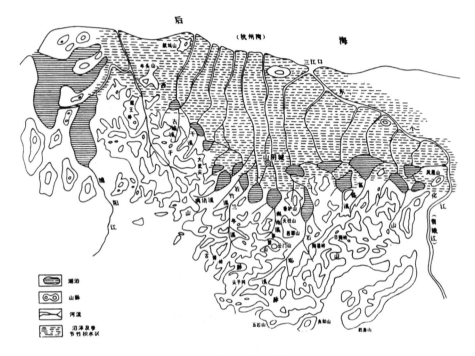

图2-10 古代绍兴地区自然环境图
（图片来源：《中国鉴湖》第六辑，中国文史出版社2019年版，第298页）

萧绍宁平原在未开发前，北部潮汐可以直达会稽山山脚，这块平原是季节性沼泽。钱塘江海潮一日两度，沿河流自北而南上溯萧绍宁平原，其势：

> 西则迫江，东则薄海，水属苍天，下不知所止。交错相过，波涛浚流，沈而复起，因复相还。浩浩之水，朝夕既有时，动作若惊骇，声音若雷霆。波涛援而起，船不能救。未知命之所维。念楼船之苦，涕泣不可止。非不欲为也，时返不知所在，谋不成而息，恐为天下笑。[1]

---

[1] 袁康、吴平：《越绝书》，上海古籍出版社1985年版，第29页。

海潮最远可达会稽山脚，平原地区便成一片沼泽。而会稽山的山洪则顺溪河下泄，由于受海潮顶托，漫流于平原地区，于是形成大大小小无数的山下湖泊，进而加深平原的沼泽化程度。远古时期生产力水平低下，生活在会稽山地与平原沼泽的於越百姓，要改造沼泽平原困难重重。越人在远古时期就曾遭遇过几次海侵，家园数次为恣肆的海水所淹没，不得不多次搬迁。从越王句践开始，为了改造这片盐碱化的沼泽地，使之适宜耕种，兴建了许多小型的水利工程，这是绍兴古代山会平原由季节性沼泽地向灌溉农业发展迈出的第一步。

公元前 494 年越国兵败夫椒，成为吴国的"贡献之邑"，句践入吴为奴，当了国王夫差的马夫。公元前 490 年，句践被释放回到越国后，采纳范蠡"欲国树都，并敌国之境，不处平易之都，据四达之地，将焉立霸王之业"①的建议，将越国都城迁到会稽山阴，建立了越国都城。随着政治中心的确定，越国的政治、经济、文化中心从会稽丘陵山地迁入平原。越国进入"十年生聚，十年教训"的卧薪尝胆、奋发图强的时期。按照强国、灭吴、争霸的战略，备战需要囤积大量的物资。当时，列国争霸，夺地掠民的战争不仅强化了国家机器，同时也刺激了金属冶炼业的发展，铁制农具广泛运用于农田耕作，兵器制造也居于领先地位。从而为兴修大规模的艰巨的水利工程、开发沼泽平原，提供了最重要的手段。越国实施一系列有利于人口增长与农业发展的政策，其周边的萧绍宁平原也得到了大规模开发。为了提高粮食的产量，除加强田间管理、改进生产技术，更需有先进的农田灌溉条件，而水利灌溉工程就是农业灌溉的基础设施。

越国水利建设工程有很多，如《越绝书》上记载的富中大塘、练塘、吴塘、苦竹塘、目鱼池；另据《嘉泰会稽志》等文献补充的还有坡塘、南池等；还有文献未记载，但实地有遗迹的富盛塘城、兰亭西长山、鉴湖镇云松村断塘等；再就是既无文献佐证，亦无遗迹，仅以"民间故事"的形

---

① 崔冶译注：《吴越春秋》，中华书局 2019 年版，第 202 页。

式流存于世的柯桥区稽东镇的五义塘、塘岙、下塘，富盛镇的青塘等。这些水利建设，按工程类型可分为堤搪、河沟和防洪城墙三大类，分布在山麓、平原和沿海，形成"山地—平原—沿海"台阶式的水利体系。

越人疏排积水，围筑堤塘，拒潮蓄淡，将塘内之地改造成塘田。当时萧绍宁平原上这类塘田为数不少，最有名的是富中大塘。《越绝书》云："富中大塘者，句践治以为义田，为肥饶，谓之富中。"① 陈鹏儿、沈寿刚、邱志荣撰写的《春秋绍兴水利初探》认为，富中大塘的拦截范围是：

> 北起富中大塘，南至会稽山山麓线（高程 5.5 米）。东界富盛江，西临平水江，面积约 51 平方千米，其中平原耕地按今耕地面积计算约 40 平方千米（6 万亩）。由于大塘有效地阻遏了涌潮的浸入，又能够截江蓄淡灌溉，从而使原苦于潮害的 6 万亩耕地成为肥饶的"义田"，这就是著名的富中地区。②

越国的水利工程的建成，具有很鲜明的时代特色，是越国从原始农业向传统农业转化的必然产物，能有效抵御杭州湾大潮的侵袭，为越国人口的迅猛增长提供了土地和粮食支持，改变了越人"随陵陆而耕种，或逐禽鹿而给食"③ 的生产生活方式，在当时起到了巨大的作用。这些水利设施不仅有堤塘、河沟和防洪工程等多种类型，而且数量居浙江之首，在全国也遥遥领先，而石塘的修筑，更是国内海塘史的首次记载，在我国海塘或石塘史上都处于发源和先期代表的地位。吴塘工程的技术水平，更是领先当时各地的工程建设。据陈鹏儿、沈寿刚、邱志荣在《春秋绍兴的地理环境与水利建设》一文中分析：

---

① 袁康、吴平：《越绝书》，上海古籍出版社 1985 年版，第 61 页。
② 陈鹏儿、沈寿刚、邱志荣：《春秋绍兴水利初探》，《纪念鉴湖建成 1850 周年暨绍兴平原古代水利研讨会论文集：鉴湖与绍兴水利》，中国书店 1991 年版，第 119 页。
③ 崔冶译注：《吴越春秋》，中华书局 2019 年版，第 165—166 页。

088 | 浙东运河诗路文化

如果认为,《考工记》总结了春秋起源堤防的技术理论,继而对战国系统堤防的修筑发挥了指导作用,其成书在春秋战国之交的话,那末,筑于同期的吴塘,坝断面的技术数据与《考工记》的理论计算有着惊人的相似之处。说明历来被认为晚于中原开发的我国钱塘江流域的水工技术,实已达到了当时中原地区的同等水平。尤其是春秋水利遗址在中原地区基本无存的今天,吴塘仍得以大体保留下来,尽管有着政治,经济、地理等多种因素的作用,但历经二千四百多年考验的坝体坚固性和稳定性,证明了吴塘的设计施工技术处于当时的国内先进水平。①

　　越灭吴后,句践利用吴国战俘修建了吴塘。吴塘(图 2-11)位于今柯桥区湖塘街道古城村,《越绝书》卷八云:"句践已灭吴,使吴人筑吴塘,东西千步,名辟首。后因以为名曰吴塘。"②

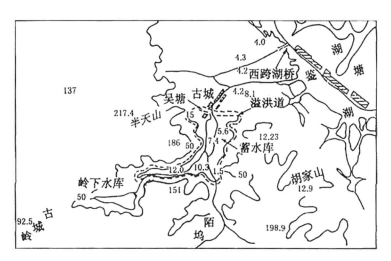

图 2-11　古越吴塘平面图
(图片来源:《历史地理》第八辑,上海人民出版社 1990 年版,第 37 页)

①　中国地理学会历史地理专业委员会《历史地理》编辑委员会编:《历史地理》(第8辑),上海人民出版社 1990 年版,第 43 页。

②　袁康、吴平:《越绝书》,上海古籍出版社 1985 年版,第 63 页。

陈鹏儿、沈寿刚、邱志荣的《春秋绍兴水利初探》一文说：

> 笔者经过实地考察，在今绍水城西北方向 18 千米的湖塘乡古城村，发现了残存古塘……现已查实，古城岭处古城村西南 6 千米。古城塘紧贴古城村南端，位于稽北丘陵古城溪下游的山麓冲积扇地带，上游三面环山，集雨面积 10.25 平方千米，下游为广阔的冲积平原，系当时蓄淡御潮的理想坝址。塘全长 650 米，东接来年山，西连马车坞山，呈梯形断面，残底均宽 60.4 米，塘顶均宽 13.5 米，塘均高 13.3 米。塘东侧有一自然山岙，岙底高程（黄海，下同）17.2 米，是一个溢洪道的合理位置。该塘土质均匀、密实，层次分明。塘基土层为海涂粉砂土；塘基以上至层高 8 米部分为褐黄色粉泥田土，与塘两侧田土类别相同；顶层（8—13.3 米）为黄泥土；与塘附近的山丘土壤同类。
>
> 由此可证实该塘是在咸潮常薄之地的基础上，利用人力先挖取附近田土，继而挑运近塘山泥而筑成。从该塘的东西走向及长度，所处的山麓地带位置以及离城的距离和方位，均与《越绝书》和其他方志记载的吴塘相符。塘的结构与规模又与当时的生产力和特殊的筑塘劳力（吴国战俘）相适应。1987 年，笔者曾在该塘西侧剖面上，采集到多块陶器碎片，经绍兴市文管处鉴定为春秋—西周时期的印纹陶器。据此，初步判定古城塘为春秋时期的建筑物。[①]

吴塘是句践迁都琅玡前的最后一个大型水利工程，也是越国唯一一个战俘工程。

---

① 陈鹏儿、沈寿刚、邱志荣：《春秋绍兴水利初探》，《纪念鉴湖建成 1850 周年暨绍兴平原古代水利研讨会论文集：鉴湖与绍兴水利》，中国书店 1991 年版，第 114 页。

4.故水道功传千秋

山阴故水道是利在当下、功传千秋的绝好工程，既是越国水陆交通要道，又对海潮浸漫有一定的防御作用，同时为越国南部地区生产和生活提供了较多的淡水资源和防洪排涝保障。山阴故水道由西向东依次流经现今迪荡街道、东湖街道、皋埠街道、陶堰街道和东关街道等，连接若耶溪、炼塘、银山、稷山，那是越国的冶炼基地；连接到富中大塘，那里有6万亩农田，是越国的生产基地；连接到灵文园、灵汜桥，那里是越国的园林；连接到美人宫、西施山，那里是越国的娱乐基地；接到吼山、鸡山，那里是越国的养殖基地；连接到东关，那里是越国的冶炼和航运基地。

绍兴市鉴湖研究会会长、水利专家邱志荣说：

> 山阴故水道既是水陆交通要道，其堤塘又有一定防御海潮的作用，并为越国南部地区生产和生活提供了较多的淡水资源和防洪排涝保障，为富中大塘建成创造了条件。山阴故水道和紧邻的故陆道，连通了越国各生产、军事基地。沟通了山会地区与钱塘江北岸的航运，连通了吴越水上交通，还开辟了海上航线。山阴故水道在越国政治、军事、经济、生活、文化和对外交流上发挥了命脉和保障作用。[1]

不仅如此，也为后来浙东运河的修建打下了坚实基础。拥有2500多年历史的山阴故水道，是我国历史上兴建年代最早、至今仍在发挥效益的人工运河之一。浙东运河因山阴故水道而生，因山阴故水道而繁荣。山阴故水道有利于我国运河沿线城市开展文化旅游活动进行交流、合作，传播浙东运河诗路文化，谱写浙东的春秋，兴旺浙东的经济，辉煌浙东的人文。浙东运河既是我国中原与南方文化结合与交融的桥梁，也是中外文化

---

[1] 周能兵：《城中运河 兴城护城的母亲河》，《绍兴晚报》2019年6月24日。

传播与交流的通道。浙东运河流淌的不仅是山阴故水道的水，也流淌着浙东的历史和文化。

第四节　先秦两汉浙东运河

春秋战国之时的越国，是地处我国东南地区的一个小国，越人已经拥有独立的语言文字体系。中原人无法听懂像鸟叫一样的於越语言，也看不懂越人使用的以汉字篆书为基础加鸟纹修饰而成的"鸟虫书"文字。

语言是古代民族的重要标志，越人不仅语言文字不同于中原，就连风俗习惯也不同。於越因远离中原而为史家忽视，虽历经殷商王朝，仍少见史籍记载。即使西周以后，史料记载亦为片言只语，难以稽考。《吴越春秋·无余外传》云：

> 禹以下六世而得帝少康。少康恐禹祭之绝祀，乃封其庶子于越，号曰无余。余始受封，人民山居，虽有鸟田之利，租贡才给宗庙祭祀之费。乃复随陵陆而耕种，或逐禽鹿而给食。无余质朴，不设宫室之饰，从民所居，春秋祠禹墓于会稽。无余传世十余，末君微劣，不能自立，转从众庶为编户之民，禹祀断绝。十有余岁……自后稍有君臣之义，号曰无壬。壬生无瞫，瞫专心守国，不失上天之命。无瞫卒，或为夫谭。夫谭生元常。常立，当吴王寿梦、诸樊、阖闾之时。越之兴霸，自元常矣。①

文中越王世系所记简略，这虽可能同史家失载有关，但最大的可能是越国属地与越国都城的迁徙不定所致。

---

① 崔冶译注：《吴越春秋》，中华书局 2019 年版，第 165—166 页。

一、越国都城的迁徙

越国的立国可追溯至公元前 2079 年，夏禹第五代裔孙少康继位后，将庶子无余"封于会稽，以奉守禹之祀"①。至战国末期，越国国君无疆伐楚不成反被灭，宗室后裔南迁分裂，楚置江东郡。到秦时，"二十五年……王翦遂定荆江南地，降越君，置会稽郡"②。

其间越国疆域不断变化，或扩张，或因国内纷争而多次迁都。

在夏商近千年间，由于越国偏居东南僻壤，文字少有提到，史书记载："周时天下太平，越尝献雉于周公"，"白雉贡於越，畅草献于宛，雍州出玉，荆、扬生金，珍物产于四远，幽辽之地，未可言无奇人也"。③

西周成王时，始有"於越来宾"、"成王时，於越献舟"④的记载。"於越来宾"是北方汉族最初见到於越族人的记载，比句践成为越王早 500 年。

春秋中期以后，越国才开始活跃于政治舞台。越国属地与越国都城的变迁，与其发展变化的内部和外部因素有关，即自然环境的骤变和社会大动荡造成。

1.越国最早的都城在诸暨埤中

无余是越国的始祖。建国之初，奉行节俭，不事奢华，人民安居乐业，越国自此发端。当时的越国乃蕞尔小国，但夏禹遗风依存，民风淳朴。

史有载的越国君王世系，《史记》云："越王勾践，其先禹之苗裔，而夏后帝少康之庶子也。封于会稽，以奉守禹之祀。文身断发，披草莱而邑

---

① 司马迁：《史记》，中华书局 2006 年版，第 272 页。
② 司马迁：《史记》，中华书局 2006 年版，第 43 页。
③ 王充著，黄晖撰：《论衡校释》，中华书局 1990 年版，第 219、614 页。
④ 绍兴市上虞区档案馆（局）编：《上虞印象：档案里的上虞历史（印记上虞）》，西泠印社出版社 2018 年版，第 30 页。

焉。后二十余世，至于允常。允常之时，与吴王阖庐战而相怨伐。允常卒，子勾践立，是为越王。"①《吴越春秋》云："壬生无瞫，瞫专心守国，不失上天之命。无瞫卒，或为夫谭。夫谭生元常。常立，当吴王寿梦、诸樊、阖闾之时。越之兴霸，自元常矣。"②

越国从允常开始壮大。在越王允常的统领下，越国不断汲取邻国的先进技术，艰苦创业，除旧布新，经济发展迅速，农业、手工业及军事实力快速提升，逐步走向富国强兵之路，不断开疆拓土，越国日益崛起。

允常死后葬于印山（今绍兴兰亭），其陵墓为印山越国王陵。《史记》对允常之前世系没有记载，只说"后二十余世，至于允常"。《史记》记载的内容告诉我们以下信息：句践是夏禹的后代；夏禹东巡时崩于会稽并葬于会稽；夏朝少康将庶子封于越地会稽。

《吴越春秋》佚文记载："越王都埤中。"郦道元在《水经注》中引：

> 《吴越春秋》所谓越王都埤中，在诸暨北界。山阴康乐里有地名邑中者，是越事吴处。故北其门，以东为右，西为左，故双阙在北门外，阙北百步有雷门，门楼两层，句践所造，时有越之旧木矣。州郡馆宇，屋之大瓦，亦多是越时故物。句践霸世，徙都琅邪，后为楚伐，始还浙东。城东郭外有灵汜，下水甚深，旧传下有地道，通于震泽。又有句践所立宗庙，在城东明里中甘滂南。又有玉笥、竹林，云门、天柱精舍，并疏山创基，架林裁宇，割涧延流，尽泉石之好，水流迳通。③

据专家考证，最早的越国故都在诸暨市东北28千米店口镇与阮市镇一带。无余定国都于诸暨之埤中，埤中在今诸暨北界次坞、店口至阮市一

---

① 司马迁：《史记》，中华书局2006年版，第272页。
② 崔冶译注：《吴越春秋》，中华书局2019年版，第166页。
③ 郦道元著，陈桥驿校证：《水经注校证》，中华书局2007年版，第943页。

带。如今在诸暨次坞的楼家桥遗址还发现了6700多年前的文化遗存，出土了许多春秋以前的陶鼎、陶豆、石器、玉器等，还发现了稻谷，表明那时已进入农耕文明时代。文物部门在遗址内发掘出春秋战国时期的制陶工场，出土了具有古越文化特征的陶器和原始青瓷器皿。在柁山坞村一带发现宫殿建筑基址和一段夯土城墙。因年代久远，破坏严重，遗迹多已湮没。

陈桥驿先生在《绍兴史话》中说："根据记载，秦望山下的嶕岘和诸暨境内的埠中，曾经都是部族酋长的驻地。"[1]并作《暨阳随笔》诗一首："於越流风远，埠中在暨阳。西子音容邈，典范照故乡。"[2]（图2-12）

图2-12　诸暨西施殿（图片来源：《绍兴市志》第一册，浙江人民出版社1996年版）

2.西周时期越国迁都于今苏州吴中

无余最早的封地"会稽"在浙东境内，越国疆域在不断变化的同时，其国都也在不断迁徙。

越国定都江南，与商禄父及三监叛周而遭周公东征讨伐的事件有关。当时越国是商的一个属国，在商禄父及三监叛周时，越国随之叛周。越国随商禄父及三监叛周，也就逃脱不了被征讨的命运。周公东征讨伐时越国

---

① 陈桥驿：《绍兴史话》，上海人民出版社1982年版，第14页。
② 张尧国主编：《西施传说：国家级非物质文化遗产代表作》，中国美术学院出版社2006年版，第211页。

迁都今苏州吴中越城，确切时间应在周成王时期。苏州吴中越城遗址为故越王城，从史籍的相关记载中也是可得到佐证的。根据史籍记载，春秋时吴中越城名为"会稽"确实无疑。该城的考古资料证实，遗址是西周时期越国南迁江南之后的都城。

在 20 世纪 30 年代，考古发现苏州吴中（原吴县）境内有越城遗址，遗址范围南北长 450 米，东西宽 400 米，面积近 18 万平方米，现高出地面约 1.5 米，其城池西、北两面残留有高 4.5 米的夯土城墙。越城遗址出土有两周时期的文物，说明越城遗址始筑于西周时期。越城遗址，位于苏州市西南郊石湖北口越来溪东。遗址西侧为鱼城遗址，越城遗址与鱼城遗址之间有一小溪相隔，小溪名"越来溪"。从城址及水溪以"越"取名来看，当与昔日越族人在此居住有关。根据考古发掘的资料，可以确定该遗址是西周时期越国的都城。苏州吴中越城遗址是在越王城旧址修建的，史籍的相关记载中可得到佐证。《汉书·地理志》会稽郡娄县云："娄，有南武城，阖闾所起以候越。"[①] 娄即娄县，秦汉时期在昆山东北置娄县。《越绝书·吴地传》："娄北武城，阖庐所以候外越也，去县三十里，今为乡也。"[②]

苏州吴中越城作为越国的都城，修筑的时间为西周成王时期。《越绝书》云："阖闾之时，大霸，筑吴越城。城中有小城二，徙治胥山。"[③]

3.鸿城（上海嘉定）曾为越国都城

史籍记载，越国都城曾迁徙到上海嘉定，《越绝书·吴地传》有载："娄门外鸿城者，故越王城也。去县百五十里。"[④]

由此得知，在距吴越城娄门一百五十里的鸿城，是过去的越王城，即越国的旧都。经考古挖掘，出土了两周时期的文物，证明该城始筑于西周时期，说明西周时期，苏州及周围地区都属越国。《越绝书》专门记载越

---

① 班固：《汉书》，中华书局 2007 年版，第 293 页。
② 袁康、吴平：《越绝书》，上海古籍出版社 1985 年版，第 14 页。
③ 袁康、吴平：《越绝书》，上海古籍出版社 1985 年版，第 9 页。
④ 袁康、吴平：《越绝书》，上海古籍出版社 1985 年版，第 12 页。

国地方史料，非常详细地记载了长江以南，常州以东的苏、锡、常地区历史的变迁。据史籍记载及考证得知，《越绝书》中所说的鸿城（故越王城），就在今上海嘉定境内。

越国都城西周之前在诸暨埤中，西周早期至阖闾元年（前514）之前的越国都城在今苏州吴中越城处，越王句践时，越国都城已在会稽。越灭吴后，出于北上中原争霸的需要，战国初迁都于今山东琅琊，直至被楚所灭，越都未再迁徙他地，阖闾元年之前没有迁都于鸿城，越王句践之后的越国都城也没有迁往鸿城。故越国迁都于鸿城（故越王城）的时间，只可能在阖闾元年，即鸿城是苏州吴中越城失陷后的越国临时迁都地。

根据林志方先生的考证，苏州吴中越城失陷后，越国临时迁都鸿城，理由有以下几点：

> 一是在吴王阖闾之前，吴国一直在今长江以北扩侵地域，阖闾执政后，采取了"扰楚"、"疲楚"和先降服越国的新战略，越国对此肯定是准备不足，更不可能会做好迁都的准备。在这种情况下，当苏州吴中越城突然被吴占领后，越选择其旧都之东150里处的鸿城作为临时迁都地合乎情理；二是春秋晚期在吴越城之东的大片地域仍然属越，这有史籍记载为证。《吴越春秋·阖闾内传》云："不开东门者，欲以绝越也。"《国语·吴语》也载子胥自杀前云："以悬吾目于东门，以见越之人，吴之亡也。"鸿城在吴越城之东150里，当属越地，故越在苏州吴中越城失陷后，将鸿城作为临时迁都地完全可能；三是《越绝书·吴地传》有云："娄门外力士者，阖闾所造，以备外越。"这里所说的"外越"，即是指与越不同族但已归属于越的氏族，鸿族人即属"外越"之列。鸿族人既归越，故在苏州吴中越城失陷后，越迁都于鸿城应该不会存在任何障碍。四是《史记·仲尼弟子传》记载子贡为鲁游说吴王时云："臣请东见越王。"以子贡时越国都城已在今浙江绍兴，越王却在吴越城之东常住，这只有一种解释才为合理，即鸿

城原确系苏州吴中越城失陷之后的越国临时迁都地。[1]

4.鸿城之后越国迁都会稽山阴

吴越争霸时，公元前496年句践先是在樵李打败阖闾："范蠡兴师战于就（樵）李，阖庐见中于飞矢，子胥还师，中媿於吴，被秦号年。"[2]

《史记·吴太伯世家》亦云："十九年夏，吴伐越，越王句践迎击之樵李。越使死士挑战，三行造吴师，呼，自刭。吴师观之，越因伐吴。败之姑苏，伤吴王阖庐指，军却七里。吴王病伤而死。阖庐使立太子夫差，谓曰：'尔而忘句践杀汝父乎？'对曰：'不敢！'三年，乃报越。"[3]

公元前494年，吴越两军在今浙江对峙，越王句践战败被围在会稽山（图2-13）。

图2-13　印山越国王陵（图片来源:《绍兴通史》第2卷）

从地理位置看，吴国处在越国的北方，"外郭筑城而缺西北，示服事吴也"，可证实越王句践时的越国都城所在地为会稽山阴（图2-14）。

---

① 林志方：《越国都城迁徙考》，《2002绍兴越文化国际学术研讨会论文集》，浙江古籍出版社2006年，第93页。

② 袁康、吴平：《越绝书》，上海古籍出版社1985年版，第44页。

③ 司马迁：《史记》，中华书局2006年版，第193—194页。

图 2-14 句践大小城图（图片来源：绍兴市鉴湖研究会提供）

会稽山阴是越王句践时的越国都城所在地，《越绝书》对越王句践时的越国都城有较详细的记载：

> 句践小城，山阴城也。周二里二百二十三步，陆门四，水门一。今仓库是其宫台处也。周六百二十步，柱长三丈五尺三寸，留高丈六尺。宫有百户，高丈二尺五寸。大城周二十里七十二步，不筑北面。而灭吴，徙治姑胥台。山阴大城者，范蠡所筑治也，今传谓之蠡城。陆门三，水门三，决西北，亦有事。到始建国时，蠡城尽。[1]

---

[1] 袁康、吴平：《越绝书》，上海古籍出版社 1985 年版，第 58 页。

当时吴国都城在苏州吴中越城处，吴越两军在浙江嘉兴南境对峙，《左传·哀公元年》云：“吴王夫差败于夫椒，报檇李也，遂入越，越以甲楯五千，保于会稽。”①

《史记·越王句践世家》记载：

> 三年，句践闻吴王夫差日夜勒兵，且以报越，越欲先吴未发往伐之。范蠡谏曰：“不可。臣闻兵者凶器也，战者逆德也，争者事之末也。阴谋逆德，好用凶器，试身于所末，上帝禁之，行者不利。”越王曰：“吾已决之矣。”遂兴师。吴王闻之，悉发精兵击越，败之夫椒。越王乃以余兵五千人保栖于会稽。吴王追而围之。②

《吕氏春秋》也说：

> 越王之栖于会稽也，有酒投江，民饮其流而战气百倍。③

《越绝书·请籴内传》则云：

> 昔者，越王句践与吴王夫差战，大败。保栖于会稽山上，乃使大夫种求行成于吴，吴许之。越王去会稽，入官于吴。④

---

① 蒋冀骋点校：《左传》，岳麓书社 2006 年版，第 337 页。
② 司马迁：《史记》，中华书局 2006 年版，第 272 页。
③ 许维遹撰：《吕氏春秋集释》，中华书局 1998 年版，第 171 页。
④ 袁康、吴平：《越绝书》，上海古籍出版社 1985 年版，第 22 页。

《史记·越王句践世家》记载：

> 吴既赦越，越王句践反国，乃苦身焦思，置胆于坐，坐卧即仰胆，饮食亦尝胆也。曰："女忘会稽之耻邪？"身自耕作，夫人自织，食不加肉，衣不重采，折节下贤人，厚遇宾客，振贫吊死，与百姓同其劳。
>
> 句践自会稽归七年，拊循其士民，欲用以报吴。①

依据史料对越王句践时越城及"山阴"之处的记载，可知越都"鸿城"之后的越国迁都地在今浙江绍兴。

5.句践称霸后越国迁都琅琊

《竹书纪年》记载：

> 晋出公七年（公元前 468 ）越徙都琅琊。②

《吴越春秋》云：

> 越王既已诛忠臣，霸于关东，徙都琅邪，起观台，周七里，以望东海。死士八千人，戈船三百艘。居无几，射求贤士。③

《越绝书·记地传》亦载：

> 越王夫镡以上至无余，久远，世不可纪也。夫镡子允常。允常子句践，大霸称王，徙琅琊都也。句践子与夷，时霸。与夷子

---

① 司马迁：《史记》，中华书局 2006 年版，第 273 页。
② 童书业：《春秋左传研究》，上海人民出版社 1980 年版，第 118 页。
③ 崔冶译注：《吴越春秋》，中华书局 2019 年版，第 286 页。

子翁，时霸。子翁子不扬，时霸。不扬子无疆，时霸，伐楚，威王灭无疆。无疆子之侯，窃自立为君长。之侯子尊，时君长。尊子亲，失众，楚伐之，走南山。亲以上至句践，凡八君，都琅琊二百二十四岁。无疆以上，霸，称王。之侯以下微弱，称君长。①

据《吴越春秋》和《越绝书》等可知，句践灭吴后，越国都城从会稽山迁徙到了琅琊。

《史记·苏秦列传》记载近海处的琅琊，云："齐南有泰山，东有琅邪，西有清河，北有勃海，此所谓四塞之国也。齐地方二千余里，带甲数十万，粟如丘山。"②《水经注》云："潍水出琅邪箕县潍山，琅邪，山名也。越王句践之故国也。句践并吴，欲霸中国，徙都琅邪。"③从以上史籍所记载琅琊的情况来看，可知的琅琊在今山东东南部的近海处。

但是，绍兴文理学院考古与文物保护技术研究所所长张志立和绍兴博物馆研究员、文理学院特聘考古专家彭云近年经过实地调研，考察了春秋战国时期的古城和遗址 102 处，掌握大量第一手资料，认为越王句践迁都的琅琊不是人们普遍认可的山东琅琊，而是江苏省连云港的锦屏山。他俩考察后发现，山东琅琊台的文物没有一件具有春秋战国时期越文化的风格特征，年代最为久远的是秦代。

古代的沭河和沂河在江苏连云港一带注入大海，两位专家在沂河与沭河附近的向国故城、小官村城址、北沟头故城发现了大量带有越国风格的陶片。越人具有很好的水性，上游有越人物品，下游也会留下越人的活动踪迹，于是找到了江苏连云港境内锦屏山九龙口古城址。他们在古城址发现大量越国陶片残器，都是春秋战国时期的印纹硬陶，具有很明显的越国文化特征。《浙江日报》记者金敖生等在《万里征尘解越国迁都之谜》一文中写道：

---

① 袁康、吴平：《越绝书》，上海古籍出版社 1985 年版，第 58 页。

② 司马迁：《史记》，中华书局 2006 年版，第 426 页。

③ 郦道元著，陈桥驿校证：《水经注校证》，中华书局 2007 年版，第 630 页。

当时的锦屏山九龙口古城，大海即在山下，城中起观台以望东海也应当为这里。九龙口古城，南有淮水，西有当时注入淮水的沭水（今沭河）、新沂河和沂水（今沂河、新沂河），北有沂蒙山为天然屏障，东靠东海，其周围是苏北大平原，土地肥沃，水产、物产丰富，气候宜人，原为吴故地，当是建都的最佳之地，也是越国争霸中原最佳的前进基地。

此后的考察也证明了这一点。在发现九龙口古城后，张志立和彭云又对周围广大地区进行了大规模考察，结果发现此城方圆数十里内存在着大量当时越国人活动的遗迹。同属春秋晚期到战国早期并有越国文化的印纹硬陶片的二涧遗址、孔望山古城、土船顶遗址等居地遗址散布在九龙口周围，连云港的云台山、花果山等附近山上发现1000余座春秋晚期到战国时期的大石盖墓（土墩石室墓），当地称"藏军洞"。

而在其北约50公里的海边尚有一周长3000余米的盐仓古城。其西北、沭河中上游还有越国印纹硬陶片及青铜器出土的小官庄古城（马□山），周长约6公里，亦是三面环山一面较平，依山傍水，十分幽美而壮丽。可以想见，当时越国迁都锦屏山后西北边城，沿沭水而下，有祝丘城、临沂古城、北沟头古城、郯国故城、鄅国故城、鲁兰城等城作为屏障，拱卫京畿。

另据《唐·通典·卷一百八十·郡县十》朐山条记载："朐山，有羽山殛鲧处、东北有琅琊山、汉朐县，故城在今县西南。秦始皇立石以为东阙门。即此地萧齐置青州于此。"秦始皇时立朐县，秦始皇35年（前212年）立石为秦东门。而今锦屏山即秦立石为东阙门的琅琊山。也从另一个方面证明了九龙口即为琅琊古城。[①]

---

① 金敖生等：《万里征尘解越国迁都之谜》，《浙江日报》2022年6月22日第13版。

越王句践二十九年（前468）二月，迁都琅琊（今江苏连云港锦屏山），为了便于维护霸业，同时拥有会稽。当时，越国人口已达三十多万，迁往琅琊约三万人口，大本营依然在越国故土。

综上所述，夏少康为了控制东夷，封其庶子无余于越，其都城所在地在今诸暨埤中。商至周成王之前，越分别成为商和周的属国，其都城仍在原封地。周成王时越国随商禄父及三监叛周，而遭周公东征讨伐，迫不得已将其都城迁徙至今苏州吴中越城处。春秋晚期越王允常时，越国对吴王阖闾突然实施南侵先降越的新战略无备，被迫于阖闾元年（前514）临时迁都于嘉定鸿城处。越迁都嘉定鸿城后，出于自身生存、发展以及复仇于吴的考虑，在吴王阖闾忙于进攻楚国时，越王允常又将都城迁至今浙江绍兴会稽山之阴。战国初，在越灭吴之后，为实施北上中原称霸大业的需要，越王句践将都城迁都至琅琊，直至越王无疆时越被楚所灭，越国都城再未迁徙他地。

二、秦汉浙东运河文化

於越民族，古代活跃在萧绍宁平原、杭嘉湖平原、金衢丘陵一带，他们在长期的生产活动中，创造了光辉灿烂的於越文化。随着历史的变迁，华夏东南地区的於越也逐渐完成了由奴隶社会向封建社会的转化。他们所创造的於越文化具有独特的地域性，在政治经济、语言文学、典刑制度、生活习俗、精神文明及图腾信仰等方面都具有民族特色。

1.融入中原的越文化

句践去世后，子孙代代相传，霸业仍然持续了百年左右。越王句践的儿子越王鹿郢和孙子越王不寿继续秉持了句践礼义相待诸侯的政策，延续了越国的霸主地位，朱勾杀死父亲越王不寿自立为君后，这一局面发生了变化。所谓"越人三弑其君"，越国连续了发生了三起弑君篡位事件，内乱导致其逐渐衰落，也使得后来的越王无颛不得不重新将国都迁回江南故都会稽，从此饮恨退出中原，未能进入"战国七雄"行列。

史料记载，周显王三十六年（前333），越国被楚国打败，从此一蹶不振，但依然顽强生存着。《史记》云："句践卒，子王鼫与立。王鼫与卒，子王不寿立。王不寿卒，子王翁立。王翁卒，子王翳立。王翳卒，子王之侯位。王之侯卒，子王无疆立。"[1]共六代。《越绝书》则说："句践子与夷，时霸。与夷子子翁，时霸。子翁子不扬，时霸。不扬子无疆，时霸，伐楚，威王灭无疆。"[2]共四代。

两书相差了二代，可能是与鼫与（即与夷）在位时间很短、不寿在位只10年就被杀有关。子翁是继句践之后最能干的越国君主，统治中原达37年之久。

无疆是越国的最后一任国王，公元前306年，他在位时期大举对外用兵，《史记》云：

王无疆时，越兴师北伐齐，西伐楚，与中国争强。当楚威王之时，越北伐齐，齐威王使人说越王曰："越不伐楚，大不王，小不伯。图越之所为不伐楚者，为不得晋也。韩、魏固不攻楚。韩之攻楚，覆其军，杀其将，则叶、阳翟危；魏亦覆其军，杀其将，则陈、上蔡不安。故二晋之事越也，不至于覆军杀将，马汗之力不效。所重于得晋者何也？"越王曰："所求于晋者，不至顿刃接兵，而况于攻城围邑乎？愿魏以聚大梁之下，愿齐之试兵南阳莒地，以聚常、郯之境，则方城之外不南，淮、泗之间不东，商、於、祈、郇、宗胡之地，夏路以左，不足以备秦，江南、泗上不足以待越矣。则齐、秦、韩、魏得志于楚也，是二晋不战而分地，不耕而获之。不此之为，而顿刃于河山之间以为齐、秦用，所待者如此其失计，奈何其以此王也！"齐使者曰：

---

① 司马迁：《史记》，中华书局2006年版，第274页。
② 袁康、吴平：《越绝书》，上海古籍出版社1985年版，第58页。

"幸也越之不亡也！吾不贵其用智之如目，见豪毛而不见其睫也。今王知晋之失计，而不自知越之过，是目论也。王所待于晋者，非有马汗之力也，又非可与合军连和也，将待之以分楚众也。今楚众已分，何待于晋？"越王曰："奈何？"曰："楚三大夫张九军，北围曲沃、於中，以至无假之关者三千七百里，景翠之军北聚鲁、齐、南阳，分有大此者乎？且王之所求者，斗晋楚也；晋楚不斗，越兵不起，是知二五而不知十也。此时不攻楚，臣以是知越大不王，小不伯。复雠、庞、长沙，楚之粟也；竟泽陵，楚之材也。越窥兵通无假之关，此四邑者不上贡事于郢矣。臣闻之，图王不王，其敝可以伯。然而不伯者，王道失也。故愿大王之转攻楚也。"

于是越遂释齐而伐楚。楚威王兴兵而伐之，大败越，杀王无疆，尽取故吴地至浙江，北破齐于徐州。而越以此散，诸族子争立，或为王，或为君，滨于江南海上，服朝于楚。[①]

越王无疆征伐中原，却遇上有雄才大略的齐威王和楚威王两位君主，结果楚国大破越军，杀死无疆，"尽取故吴地至浙江"。当时浙江以南的广大地区，还是越国的领土。无疆生前没有明确谁是王位继承人，导致他的儿子互不相让，都以正统自居，各自纷纷建国，各占一方。

秦始皇统一六国时，越国地盘上有闽越王无诸和越东海王摇，他们是越王无疆的后裔。公元前222年，秦始皇灭楚，闽越王无诸和越东海王摇率两国降秦。

《史记》云：

二十五年，大兴兵，使王贲将，攻燕辽东，得燕王喜。还攻

---

① 司马迁：《史记》，中华书局2006年版，第274—275页。

代，虏代王嘉。王翦遂定荆江南地，降越君，置会稽郡。五月，
天下大酺。①

秦已并天下，皆废为君长，以其地为闽中郡。②

秦将王翦"降越君，置会稽郡"，然后南征百越，进入浙江南部东瓯
和福建闽越，将首领摇和无诸废为君长。但於越文化却依然绵延不绝。

公元前 221 年，秦始皇完成统一大业，在全国推行郡县制，实行吴越
合治，於越境域分属于会稽郡、鄣郡、闽中郡三郡。

会稽郡，郡治设在吴县，秦在越地设置会稽郡，管辖长江以南越国和
吴国的故地。辖地包括今江苏省镇江以南，南至今浙江省金衢盆地。

鄣郡以故鄣县为郡治，治所在今安吉县安城镇古城村境内，是浙江全
省境内出现最早的郡级治所。当时故鄣县幅员辽阔，包括现今安吉县全
境，长兴县西南一部分和安徽省广德县全境，郎溪县一部分。

闽中郡，郡治在冶（今福建福州），浙江境域的椒江流域和瓯江流域
均属闽中郡。《史记·东越列传》云：

闽越王无诸及越东海王摇者，其先皆越王句践之后也，姓驺
氏。……及诸侯畔秦，无诸、摇率越归鄱阳令吴芮，所谓鄱君者
也，从诸侯灭秦。当是之时，项籍主命，弗王，以故不附楚。汉
击项籍，无诸、摇率越人佐汉。汉五年，复立无诸为闽越王，王
闽中故地，都东冶。孝惠三年，举高帝时越功，曰闽君摇功多，
其民便附，乃立摇为东海王，都东瓯，世俗号为东瓯王。③

秦末，闽越王无诸率领越人加入了轰轰烈烈的反秦大起义，与中原人

---

① 司马迁：《史记》，中华书局 2006 年版，第 43 页。
② 司马迁：《史记》，中华书局 2006 年版，第 666 页。
③ 司马迁：《史记》，中华书局 2006 年版，第 666 页。

民共同推翻了秦王朝的统治，楚汉相争时，又辅助刘邦打败了项羽，刘邦在东冶（今福州一带）建都，立无诸为闽越王，继续越国的奉祀。

秦始皇为了控制东南越人，修通寿春到浙江的水陆交通，在会稽郡内以吴地控制越地；秦始皇担心会稽越人及东海外越响应南方战局，将会稽土著越人迁徙到余杭一线予以监督，隔断土著越人与东海外越的联系。同时，秦始皇还借越人世代奉祀大禹的身份意识，通过祭祀大禹、会稽刻石，在越人文化传统中阐述皇帝的神圣权威，以此展现其教化权。但是这些政策导致了南辕北辙的结果，皇帝东巡会稽被说成是破坏"东南天子气"，反而激发了会稽豪强的幻想，成为反对秦朝的政治资源。秦朝实行的"大徭役"成为会稽豪强控制社会的契机，推翻秦朝的八千江东子弟即起源于此。

公元前219年，秦始皇命屠睢率50万大军，分为五路，进攻镡城（今湖南靖县境）、九嶷（今湖南宁远南）、番禺（今广东广州）、南野（今江西南康境）、余干（今江西余干境），发动南征百越的战争。屠睢是大秦帝国优秀的将领，他和蒙恬互为秦朝南征北战的大将，蒙恬北伐匈奴，屠睢南征百越。《淮南子·人间训》云：

> 秦皇挟录图，见其传曰："亡秦者胡也。"因发卒五十万，使蒙公、杨翁子将筑修城，西属流沙、北击辽水、东结朝鲜，中国内郡挽车而饷之。又利越之犀角、象齿、翡翠、珠玑，乃使尉屠睢发卒五十万，为五军，一军塞镡城之岭，一军守九疑之塞，一军处番禺之都，一军守南野之界，一军结余干之水，三年不解甲弛弩。使监禄无以转饷，又以卒凿渠而通粮道，以与越人战，杀西呕君译吁宋。而越人皆入丛薄中，与禽兽处，莫肯为秦虏。相置桀骏以为将，而夜攻秦人，大破之，杀尉屠睢，伏尸流血数十万，乃发适戍以备之。①

---

① 刘安编，何宁撰：《淮南子集释》，中华书局1998年版，第1288—1291页。

这场南征百越的战争是大秦帝国统一华夏诸战中最艰难、最激烈的一仗。公元前214年的一个夜间，屠睢率军深入西江畔的三罗地域，在树林中遭遇当地土人埋伏，屠睢身中毒箭，从马背跌落，中毒身亡。秦军因水土不服以及后勤给养不便惨遭失败，秦始皇派任嚣与赵佗接替屠睢平定岭南。

在经历了惨重的挫折后，秦军彻底征服岭南百越各部落，百越正式纳入秦王朝的版图。秦始皇命赵佗驻守岭南并从中原迁居50万华夏军民来到岭南地区，多数南越人与华夏人民杂处，加强了汉越的民族融合。中原人的到来，带来了北方先进文化与农耕技术，改变岭南刀耕火种的生产方式，平稳进入农耕文明时代，同时引进中原文化和海洋文化，促进了当地生产力的发展，开启了百越千年文明辉煌进程。

2. 秦碑刻与会稽刻石

为了社会稳定和促进生产力的发展，从公元前220年开始，秦始皇八次出巡，长途跋涉，大有与民同乐之意，司马迁在《史记·秦始皇本纪》中详细记载了他的出巡活动。"亲巡天下，周览远方"[1]，秦朝为秦始皇歌功颂德、昭示万代所作的碑文刻石共有七块，即"秦七刻石"。分别是"峄山刻石"、"泰山刻石"、"琅玡刻石"、"之罘刻石"、"东观刻石"、"碣石刻石"和"会稽刻石"。《史记》记载的"秦七刻石"碑文有六篇，"峄山刻石"有记载，但无碑文。

公元前210年，秦始皇最后一次东巡。《史记·秦始皇本纪》记载了秦始皇这次巡视的路线：

> 三十七年十月癸丑，始皇出游。左丞相斯从，右丞相去疾守。少子胡亥爱慕请从，上许之。十一月，行至云梦，望祀虞舜于九疑山。浮江下，观籍柯，渡海渚，过丹阳，至钱唐。临浙江，水

---

① 司马迁：《史记》，中华书局2006年版，第49页。

波恶。乃西百二十里从狭中渡。上会稽，祭大禹，望于南海，而立石刻颂秦德。……还过吴，从江乘渡。并海上，北至琅邪。①

秦始皇巡视东南的目的，一是因为当时社会上流行"东南有天子气"的传言，秦始皇欲东游以压之：

秦始皇帝常曰"东南有天子气"，于是因东游以厌之。②

北宋乐史《太平寰宇记》卷九十《江南东道二·升州》记载：

《金陵图经》云："昔楚威王见此有王气，因埋金以镇之，故曰金陵。秦并天下，望气者言江东有天子气，乃凿地脉，断连冈，因改金陵为秣陵。属丹阳郡。"③

为了阻止传言的应验，秦始皇于是在嘉兴、云阳、丹徒、金陵等地大兴土木，破坏风水。

二是建设陵道交通网，将各县连接起来。《越绝书·越绝外传记吴地传》记载："秦始皇造道陵南，可通陵道到由拳塞，同起马塘，湛以为陂，治陵水道到钱唐，越地，通浙江。秦始皇发会稽適戍卒，治通陵高以南陵道，县相属。"④

三是迁徙钱塘江以南原越地居民至太湖流域："乌程、余杭、黝、歙、无湖、石城县以南，皆故大越徙民也。秦始皇帝刻石徙之。"⑤这种大规模

---

① 司马迁：《史记》，中华书局2006年版，第48—49页。
② 司马迁：《史记》，中华书局2006年版，第72页。
③ 乐史：《太平寰宇记》，中华书局2007年版，第1772页。
④ 袁康、吴平：《越绝书》，上海古籍出版社1985年版，第18页。
⑤ 袁康、吴平：《越绝书》，上海古籍出版社1985年版，第14页。

的人口迁徙从客观上促进了江南的人员流动和地方文化交流。

秦始皇登会稽山，祭祀夏禹，遥望南海，在那里立碑刻石，这块刻石世称"会稽刻石"。从碑文中可得知主要内容有三：一、记述秦始皇一统华夏的主要功绩；二、公示秦朝治理国家的政策方针；三、记述刻石立碑是因为群臣力请。

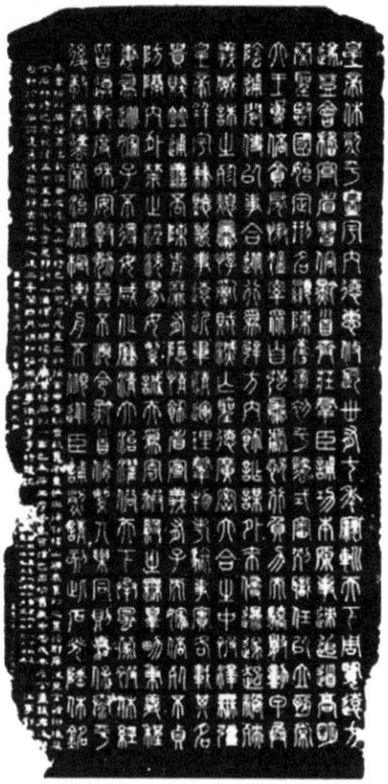

《越绝书·越绝外传记地传》记载：取钱塘浙江"岑石"，石长丈四尺，南北面广六尺，东面广四尺，西面广尺六寸。刻文立于越栋山上，其道九曲，去县二十一里。①记录了"会稽刻石"的材质、规格和方位。这块石碑由李斯撰文并书写，故俗称"李斯碑"（图2-15）。后来司马迁将碑文载入《史记·秦始皇本纪》。

图2-15 会稽刻石
（图片来源：《绍兴市志》第一册）

原文：

皇帝休烈，平一宇内，德惠修长。卅有七年，亲巡天下，周览远方。遂登会稽，宣省习俗，黔首斋庄。群臣诵功，本原事迹，追首高明。秦圣临国，始定刑名，显陈旧章。初平法式，审别职任，以立恒常。六王专倍，贪戾慠猛，率众自强。暴虐恣行，负力而骄，数动甲兵。阴通间使，以事合从，行为辟方。内饰诈谋，外来侵边，遂起祸殃。义威诛之，殄熄暴悖，乱贼灭亡。圣德广密，六合之中，被泽无疆。皇帝并宇，兼听万事，远近毕清。运

① 袁康、吴平：《越绝书》，上海古籍出版社1985年版，第64—65页。

理群物，考验事实，各载其名。贵贱并通，善否陈前，靡有隐情。饰省宣义，有子而嫁，倍死不贞。防隔内外，禁止淫泆，男女絜诚。夫为寄豭，杀之无罪，男秉义程。妻为逃嫁，子不得母，咸化廉清。大治濯俗，天下承风，蒙被休经。皆遵度轨，和安敦勉，莫不顺令。黔首修絜，人乐同则，嘉保泰平。后敬奉法，常治无极，舆舟不倾。从臣诵烈，请刻此石，光垂休铭。

"会稽刻石"是秦始皇出巡留下的最后一块碑文刻石，是越地入秦后最直接的文字材料。这块刻石历来受到世人重视，成为今人研究当时社会政治和经济发展情况的珍贵史料。碑文为四言韵文，三句一韵，每字四寸见方，以小篆书写，共 288 字，较《史记》所记少一字。碑文先叙述秦国兼并六国战争的正义性，歌颂秦始皇统一中国的功德，后着重宣扬结束战争、统一天下、制定国策以及革除旧俗的正义性和优越性。当时越人的越俗很炽盛，是对秦朝的威胁，秦始皇巡视吴越，目的是削弱越人势力，遣散越人，调整人种构成，树立秦朝统治会稽郡的标志。"会稽刻石"是秦皇朝最高的规范理念，表现的是社会形态的凝聚，成为震动越民及全体国人的一种强大力量。

秦始皇统一华夏后，实行统一文字的政策，"书同文"推动了华夏文化的交流与发展，在中国文明史上功劳显著。李斯分析相关字体以后，主张以小篆为标准字体，小篆线条符号性强，结构匀称，字形简化，形体方长，用笔圆转，笔势瘦劲俊逸，体态典雅宽舒。结束了战国以来文字异构丛生、形体杂乱的局面。

从书法角度来说，石刻文字舍弃了金文中那种明显的装饰意味，大小一统，粗细一致，起止无迹，珠圆玉润，充分体现了书写的成熟技巧和理性能力，为华夏文字的一统树立了丰碑。唐代书法家张怀瓘《六体书论》云："小篆者，李斯造也。或镂纤屈盘，或悬针状貌。鳞羽参差而互进，珪璧错落以争明。其势飞腾，其形端俨。李斯是祖，曹喜、蔡邕为嗣。"①
在《书断》中，张怀瓘评论李斯的书法艺术时说："书如铁石，字若飞动，
作楷隶之祖，为不易之法。其铭题钟鼎及作符印，至今用焉。"②

绍兴市文史研究馆馆长冯建荣在《秦〈会稽刻石〉考论》中说："其
文字凝练、隽永，文风庄重、典雅，文思畅达、井然，易解易记，是
难得的好铭文，具有很高的文学价值，堪称古越大地上诞生的第一篇美
文。"③"那言简意赅、含蓄流畅的文辞，词藻华丽、琅琅上口的韵文，……
无不显示出它是我国文化宝库中的艺术瑰宝。"④

"会稽刻石"作为书法艺术的丰碑，具备书法艺术的美所必需的基本
要素，即结构上平衡对称及用笔的骨力和飞动的美，其风格简捷明快，整
齐端庄而又生动有力，同时气魄宏伟雄大，对后世的隶、楷、行、草等，
都产生了重大影响。"会稽刻石"已历两千多年，虽屡遭磨灭，多次摹刻，
但其灵魂精髓却始终浑朴如一。

由于各种原因，"会稽刻石"长期暴露山野，经历风雨剥蚀，至南宋
绍兴年间（1131—1162），刻石虽存，而字迹已磨灭殆尽，几经复制，原
碑现已失踪迹。碑刻原址也有碑在会稽山、碑在秦望山、碑在鹅鼻山、碑
在原何山等几种说法。现存的"会稽刻石"石碑已非原物，是乾隆五十七
年（1792）四月，绍兴知府李亨特根据申屠氏拓本复刻的。1987 年，刻
石移置会稽山大禹陵内的碑廊，并安装屏壁以永久保护。我们现在见到的
"会稽刻石"已经多次重摹，虽然有失原刻风貌，但其篆体依然清劲圆润，
明晰端正，法度谨严，两千多年前的辉煌书艺犹存，足以领略书法大家的
神韵。"会稽刻石"标志着秦代刻石碑铭文体的成熟，奠定了碑铭文学的

---

① 潘运告编著：《张怀瓘书论》，湖南美术出版社 1997 年版，第 238 页。

② 张怀瓘撰，邵军校注：《书断》，山西教育出版社 2018 年版，第 10 页。

③ 冯建荣：《秦〈会稽刻石〉考论》，《绍兴文理学院学报（哲学社会科学）》2012 第
1 期。

④ 陈五六：《绍兴摩崖碑版集成》，中华书局 2005 年版，第 317 页。

特征，张舜徽在《艺苑丛话》中说："《通志·金石略》云：'三代而上，惟勒鼎彝。秦人始大其制而用石鼓，始皇欲详其文而用丰碑。自秦迄今，惟用石刻。'"①

由于秦碑之渊源，刻石文化成为了中华传统文化的一朵奇葩。《艺苑丛话》云："郑氏谓始皇所立者为丰碑，是直以文字之载于石者皆曰碑矣，其实不然也。刻碑之兴，当在汉季。自汉以上，皆但谓之刻石。《史记·秦始皇本纪》载廿八年始皇东巡，上峄山、泰山、芝罘、琅邪、碣石，以至会稽，皆言刻石颂秦功德。今石虽多不存，然泰山廿九字墨本犹为世珍。峄山及会稽有后人摹本，可见其概。《史记》所载，但名刻石，不称为碑，固明甚。"②可以说，在"会稽刻石"的影响下，碑铭刻石对华夏秦汉文化氛围的形成产生了直接的引导作用。

两汉书法的最大成就是隶书，汉隶是中国历代隶书的典范。隶书的特点是将小篆的长方形变为方形或扁方形，使小篆的纵势成为横势，圆转同时变为方折，长圆为横方，钩连为使转，内裹为外铺，使隶书具有更加丰富的表现力。富盛跳山东汉摩崖"建初买地刻石"（亦称"大吉碑"）是最为著名的会稽摩崖石刻（图2-16）。

图2-16　建初买地刻石
（图片来源：《绍兴市志》第一册）

"建初买地刻石"是浙江年代最久远的一块摩崖石刻，位于绍兴市富盛镇乌石村西南800米跳山东坡上，摩崖高1.17米，宽1.1米。之所以称"大吉碑"，是因为该摩崖分为上下两列，上列直书"大吉"两个字。清人陆增祥《八琼室金石补正》记载：

拓本高四尺五分，广五尺五寸……字径七寸至尺余不等。分

---

①　张舜徽：《艺苑丛话》，南开大学出版社2018年版，第169页。

②　张舜徽：《艺苑丛话》，南开大学出版社2018年版，第169页。

上下两列，上列竖书"大吉"两字，下列分为五行，每行四字，曰："昆弟六人，共买山地。建初元年，造此冢地。直三万钱。"①

该摩崖自发现以来，学者、书家纷纷"争先快睹，求取几无虚日"②。

此碑运笔古厚、淳朴，是秦篆向汉隶演变发展史上的活化石。从建初元年（76）到1963年，被公布为"浙江省重点文物保护单位"，经历了漫长的1887年。2019年，被列为第八批全国重点文物保护单位。

该刻石是浙江省内迄今发现时间最早、最大的墓莂，也叫买地券，为研究当时的土地买卖制度提供了依据，也说明汉朝的人们相信，凭刻石证明，死者在阴曹地府可以不受野鬼侵犯。

清嘉庆山阴人杜春生纂辑了《越中金石记》，考录越中碑版218处，历代金石考和地方志所载"阙访"438处，共656处，集越中金石之大成。而那些埋于地下，弃于荒野，泯于岁时的越中金石，更是难计其数。绍兴文理学院越文化研究专家高利华、邹贤尧、渠晓云在《越文学艺术论》一书中说：

> 产生于越地的《会稽刻石》，不但标志着秦代刻石这种文体的成熟，已初步奠定碑铭文学的特征，而且对越地后来的文学氛围的形成产生了引导作用。秦统一后的刻石铭文在碑铭这一文体方面有开创价值，对碑铭体文学的形成起着承前启后的作用。《会稽刻石》体现着碑体文一个很重要的因素就是其叙事性。《会稽刻石》体现着碑体文的语言特点是文句整饬简洁，辞采雅训有则。《会稽刻石》体现着碑体文一个重要的特点便是颂的笔法，这是该文体与生俱来的特征。③

---

① 陆增祥：《八琼室金石补正》，文物出版社1985年版，第7—8页。
② 任桂全等撰：《古城绍兴》，浙江人民出版社1984年版，第131页。
③ 高利华，邹贤尧，渠晓云：《越文学艺术论》，人民出版社2011年版，第95—96页。

会稽开风气之先，在琳琅满目的刻石文化园里，大放异彩。

3.浙东曹娥孝德文化

中国传统文化博大精深、源远流长，其中"孝德"是最重要的德性和善行。习近平总书记在《在纪念孔子诞辰 2565 周年国际学术研讨会暨国际儒学联合会第五届会员大会开幕会上的讲话》中说道："文以载道，文以化人。当代中国是历史中国的延续和发展，当代中国思想文化也是中国传统思想文化的传承和升华，要认识今天的中国、今天的中国人，就要深入了解中国的文化血脉，准确把握滋养中国人的文化土壤。"①中华"孝德"文化在中华民族发展历程中处于重要地位，并作为中华民族的传统美德被历代传承。

中国孝德文化源远流长。《孝经》云：

> 子曰："夫孝，天之经也，地之义也，民之行也。"天地之经，而民是则之。则天之明，因地之利，以顺天下。是以其教不肃而成，其政不严而治。先王见教之可以化民也，是故先之以博爱，而民莫遗其亲；陈之以德义，而民兴行。先之以敬让，而民不争；导之以礼乐，而民和睦；示之以好恶，而民知禁。②

孔子认为孝德天经地义，就像天上日月星辰的更迭运行，地上万物的自然生长，天地间的自然法则，是人们必须遵循的。效法永恒不变的天理，顺应四季规律，使民众归顺和信服。对人民的教化，不用严肃的手段就能获得成功；对人民的管理，不用严厉的办法就能得到功效。先贤君主知道教育能感化民众，于是亲自带头，实行博爱，讲清道德、礼义，人民就会主动遵行。君主率先尊敬他人、礼让他人，人民就不会争抢夺斗；用

---

① 习近平：《在纪念孔子诞辰 2565 周年国际学术研讨会暨国际儒学联合会第五届会员大会开幕会上的讲话》，《人民日报》2014 年 9 月 25 日第 1 版。
② 曲行之译注：《孝经》，浙江古籍出版社 2011 年版，第 9 页。

礼仪和音乐感化百姓，百姓就和睦相处；向百姓宣传好的和坏的，百姓能够辨别好坏，就不会违反禁令。

儒家有关"孝"的论述可谓仁义思想的精髓，是人之根本的伦理道德，涉及人们日常生活中的"善"、"仁"、"忠"等价值理念。在孔子的相关论述中，"孝"乃大德，至上之德，为人行事的根本和方向。而"大德不逾闲，小德出入可也"①，他们认为人不能逾越大的节操界限，小的操行方面则可以灵活变通。孝悌是成就仁德的基础，君主从管理社会的角度出发，需要抓住孝悌这一根本，贤人志士亦需抓住修养德性这一根本。《孝经》开宗明义就说：

> 夫孝，德之本也，教之所由生也。……身体发肤，受之父母，不敢毁伤，孝之始也。立身行道，扬名于后世，以显父母，孝之终也。夫孝，始于事亲，中于事君，终于立身。②

尤其是在"孝悌忠信、礼义廉耻"思想的影响下，易于构成安定的社会。孝悌是社会安定的基础因素，由孝悌推及敬重官长、尊敬教师，社会自然趋于和平、安定。所以孝悌是仁义之本，又是道德之本。

孝具有层次性，可以从"修身齐家治国平天下"体现。

齐家的要义在于"孝"。个人从属于家，家又从属于国，可谓家是最小国，国是最大家，而"孝"是家庭中趋向共同的价值观，是家庭成员和睦的根本，能使家庭成员产生巨大的聚合向心力。"孝"在家的基本表现就是尊重、孝顺父母，恭敬兄长，心怀孝道。"孝"为治国之礼，"孝德"文化与"治国"密切相关，是国家安稳的保障。孔子云："道之以政，齐之以刑，民免而无耻。道之以德，齐之以礼，有耻且格。"③这是说如果统治

---

① 刘兆伟译注：《论语》，人民教育出版社2015年版，第465页。
② 曲行之译注：《孝经》，浙江古籍出版社2011年版，第1页。
③ 刘兆伟译注：《论语》，人民教育出版社2015年版，第19页。

者以法制禁令督导民众，用刑罚规范民众，民众能够躲避惩罚，却没有羞耻之心；而如果用道德引导民众，以礼义规范民众，民众就有羞耻感，并且能端正自己的言行。孝德是治国之礼，孔子强调"德"的政治意义，主张"仁政"与"惠民"，提出"德"是治理国家、赢得民心的关键，"德"是区分"仁君"与"暴君"的标准。"孝"还是平天下之策，从宏观讲，"孝"能开万世之太平，从微观讲，君臣身体力行，方可成就大业。

"孝"之德同时是儒家思想的重要原则，能够实现人心归顺，可以使得政治清明，促进社会和谐，实现国家稳定。

"孝"字最早见于殷商的卜辞，金文的"孝"，是一个"子"搀扶着老人走路的形状，用服侍老人来表达"孝"的原意。西周时期，孝德思想形成完备，尊祖敬宗和传宗接代是孝的主要内涵。战国以后，孝的内涵发生了重大转变，由尊祖敬宗和传宗接代逐步转向善事父母。儒家对孝的阐释促使孝文化不断完善。

浙东是中华孝德文化的发源地之一，虞舜"孝感动天"和曹娥"投江寻父"的故事，在中国几乎家喻户晓，深深感动、教育了无数后人，浙东世受其影响，孝德文化氛围愈发浓烈，传承有序。在虞舜和曹娥的影响下，浙东孝子、孝女不断涌现。孝德文化成为浙东文化最主要的特色之一，浙东上虞也被授予"中国孝德文化之乡"的称号。为了纪念曹娥，上虞建有号称"江南第一庙"的曹娥庙，其精美绝伦的雕刻艺术、大型壁画、高柱楹联和碑文书法等饮誉江南，是民国时期江南建筑艺术的代表与精华，更成为上虞孝德文化的具体象征。

独特的家庭制度向来是社会稳定、历史延续、人民安宁和个人安全的主要基础。而基于自然性的血缘情感的儒家的"孝"观念，无疑是这一家庭制度的主要支撑点和基本中轴线，并且在不断地被有意识地强化过程中形成一种深远的传统文化。"孝"观念成了中国人的根本价值信念与基本文化立场。

东汉汉安二年（143）农历五月初五，曹娥父亲曹旴驾船在舜江中迎潮神伍子胥君，"逆涛而上，为水所淹，不得其尸。时娥年十四，号慕思盱，哀吟泽畔，旬有七日，遂自投江死，经五日，抱父尸出"。当地越人为纪念曹娥，改舜江为曹娥江。元嘉元年（151）上虞县令度尚，改葬曹娥于江南道旁，为孝女曹娥造墓建庙，立碑纪念（图2-17）。度尚先让魏朗作碑文，魏朗写成后还未出示，度尚又让邯郸淳试着写一篇，邯郸淳"操笔而成，无所点定"，成以示人，魏朗感叹其才，为之毁稿。

图2-17　后汉会稽孝女之碑

《曹娥碑》原文：

　　孝女曹娥者，上虞曹盱之女也。其先与周同祖，末胄荒沉，爰来适居。盱能抚节案歌婆娑乐神。以汉安二年五月，时迎伍君，逆涛而上，为水所淹，不得其尸。时娥年十四，号慕思盱，哀吟泽畔，旬有七日，遂自投江死，经五日，抱父尸出。以汉安迄于元嘉元年，青龙在辛卯，莫之有表。度尚设祭诔之，辞曰：伊惟孝女，晔晔之姿。偏其反而，令色孔仪。窈窕淑女，巧笑倩分。宜其室家，在洽之阳。待礼未施，嗟丧慈父。彼苍伊何？无父孰怙！诉神告哀，赴江永号，视死如归。是以眇然，轻绝投入，沙泥翩翩，孝女乍沉乍浮。或泊洲屿，或在中流，或趋湍濑，或还波涛。千夫失声，悼痛万余。观者填道，云集路衢。流泪掩涕，惊恸国都。是以哀姜哭市，杞崩城隅。或有剽面引镜，劈耳用刀。坐台待水，抱树而烧。於戏孝女，德茂此俦。何者大国，防礼自修。岂况庶贱，露屋草茅。不扶自直，不镂而雕。越梁过宋，比之有殊，哀此贞厉，千载不渝。呜呼哀哉！铭曰：名勒金石，质之乾坤。岁数历祀，丘墓起坟。光于后土，显照天人。生贱死贵，义之利门。何怅华落，雕零早分。葩艳窈窕，永世配神。若尧二女，为湘夫人。时效仿佛，以昭后昆！①

曹娥碑即立，加之碑文绝妙，于是凭吊者如云似潮。

东汉蔡邕访曹娥碑，手摸其文而读，题八字于碑阴："黄绢幼妇，外孙齑臼。"蔡邕题辞的含义是什么，观者不得而知，而蔡邕辞世，自然成了谜。三国时，曹操和杨修一起来曹娥庙祭拜。看到碑阴"黄绢幼妇，外孙齑臼"八个字感到很奇怪，不解其义，最后还是杨修破译了这个谜语，说答案便是"绝妙好辞"：

　　魏武尝过曹娥碑下，杨修从。碑背上见题作"黄绢幼妇，外孙齑臼"八字。魏武谓修曰："解不？"答曰："解。"魏武曰："卿未可言，待我思之。"行三十里，魏武乃曰："吾已得。"令修别记所知，修曰："黄绢，色丝也，于字为'绝'；幼妇，少女也，于字为'妙'；外孙，女子也，于字为'好'；齑臼，受辛也，于

① 严可均辑：《全上古三代秦汉三国六朝文·全三国文》卷二六，中华书局 1958 年版，第 1196 页。

字为'辝'：所谓'绝妙好辝'也。"魏武亦记之，与修同，乃叹曰："我才不及卿，乃觉三十里。"[1]

现存的曹娥碑系宋代元祐八年（1093）由王安石的女婿蔡卞重书。此碑高2.3米，宽1米，为行楷体，笔力遒劲，流畅爽利，在中国书法史上有重要地位。曹娥碑展现了碑主曹娥的至孝至顺，立碑者度尚的悲悯情怀，撰碑者邯郸淳的年少高才，赏碑者文豪蔡邕的婉转高深，解读者杨修的敏捷才思与曹操的谦逊博学。

4.汉代越地运河文化

西汉初，会稽郡先后是楚王韩信、荆王刘贾、吴王刘濞的领地。七国之乱后复置，又叫吴郡。西汉末年，会稽郡隶属于扬州监察区刺史部，管辖今浙江大部、江苏南部、上海西部以及福建部分地区，是当时管辖范围最广的郡之一。东汉中期，会稽郡治山阴县，统管十五县，设置吴郡统管会稽郡浙江以北诸县。於越逐渐少见于史籍记载，当时在闽、浙、皖、赣之交的地区虽然还有人称之为"山越"，却是零星分散的人群。於越土著和於越后裔在东汉之后，逐渐消融于华夏汉族之中，成为中华民族大家庭的一员，《淮南子·氾论训》云："百川异源而皆归于海。"[2]

受到中原文化的洗礼碰撞，逐渐与中原文化融为一体，於越文化也融汇于华夏文化之中。

於越土著所处土地广阔，物产丰富，经常跟北方中原"互市"；而且越人骁勇善战，民风彪悍，在春秋战国时期经常跟北方的中原人交战，掠夺人口和财富。导致山阴会稽地区人口锐减，以至于司马迁游历此地时称之为"地广人稀"。为了让新占领地区汉化，秦军开始向南移民，从北方带了很多戍卒、罪民、百工和楚人居住在岭南，这些人和越人杂居，是今天岭南汉人的祖先。秦始皇还南巡会稽，用强制手段：

---

① 刘义庆撰，徐震堮校笺：《世说新语校笺》，中华书局1984年版，第318页。
② 刘安编，何宁撰：《淮南子集释》，中华书局1998年版，第922页。

因徒天下有罪適吏民，置海南故大越处，以备东海外越，乃更名大越曰山阴。已去，奏诸暨、钱塘，因奏吴。上姑苏台，则治射防于宅亭、贾亭北。年至灵，不射，去。奏曲阿、句容，度牛渚，西到咸阳，崩。[①]

秦始皇为了镇压於越百姓的反抗，设置"南海尉"管理岭南军队。

大规模移民和一系列的政治、经济、军事原因，造成了萧绍宁地区水利建设从句践迁都琅琊后一直停滞不前。由于越国迁都琅琊而远离大本营，尤其是谋士文种被害、范蠡经商离去，大批水利专家流散和被杀，从根本上危害和动摇了农田水利建设，加以战国时期频繁的战乱，使水利事业处于缓慢发展甚至停滞。

浙东地区水量充沛，修建运河条件优裕，而运河修建的经历少见于史料。据《越绝书》的记载，浙东运河的历史可以追溯到春秋时期的山阴故水道。山阴故水道起于范蠡修建山阴大城东郭门，止于上虞东关练塘，全长 20.7 千米。江南运河的开凿，史籍记载始于秦代。秦王政二十四年（前 223）灭楚后开挖"陵水道"，下令派遣戍边於越军民修浚"陵水道"，开凿由嘉兴到杭州通钱塘江的运河。汉武帝时（前 140—前 87），组织人力沿太湖东缘吴江南北的沼泽地带开浚一条长百余里的河道，疏通了苏州、嘉兴之间的一段运河。京杭运河长江以南自镇江至杭州段，又称江南运河，长约 400 千米。

东汉永和五年（140），会稽郡太守马臻在山阴故水道的基础上筑堤建坝，主持完成汉朝越地最大的蓄水工程——鉴湖的修筑（图 2-18）。南朝刘宋大明年间（457—464），会稽太守孔灵符在《会稽记》中作了叙述：

---

① 袁康、吴平：《越绝书》，上海古籍出版社 1985 年版，第 65 页。

图 2-18　镜湖

　　汉顺帝永和五年，会稽太守马臻创立镜湖，在会稽、山阴两县界，筑堤蓄水，高丈余，田又高海丈余。若水少，则泄湖灌田。如水多，则开湖泄田中水入海。所以无凶年。堤塘周回五百一十里，溉田九千余顷。[①]

　　鉴湖位于萧绍平原地带，属于湖泊、洼地蓄洪类型的低坝库区，鉴湖的主要部分是围堤。围堤以会稽郡治山阴稽山城门为中心，西堤止于钱清江边的广陵斗门（长 26.25 千米），东堤止于曹娥江边蒿口斗门附近的新桥头（长 30.25 千米），总长 56.5 千米，堤高 3.5—4 米，部分堤基采用当时国内领先的松桩沉排技术。

　　鉴湖兴建之后，山阴故水道水位抬高，成为当时浙东地区主要的水上交通线。晋惠帝时，会稽内史贺循为了提高灌溉效率与航运效率的需要，主持修建了自钱塘江南岸的永兴西陵（今萧山西关）至会稽郡的西兴运河。这段运河与鉴湖沟通了钱塘江、钱清江、曹娥江以及会稽郡的河流。

————————
① 鲁迅先生纪念委员会编：《鲁迅全集》第 8 卷，花城出版社 2021 年版，第 46 页。

西兴运河、鉴湖与上虞以东运河以及姚江、甬江的自然水道一起形成了横贯东西的浙东大运河。浙东大运河，又称"杭甬运河"，是一条连接钱塘江与姚江的东西向的人工运河。它起自钱塘江南岸，经绍兴，跨曹娥江，东至宁波甬江入海口，全长239千米。浙东大运河的疏通对浙东地区的灌溉及国内的南北航运、水驿、漕运等都起到了重要作用。在两千多年的兴衰变迁中，浙东大运河流域留下了众多的历史遗迹，如西兴过塘行、钱清古纤道、蕺山八字桥等，这些存在告诉世人浙东大运河曾经有过的文化与辉煌。

三、王充与朴素唯物主义

西汉初社会经济凋敝，人民生活贫困，为了恢复社会经济，巩固封建统治，汉高祖以及文帝、景帝实行休养生息政策：让农民占有一些土地，并有时间从事农业生产；减轻对农民的剥削。因此，社会经济迅速得到恢复和发展，西汉前期出现了"文景之治"。西汉社会经济的发展，为封建统治阶级剥削农民提供了物质条件。西汉政府实行严密的编户制度，农民除了租赋负担外，还要服徭役和兵役。汉武帝时，国力强盛，中央集权进一步巩固，并战胜匈奴，沟通西域，开发西南，统一的多民族的国家进一步壮大和发展。

元光元年（前134），汉武帝下诏征求治国方略，董仲舒系统地提出了著名的《举贤良对策》，为武帝所采纳，儒学成为中国社会的正统思想，以儒家宗法思想为中心，杂以阴阳五行说，把神权、君权、父权、夫权贯串在一起，形成帝制神学体系。汉武帝于是"罢黜百家，独尊儒术"，形成"大一统"、"天人感应"为核心的与封建专制王权相适应的系统化理论，把孔子及儒学神圣化，儒家经典得以在社会上广泛传播。而今文经学与古文经学两个学派，在政治与学术上斗争不已。统治者为了欺骗、愚弄人民，将今文经学同谶纬结合起来，形成谶纬神学思想。

"谶"是一种宗教预言，"纬"是用宗教迷信解释经学。当谶纬神学泛滥之际，反谶纬神学的唯物主义思想也逐渐发展起来，王充就是这个时期唯物主义思想的代表。在这样的时代背景下，王充写了与"圣贤相轧"的《论衡》。

东汉初年，在浙东运河之滨的上虞，王充举起"疾虚妄"的帅旗，不怕杀头，单枪匹马，对东汉统治者提倡和宣扬的谶纬迷信思想进行了猛烈抨击。王充字仲任，会稽上虞人，生于东汉光武帝建武三年（27），卒年大约在东汉和帝永元年间。东汉杰出的唯物主义思想家和教育家，被称为"战斗的无神论者"（图2-19）。

图2-19　王充

他的思想包括元气自然论、无神论、认知论、历史观、人性说、命定论等。据《论衡·自纪篇》所载：

王充者，会稽上虞人也，字仲任。其先本魏郡元城一姓。孙一几世尝从军有功，封会稽阳亭。一岁仓卒国绝，因家焉，以农桑为业。世祖勇任气，卒咸不揆于人。岁凶，横道伤杀，怨仇众多。会世扰乱，恐为怨仇所擒，祖父汎举家檐载，就安会稽，留钱唐县，以贾贩为事。生子二人，长曰蒙，少曰诵，诵即充父。祖世任气，至蒙、诵滋甚，故蒙、诵在钱唐，勇势凌人。末复与豪家丁伯等结怨，举家徙处上虞。①

王充的先祖是魏郡元城（今河北大名）人，因军功封会稽阳亭，不久失官，以农桑为业。世祖结仇众多，祖父恐为仇人所害，举家迁至会稽钱唐县，以商贩为业。其父勇势凌人，不得已又徙居上虞。《后汉书》记载：

王充字仲任，会稽上虞人也，其先自魏郡元城徙焉。充少孤，乡里称孝。后到京师，受业太学，师事扶风班彪。好博览而不守章句。家贫无书，常游洛阳市肆，阅所卖书，一见辄能诵忆，遂博通众流百家之言。后归乡里，屏居教授。仕郡为功曹，以数谏争不合去。

充好论说，始若诡异，终有理实。以为俗儒守文，多失其真，乃闭门潜思，绝庆吊之礼，户牖墙壁各置刀笔。著《论衡》八十五篇，二十余万言，释物类同异，正时俗嫌疑。

刺史董勤辟为从事，转治中，自免还家。友人同郡谢夷吾上书荐充才学，肃宗特诏公车征，病不行。年渐七十，志力衰耗，乃造《养性书》十六篇，裁节嗜欲，颐神自守。永元中，病卒于家。②

王充著《论衡》85篇，现存84篇（缺《招致知》一篇），是一部被封建正统思想视为异端的代表作（图2-20），王充还有《养性书》16篇、《讥俗书》12篇及《政务书》等，现都不存于世。

---

① 王充著，黄晖撰：《论衡校释》，中华书局1990年版，第1187页。
② 范晔：《后汉书》，中华书局1965年版，第1629—1630页。

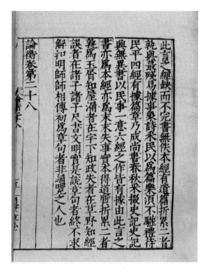

图 2-20 《论衡》

王充受前辈学者桓谭、刘歆、扬雄等人的影响较大。桓谭是东汉初年的思想家，曾著有《新论》等书，反对谶纬神学，抨击俗儒。桓谭批判神学迷信和反对谶纬，对王充写作《论衡》有很大启发。《论衡》中多次提到桓谭，并予以高度评价，王充说桓谭：

> 能差众儒之才，累其高下，贤于所累。又作《新论》，论世间事，辩照然否，虚妄之言，伪饰之辞，莫不证定。彼子长、子云论说之徒，君山为甲。自君山以来，皆为鸿眇之才，故有嘉令之文。笔能著文，则心能谋论，文由胸中而出，心以文为表。观见其文，奇伟俶傥，可谓得论也。由此言之，繁文之人，人之杰也。①

《论衡》在桓谭《新论》的基础上，以黄老自然主义为出发点，揭露天人感应和虚伪的谶纬迷信，并进一步把矛头指向儒家圣贤和儒学经典，

---

① 王充著，黄晖撰：《论衡校释》，中华书局 1990 年版，第 608—609 页。

批判虚言伪说和著述中的妄诞。

王充在《论衡》中多次提到该书的写作宗旨，他在《自纪篇》中说：

充既疾俗情，作《讥俗》之书；又闵人君之政，徒欲治人，不得其宜，不晓其务，愁精苦思，不睹所趋，故作《政务》之书。又伤伪书俗文多不实诚，故为《论衡》之书。夫贤圣殁而大义分，蹉跎殊趋，各自开门。通人观览，不能钉铨。遥闻传授，笔写耳取，在百岁之前。历日弥久，以为昔古之事，所言近是，信之入骨，不可自解，故作实论。其文盛，其辩争，浮华虚伪之语，莫不澄定。没华虚之文，存敦庞之朴；拨流失之风，反宓戏之俗。①

他在《对作篇》中又说：

是故《论衡》之造也，起众书并失实，虚妄之言胜真美也。故虚妄之语不黜，则华文不见息；华文放流，则实事不见用。故《论衡》者，所以铨轻重之言，立真伪之平，非苟调文饰辞，为奇伟之观也。其本皆起人间有非，故尽思极心，以机世俗。世俗之性，好奇怪之语，说虚妄之文。何则？实事不能快意，而华虚惊耳动心也。是故才能之士，好谈论者，增益实事，为美盛之语；用笔墨者，造生空文，为虚妄之传。听者以为真然，说而不舍；览者以为实事，传而不绝。不绝，则文载竹帛之上；不舍，则误入贤者之耳。至或南面称师，赋奸伪之说；典城佩紫，读虚妄之书。明辨然否，疾心伤之，安能不论？②

---

① 黄晖：《论衡校释》，中华书局 1990 年版，第 1194—1195 页。
② 黄晖：《论衡校释》，中华书局 1990 年版，第 1179 页。

王充认为《论衡》只是细说微论，解释世俗的疑惑，辩明是与非的道理，让后辈明白对与错的区别，唯恐这些道理废弃散失，于是写在简牍之上，与祖述经书的章句之学以及前辈老师与众不同的议论同属一类，是极常见的东西：

> 况《论衡》细说微论，解释世俗之疑，辩照是非之理，使后进晓见然否之分，恐其废失，著之简牍，祖经章句之说，先师奇说之类也。其言伸绳，弹割俗传。俗传蔽惑，伪书放流，贤通之人，疾之无已。[①]

"今《论衡》就世俗之书，订其真伪，辩其实虚，非造始更为，无本于前也。"[②]《论衡》针对世俗之书，考订它们的真伪，辨别它们的虚实。

由王充的自述可知，《论衡》的主要目的就是辨析伪书俗文，抨击虚妄之说。《论衡》一书的内容很广泛，后世对其也是褒贬不一，既有人责难，也有人注重。《论衡》的思想远离了当时占据主流的谶纬学说，民国学者黄晖在《论衡校释》一书中对《论衡》的思想观点进行了归类，主要有说性命、说天人关系、论人鬼关系、论天人感应说和虚妄之说、讨论程量贤佞才智等方面。王充是第一个系统地对天人感应学说、谶纬学说进行批评的人。下面我们就其中最为突出的天人感应学说、谶纬学说加以说明。

王充继承和发展了先秦的朴素唯物主义传统，认为：

> 天地合气，万物自生，犹夫妇合气，子自生矣。万物之生，含血之类，知饥知寒。见五谷可食，取而食之；见丝麻可衣，取而衣之。或说以为天生五谷以食人，生丝麻以衣人。此谓天为人

---

① 黄晖：《论衡校释》，中华书局 1990 年版，第 1183 页。
② 黄晖：《论衡校释》，中华书局 1990 年版，第 1181 页。

作农夫桑女之徒也，不合自然，故其义疑，未可从也。试依道家论之。[1]

提出"天地合气，万物自生"的朴素唯物主义自然观。

汉儒把人间的一切都说成是天有意安排的，董仲舒认为"天者群物之祖也"[2]，"天地之生万物也以养人"[3]。

班固在《白虎通义》中说："天者何也？天之为言镇也，居高理下，为人镇也；地者，元气之所生，万物之祖也。"[4]班固认为天是统治者，天高高在上，目的是"居高理下，为人镇也"。他把人间的一切都说成是上天有意安排的。

王充认为天和地都是无意志的自然的物质实体，宇宙万物的运动变化和事物的生成是自然无为的结果：

含气之类，无有不长。天地，含气之自然也，从始立以来，年岁甚多，则天地相去，广狭远近，不可复计。儒书之言，殆有所见。然其言触不周山而折天柱，绝地维，销炼五石补苍天，断鳌之足以立四极，犹为虚也。何则？山虽动，共工之力不能折也。岂天地始分之时，山小而人反大乎？何以能触而折之？以五色石补天，尚可谓五石若药石治病之状。至其断鳌之足以立四极，难论言也。从女娲以来，久矣，四极之立自若，鳌之足乎？[5]

人与天地万物乃是"天地合气"自然生成的，不是上天的有意创造。

---

① 黄晖：《论衡校释》，中华书局1990年版，第775页。
② 班固：《汉书》，中华书局2007年版，第567页。
③ 董仲舒著，周琼编：《春秋繁露》，远方出版社2005年版，第37页。
④ 班固：《白虎通义》，中国书店2018年版，第216页。
⑤ 黄晖：《论衡校释》，中华书局1990年版，第473页。

至于灾害变异，也是"气自为之"，不是受上天的主宰。从而戳穿了"天人感应"，谶纬天命的谎言，否定了君权神授的迷信说教。

在形神关系方面，王充也作了唯物主义的说明。他认为人的形体与精神是由阴阳二气构成的。王充指出：

> 人之所以生者，精气也，死而精气灭。能为精气者，血脉也。人死血脉竭，竭而精气灭，灭而形体朽，朽而成灰土，何用为鬼？……人死精神升天，骸骨归土，故谓之鬼。鬼者，归也；神者，荒忽无形者也。……人用神气生，其死复归神气。阴阳称鬼神，人死亦称鬼神。气之生人，犹水之为冰也。水凝为冰，气凝为人；冰释为水，人死复神。其名为神也，犹冰释更名水也。……人见鬼若生人之形。以其见若生人之形，故知非死人之精也。何以效之？以囊橐盈粟米。米在囊中，若粟在橐中，满盈坚强，立树可见，人瞻望之，则知其为粟米囊橐。何则？囊橐之形，若其容可察也。如囊穿米出，橐败粟弃，则囊橐委辟，人瞻望之，弗复见矣。人之精神，藏于形体之内，犹粟米在囊橐之中也。死而形体朽，精气散，犹囊橐穿败，粟米弃出也。粟米弃出，囊橐无复有形，精气散亡，何能复有体，而人得见之乎？……天地开辟，人皇以来，随寿而死，若中年夭亡，以亿万数。计今人之数，不若死者多。如人死辄为鬼，则道路之上，一步一鬼也。人且死见鬼，宜见数百千万，满堂盈廷，填塞巷路，不宜徒见一两人也。……人之所以聪明智惠者，以含五常之气也；五常之气所以在人者，以五藏在形中也。五藏不伤，则人智惠；五藏有病，则人荒忽，荒忽则愚痴矣。人死，五藏腐朽，腐朽则五常无所托矣，所用藏智者已败矣，所用为智者已去矣。形须气而成，气须形而知。天下无独燃之火，世间安得有无体独知之精？……物与人通，人有痴狂之病，如知其物然而理之，病则愈矣。夫物未死，精神依倚形体，故能变化，与人交通；已死，形

体坏烂，精神散亡，无所复依，不能变化。夫人之精神，犹物之精神也。物生，精神为病；其死，精神消亡。人与物同，死而精神亦灭，安能为害祸？设谓人贵，精神有异，成事，物能变化，人则不能，是反人精神不若物，物精奇于人也。①

王充论述了精神与肉体的关系是"形须气而成，气须形而知"，其结论则是"精神依倚形体"，确认形体是第一性的，精神是第二性的，形体决定精神，精神依附于形体。王充认为："凡天地之间有鬼，非人死精神为之也，皆人思念存想之所致也。"②另外，王充驳斥了鬼有知、能害人的说法；认为人死并不是鬼害的，人死亡的原因是疾病，与鬼无关。他又以形神关系的理论批驳了当时盛行的有鬼论，指出人死后形体枯朽，精气消失，不能成鬼。

王充在认识论方面认为人才有高下，但求知都须学习，"不学不成，不问不知"，"学之乃知，不问不识"，反对谶纬神学宣传的先验主义。否则"如无闻见，则无所状"，也就是说，知识是从实际经验中来，因此确定一种认识和一种理论是否正确，要看其是否符合客观实际：

行事，文记谲常人言耳，非天地之书，则皆缘前因古，有所据状；如无闻见，则无所状。凡圣人见祸福也，亦揆端推类，原始见终，从闾巷论朝堂，由昭昭察冥冥。谶书秘文，远见未然，空虚暗昧，豫睹未有，达闻暂见，卓谲怪神，若非庸口所能言。③

他指出圣人"前知千岁，后知万世"、"不学自知，不问自晓"的论断是虚妄无据的。肯定知识来源于感觉经验，认为即使是圣人，要获得

① 黄晖：《论衡校释》，中华书局 1990 年版，第 871—882 页。
② 黄晖：《论衡校释》，中华书局 1990 年版，第 931 页。
③ 黄晖：《论衡校释》，中华书局 1990 年版，第 1072 页。

知识，"须任耳目以定情实"。"不学自知，不问自晓，古今行事，未之有也"。

由于王充的思想观点冲击了儒学的思想体系，触犯了统治阶级的根本利益，因此他的学说受到了封建正统学者的排斥。王充敢于对儒家圣贤和儒家经典进行批判，在《论衡·问孔篇》里，他列举了大量事实，指出孔子言行有很多材料不可靠，也没有一定的体例，沿袭前史乖僻、讹谬的地方很多，褒贬不一。姜国柱在《中国思想通史》中认为：

> 王充在汉代神化孔、孟，美化经书的情况下，敢于批评孔、孟之误和经书之谬，并由对圣贤的批判，进而转向对群经的批判，这种批判既动摇了统治阶级所树立的思想权威的政治地位，又挖掉了统治阶级的统治思想的理论基础，这种离经叛道、非圣无法的大无畏精神，确实令人敬佩，当然也引起封建统治者的恐慌。[①]

> 王充在哲学思想的各个方面，都有自己独特的理论贡献，显示了战斗无神论的无畏精神。王充的哲学思想沉重地打击了两汉神学经学的理论统治，有力地批判了各种世俗迷信的泛滥流行，大大地动摇了儒家学者的偶像崇拜。不仅牢固地确立了自己在两汉哲学发展史上的崇高地位，而且为后世中国哲学的发展提供了宝贵的思想智慧，并产生了重要的思想影响。王充的哲学思想体系是全面而完整的，其理论贡献是巨大而科学的。[②]

近代以来，《论衡》一书受到学者们的普遍关注，章炳麟先生推崇王充是"汉代一人"，并不为过。马志坚先生在《上虞五千年》一书中说：

---

① 姜国柱、辛旗：《中国思想通史·秦汉卷》，武汉大学出版社 2011 年版，第 411 页。
② 姜国柱、辛旗：《中国思想通史·秦汉卷》，武汉大学出版社 2011 年版，第 414 页。

《论衡》是一部划时代的巨著。王充在经学颓废，神学横行的那个时代，以他的博学、睿智和大无畏英雄气概，扫荡了荒谬不堪，却又弥漫于世的"天人感应"之说。给普天之下的芸芸众生，投射了一道智慧光芒。同时，也为他身后无神论、魏晋思辨哲学的兴起开了先河。故《论衡》的价值，史有共识，自不待言。①

纪昀在《四库全书总目提要》（卷一百二十子部杂家类四）中将《论衡》列入杂家论：

其书凡八十五篇，而第四十四招致篇有录无书，实八十四篇。考其自纪曰：书虽文重，所论百种。案古太公望，近董仲舒，传作书篇百有余，吾书亦才出百而云太多。然则原书实百余篇。此本目录八十五篇，已非其旧矣。充书大旨详于自纪一篇，盖内伤时命之坎坷，外疾世俗之虚伪，故发愤著书，其言多激。刺孟、问孔二篇，至于夺其笔端，以与圣贤相轧，可谓悖矣。又露才扬己，好为物先。至于述其祖父顽很，以自表所长，慎亦甚焉。其他论辩，如日月不圆诸说，虽为葛洪所驳，载在《晋志》。然大抵订化砭俗，中理者多，亦殊有裨于风教。储泳《祛疑说》、谢应芳《辨惑编》不是过也。至其文反覆诘难，颇伤词费。则充所谓宅舍多，土地不得小；户口众，簿籍不得少；失实之事多，虚华之语众；指实定宜，辩争之言安得约径者，固已自言之矣。充所作别有《饥俗书》、《政务书》，晚年又作《养性书》，今皆不传，惟此书存。儒者颇病其芜杂，然终不能废也。高似孙《子略》曰：袁崧《后汉书》载充作《论衡》，中土未有传者。蔡邕

① 马志坚：《上虞五千年》，西泠印社出版社 2013 年版，第 67 页。

入吴，始见之，以为谈助。谈助之言，可以了此书矣。其论可云允惬。此所以攻之者众，而好之者终不绝欤。[①]

并认为王充作此书"盖内伤时命之坎坷，外疾世俗之虚伪"。王充活着的时候，《论衡》一书始终未能流传，直到王充死后100年左右，其书才得蔡邕、王朗之力而公布于世。

---

① 纪昀总纂：《四库全书总目提要》，河北人民出版社2000年版，第3095—3096页。

第三章

魏晋浙东运河诗路发展

魏晋时期，底蕴神秘的越文化，高深莫测的会稽山，风光无限的古鉴湖，历史悠远的古水道，吸引众多文人墨客遨游浙东吟唱咏诵、挥毫泼墨，留下了丰富多彩的作品和故事。若说长城是华夏的脊梁，大运河则是华夏的血脉。大运河历史悠久，运河的每一段都有自己独特的魅力，产生了灿若星辰的文化遗存。正是因为有运河的存在，才促进了华夏历史上一系列的经济繁荣、城市发展和文化辉煌，奇妙地沟通了中国和世界文明，催生了中国梦的延展和升华。运河文化、运河经济、运河民俗，一部水上文明史由此而打开。

第一节　浙东运河全程贯通

一、永嘉之乱与晋室南渡

秦始皇二十五年（前 222），设置钱唐县，隶属于会稽郡（郡治在今苏州市）。西汉时，钱唐县仍属会稽郡，钱唐为会稽郡西部都尉治。平帝元始四年（4），改钱唐县为泉亭县。东汉建武元年（25），复名钱唐。东汉永建四年（129），朝廷以钱塘江为界，南为会稽郡，北为吴郡，实行吴会分治。钱塘江以北 13 县属吴郡，会稽郡治由吴迁至山阴。三国时，钱唐为吴国版图，属吴郡，隶扬州，钱唐县并入吴郡都尉治。陈后主祯明元年

（587），又置钱唐郡，辖钱唐、於潜、富阳、新城四县，属吴州。

东汉末年，黄巾起义动摇了腐朽不堪的东汉政权，州郡大吏纷纷独揽军政大权，地主豪强组织私人武装，形成割据势力，占据地盘，开始争权夺利、互相兼并的长期战争，中原到处都是"白骨露于野，千里无鸡鸣"①的凄惨景象。中平六年（189），董卓率重兵攻入首都洛阳，立陈留王刘协为帝，挟持9岁的皇帝迁都长安，史称"董卓之乱"。初平三年（192）董卓被吕布杀死，后来，他的部将又相互攻杀，建安元年（196），曹操迎汉献帝，迁都许县，"挟天子而令诸侯"②，威势大增。建安五年（200），曹操和袁绍在官渡展开决战，袁绍大败。曹操在官渡之战后，率领20万大军南下，准备消灭蜀汉刘备政权与东吴孙权政权，进而统一南方。刘备与孙权结成同盟，一同对抗曹操。建安十三年（208），双方于长江赤壁对峙。曹操骄傲自大，未吸取袁绍失败的教训，孙刘联军抓住曹军不服水土，发生疾疫的弱点，扬长避短，设计诈降，采用火攻，最终以五万士兵战胜曹军。赤壁之战促成了魏蜀吴三国鼎立格局的正式形成，进一步形成了三个相对独立的政治、经济、文化区域，推动了区域社会的发展。

东吴政权的开国皇帝孙权为吴郡富春（今杭州富阳区）人，传说是春秋时期军事家孙武的后裔。东吴建国初期，推行屯田制度，耕地面积显著扩大，农耕技术和产量逐渐提高。地处江南的吴越地区起步较晚，经济比中原落后，但战乱较少，吸引北方民众大量南迁，迁徙的移民多数进入杭嘉湖和会稽地区，给吴越带来了大量的劳动力和先进的生产技术，使浙东地区的社会经济和农业生产得到了迅速发展，同时也给浙东文化发展添加了新的动力。

会稽远离战乱，风景秀丽，土地肥沃，鉴湖流域水旱无虑，成为南迁人士理想的落户之地。中原移民迁入会稽地区的第一次高潮是在永嘉之乱以后。西晋之前的中原难民大多将会稽作为中继站，当作迁移途中的临时

---

① 林久贵、李露编著：《曹操全集》，崇文书局2019年版，第13页。
② 文强译注：《三国志》，中华书局2007年版，第208页。

避难地，中原移民主要的居住地是岭南；杭嘉湖和会稽地区在战乱时候会迁入一些难民，也有少数高素质的士人、官员、名流，在战乱过后，大多又迁回中原了。当时岭南的人口还相对稀疏，南迁的人大多数没有明确的目的地，找到适合的地方就定居下来。战乱平息后，多数移民就会回到原地去，尤其是官员和士人，都想回到政治经济中心。

洛阳陷落之后，中原官宦士族子女有百分之六七十到长江以南躲避祸乱，史称"衣冠南渡"。大批北方人士避居南方，南移的难民和其后裔在南方定居，不少移民就定居在会稽这一带。

晋室南渡之前，全国经济、政治、文化的中心在中原地区，南方被认为是蛮夷之地，保存着强烈的部族性质，断发文身、图腾崇拜等都体现出这一特点。会稽郡南朝时治在山阴，与武进（镇江）、兰陵（常州）地区相接，辖山阴、上虞、句章、鄞、鄮、始宁、剡、永兴、诸暨，所辖区域虽历经多次增减，但民风依然，非常适合接收移民。大批的入迁人口，为会稽农业经济的开发带来了充裕的劳动力和先进的生产技术，会稽土著居民不仅改进了火耕水耨的粗放式耕作，采用"两牛一犁"的犁耕法精耕细作，而且还学会了农田施加粪肥等技术，修建大量的水闸、塘堰，扩大农田灌溉面积，农作物的产量得到了较大的提升，会稽成了南方最主要的产粮区之一。

东晋初年，会稽郡是东吴的腹心之地，开发潜力最大，经济最为富庶。对东晋来说，会稽与都城所在的丹杨郡同等重要。

晋元帝任命诸葛恢为会稽太守，赐酒食饯行，对诸葛恢说："今之会稽，昔之关中，足食足兵，在于良守。"[1]司马睿不仅对诸葛恢寄予厚望，同时也清楚地表达了会稽的重要地位。大量北人南迁，江南萧绍宁平原人口剧增。据西晋太康元年（280）户口统计数据，会稽户30000，为扬州第三大郡。江南各郡的户数：丹杨户51500，豫章户35000，会稽户

---

① 房玄龄等撰：《晋书》，中华书局1997年版，第2041页。

30000，宣城户 23500，毗陵户 12000，吴郡户 25000，吴兴户 25000，东杨户 12000，临海户 18000，庐陵户 12200，除了东吴都城建业所在的丹杨郡超过 5 万户，其他大多在二三万户左右，地处偏僻的新安户 5000，庐江户 4200，建安郡 4300，晋安郡 4300，临川户 8500，鄱阳户 6100，南康户 1400。[1]

陈后主时将山阴县分设会稽县，山阴、会稽两县并置，同城而治，以一条纵贯城区南北的河流为界线，一分为二，东部设置会稽县，西部设置山阴县。从此，一城二县的历史沿袭了上千年。东晋咸和二年（327）十二月至咸和四年（329）二月，京都建康（今南京）地区发生了苏峻和祖约的叛乱，经历苏峻、祖约之乱后，建康宫殿、宗庙被烧毁，平南将军、江州牧温峤建议迁都到豫章，三吴豪族请求定都会稽，双方争论激烈。

迁都会稽虽最终未能成行，但也体现了会稽有与建康分庭抗礼的地位。东晋和南朝的首都一直在建康，会稽一度改郡为国，治山阴。[2]东晋与南朝人将会稽与建康的关系比喻为首都与陪都的关系，是整个江南最有魅力的都市。

萧绍宁平原的会稽一带开发时间早，自然环境相当稳定，所以大批移民就在这一带定居。这既说明了会稽的重要性，也揭示了会稽聚集了大批高层次移民的事实。会稽有发达的商品经济，人阜物殷，与建康东西

---

[1] 房玄龄等撰：《晋书》，中华书局 1997 年版，第 458—463 页。

[2] 王志邦：《浙江通史：秦汉六朝卷》，浙江人民出版社 2005 年版，第 207 页。会稽改郡为国的时间，按《晋书》卷七七载，西晋愍帝时出任会稽太守的诸葛恢，东晋太兴（318—321）初以政绩第一，晋元帝诏增恢秩中二千石时，已称其为"会稽内史"。按此，晋元帝太兴年间已改为会稽国。嘉泰《会稽志》卷第一载"东晋为会稽国，改太守为内史"，无具体时间。田余庆《东晋门阀政治》认为会稽改郡为国在晋成帝咸和二年（327）十二月（第 65 页）。《绍兴市志》、《绍兴县志》称太宁二年（324）改会稽郡为会稽国，王舒出任会稽内史的时间，据《晋书》卷七六、《建康实录》卷第七记载分析，应在咸和元年（326）。

相峙，为全国绢、米、纸等物品的交易中心。作为繁华的商业、手工业中心，具有特殊的地位，是重要的政治、经济基地。会稽世家大族的豪奢和富有达到了令人难以想象的程度，出则千骑簇拥高牙，入则列鼎锦衣玉食。

会稽优越的地理位置与自然资源使之成为众多北方士族南迁的定居地，迎来了新的发展契机。南迁人口众多，其中不乏举足轻重的人物，如王氏和谢氏。当时民间称"王与马，共天下"①，"王"指琅琊王氏，"马"即皇族司马氏，"共"是说东晋政权离不开世家大族的支持。琅琊王氏人丁兴旺，以王导、王敦为首的王氏家族势力相当强悍，王家的人几乎垄断了朝廷的要职。王马共天下的时代，南北文化在此交汇融合，会稽成为接续中原文脉之地。

天下名士在会稽竞逐风流，时人文之盛，无出其右。

二、西兴运河的开凿与贯通

交通运输是一个国家发展的命脉所系。政治、经济、军事、文化等各方面的活动都要靠交通运输来实施和完成。我国幅员辽阔，由于西高东低的基本地势，使得流入海洋的重要江河，如黄河、淮河、长江、珠江等，都是由西往东横向流动。我国横向水上交通开发很早，横向的经济交流畅通无阻，而缺少南北纵向的大河，纵向经济的交流受到很大影响。"河流是古代流通领域最强有力的交通渠道，因为水上运输量大，运费低，是推动古代社会生产力发展、开展人类交换活动、传播文化、科学最猷劲的源动力。"②

逐水而居，因水而兴，水运渊源古远。我们的祖先用勤劳的双手、聪颖

---

① 房玄龄等撰：《晋书》，中华书局1997年版，第2554页。
② 岳国芳：《中国大运河》，山东友谊书社1989年版，第2页。

的智慧、顽强的毅力，从春秋时代就开始了改造山河的壮举。由短到长，由局部到整体地开凿，一代又一代，持续上千年，完成由南向北纵贯祖国东部的大运河的开凿。

大运河包括京杭运河、隋唐运河、浙东运河，是人类利用古代地理学、水利工程学改造大自然的第一个优秀蓝本，纵贯于最富饶的东南沿海地区和华北平原上，跨越地球十多个纬度，在促进华夏经济、文化的交流融合中起过显赫作用，为华夏文明的传承与发展增添了光华。

运河的开凿，主要是当政者为巩固政权和获得利益而展开的。公元前486年，吴国君主夫差为打败齐国，争霸中原，组织了第一条运河——邗沟的开凿，在扬州南引长江水北上末口（今淮安），注入淮河，第一次沟通长江、淮河两大水系。公元前360年魏国惠王组织开凿了我国第二条人工运河——鸿沟，串通了黄河、淮河两大水系，成为中原地区南北水上交通的干线。接通黄河和海河两大水系的是白沟、平虏渠和利漕渠。连接长江和钱塘江两大水系的是破岗渎①。因此，黄河、淮河、长江、钱塘江、海河五大水系都由人工开凿的运河沟通，而这些运河则为隋代大运河的开凿创造了条件。

浙东运河是钱塘江和姚江这两条潮汐河流之间的几段内河的总称，北起钱塘江南岸，经固陵镇（西兴镇）到萧山县城，东南到钱清镇与钱清江交会，设有堰坝。经过山阴城东折而到达曹娥镇，与曹娥江交汇，也设有堰坝。东经上虞丰惠而到达通明坝，在这里与姚江会合，经余姚、句章（慈溪）、明州（宁波），会合奉化江后称为甬江，东流从镇海以南入海。

---

① 亦名破岗埭。为六朝时建康附近运道。三国吴大帝孙权赤乌八年（245）遣校尉陈勋率屯兵三万，在句容县（今江苏句容市）和云阳县西城（今江苏丹阳市西南延陵西）间的高阜上开凿渠道，西接淮水（今秦淮河），东连运道（今丹阳市以北运河），"通会市，作邸阁"（《三国志·吴志·孙权传》），以通吴（吴郡）、会（会稽郡）。因凿穿岗阜，故名。沿线建十四埭（水闸）。此后吴、会漕船可避开京江（今镇江市长江段）风涛，由此渎直抵都城建康（今江苏南京市）。中国历史大辞典·历史地理卷编纂编委会编：《中国历史大辞典》，上海辞书出版社1996年版，第709—710页。

古越会稽从东南到西北有会稽山脉，北境为平原，再北即后海（杭州湾），由南到北为由山区而平原的阶梯式地形。曹娥江、浦阳江流域，常受海水倒灌，江水排泄不畅，平原形成沼泽地。句践"卧薪尝胆"时期，山阴故水道发挥了显著作用，富中大塘与诸河的航运得以沟通，越国后方基地与前线的交通畅通，保证了战略物资的供给。秦始皇南巡时又对南北航线进行整治，山会航道又有新的发展。

公元300年前后，会稽内史贺循（260—319）组织民众，开凿了著名的西兴运河。晋永嘉年间，一条东起山阴郡城，经柯桥、钱清，西至钱塘江边西陵（西兴）的西陵运河（后吴越王钱镠改西陵为西兴，西陵运河也改称西兴运河），全线疏凿开通。运河全长46千米，永兴（萧山）段21千米，山阴段25千米。随后又组织修治其他河道，形成纵横交织的水网，沟通水域中的各条河道，调节水位，保证了农田灌溉之需要。南宋乾道年间（1165—1173），西兴运河经疏治后，与山阴故水道连通，成为浙东运河的重要段落。西兴运河从会稽西郭门入城，过郡城东部的都赐堰进入鉴湖，既可溯鉴湖与稽北丘陵的港埠通航，也可沿鉴湖到达曹娥江边，沟通了钱塘江和曹娥江两条河流，弥补了萧绍平原西部原鉴湖航道之局限（图3-1）。

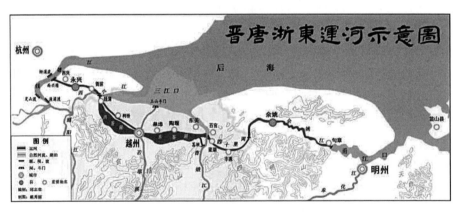

图 3-1　晋唐浙东运河示意图
（图片来源：《浙东运河史》上卷，中国文史出版社 2014 年版，第 8 页）

西兴运河开凿之初，主要是为了灌溉，由于运河与鉴湖堤坝基本平行，相距多在 5 千米之内，鉴湖以北的多处闸、堰都与运河相通，南北向的河流畅通无阻，鉴湖的排灌效率大为提高，十分有利于旱涝时期的水量调节。《绍兴通史》载：

> 查《晋书》贺循列传，并不记述其任会稽内史（相），也无筑浚西兴运河之事。宋《嘉泰会稽志》内史、太守名录中无贺循其人，仅《运河》条中记有在府西一里，"属山阴县，自会稽东流县界五十余里入萧山县。旧经云：晋司徒贺循临郡，凿此以溉田"。据此记载，贺循临郡凿运河当在愍帝之时，初为水利工程。宋宝庆《会稽续志》卷四《水》载："运河自萧山县西兴，六十里至钱清堰，渡堰，迤逦至府城，凡一百五里。"《水经注·浙江水》称鉴湖，其实是西兴运河，"湖广五里，东西百三十里，沿湖开水门 69 所，溉田万顷"。即是指运河凿成之后，河堤筑成，史称北堤，堤之两岸，溉田万顷。至此，萧山、山阴、会稽三县北部之萧绍平原基本形成，保障了农业丰收。[①]

宋人王十朋在《会稽风俗赋》中说：

> 堰限江河，津通漕输。航瓯舶闽，浮鄞达吴。浪桨风帆，千艘万舻。大武挽率，五丁噪谑。榜人奏功，千里须臾。境绝利博，莫如鉴湖。[②]

《宋书》说：

> 膏腴上地，亩直一金，鄠、杜之间，不能比也。……鱼盐杞

---

① 李永鑫主编：《绍兴通史》第二卷，浙江人民出版社 2012 年版，第 418 页。
② 王兴文：《王十朋系年要论与时事要录》，学习出版社 2013 年版，第 223 页。

梓之利，充仞八方，丝绵布帛之饶，覆衣天下。①

所以，晋元帝对会稽的殷实繁荣景象赞叹不已："今之会稽，昔之关中。"可见江南农业经济有了空前的发展。贺循开通西兴运河的历史功绩也永镌史册。

西兴运河改善了会稽郡的水环境，提高了鉴湖灌溉、航运、养殖业、渔业等发展水平，随着社会经济的发展，北部平原航运进入了一个新的发展时期。据《宋书·孔灵符传》载：孔灵符，会稽山阴人。在任丹阳尹期间，灵符以山阴县土境褊狭，民多田少，曾向朝廷上表建议，徙无资之家于余姚、鄞、鄮三县界，垦殖湖田。而公卿讨论，则多认为不便。"上违议，从其徙民，并成良业。"②经过东吴和西晋的治理，浙东一带安宁，经济文化进一步发展。南朝梁人沈约由人及事、由事及地，对江南浙东的巨变感慨万千，情不自禁，在《宋书》中写下了一段令后人读之怦然心动的传论：

> 史臣曰：江南之为国盛矣，虽南包象浦，西括邛山，至于外奉贡赋，内充府实，止于荆、扬二州。自汉氏以来，民户凋耗，荆楚四战之地，五达之郊，井邑残亡，万不余一也。自义熙十一年马休之外奔，至于元嘉末，三十有九载，兵车勿用，民不外劳，役宽务简，氓庶繁息，至余粮栖亩，户不夜扃，盖东西之极盛也。既扬部分析，境极江南，考之汉域，惟丹阳会稽而已。自晋氏迁流，迄于太元之世，百许年中，无风尘之警，区域之内，晏如也。及孙恩寇乱，歼亡事极，自此以至大明之季，年逾六纪，民户繁育，将曩时一矣。地广野丰，民勤本业，一岁或稔，则数郡忘饥。会土带海傍湖，良畴亦数十万顷，膏腴上地，亩直

---

① 沈约：《宋书》，中华书局1974年版，第1540页。

① 沈约：《宋书》，中华书局1974年版，第1540页。
② 沈约：《宋书》，中华书局1974年版，第1533页。

一金，鄠、杜之间，不能比也。荆城跨南楚之富，扬部有全吴之沃，鱼盐杞梓之利，充仞八方，丝绵布帛之饶，覆衣天下。而田家作苦，役难利薄，亘岁从务，无或一日非农，而经税横赋之资，养生送死之具，莫不咸出于此。穰岁粜贱，粜贱则稼苦；饥年籴贵，籴贵则商倍。常平之议，行于汉世。元嘉十三年，东土潦浸，民命辛矣。太祖省费减用，开仓廪以振之，病而不凶，盖此力也。大明之末，积旱成灾，虽敝同往困，而救非昔主，所以病未半古，死已倍之，并命比室，口减过半。若常平之计，兴于中年，遂切扶患，或不至是。若筦以平价，则官苦民忧，议屈当时，盖由于此。[①]

西兴运河东连曹娥江，越过曹娥江与上虞江、姚江、甬江等连通，直达明州（宁波），通东海，史称浙东运河。浙东运河是横贯浙东的一条重要主干水道，此后与曹娥江以东的运河形成西起钱塘江、东到东海的完整运河。西兴运河在给人以灌溉、舟楫、养殖、渔业之利的同时，也为整个浙东的交通、物流、军事提供了便利。"江道万里，通涉五州，朝贡商旅之所往来也。"[②]西兴运河在浙东一带的交通地位不断加强，对整个越地具有交通、物流、军事之便，功在当世，泽被千秋。运河的开凿与贯通，促进了各地区经济作物的普遍种植，更促进了南北方商品农业经济的发展，使运河地区的生产力获得显著提高，也使运河区域成为全国人口最稠密的地区，从而推动了农业经济的稳步发展，促进了运河区域工商业的发展。在沿运地区尤其是运河两岸的城市百业俱兴，商业气息尤为浓厚，一大批官私工商业如造船业、瓷器业、酿造业、纺织业、编织业、印刷业、造纸业、金属品制造业、生活品制造业及其他各种手工业等，蓬勃兴起。以运河为主干线的水上销售渠道将各地区的商品输送到各城镇市场，形成了完

---

① 沈约：《宋书》，中华书局1974年版，第1540页。
② 房玄龄等撰：《晋书》，中华书局1997年版，第1829页。

整而系统的商业销售网络，打破了并改善着地域性商业的闭塞状况，使运河经济带在推动全国经济发展方面起着更大的作用。

从历史上看，贯通南北的大运河对封建皇朝的政治局势有着举足轻重的作用。运河区域在全国范围内，始终处于政治、军事、经济、文化诸方面的中心地位，因而成为历代封建皇朝着力控制的区域，每一代统治者都想凭借运河区域这个理想的地理位置、优越的经济条件和人文环境，总揽大局，大运河也就成了维系中央集权和大一统局面的政治纽带。大运河的贯通，加强了国内各民族之间的紧密联系与融合，进一步增强了民族团结和中华民族的凝聚力和向心力。

三、浙东运河的功能价值

浙东运河开凿之初，主要是为了农田的灌溉需要。至南北朝时，会稽郡为经济要区，水路运输日渐繁忙，以会稽郡为核心的江南流域，自汉代至南北朝变化巨大，具有深远的历史意义。浙东大运河的疏通对浙东地区的灌溉及国内的南北航运、水驿、漕运等都起到了重要作用。在两千多年的兴衰变迁中，浙东大运河流域留下了众多的历史遗迹，如西兴过塘行、钱清古纤道、蕺山八字桥等，这些存在告诉世人浙东大运河曾经有过的文化与辉煌。

浙东运河西起杭州萧山西兴堰，向东经绍兴钱清、柯桥、会稽、山阴、上虞、丰惠，于通明堰入姚江，经甬江，东至明州（宁波）镇海招宝山入海，全长205.6千米。此后，历代的漕政、河政、盐政有赖运河支撑，运河在航运、灌溉、漕运、水驿方面有至关重要作用。

航运是浙东运河重要的功能。由于杭州湾潮水来势凶猛，因而古代浙东船只多取道浙东运河前往国内各地。浙东运河曾经成为南宋王朝对外贸易的重要通道，瓷器等出口产品通过浙东运河运往明州（宁波），再通过海上丝绸之路运往海外。日本、越南、高丽等地的产品也通过浙东运河运往京城。外国使节也往往从明州登岸，再经由浙东运河前往临安。明州在明朝成为接待日本贡船的唯一港口，贡品通过浙东运河运往京师。除了官方贸易之外，沿浙东运河的民间航运同样发达。

灌溉是浙东运河的一大重要任务。西晋时修建的西兴运河，其最初的用途即为灌溉运河两岸的耕地。南朝时设置堰埭4座，唐代元和十年（815）运河官塘得到修筑，浙东运河蓄水排涝的功能得到完善。

漕运是浙东运河承担的重要任务。江南浙东是古代重要的漕粮征发地区，漕粮自浙东运河到达西兴之后，渡过钱塘江，经由京杭大运河运抵京城，浙东盐米和各种物资由浙东运河运往京都，而闽粤等地的漕粮也从海路登岸，经由浙东运河运往京都。

水驿是浙东运河的另一项重要功能。在浙东运河的起点设立西兴驿站，经浙东运河转发各地来往会稽、明州、海州（台州）的公文。同时还设有递铺，负责邮政事务。

随着运河的南北大贯通和迅速开发，运河区域的社会经济达到了前所未有的兴盛与繁荣，这不仅为运河区域文化事业的发展提供了雄厚的物质基础，也促进了南北（包括东西）文化和中外文化的大交流，使各种地域文化和外来文化相互接触、融会、整合，形成了独具特色的运河文化。运河文化以其博大的包容性和统一性、广阔的扩散性和开放性、强大的凝聚力和向心力，不仅加强了齐鲁地区与中原地区、江南地区的文化交融，不断减少区域文化的差异而呈现共同的文化特征，从而使各个区域的文化融合为中华民族的多元一体的大一统文化；同时也使运河区域成为人才荟萃之地，文风昌盛之区。大运河的水哺育了许多著名的政治家、军事家、思想家、科学家、发明家、文学家和艺术家，他们不但对运河文化的发展作出了重大的贡献，而且对中国历史乃至世界历史都有着广泛而深远的影响。

浙东运河全程贯通具有重大意义，促进中国南北文化、物资的交流和领土的统一管辖，使东南沿海地区与全国各地的联系更为直接而紧密，尤其是运河区域经济文化的繁荣与发展，使之成为扩大中外经济文化交流的前沿地区。开辟"海上丝绸之路",中国的邻近国家和地区以及西亚、欧洲、东非各国纷纷派遣使团和商队来到中国,在各沿海港口泊岸,浙东运河东接通商口岸明州港,西连京杭运河,成为沟通首都建康、江南、海上丝路的黄金水道。沿运河航行到达京师及各地,进行着频繁的经济文化交流,有的更直接迁居于运河区域,使这一地区成为内迁各少数民族和外国使者、商人、学问僧、留学生及其他各方人士集中的地区。他们把中国先进的文化带到世界各地,扩大了中国对世界的影响,而国外优秀的文化也传播到中国,不仅丰富了运河区域文化的内容,而且也促进了中华民族文化的全面发展。

第二节　魏晋运河诗路文化

魏晋南北朝时期,北方百姓由于战乱和政治中心南移,纷纷避乱江南,大批黄河流域的居民纷纷定居越地浙东,会稽郡成为整个东晋最大的移民聚居之所,琅琊临沂王氏与陈郡阳夏谢氏等世家大族聚居山阴,人文鼎盛,冠于江左。这个时期是我国历史上继战国"百家争鸣"之后又一个思想解放的时代,出现了重视个体价值的社会思潮,成了推动社会思想和学术文化多样化的动力,人们的思想显得自由活跃,各种学说同时并兴,某些异端思想也得以流行。提倡老庄"自然"和"无为而治"的思想,玄学兴起,成为两晋时思想界最为风行的学说,佛教、道教也得到迅猛发展。

永嘉之乱后,南渡的侨姓士族,就是经由这样的线路进入浙东。应该说,浙东诗路的雏形,就形成于东晋南朝,特别是它的前期。南渡的侨姓士族,很多在会稽安家室、置田业。会稽一时名士云集,有谢安及子谢琰、孙谢混、侄谢玄、玄孙谢灵运,王羲之、孙绰、李充、许询、戴逵等,群星璀璨。这时名僧也名士化,佛教六家七宗代表人物主要活动在浙东，支遁于沃洲立寺行道，于法开居剡石城，竺道壹居山阴，竺法蕴、竺法潜居沃洲山禅院。此外，还有于法兰、昙光居石城山，竺法义憩始宁，竺法纯居山阴。一些高道于天台山修仙学道，开馆授徒，如南齐上清派道士顾欢、齐梁时期上清派第九代传人陶弘景，等等。还有支公好鹤，王子猷雪夜访戴，王献之山阴道上行，顾恺之盛赞会稽山川之美等事流传。有王羲之与支遁，许询与王修论理等。这可以称为"名士文化"，名士文化的出现，是浙东诗路形成的一个重要标志。名士的活动区域主要在会稽，当然也及于浙东其他地方。

魏晋士人文化精神在诗路沿线区域得以积淀和传承。晋永和九年，王羲之与谢安、孙绰等四十余位名士于兰亭修禊，雅集酒会，题写《兰亭集序》，使山水景观融入文人情趣，让书法、诗词与雅会声名远播。东晋孙绰《游天台山赋》传播四方，也使天台山名扬宇内，成为具有极高知名度与吸引力的文化名山。谢灵运采用日臻成熟的五言诗体，作《过始宁墅》、《登池上楼》、《初去郡》等，以细腻的笔触与幽远的意境让本地的山水美景与其诗歌一同名满天下，在越中创作并形成了我国最早的山水诗派。谢安东山再起、王子猷雪夜访戴安道、王母天姥、十八高僧、十八名士、司马悔桥等文人逸事，让后世追慕魏晋风度与名士风流、寻访名山胜迹、谋求佛隐仙道成为一种社会风尚。

一、魏晋山阴运河诗路

"浙东运河诗路"是一个历史地理概念，包括杭州（魏晋南北朝时称钱塘，中原百姓为避战乱纷纷南迁，杭州得到了初步的繁荣。东晋时钱塘县属吴郡，南朝陈时设钱塘郡，钱塘县为钱塘郡的治所）、越州（治今绍兴）、明州（治今宁波）。"浙东运河诗路"境内以丘陵地貌为主，自然地理上属于东南丘陵的一部分，素以山水风光著称。

汉末六朝时期，中原动荡，大量官宦与平民涌向江南，浙东越地亦迁入了大量北方官民。到了魏晋时期，才子骚人慕名而来者多如过江之鲫。诗人发现了浙东山水之美，浙东山水美妙的风光得到赞颂与传播，因此名扬四方。王羲之、谢安、顾恺之、支道林、戴逵等对其多有赞美，尤其是王谢家族的名人轶事与玄言诗人如孙绰的《游天台山赋》等名作，对于浙东山水之赞美，播誉士林。"王子敬云：'从山阴道上行，山川自相映发，使人应接不暇。若秋冬之际，尤难为怀。'"①王徽之雪夜访戴逵："乘兴而行，兴尽而返，何必见戴。"②

南朝梁喜好游山玩水的王籍，博学有才气，历仕齐梁，梁武帝天监中，曾在会稽作吏，写下《入若耶溪》：

> 艅艎何泛泛，空水共悠悠。阴霞生远岫，阳景逐回流。蝉噪林逾静，鸟鸣山更幽。此地动归念，长年悲倦游。③

这首诗的"蝉噪林逾静，鸟鸣山更幽"两句，更是被称为"文外独绝"。

浙东诗路文化在这一时期的贡献主要是以王羲之与谢安为中心的文人学士交游社团所作出，由王羲之召集的兰亭诗会为后代的文学结社开启了一代新风；嵇康的论说文达到了当时的最高论说水平，思想新颖，富于对传统儒家思想的批判精神，文章说理缜密而透彻，词锋犀利、风调峻切，他写的四言诗也别具特色，情怀高远；谢灵运创作的山水诗取代了玄言诗的地位，标志着诗歌创作对艺术性的追求更为自觉，抒情写志更重视艺术与思想的结合。南朝文学家刘义庆撰写的《世说新语》，主要记载东汉后期到魏晋间一些名士的言行与轶事，随处可见会稽发生的故事，留下了大量的典故，如东床快婿、曲水流觞、东山再起、乘兴而来等。会稽成为六朝文化中心、山水文化的发祥地，预示运河诗路文化艺术新时代的来临。

---

① 刘义庆撰，徐震堮著：《世说新语校笺》，中华书局1984年版，第82页。
② 刘义庆撰，徐震堮著：《世说新语校笺》，中华书局1984年版，第408页。
③ 辛志贤等：《汉魏南北朝诗选注》，北京出版社1981年版，第404页。

浙东运河诗路是中国文化史上的一个专用名词，是继丝绸之路、茶马古道之后的又一条线型文化带。与以经济为纽带的前两条路不同，浙东运河诗路是国内以历史人文为核心的唯一的诗意古道。魏晋以来，会稽大兴，为南方最富庶的地区，又是大运河的终点。羽客缁流，传经说法；骚人墨客，诗文唱和，寄情山水；士族名士，青睐留恋。六朝会稽名士在文学、艺术、宗教等方面成就卓越。

《世说新语》说："顾长康从会稽还，人问山川之美，顾云：'千岩竞秀，万壑争流，草木蒙笼其上，若云兴霞蔚'。"[1]"书圣"王羲之第七子，少负盛名，才华过人的王子敬说："从山阴道上行，山川自相映发，使人应接不暇。若秋冬之际，尤难为怀。"[2]梁刘孝标注引《会稽郡记》曰："会稽境特多名山水。峰崿隆峻，吐纳云雾。松栝枫柏，擢干竦条。潭壑镜彻，清流写注。王子敬见之，曰：'山水之美，使人应接不暇。'"[3]

唐越州太守李逊在《游妙喜寺记》说：

越州好山水，峰岭重叠，逦迤皆见。鉴湖平浅，微风有波。山转远转高，水转深转清。故谢安与许询、支道林、王羲之，常为越中山水游侣。以安之清机，询、道林之高逸，羲之之知止，虽生知者思过已半，乌知其又不因外奖积成精絜邪？妙喜去郭二十里而近，通舟而到。积水四满，楼台在中。观其林叟渔者，小艇短楫，求赢而来，得志而返。濯足击汰，声满山谷。又有丹素佳禽，弄沉清流。劈波投空，一一远去。时从事四五人，天气清爽，同登共览。因思羊叔子在襄阳，好风景，出铃阁，罢渔猎，登岘山。今古在怀，独立无对。存有令德，殁有令名，君子哉！逊赖圣时钦明，寰海无波。进无若人之才，退获若人之逸。登山望水，思泯幽寂。

① 刘义庆撰，徐震堮著：《世说新语校笺》，中华书局1984年版，第81页。
② 刘义庆撰，徐震堮著：《世说新语校笺》，中华书局1984年版，第82页。
③ 刘义庆撰，徐震堮著：《世说新语校笺》，中华书局1984年版，第82页。

云霞草树，横在一目。非敢追踪羊公，亦复长揖王谢矣。时有从事李翱、僧灵彻请纪，故琢于片石云。时元和八月十五日记。①

唐代大诗人白居易的《沃洲山禅院记》一文对浙东运河诗路的充满赞誉：

沃洲山在剡县南三十里，禅院在沃洲山之阳，天姥岑之阴。南对天台，而华顶赤城列焉；北对四明，而金庭石鼓介焉。西北有支遁岭，而养马坡、放鹤峰次焉。东南有石桥溪，溪出天台石桥，因名焉。其余阜岩小泉，如子孙之从父祖者，不可胜数。

东南山水，越为首，剡为面，沃洲、天姥为眉目。夫有非常之境，然后有非常之人栖焉。晋宋以来，因山洞开，厥初，有罗汉僧西天竺人白道猷居焉，次有高僧竺法潜、支遁林居焉，次又有乾、兴、渊、支、遁、开、威、蕴、崇、实、光、识、斐、藏、济、度、逞、印凡十八僧居焉。高士名人有戴逵、王洽、刘恢、许玄度、殷融、郗超、孙绰、桓彦表、王敬仁、何次道、王文度、谢长霞、袁彦伯、王蒙、卫玠、谢万石、蔡叔子、王羲之凡十八人，或游焉，或止焉。故道猷诗云："连峰数十里，修林带平津。茅茨隐不见，鸡鸣知有人。"谢灵运诗云："暝投剡中宿，明登天姥岑。高高入云霓，还期安可寻？"盖人与山，相得于一时也。

自齐至唐，兹山寝荒，灵境寂寥，罕有人游。故词人朱放诗云："月在沃洲山上，人归剡县江边。"刘长卿诗云："何人住沃洲？"此皆爱而不到者也。大和二年春，有头陀僧白寂然，来游兹山，见道猷、支、竺遗迹，泉石尽在，依依然如归故乡，恋不

---

① 王先谦编：《骈文类纂》，浙江古籍出版社 1998 年版，第 709 页。

能去。时浙东廉使元相国闻之，始为卜筑。次廉使陆中丞知之，助其缮完。三年而禅院成，五年而佛事立。正殿若干间，斋堂若干间，僧舍若干间。夏腊之僧，岁不下八九十，安居游观之外，日与寂然讨论心要，振起禅风，白黑之徒，附而化者甚众。嗟乎！支、竺殁而佛声寝，灵山废而法不作。后数百岁，而寂然继之，岂非时有待而化有缘耶？六年夏，寂然遣门徒僧常赞，自刺抵洛，持书与图，诣从叔乐天，乞为禅院记云。

昔道猷肇开兹山，后寂然嗣兴兹山，今日乐天又垂文兹山。异乎哉！沃洲山与白氏，其世有缘乎？①

白居易在《沃洲山禅院记》一文中概括了"东南山水，越为首，剡为面，沃洲、天姥为眉目"的特点，以"有非常之境，然后有非常之人栖焉"为主线，历数东晋以来白道猷（又名昙猷）、支道林（本名支遁）等大德高僧和戴逵、王羲之等风流名士会聚于此，"盖人与山，相得于一时也"的盛况；引用白道猷的诗，描绘沃洲山的旖旎风光："连峰数十里，修林带平津。茅茨隐不见，鸡鸣知有人"；发出了山由人而兴，"支、竺殁而佛声寝，灵山废而法不作。后数百岁，而寂然继之，岂非时有待而化有缘耶"的感慨。

二、王羲之的书法艺术

王羲之（图3-2），小名吾菟，字逸少。王羲之幼年说话迟钝，但聪慧朗俊，13岁时，王羲之得到周顗赞誉，知名当时。又曾从叔父王廙学书画。稍长，辩论周备，尤善隶书，

图3-2 王羲之

---

① 白居易著，喻岳衡点校：《白居易集》，岳麓书社1992年版，第939—940页。

《晋书》本传赞为"古今之冠"，笔势"飘若浮云，矫若惊龙"，受伯父王敦、王导器重。

公元307年，正逢"八王之乱"，西晋王朝岌岌可危。王羲之伯父王导、王敦和父亲王旷，建议琅琊王司马睿"南渡"，向江南发展，得到了司马睿的积极支持，琅琊王氏举族南迁，落户建邺（今南京）乌衣巷。王羲之随父母南迁，至乌衣巷生活，后定居会稽山阴。琅邪王氏，是魏晋南北朝时期最为显赫的家族之一，王羲之的伯父王导是东晋建国初期最重要的人物，官居宰辅，掌控朝政。父亲王旷，任淮南太守，也是元帝渡江建国的功臣。王羲之出生的时代，正处在西晋王朝即将灭亡，"东晋"正在兴起。东晋元帝永昌元年（322），王羲之成为太尉郗鉴的"东床快婿"，与郗璇结婚，后生育七子一女。

王羲之少年时，曾跟叔父王廙学习书法，后来师从卫夫人，进步神速。卫夫人的《笔阵图》是中国书法理论早期著作之一，全文500余字，专论执笔法、运笔法与结字法。书中以战阵比喻书法，首创笔阵学说，对中国传统书法理论体系的建立起了重要作用，被历代书法家反复征引和演绎。

卫夫人在《笔阵图》里，首先提出"多力丰筋"说，这是一个重要的创见。她说："善笔力者多骨，不善笔力者多肉。多骨微肉者，谓之筋书，多肉微骨者，谓之墨猪。多力丰筋者圣，无力无筋者病。"①

据传王羲之在晚年写了一篇《题卫夫人〈笔阵图〉后》的文章，对卫夫人的理论作了进一步的阐述和发展：

> 夫纸者阵也，笔者刀鞘也，墨者鍪甲也，水砚者城池也，心意者将军也，本领者副将也，结构者谋略也，飏笔者吉凶也，出入者号令也，屈折者杀戮也。夫欲书者，先乾研墨，凝神静思，

---

① 潘运告编著：《汉魏六朝书画论》，湖南美术出版社1997年版，第95页。

预想字形，大小偃仰，平直振动，令筋脉相连，意在笔前，然后作字。若平直相似，状如算子，上下方整，前后齐平，此不是书，但得其点画耳。昔宋翼常作此书，翼是钟繇弟子，繇乃叱之，翼三年不敢见繇，即潜心改迹。每作一波，常三过折笔；每作一点，常隐锋而为之；每作一横画，如列阵之排云；每作一戈，如百钧之弩发；每作一点，如高峰坠石；□□□□，屈折如钢钩；每作一牵，如万岁枯藤；每作一放纵，如足行之趣骤。翼先来书恶，曰太康中有人于许下破钟繇墓，遂得《笔势论》，翼乃读之，依此法学，名遂大振。欲真书及行书，皆依此法。

若欲学草书，又有别法。须缓前急后，字体形势，状如龙蛇，气相钩连不断，乃须棱侧起伏，用笔亦不得使齐平、大小一等。每作一字须有点处，且作余字总竟，然后安点，其点须空中遥掷笔作之。其草书，亦须篆势、八分、古隶相杂，亦不得急，令墨不入纸；若急作，意思浅薄，而笔即直过。惟有章草及章程、行押等，不用此势，但用击石波而已；其击石波者，缺波也，又八分更有一波谓之隼尾波，即钟公《泰山铭》及《魏文帝受禅碑》中已有此体矣。

夫书先须引八分、章草入隶字中，发人意气，若直取俗字，则不能先发，予少学卫夫人书，将谓大能，及渡江北游名山，见李斯、曹喜等书；又之许下，见钟繇、梁鹄书，又之洛下，此见蔡邕《石经》三体书；又于从兄洽处，见张昶《华岳碑》。始知学卫夫人书，徒费年月耳。遂改本师，仍于众碑学习焉。

时年五十有三，恐风烛奄及，聊遗教于子孙耳，可藏之千金勿传。①

---

① 张彦远辑，洪丕谟点校：《法书要录》，上海书画出版社 1986 年版，第 7—8 页。

王羲之 12 岁时读了父亲所收藏的蔡邕写的《笔论》：

> 书者，散也。欲书先散怀抱，任情恣性，然后书之；若迫于事，虽中山兔毫不能佳也。夫书，先默坐静思，随意所适，言不出口，气不盈息，沉密神彩，如对至尊，则无不善矣。为书之体，须入其形，若坐若行，若飞若动，若往若来，若卧若起，若愁若喜，若虫食木叶，若利剑长戈，若强弓硬矢，若水火，若云雾，若日月，纵横有可象者，方得谓之书矣。①

东晋太宁二年（324），王羲之出任秘书郎，约咸和二年（327）至九年（334），任征西将军庾亮参军、会稽王友。改授临川太守、吴兴太守，累迁征西长史。咸康六年（340）正月，庾亮上表荐王羲之出任江州刺史、宁远将军。咸康八年（342）正月去江州刺史之职。永和二年（346），任护军将军。永和七年（351）转右军将军、会稽内史。后朝廷尔虞我诈，你争我斗，形势十分复杂，他不愿意卷入其中，于是决定不做大官，不在京城当官。朝廷公卿爱慕王羲之的才干，多次征召其为侍中、吏部尚书，但王羲之一概不就。

东晋永和九年（353）三月初三上巳日，会稽内史王羲之，邀请友人在山阴兰亭（图 3-3）举行修禊之礼，兰亭集会共 42 人参加，26 人作诗（其中作 2 篇者 11 人，作 1 篇者 15 人），16 人未作诗。参与者囊括了琅琊王氏、颍川庾氏、谯国桓氏、陈郡谢氏、太原王氏五大家族的精英。从参加兰亭集会的主要成员来看，兰亭集会是以王羲之为首，以世家大族与名士为主要参与对象的一次游宴娱乐活动。

图 3-3 兰亭

---

① 杨素芳、后东生：《中国书法理论经典》，河北人民出版社 1998 年版，第 3 页。

关于兰亭集会的记载，最早见于南朝刘义庆所著《世说新语·企羡第十六》："王右军得人以《兰亭集序》方《金谷诗序》，又以己敌石崇，甚有欣色。"①刘孝标注作《临河叙》，此后，又被称为《兰亭序》、《兰亭叙》、《兰亭》、《兰亭文》、《三月三日兰亭诗序》、《禊序》等（图3-4）。

永和九年，岁在癸丑，暮春之初，会于会稽山阴之兰亭，修禊事也。群贤毕至，少长咸集。此地有崇山峻岭，茂林修竹，又有清流激湍，映带左右，引以为流觞曲水，列坐其次。虽无丝竹管弦之盛，一觞一咏，亦足以畅叙幽情。

是日也，天朗气清，惠风和畅。仰观宇宙之大，俯察品类之盛，所以游目骋怀，足以极视听之娱，信可乐也。

夫人之相与，俯仰一世，或取诸怀抱，悟言一室之内，或因寄所托，放浪形骸之外。虽趣舍万殊，静躁不同，当其欣于所遇，暂得于己，快然自足，不知老之将至。及其所之既倦，情随事迁，感慨系之矣。向之所欣，俯仰之间，已为陈迹，犹不能不以之兴怀。况修短随化，终期于尽。古人云，死生亦大矣，岂不痛哉！

每览昔人兴感之由，若合一契，未尝不临文嗟悼，不能喻之于怀。固知一死生为虚诞，齐彭殇为妄作，后之视今，亦犹今之视昔，悲夫！故列叙时人，录其所述，虽世殊事异，所以兴怀，其致一也。后之览者，亦将有感于斯文。②

---

① 刘义庆撰，徐震堮著：《世说新语校笺》，中华书局1984年版，第346页。
② 房玄龄等撰：《晋书》，中华书局1997年版，第2099页。

图 3-4　王羲之《兰亭集序》(图片来源:《绍兴市志》第一册)

序文共三百二十四字,章法、结构、笔法都很完美。其中"之"、"以"、"也"等字,多次重复,竟无一雷同。特别是"之"字,重复二十次,均变化自如,令人叹为观止。全文言简意赅地介绍了集会时间、地点,层次井然而语言简洁,描绘兰亭周围的景物和自然环境,从大处落笔描写景物,由远及近,先写崇山峻岭,继写清流激湍,再顺流而下转写人物活动及其情态,动静结合。春风轻扬,碧空晴朗,然后写寥廓的宇宙及大千世界中的万物。意境清丽淡雅,情调欢快畅达,先是叙事写景,接着议论和抒情。有聚合就有别离,天下没有不散的筵席。想到人的寿命不论长短,最终归于寂灭时,更加感到无比凄凉和悲哀。在表现人生苦短、世事无常的感叹中,流露出执着的热情和对生命的向往。明确"固知一死生为虚诞,齐彭殇为妄作"是一种虚妄的人生观,肯定了生命的价值。

王羲之是书法界的巅峰人物,后人称其书法"为古今之冠,论者称其笔势,以为飘若浮云,矫若惊龙"[1]。王羲之的书法是承前启后的集大成者,备受推崇,后人对《兰亭集序》评价极高,南朝梁开国皇帝梁武帝萧衍(464—549)在其《古今书人优劣评》中云:"王羲之书字势雄逸,如龙跳天门,虎卧凤阙,故历代宝之,永以为训。"[2]唐太宗酷爱王羲之书法,认

① 房玄龄等撰:《晋书》,中华书局 1997 年版,第 2093 页。

② 刘遵三选编:《历代书法家述评辑要》,齐鲁书社 1989 年版,第 137 页。

为惟王羲之的书法"尽善尽美":

> 制曰:书契之兴,肇乎中古,绳文鸟迹,不足可观。末代去
> 朴归华,舒笺点翰,争相夸尚,竞其工拙。伯英临池之妙,无复
> 余踪;师宜悬帐之奇,罕有遗迹。逮乎钟王以降,略可言焉。钟
> 虽擅美一时,亦为迥绝,论其尽善,或有所疑。至于布纤浓,分
> 疏密,霞舒云卷,无所间然。但其体则古而不今,字则长而逾
> 制,语其大量,以此为瑕。献之虽有父风,殊非新巧。观其字势
> 疏瘦,如隆冬之枯树;览其笔踪拘束,若严家之饿隶。其枯树也,
> 虽槎枿而无屈伸;其饿隶也,则羁羸而不放纵。兼斯二者,故翰
> 墨之病欤!子云近出,擅名江表,然仅得成书,无丈夫之气,行
> 行若萦春蚓,字字如绾秋蛇;卧王濛于纸中,坐徐偃于笔下;虽
> 秃千兔之翰,聚无一毫之筋,穷万谷之皮,敛无半分之骨;以兹
> 播美,非其滥名邪!此数子者,皆誉过其实。所以详察古今,研
> 精篆素,尽善尽美,其惟王逸少乎!观其点曳之工,裁成之妙,
> 烟霏露结,状若断而还连;凤翥龙蟠,势如斜而反直。玩之不觉
> 为倦,览之莫识其端,心慕手追,此人而已。其余区区之类,何
> 足论哉![1]

宋代米芾《题永徽中所摹〈兰亭叙〉》:

> 永和九年暮春月,内史山阴幽兴发。群贤吟咏无足称,叙引
> 抽毫纵奇札。爱之重写终不如,神助留为万世法。二十八行三百
> 字,之字最多无一似。昭陵竟发不知归,摹写典刑犹可秘。彦远
> 记模不记褚,要录班班有名氏。后生有得苦求奇,寻购褚摹惊一

---

① 房玄龄等撰:《晋书》,中华书局1997年版,第2107—2108页。

世。寄言好事但赏佳，俗说纷纷那有是。①

其中说《兰亭集序帖》："二十八行三百字，之字最多无一似。"全帖有二十个"之"字，并无雷同，且个个生动漂亮。在《褚摹右军兰亭燕集序赞》中，米芾说："右米姓秘玩，天下法书第一，唐太宗获此书，命起居郎褚遂良、检校冯承素、韩道政、赵模、诸葛贞、汤普澈之流摹赐王公贵人，著于张彦远法书要录……"②称此帖为"天下法书第一"。

在"清流激湍，映带左右"的绝美景色中，王羲之微醺提笔而叙述情致，写下《兰亭集序帖》，该帖清逸秀婉、流畅自然：

> 全幅无法而有法，点画情趣盎然，心手相应，一气呵成，如天马行空，游行自在。全篇集篆、隶、章草之法，中锋起转提按，意随笔转，线条如行云流水，字体极尽变化，楷草兼施，平稳中寓险峻，相同的字皆有不同表现，全文有二十余个"之"字，都加以变化，无一雷同。全幅意境浑穆，神气洞达，潇洒散朗如清风明月，乐中含悲悟生命玄理。可以说是境与神会，真气扑人。③

王羲之开创了妍美俊健的书风，完成了华夏书法由古体的篆隶向今体的楷、行、草的转化，奠定了此后数千年中国书法的大致面貌。王羲之在中国文化史上是非常浓重的一笔，特别是在书法史上，对后世产生了巨大的影响。

---

① 米芾：《宝晋英光集》，商务印书馆 1939 年版，第 15 页。
② 米芾：《宝晋英光集》，商务印书馆 1939 年版，第 50 页。
③ 王岳川：《王羲之的魏晋风骨与书法境界》，《北京大学学报（哲学社会科学版）》2011 年第 6 期。

第三节　东山文化与山水文化

历史上的越地，有众多优秀的传统文化，夏禹三过家门而不入的治水精神；句践能屈能伸，卧薪尝胆的胆剑精神；曹娥投江寻父，孝感动天的孝德精神；王充朴素唯物主义的无畏精神等为后世留下典范。东晋名相谢安的"东山再起"，可以说是浙东运河流域越文化精神的又一次体现。

一、谢安"东山再起"

浙东运河从钱塘江南岸经会稽山阴城区抵达曹娥江边的上浦镇，在曹娥江边，山阴故水道告一段落，浙东运河主线拐了个弯，向南进入东山地带。浙东历史上遍布文人雅士足迹，如东晋时谢安、王羲之、谢灵运等；后人又在此来来往往，使这里成为浙东运河诗路上一处重要驿站。东山位于自运河沿岸丰富的人文景观过渡到自然山水风貌的结合部，峰峦山水秀丽静谧，田野生态悠闲旖旎，充溢着浓郁的历史文化和人文情怀。

唐代诗人刘禹锡《乌衣巷》诗云："朱雀桥边野草花，乌衣巷口夕阳斜。旧时王谢堂前燕，飞入寻常百姓家。"① "王谢"指的是东晋宰相王导和谢安所代表的王谢家族。乌衣巷，三国时吴国的军营，东晋时已成为王、谢等豪门大族的住宅区。"君子之泽，五世而斩"，在唐人眼中，就似沧海桑田。魏晋时期，从河南陈郡南迁的谢氏，对东晋的存续和发展有特殊贡献，公元 383 年由谢安指挥的淝水之战，就是我国历史上以少胜多的著名战例。

西晋末年谢氏家族随朝廷南迁建康，国子祭酒谢衡自成一脉，揽会稽东山之胜，遂择而居之，至南朝陈时的谢贞，三百年间十二代血脉传承，

---

① 刘禹锡著，瞿蜕园校点：《刘禹锡全集》，上海古籍出版社 1999 年版，第 172 页。

谢尚北伐夺回玉玺，雪洗江左"白板天子"①之耻。谢安兄弟子侄决胜淝水，剑锋打造功业，东山之志露出光芒，将家族发展推向鼎盛。后王羲之曾语刘惔："'故当共推安石。'刘尹曰：'若安石东山志立，当与天下共推之。'"②

谢安（320—385），字安石，号东山，祖籍陈郡阳夏（今河南太康），政治家、军事家，西晋末年其家族南迁寓居会稽上虞。谢安"神识沉敏，风宇条畅"③，"少有盛名，时多爱慕"④，处险若夷，临危不惧，极有胆略，为时人所叹服。

谢安出身名门，多才多艺，善书法，通音乐，对儒、道、佛、玄学均有较高的素养。性情娴雅温和，处事公允明断，顾大局，不专权；隐居会稽山，屡拒辟召，无意出仕，在会稽常与名士王羲之、孙绰，名僧支遁等交游。

> 尝往临安山中，坐石室，临浚谷，悠然叹曰："此亦伯夷何远！"尝与孙绰等泛海，风起浪涌，诸人并惧，安吟啸自若。舟人以安为悦，犹去不止，风转急，安徐曰："如此将何归邪？"舟人承言即回。众咸服其雅量。⑤

谢安曾游玩浙皖交界的临安山，坐在石洞里悠然叹道："我现在这种情形，与伯夷有何不同。"谢安还曾与名士孙绰等人泛舟大海，当时风急浪高，同船的众人十分惊恐，谢安却吟啸自若，神色不变，大家都佩服谢安宽宏镇定的气度。谢安为江东名士领袖，朝野瞩望。

---

① "乘舆传国玺，秦玺也。晋中原乱没胡，江左初无之，北方人呼晋家为'白板天子'。"萧子显：《南齐书》，中华书局 2014 年版，第 183 页。

② 刘义庆撰，徐震堮著：《世说新语校笺》，中华书局 1984 年版，第 255 页。

③ 房玄龄等撰：《晋书》，中华书局 1997 年版，第 2072 页。

④ 房玄龄等撰：《晋书》，中华书局 1997 年版，第 2076 页。

⑤ 房玄龄等撰：《晋书》，中华书局 1997 年版，第 2072 页。

谢安年青时以清谈知名，神识沉敏，深得宰相王导及名士王蒙的器重，声誉在上层社会中流传。然而谢安没有凭名望、身份去获取高官厚禄，而以病推辞了征召，隐居到会稽郡的上虞东山，过着逍遥自在的生活，与王羲之、许询、支道林等名士名僧们频繁交游，出门捕鱼打猎，回屋吟诗作文。谢安乐得自在，放浪形骸，游览东南名山大川，留下了许多诗文。谢安虽然一直未曾出仕，却是个大有名气的人。在兰亭修禊集会上，王羲之有诗云："三春启群品，寄畅在所因。仰望碧天际，俯磐绿水滨。寥朗无厓观，寓目理自陈。大矣造化功，万殊莫不均。群籁虽参差，适我无非新。"[1]谢安作诗："伊昔先子，有怀春游。契兹言执，寄傲林丘。森森连领，茫茫原畴，迥霄垂雾，凝泉散流。"[2]雅人名士挚爱山水的情怀袒露无遗。

上虞东山有"十景"，东山十景，充满诗情画意。曹娥江路边山上，有一块雄踞江边的奇石，像人手指遥点江天，故名"指石"（图3-5），附近江心的小沙洲，形似琵琶，因名"琵琶洲"，两者相望，为第一景"指石弹琵琶"；东山南方，曹娥江两岸相对的四个山峰，均称美女山，与东山北方第一景遥相呼应，为第二景"四美女听琴"；指石下，曹娥江水流曲折，危岩重叠，山间有一巨岩搁置江边，岩上野藤盘虬，岩顶平坦可坐，岩下潭深水碧，为第三景"谢安钓鱼石"；古代沿江上东山，通道狭窄，有一处缺口，上架三块厚石板为桥，桥对岸是小舜江入口处，涡流如花，为第四景"三板桥下桃花水"；过三

图3-5　东山指石

---

① 李剑锋校注：《兰亭集校注》，山东大学出版社 2019 年版，第 18 页。

② 李剑锋校注：《兰亭集校注》，山东大学出版社 2019 年版，第 41 页。

板桥，绕大山湾，拾级上东山之巅，路旁山岩奇特，有的像老牛饮水，有的像饿牛啃草，有的像两牛相斗，千姿百态，为第五景"百牛山"；来到国庆寺山门口，在两垅山脉相抱处，过去有古柏歪倒相碰，构成天然洞口，并有蔷薇花盘缠于上，为第六景"蔷薇几度花"；蔷薇洞旁有一月牙形池塘，池中之水，久旱不枯，相传谢安初上东山，在此洗屐，为第七景"洗屐池"；国庆寺山门将到之处，有两堵岩石对峙，一如蟒蛇之首，一如乌龟之头，昂然守护山门，为第八景"龟蛇二将军"；国庆寺遗址后有一山塘，塘周边古树蔽日，谢灵运在始宁修建别墅，号称始宁园，此塘为第九景"始宁泉"；始宁泉东南约 20 米为谢安墓，顺墓上山岗，群山环抱，山下江水如带，山岗宽阔平坦，相传为谢安骑马巡山大道，为第十景"调马路"。

谢安纵情于山水之间，每次游玩，总是携带歌妓同行，随时吟唱他的诗作，是当时知名的风流人物。《晋书·谢安传》云：

> 安虽放情丘壑，然每游赏，必以妓女从。既累辟不就，简文帝时为相，曰："安石既与人同乐，必不得不与人同忧，召之必至。"时安弟万为西中郎将，总藩任之重。安虽处衡门，其名犹出万之右，自然有公辅之望，处家常以仪范训子弟。安妻，刘惔妹也，既见家门富贵，而安独静退，乃谓曰："丈夫不如此也？"安掩鼻曰："恐不免耳。"及万黜废，安始有仕进志，时年已四十余矣。[1]

他虽然屡屡不愿出山做官，但当时执政的会稽王司马昱认为，谢安既然能与人同乐，也必定能与人同忧，如果再征召他，他肯定会应召的。谢安虽然隐遁山林，其名声仍然超过弟弟谢万，大家都认为他有任宰辅的潜力和声望。谢安 40 多岁才出仕，孝武帝时，位至丞相。据《晋书·谢安

---

[1] 房玄龄等撰：《晋书》，中华书局 1997 年版，第 2072—2073 页。

传》记载：

> 简文帝疾笃，温上疏荐安宜受顾命。及帝崩，温入赴山陵，止新亭，大陈兵卫，将移晋室，呼安及王坦之，欲于坐害之。坦之甚惧，问计于安。安神色不变，曰："晋祚存亡，在此一行。"既见温，坦之流汗沾衣，倒执手版。安从容就席，坐定，谓温曰："安闻诸侯有道，守在四邻，明公何须壁后置人邪？"温笑曰："正自不能不尔耳。"遂笑语移日。坦之与安初齐名，至是方知坦之之劣。①

简文帝司马昱死时，掌握兵权、威震内外的大司马桓温，图谋篡晋自立。当时最为桓温畏忌的便是吏部尚书谢安和左卫将军王坦之，下决心要除掉他们，外面已传出了风声。桓温派人请他们二人来家做客，王坦之很害怕，问谢安怎么办。谢安说："晋祚存亡，在此一行。"两人同去见桓温，王坦之"流汗沾衣，倒持手版"，谢安"从容就席，坐定"，谈笑风生。不仅如此，谢安还反客为主，主动出击，言谈间，忽然对桓温说道："我曾经听说古代诸侯有道，守在四邻，国家应该将兵马布阵在边境，以防止敌国入侵。桓将军为什么要把兵士藏在墙壁后面呢？"索性戳穿桓温的阴谋。桓温听了，非但没有生气，还尴尬地笑了笑说："现在是非常时期，必须有非常举措，我也是不得已才如此的呀！"双方于是谈笑多时，原先紧张的气氛一下子缓和了许多，最后竟然"笑语移日"。谢安凭着机智和镇定，并且与桓温曾经共事多年的关系，在桓温面前一点也不紧张，从而有效地缓解了当时的紧张局势。

谢安处事公允明断，不专权树私，不居功自傲，气量大度，他治国以儒、道互补。顾全大局，家族利益服从于国家利益。明代嘉靖年间进士归

---

① 房玄龄等撰：《晋书》，中华书局1997年版，第2073页。

有光在《应制策》中提到:"谢安石高卧东山,本无处世之意。而诸人每恨其不出,为苍生忧。及见登用,镇以和静,御以长算。苻氏率众百万,次于淮、淝,京师震恐,夷然无惧色。指授将帅,大致克捷,劲寇土崩,中州席卷,江左奠安。岂非实之能副其名者乎?"①东晋丞相王导的五世孙王俭常说:"江左风流宰相,惟有谢安。"②

东晋穆帝司马聃升平三年(359),谢安的弟弟谢万北伐前燕战败,谢万被免为庶人。当时"王谢"两家是东晋王朝的主要势力,谢家在朝中的势力逐渐衰微,对整个家族不利。升平四年(360),谢安应征西大将军桓温之邀,担任桓温帐下的司马。当时桓温的势力与皇室斗争愈演愈烈,朝局并不稳定,谢安夹在其中,受到的是多方施加的压力。

太元八年(383),苻坚率领着号称百万的大军南下,志在吞灭东晋,统一天下。前秦军队大举进攻的消息传到建康,晋孝武帝司马曜和众多文武官员惊恐慌乱,面对前秦大军压境,孝武帝任命谢安为战时最高统帅征讨大都督。淝水之战前,身为征讨大都督的谢安,坐镇建康,运筹帷幄,指挥若定,安排弟弟谢石、侄子谢玄、儿子谢琰在一线应战。

为了打好淝水之战,谢安指挥军队采用了一系列巧妙的战术和策略,包括在军队的防御中利用淝水的地势,设置多重防御体系;设立哨探,观察前秦军队的动向,及时传递情报;采取分兵两路诱敌深入,虚实结合的战术;等等。

捷报传来时,谢安在与客人下棋,得知消息,不动声色地将捷报放在座位旁,继续下棋。客人问战况如何,谢安淡淡回答说:"我们已经打败敌人了。"直到下完棋,客人告辞之后,谢安才抑制不住心头的喜悦,跳跃着进入内室,把木屐上的屐齿踢断了。淝水之战的胜利,使谢安的声望达到了顶点。以总统诸军之功,进拜太保。

---

① 归有光著,彭国忠等校点:《震川先生集(下)》,上海人民出版社 2020 年版,第862 页。
② 李延寿:《南史》,中华书局 1975 年版,第 595 页。

太元九年（384）八月，谢安起兵北伐。谢玄率领北府兵自东路的广陵北上，收复兖州、青州、司州、豫州，中路和西路的桓氏则出兵攻克了鲁阳和洛阳，并收复了梁州和益州。至此，淝水之战前，前秦与东晋以淮河—汉水—长江一线为界的局面改成了以黄河为界，整个黄河以南地区重新归入了东晋的版图。

太元十年（385）四月，谢安为避免晋孝武帝的猜忌，主动要求出镇广陵，建筑新城。后因病，又获准返回建康。同年八月二十二日，谢安病逝于建康，享年六十六岁。追赠太傅，谥号"文靖"。十月，朝廷为表彰淝水之战的战功，追封谢安为建昌县公，追封庐陵郡公，封谢石为南康郡公，谢玄为康乐县公，谢琰为望蔡公，谢氏一门四公，在中国历史上的影响力达到顶峰，成为东晋乃至整个南朝的当轴士族。

谢安本可以一生寄情山水，可他为了家族与国家，不得已披上了战袍。后人对谢安的评价很实在，南宋兰溪学者徐钧评价谢安时，感叹道："高卧东山意豁如，端然笑咏只清虚。晋朝负荷伊谁力，堪叹身亡国亦除。"①

浙东的稽山镜水，受到魏晋士大夫的褒扬，他们对浙东山水的审美活动，以及在浙东的经历和感受，从情趣到观点，为后人引为美谈，对晋朝文人产生了潜移默化的示范作用。孝女曹娥碑阴所题"黄绢幼妇外孙齑臼"八字，引起杨修与曹操解读的故事，这些前朝风流人物的风流事迹，以及两晋高人逸士之遗风，吸引了前往浙东访胜的观光者，他们觉得浙东是人间之灵境。《嘉泰会稽志》卷一云：

> 自汉晋，奇伟光明硕大之士固已继出。东晋都建康，一时名胜，自王、谢诸人在会稽者为多，以会稽诸山为东山，以渡涛江

---

① 四川大学古籍整理研究所编：《宋集珍本丛刊》第八十七册，线装书局 2004 年版，第 755 页。

而东为入东，居会稽为在东，去而复归为还东，文物可谓盛矣。[①]

文中所记汉晋之后，浙东会稽杰出的人物相继出现，尤其是东晋时期在王羲之、谢安之后，大批文人学士接踵而来，形成一种新的文化潮流。

二、孙绰的山水体悟

孙绰，字兴公，生于西晋建兴二年（314），卒于东晋咸安元年（371），祖籍太原中都（今晋中榆次），生于会稽（今浙江绍兴），九岁丧父，寄身外氏。年轻时有高尚之志，以文才著称，博学善文，放旷山水，与许询齐名，文学家、书法家，是东晋士族中很有影响的玄言诗派代表人物之一，作《遂初赋》寄托其志，辑有《孙廷尉集》。咸和九年（334），为征西将军庾亮参军，随镇武昌，共游白石山，补章安令，拜太学博士。约永和初年迁尚书郎，仕建武将军殷浩长史。永和七年（351）任右军将军、会稽刺史王羲之长史。转任永嘉太守，再迁散骑常侍。因为上疏谏止桓温提议迁都洛阳，转任廷尉卿，兼任著作郎。

永和九年（353），孙绰参与王羲之组织的兰亭修禊（图3-6），阳春三月登上高台咏唱抒怀，写下《兰亭诗》二首："春咏登台，亦有临流。怀彼伐木，宿此良俦。修竹荫沼，旋濑萦丘。穿池激湍，连滥觞舟。""流风拂枉渚，停云

图3-6　流觞曲水
（图片来源：《绍兴市志》第一册）

---

① 采鞠轩藏版：《嘉泰会稽志》，嘉庆戊辰（公元1808年）重镌，第16页。

荫九皋。莺语吟修竹，游鳞戏澜涛。携笔落云藻，微言剖纤毫。时珍岂不甘，忘味在闻韶。"①其一写水与竹，纯写春景山水之美，从春天的景象中体悟"自然"的妙谛，别有一种玄趣；其二写风、云、莺、游鱼，对山水景致的感悟生动有味，诗末寄托体悟之理。孙绰以玄学家的眼光审视自然山水，力求人与自然的冥通，谓之："固以玄对山水。"②

于是他们的作品，既表现为玄理的追求，又表现为自然美的赞赏。留意山水审美，描画山水方式各殊，并从山水刻写中体悟玄理。历代文坛都以孙绰为玄言诗的代表，这二篇写得灵动有致，预示着山水诗的兴起。王羲之为《兰亭集》撰序，孙绰则作《三月三日兰亭诗序》：

> 古人以水喻性，有旨哉斯谈！非以停之则清，混之则浊邪？情因所习而迁移，物触所遇而兴感，故振辔于朝市，则充屈之心生；闲步于林野，则辽落之志兴。仰瞻羲唐，邈已远矣；近咏台阁，顾深增怀。为复于暧昧之中，思萦拂之道。屡借山水，以化其郁结，永一日之足，当百年之溢。以暮春之始，禊于南涧之滨。高岭千寻，长湖万顷。隆屈澄汪之势，可为壮矣！乃席芳草，镜清流，览卉木，观鱼鸟；具物同荣，资生咸畅。于是和以醇醪，齐以达观，决然兀矣！焉复觉鹏鷃之二物哉？耀灵纵辔，急景西迈；乐与时去，悲亦系之。往复推移，新旧相换；今日之迹，明复陈矣。原诗人之致兴，谅歌咏之有由。③

序文首句以水比喻议论人性，肯定山水对于澄明性情的积极作用。杜

① 逯钦立：《先秦汉魏晋南北朝诗·晋诗》卷十三，中华书局1983年版。第901页。
② 刘义庆撰，徐震堮著：《世说新语校笺》，中华书局1984年版，第339页。
③ 严可均辑：《全上古三代秦汉三国六朝文·全晋文》卷六一，中华书局1958年版，第1808页。

甫在《佳人》诗中说："在山泉水清，出山泉水浊。"①在山中泉水清澈见底，流出山以后就变得浑浊不堪。但泉水是流动的，又如何能不出山？那么应该如何保持情性的清澈？如何转移或消融悲怆感？方式或有多种，孙绰认为可以"屡借山水，以化其郁结"，借自然山水消融化解生活中的苦恼，寄寓回归大自然的愉悦，通过自然山水景观来化解郁结情怀，这是非常典型的情感替代论。

第二部分自然转到春日雅集，写所见所为，所感所思，一派勃勃生机。不论是壮美的高岭长湖，还是优美的草木鱼鸟，"具物同荣，资生咸畅"。正如王羲之的《兰亭诗》"三觞解天刑"②，孙绰也借助"醇醪"的作用，感悟老庄齐物达观的奥妙理论"天地与我并生，而万物与我为一"，把人和天地万物紧密地联系在一起，视为不可分割的共同体，从而形成一种主观力量，达到与天地万物浑然一体的和谐精神境界。然而时过境迁，酒醒愁来，序文最后禁不住发出感慨："往复推移，新旧相换；今日之迹，明复陈矣。"与王羲之《兰亭集序》中所说的"后之视今，亦犹今之视昔"类通。这是历史发展的必然规律，人的生老病死虽然悲怆，但生命在这种轮回和超越的精神状态中展现出无穷的魅力。

孙绰的这篇序文传承了老庄的物感式理论，体现了东晋玄学士人对于艺术思维感觉的通常感悟，随着人的情感境遇不同而波澜起伏，即"情因所习而迁移，物触所遇而兴感"。不同环境使人产生不同的感受，孙绰从时序变迁中敏锐感觉到生命的短促，萌发出苍凉的生命、生存意识而"悲亦系之"，这正是漫溢于魏晋南北朝思想界的悲剧意识。

孙绰的代表作要算那篇"掷地金声"③的《游天台山赋》。东汉时期，天

---

① 高仁标点：《杜甫全集》，上海古籍出版社1997年版，第23页。
② 李剑锋校注：《兰亭集校注》，山东大学出版社2019年版，第23页。
③ "尝作《天台山赋》，辞致甚工，初成，以示友人范荣期，云：'卿试掷地，要作金石声也。'荣期曰：'恐此金石非中宫商。'然每至佳句，辄云：'应是我辈语。'"房玄龄等撰：《晋书》，中华书局1974年版，第913页。

台山就以灵异闻名于世，佛教天台宗的发源地，道教的洞天福地之一。刘义庆的《幽明录》中所描述的剡县人刘晨和阮肇进山采药遇上仙女的故事，便是在天台山。东晋时期，天台山已遍布道观梵宇，更增添了神秘色彩，是四方香客朝奉和玄学名士向往的圣地。《游天台山赋》可以说是孙绰玄学感悟的神思飞扬，也是晋代玄学名士心目中的神山形象被理想化、神化了的描述。《游天台山赋》序：

> 天台山者，盖山岳之神秀者也。涉海则有方丈、蓬莱，登陆则有四明、天台，皆玄圣之所游化，灵仙之所窟宅。夫其峻极之状，嘉祥之美，穷山海之瑰富，尽人神之壮丽矣。所以不列于五岳，阙载于常典者，岂不以所立冥奥，其路幽迥。或倒景于重溟，或匿峰于千岭；始经魑魅之途，卒践无人之境。举世罕能登陟，王者莫由禋祀，故事绝于常篇，名标于奇纪。然图像之兴，岂虚也哉！非夫遗世玩道，绝粒茹芝者，乌能轻举而宅之？非夫远寄冥搜，笃信通神者，何肯遥想而存之？余所以驰神运思，昼咏宵兴，俯仰之间，若已再升者也。方解缨络，永托兹岭。不任吟想之至，聊奋藻以散怀。①

　　序文短小精悍，将叙事与抒情相结合。由赋序可知，作者并未亲身游历天台山。孙绰对天台山感情深厚，开句热情赞颂天台山神秀奇异，地理位置绝妙，具备人与神所想象的壮丽景象，只是经典中"故事绝于常篇"，通过序文，得知孙绰已有"方解缨络，永托兹岭"的愿望。之后，被天台山的神美景色所吸引，于是"驰神运思，昼咏宵兴，俯仰之间"，像多次登山游览。孙绰想摆脱世俗羁绊，"不任吟想之至，聊奋藻以散怀"，向往此山的神秀奇美，而把生命寄托于此，便撰成这篇神游的名赋：

---

① 陈振鹏、章培恒主编：《古文鉴赏辞典》，上海辞书出版社 2014 年版，第 568 页。

太虚辽廓而无阂，运自然之妙有，融而为川渎，结而为山阜。嗟台岳之所奇挺，实神明之所扶持。荫牛宿以曜峰，托灵越以正基。结根弥于华岱，直指高于九疑。应配天于唐典，齐峻极于周诗。

邈彼绝域，幽邃窈窕，近智以守见而不之，之者以路绝而莫晓。哂夏虫之疑冰，整轻翮而思矫。理无隐而不彰，启二奇以示兆：赤城霞起以建标，瀑布飞流以界道。

睹灵验而遂徂，忽乎吾之将行。仍羽人于丹丘，寻不死之福庭。苟台岭之可攀，亦何羡于层城？释域中之常恋，畅超然之高情。被毛褐之森森，振金策之铃铃。披荒榛之蒙茏，陟峭崿之峥嵘。济楢溪而直进，落五界而迅征。跨穹隆之悬磴，临万丈之绝冥。践莓苔之滑石，搏壁立之翠屏。揽樛木之长萝，援葛藟之飞茎。虽一冒于垂堂，乃永存乎长生。必契诚于幽昧，履重险而逾平。既克隮九折，路威夷而修通。恣心目之寥朗，任缓步之从容。藉萋萋之纤草，荫落落之长松。觌翔鸾之裔裔，听鸣凤之嗈嗈。过灵溪而一濯，疏烦想于心胸。荡遗尘于旋流，发五盖之游蒙。追羲农之绝轨，蹑二老之玄踪。涉降信宿，迄于仙都。双阙云竦以夹路，琼台中天而悬居。朱阁玲珑于林间，玉堂阴映于高隅。彤云斐亹以翼棂，皦日炯晃于绮疏。八桂森挺以凌霜，五芝含秀而晨敷。惠风仁芳于阳林，醴泉涌溜于阴渠。建木灭景于千寻，琪树璀璨而垂珠。王乔控鹤以冲天，应真飞锡以蹑虚。骋神变之挥霍，忽出有而入无。

于是游览既周，体静心闲。害马已去，世事都捐。投刃皆虚，目牛无全。凝思幽岩，朗咏长川。尔乃羲和亭午，游气高褰。法鼓琅以振响，众香馥以扬烟。肆觐天宗，爰集通仙。挹以玄玉之膏，嗽以华池之泉，散以象外之说，畅以无生之篇。悟遣有之不尽，觉涉无之有间。泯色空以合迹，忽即有而得玄。释二名之同出，消一无于三幡。恣语乐以终日，等寂默于不言。浑万象以冥观，兀同体于自然。①

这篇赋以骈文写成，赋文工丽细致，词旨清新，辩致工巧，语句骈俪而无滞涩之病。加之想象丰富，波澜起伏，意奇语新，景物摹写神采飞扬，有摇笔散珠、动墨横锦的妙趣。孙绰也以这篇赋为得意之作。明清之交的洪若皋在《天台纪游诗自序》中还说："读孙公之赋，声乏金石。"②在东晋文坛上，"绰少以文才垂称，于时文士，绰为其冠。温、王、郗、庾诸公之薨，必须绰为碑文，然后刊石焉"③。

东晋的骈赋诗词受正始玄风影响，带有浓厚的玄学色彩。孙绰曾以玄言作《道贤论》，"以七沙门比竹林七贤"④；其《喻道论》是我国较早的系统阐发佛理的文章，主张佛儒一致，说明佛儒的不同，儒教为世俗之教，佛教是超俗之说。认为"周孔即佛，佛即周孔"⑤。

孙绰对佛和道、儒与佛的关系、出家是否违背孝道等问题进行论证，并主张出家为大孝。儒教注重社会治理，佛教注重内心教化，儒佛出发点和目的都是一致的。孙绰倡导的思想观念对东晋社会安定及各大势力融合，起到了积极的作用。

当时玄学与佛教合流，以玄理作赋，往往释道相杂，仙佛并存，《游天台山赋》有鲜明的玄学与佛教结合的印迹。孙绰在赋中采用玄学之理与佛教哲学结合来描摹山水，这种写法体现了他创作的思想倾向，也反映出东晋士人玄学家典型的共有创作趋向。

孙绰在《游天台山赋》中围绕一个"游"字，把自然景物贯穿起来，循着赋文的展开，文中景物不断出现，景色千姿百态；随着人们游览足迹

---

① 陈振鹏、章培恒主编：《古文鉴赏辞典》，上海辞书出版社，2014年版，第568—569页。

② 天台县政协文史资料研究委员会编：《天台山风景名胜》，1991年，第66页。

③ 房玄龄等撰：《晋书》，中华书局1997年版，第1547页。

④ 刘义庆撰，徐震堮著：《世说新语校笺》，中华书局1984年版，第121页。

⑤ 僧祐：《弘明集》，《四部丛刊》，上海商务印书馆1929年版，第33页。

的逐渐推进，色彩鲜明的图画展露无遗。

作者不是单纯写景，而是把自己的思想融入景中。作者竭力宣扬道家玄妙之道，目的在于避世。寻仙觅道的虚幻思想，当然是消极的，这是欣赏这篇文章时应引起注意的。

孙绰该赋的整个游历过程，典型地反映了东晋士人的精神风貌和生活意趣。尽管其旨归不离"理过其辞，淡乎寡味"①的清淡玄虚之理，但由于依托想象创作，化虚为实，神不离象，象以意成，使此赋不由得与流行的"玄言诗"模式相背离，成为脍炙人口的名篇。因为孙绰《游天台山赋》的高度称赞和极力颂扬，天台山名声大振。

孙绰的居住地和主要文化活动地基本位于浙东运河地域范围内，本部分除了介绍其在兰亭集中的表现外，其代表作《游天台山赋》的产生也不可避免地受到浙东运河诗路文化的熏陶，一定程度上可以作为浙东运河诗路的衍生文化。

第四节　诗路山水与梁祝文化

魏晋南北朝是继战国"百家争鸣"之后，又一个思想解放的时期。文化多元化，各种学说并兴，社会思想和学术氛围相对自由，一些异端思想流行起来，如道教的风行、佛教的兴盛、玄学的兴起，这些思潮使儒学衰微，却具有重要的历史进步作用，有力地促进了这一时期文学艺术的发展。

---

① 钟嵘著，周振甫译注：《诗品》，中华书局 1998 年版，第 17 页。

一、谢灵运的山水诗赋

魏晋之际玄学日渐兴盛，士族文人普遍信奉老庄哲学，此一期为学术思潮以及文学观念的变化、文学的审美追求的转向、诗歌创作由汉乐府转向玄言诗的时期。其中诗歌创作发生变化，如诗歌描写的对象，自然山水已引起众多诗人的关注，出现了把自然景物与人的思想联系起来的倾向；诗体有五言古诗、七言古诗、永明体，律诗中的五言律诗、五言绝句、七言律诗、七言绝句等几种基本形式有了雏形；题材有咏怀诗、咏史诗、游仙诗、玄言诗、宫体诗、田园诗、山水诗等；辞藻普遍追求华美。

随着会稽土著士大夫阶层的兴起，浙东运河诗路流域以玄言诗为代表的诗歌创作活动便逐步开展起来。随着这种倾向的延伸发展，玄言诗的被替代和山水田园诗的出现，尤其是山水诗的诞生和发展，使生活在这里的诗人对其情有独钟，爱不释怀，谢灵运便是其中之一。

谢灵运（385—433），名公义，字灵运，原籍陈郡阳夏县（今河南省太康县），山水诗派鼻祖。兼通史学，擅长书法，翻译佛经，并奉诏撰写《晋书》。

起初，钱塘"通灵有道术"的天师道首领杜明师（子恭）晚上梦见有人自东南方而来，进入他的房间。[1]当晚，谢灵运在会稽始宁（今浙江上虞西南）出生。父亲谢瑍天性迟钝，挂闲职在家，在谢灵运出生不久就去世了，对谢灵运几乎没有什么直接影响，母亲刘氏是王羲之的外孙女、王献之的外甥女。

"灵运幼便颖悟，玄甚异之，谓亲知曰：'我乃生瑍，瑍那得生灵运！'"[2]祖父谢玄对幼年时期的谢灵运影响最大，太元十二年（387），谢玄回到会稽，建始宁山居，和幼年的谢灵运朝夕相处。谢灵运聪明伶俐，谢玄非常疼爱这个灵秀漂亮的小孩子，把他视为掌上明珠。谢玄病重，临

---

[1] 沈约：《宋书》，中华书局1974年版，第2445页。

[2] 沈约：《宋书》，中华书局1974年版，第1743页。

死前嘱咐家人一定要把谢灵运带好。谢玄死后，四岁的谢灵运便被送往杜明师处抚养、学习，十五岁才回到都城建康。

寄居杜家十多年，谢灵运从小就对道教耳濡目染，杜明师的天师道启蒙教育，道教的养生、修仙等观念，使谢灵运身上带有明显的"道"的痕迹，他幼小的心灵里留下了属于道家的重自然思想。神秀美丽的会稽山水，为他后来成为一个卓越的山水诗人奠定了基础，为其后来山水文学的创作提供了精神食粮，也为其诗赋中明显的"尚虚无"、生死辩证的思想倾向提供了可溯之源。谢灵运年少的时候就喜欢学习，博览群书，善文工诗，文笔优美，当时在江南没有人能超过他。

建康城的乌衣巷是王谢二姓的小天地，谢灵运的叔父谢混是谢家当时的领导人物。谢混为人风格高俊，不喜交游，却费神极力栽培他年轻的子侄辈，如谢灵运、谢瞻、谢晦、谢曜、谢弘微兄弟等。谢混曾作了一首五言诗，对五位侄儿各有褒贬：

> 康乐诞通度，实有名家韵，若加绳染功，剖莹乃琼瑾。宣明
> 体远识，颖达且沈儁，若能去方执，穆穆三才顺。阿多标独解，
> 弱冠纂华胤，质胜诚无文，其尚又能峻。通远怀清悟，采采摽兰
> 讯，直缲鲜不颣，抑用解偏吝。微子基微尚，无勒由慕蔺，勿轻
> 一篑少，进往将千仞。数子勉之哉，风流由尔振，如不犯所知，
> 此外无所慎。[1]

这首诗大意是说：谢灵运任诞而通达有度，具备了名士的气质；如果再加上一点修养约束的功夫，就能绽放出晶莹如美玉般的光芒。谢晦具有高才远识，聪明颖悟而颇有深度；如果把过分方正固执的毛病去掉，就可称为人才。谢曜有独特的领悟力，年纪轻轻就能赶上多才多艺的弟兄们；

---

① 沈约：《宋书》，中华书局 1974 年版，第 1591 页。

可天分高而文采不够，多多用功学习，就会表现更优秀。谢瞻有难得的才气与领悟力，光芒毕露，引人注目；不过，逞能驰骋的人会摔跤，要稍加收敛才好。谢弘微敏慧好学，孜孜不倦，孺慕先贤；要继续奋勉，不要贪多弃少，积少成多，终能达到千仞之高。希望大家好好努力，谢家的前途与声望，都靠你们传承振兴，发扬光大。

《宋书》云：

> 灵运因父祖之资，生业甚厚。奴僮既众，义故门生数百，凿山浚湖，功役无已。寻山陟岭，必造幽峻，岩嶂千重，莫不备尽。登蹑常着木屐，上山则去前齿，下山去其后齿。[①]

谢灵运喜欢翻山越岭，总是到那些最幽深最险峻的地方去，哪怕千岩万险。谢灵运聪慧过人，特别制作了一种前后齿可装卸的木屐，每次登山都穿上木屐，上山时便去掉前面的鞋齿，下山时则去掉后面的鞋齿，这种特制的木屐称为"谢公屐"。

宋文帝很赏识谢灵运的文学才华，并把他的诗作和书法称为"二宝"。[②]

谢灵运创作了大量的山水诗，并且从根本上扭转了刘宋初期的玄言诗风，演变成山水诗，丰富了描写山水的技巧，使山水描写从附属玄言诗到蔚为大观："宋初文咏，体有因革，庄老告退，而山水方滋；俪采百字之偶，争价一句之奇，情必极貌以写物，辞必穷力而追新：此近世之所竞也。"[③]

山水诗的崛起，开拓了中国诗歌史上一个新的题材领域。谢灵运许多描绘会稽山水之美的名章迥句，给世人留下深刻印象。如《过始宁墅》

---

① 沈约：《宋书》，中华书局 1974 年版，第 1775 页。
② 李延寿：《南史》，中华书局 1975 年版，第 539 页。
③ 刘勰著，韩泉欣校注：《文心雕龙》，浙江古籍出版社 2001 年版，第 29 页。

"白云抱幽石，绿篠媚清涟"①；《岁暮》"明月照积雪，朔风劲且哀"②；《登池上楼》"池塘生春草，园柳变鸣禽"③；《初去郡》"野旷沙岸净，天高秋月明"④；《从斤竹涧越岭溪行》"岩下云方合，花上露犹泫"⑤；《石壁精舍还湖中作》"林壑敛暝色，云霞收夕霏"、"寄言摄生客，试用此道推"⑥等。

这些名句虽蕴涵老庄的玄理意味，但对景色的描绘细腻真切，充满道法自然的精神，贯穿着一种清新自然、恬静悠闲之韵味，给人以优秀的山水诗审美感受。谢灵运的诗，《南史·颜延之传》有云："延之尝问鲍照己与谢灵运优劣，照曰：'谢五言诗如初发芙蓉，自然可爱。君诗如铺锦列绣，亦雕绩满眼。'延年终身病之。"⑦又钟嵘《诗品》："汤惠休曰：'谢诗如芙蓉出水，颜诗如错采镂金。'颜终身病之。"⑧就像鲍照所形容的那样，谢诗"如初发芙蓉，自然可爱"，是后代点评家、理论家以"神韵"、"风味"的审美来要求诗歌创作的标准。

明代文学家、史学家王世贞在《书谢灵运集后》讲：

> 余始读谢灵运诗，初甚不能入，既入而渐爱之以至于不能释手。其体虽或近俳，而其有似合掌者，然至秾丽之极，而反若平淡；琢磨之极，而更似天然，则非余子所可及也。⑨

谢灵运善于刻画自然景物，是全力开创山水诗派的第一人。当时，陶

---

① 谢灵运著，李运富编注：《谢灵运集》，岳麓书社 1999 年版，第 30 页。
② 谢灵运著，李运富编注：《谢灵运集》，岳麓书社 1999 年版，第 17 页。
③ 谢灵运著，李运富编注：《谢灵运集》，岳麓书社 1999 年版，第 43 页。
④ 谢灵运著，李运富编注：《谢灵运集》，岳麓书社 1999 年版，第 67 页。
⑤ 谢灵运著，李运富编注：《谢灵运集》，岳麓书社 1999 年版，第 77 页。
⑥ 谢灵运著，李运富编注：《谢灵运集》，岳麓书社 1999 年版，第 71 页。
⑦ 李延寿：《南史》，中华书局 1975 年版，第 881 页。
⑧ 钟嵘著，周振甫译注：《诗品》，中华书局 1998 年版，第 67 页。
⑨ 郭银星编选：《唐宋明清文集：明人文集》卷二，天津古籍出版社 2000 年版，第 1083 页。

渊明是魏晋古朴诗歌的集大成者，谢灵运却另辟蹊径，开创了南朝的一代新风。之后，山水诗在南朝成为一种独立的诗歌题材，并逐渐兴盛。谢灵运喜欢描写山水名胜，与颜延之、鲍照并称为"元嘉三大家"，叶瑛在《谢灵运文学》一文中从哲学角度对谢灵运的思想进行了全面的探讨，另外采用文艺美学的方法对其作品加以分析，指出谢灵运的山水诗，一方面把外物自然描述得清新可爱，秀丽怡人，具有极高的观赏性，另一方面也体现了谢灵运的"内心之美"及对自然美的自觉追求。叶瑛特别强调谢诗的"藻彩之美"："谢氏常用色彩字以渲染其辞……古今诗人各有其习用之字，李长吉喜用白字，谢玄晖喜用绿字，谢氏则诸色字悉用之而皆得其妙。"①

《宋书·谢灵运传》载："灵运父祖并葬始宁县，并有故宅及墅，遂移籍会稽，修营别业，傍山带江，尽幽居之美。"②此后，谢氏家族便在这里繁衍生息，对这一地方的感情也由疏转亲。祖父谢玄在始宁（今浙江上虞）建立了一处庄园，即依山傍水、风光秀丽的始宁别业。始宁别墅庄园南北长约20千米，东西距离宽狭不一，约15千米，总面积约六百平方千米。别业傍山带江：

> 田连岗而盈畴，岭枕水而通阡。③
>
> 浦阳江自嶀山东北径太康湖，车骑将军谢玄田居所在。右滨长江，左傍连山，平陵修通，澄湖远镜。于江曲起楼，楼侧悉是桐梓，森耸可爱，居民号为桐亭楼。楼两面临江，尽升眺之趣。④

谢灵运不仅诗作非常出色，文赋也名噪一时。423年秋，谢灵运辞官

---

① 叶瑛：《谢灵运文学》，《学衡》1924年第33期。
② 沈约：《宋书》，中华书局1974年版，第1754页。
③ 沈约：《宋书》，中华书局1974年版，第1760页。
④ 郦道元著，陈桥驿校证：《水经注校证》，中华书局2007年版，第946页。

归隐始宁，写下不少山水诗赋，其中《山居赋》比较详细地记叙了山居的总体布局、自然风景和庄园生活，使今人得以了解晋末南朝别业的基本面貌，是我们所能见到的描述晋朝贵族庄园最详细的作品。《山居赋》体制宏大，包孕宏富，完整而具体地展现了这座庄园的宽广富有，赋文主要描写田庄的山水自然景物，同时表现谢灵运身居其中的游乐情趣，与其远身避世以求虚静恬淡。《山居赋》的中心部分，即言"居"的文字如下：

其居也，左湖右江，往渚还汀。面山背阜，东阻西倾。抱含吸吐，款跨纤萦。绵联邪亘，侧直齐平。

近东则上田、下湖，西溪、南谷，石墅、石滂，闵硎、黄竹。决飞泉于百仞，森高薄于千麓。写长源于远江，派深浚于近渎。

近南则会以双流，萦以三洲。表里回游，离合山川。崿崩飞于东峭，盘傍薄于西阡。拂青林而激波，挥白沙而生涟。

近西则杨、宾接峰，唐皇连纵。室、壁带溪，曾、孤临江。竹缘浦以被绿，石照涧而映红。月隐山而成阴，木鸣柯以起风。

近北则二巫结湖，两翅通沼。横、石判尽，休、周分表。引修堤之逶迤，吐泉流之浩漾。山巇下而回泽，濑石上而开道。

远东则天台、桐柏，方石、太平，二韭、四明，五奥、三菁。表神异于纬牒，验感应于庆灵。凌石桥之莓苔，超栖溪之纤萦。

远南则松箴、栖鸡，唐嶷、漫石。崒、嵊对岭，巃、孟分隔。入极浦而邅回，迷不知其所适。上欻崎而蒙笼，下深沉而浇激。

远西则_{下阙。}

远北则长江永归，巨海延纳。昆涨缅旷，岛屿绸沓。山纵横以布护，水回沉而萦洄。信荒极之绵眇，究风波之瞑合。①

赋文先从东南西北四方山川自然风貌，描写田庄远近的环境，由远及近地描写始宁庄园的地理位置、绝佳风水；然后从田园物产、花草竹木、鱼虫鸟兽、楼馆台室，历叙庄园的无比富有，层次分明，文中介绍清晰，该赋以传统大赋的空间意识建构起别业中的山势水景及建筑居舍、鱼虫鸟兽、花草果木等一系列名物。

> 自园之田，自田之堰。泛滥川上，缅邈水区。浚潭涧而窈窕，除菉洲之纤余。戢温泉于春流，驰寒波而秋徂。风生浪于兰渚，日倒景于椒涂。飞渐榭于中沚，取水月之欢娱。旦延阴而物清，夕栖芬而气敷。顾情交之永绝，觊云客之暂如。

> 水草则萍藻蕰菱，藋蒲芹荪，蒹菰蘋蘩，蕅荇菱莲。虽备物之偕美，独扶渠之华鲜。播绿叶之郁茂，含红敷之缤翻。怨清香之难留，矜盛容之易阑。必充给而后寒，岂蕙草之空残。眷《敧弦》之逸曲，感《江南》之哀叹。秦筝倡而溯游往，《唐上》奏而旧爱还。

> 《本草》所载，山泽不一。雷、桐是别，和、缓是悉。参核六根，五华九实。二冬并称而殊性，三建异形而同出。水香送秋而擢蒨，林兰近雪而扬猗。卷柏万代而不殒，伏苓千岁而方知。映红葩于绿蒂，茂素蕤于紫枝。既住年而增灵，亦驱妖而斥疵。

> 其竹则二箭殊叶，四苦齐味。水石别谷，巨细各汇。既修竦而便娟，亦萧森而蓊蔚。露夕沾而凄阴，风朝振而清气。捎玄云以拂杪，临碧潭而挺翠。蔑上林与淇澳，验东南之所遗。企山阳之游践，迟鸾鹭之栖托。忆昆园之悲调，慨伶伦之哀籥。卫女行

① 沈约：《宋书》，中华书局 1974 年版，第 1757—1759 页。

而思归咏，楚客放而防露作。

其木则松柏檀栎，□□桐榆。檿柘谷楝，楸梓柽樗。刚柔性异，贞脆质殊。卑高沃塉，各随所如。干合抱以隐岑，杪千仞而排虚。凌冈上而乔竦，荫涧下而扶疏。沿长谷以倾柯，攒积石以插衢。华映水而增光，气结风而回敷。当严劲而葱倩，承和煦而芬腴。送坠叶于秋晏，迟含萼于春初。

植物既载，动类亦繁。飞泳骋透，胡可根源。观貌相音，备列山川。寒燠顺节，随宜匪敦。

鱼则鱿鳢鲋鱮，鳟鲩鲢鳊，鲂鲔鲹鳜，鲿鲤鲻鳣。辑采杂色，锦烂云鲜。唼藻戏浪，泛苻流渊。或鼓鳃而湍跃，或掉尾而波旋。鲈鮆乘时以入浦，鳡鲺沿濑以出泉。

鸟则鹍鸿鶂鹄，鹙鹭鸨䴋。鸡鹊绣质，鷮鸐绶章。晨凫朝集，时鷮山梁。海鸟违风，朔禽避凉。荑生归北，霜降客南。接响云汉，侣宿江潭。聆清哇以下听，载王子而上参。薄回涉以弁翰，映明壑而自耽。

山上则猿貚狸獾，犴獌猰猛。山下则熊罴豺虎，羱鹿麋麖。掷飞枝于穷崖，踔空绝于深硎。蹲谷底而长啸，攀木杪而哀鸣。①

始宁庄园规模之大、气势之宏伟可想而知。赋文夸耀其广大宏丽，面面俱到，层层舒展，应有尽有，从而点出“南北两居”，“周岭三苑”②。

该赋不减汉赋之体，自然清新更有陶潜之风。值得一提的是，谢灵运列叙山水时，“但患言不尽意，万不写一”③，独具一格地节节自注，以山水注山水，注文时有精妙的山水片段，又不时指点“江山之美”、“湖中之美”、“山川众美”：

① 沈约：《宋书》，中华书局 1974 年版，第 1760—1763 页。
② 沈约：《宋书》，中华书局 1974 年版，第 1766 页。
③ 沈约：《宋书》，中华书局 1974 年版，第 1760 页。

览明达之抚运，乘机缄而理默。指岁暮而归休，咏宏徽于刊勒。狭三闾之丧江，矜望诸之去国。选自然之神丽，尽高栖之意得。①

《山居赋》中谢灵运对始宁墅宅的一草一木进行精心刻画，表露钟情于山水的隐逸之情。《山居赋》在内容上借助山水林木等自然景物寄托心中的情感意欲，表达了谢灵运在政治上失意后，寄情山水，通过游历山水排忧解闷的复杂心态；形式上追求声韵格律的和谐，以及辞藻与句式的工整华丽，详细描绘了始宁墅宅傍山带水的绝胜美景，具有文学价值。

《山居赋》体现了赋在空间建构、名物铺陈上虚与实的转向，体现了汉赋的征实特点，赋中的山水多有依凭，境显于情，以境传情，以境胜情，以实景写实地，是一篇优秀的山水游记杰作。

前人大多认为《山居赋》为开赋作自注先河之作，其在一个相对完整的段落之后，插入自注文段，与道佛经本的注释"事类相对"体式相近。《山居赋》的自注偏于义训，重在训释字词名物，还常引经据典，阐发文意，延伸和补充赋文意蕴。

从《山居赋》可以看出，谢灵运喜好山水，游弋山水，经营山水，幽居山水，其山水诗赋的创作具有浓厚的生活基础。

谢灵运以其大气和奇险凌于山水，加上他博览群书与日常生活中的细致观察，常常把自己所见的山光水色、朝霞夕霏用词语描绘出来，此后山水诗成为永嘉诗史中一种独立的诗歌题材，并日渐兴盛，后代诗人赞誉不绝。

南朝梁江淹曾摹拟谢灵运游山诗作《谢临川灵运游山》诗：

江海经邅回，山峤备盈缺。灵境信淹留，赏心非徒设。平明

---

① 沈约：《宋书》，中华书局1974年版，第1756页。

登云峰，杳与庐霍绝。碧障长周流，金潭恒澄澈。桐林带晨霞，石壁映初晰。乳窦即滴沥，丹井复寥泬。岩峤转奇秀，岑崟还相蔽。赤玉隐瑶溪，云锦被沙汭。夜闻猩猩啼，朝见鼯鼠逝。南中气候暖，朱华凌白雪。幸游建德乡，观奇经禹穴。身名竟谁辩，图史终磨灭。且泛桂水潮，映月游海澨。摄生贵处顺，将为智者说。①

唐白居易《读谢灵运诗》说：

吾闻达士道，穷通顺冥数。通乃朝廷来，穷即江湖去。谢公才廓落，与世不相遇。壮志郁不用，须有所泄处。泄为山水诗，逸韵谐奇趣。大必笼天海，细不遗草树。岂唯玩景物，亦欲摅心素。往往即事中，未能忘兴谕。因知康乐作，不独在章句。②

指出谢灵运游山水实为政治上不得意之"移情"，故"因知康乐作，不独在章句"。唐潘述《讲古文联句》赞美说："灵运山水，实多奇趣。"③

后代诗人对谢公屐的称赞较多，实际上是接受谢灵运游历山水的人生态度，宋代诗人则多效法谢灵运游山水，如陈棣《次韵叶秀实县治环翠亭》"着屐好追灵运逸"④句；董嗣杲《次韵重九》"狂支灵运东山屐"⑤句；方岳《明日雨再用韵》"安得灵运屐"⑥句；韩元吉《游鹿田寺》"极知灵

---

① 江淹著，胡之骥注：《江文通集汇注》，中华书局2006年版，第157页。

② 白居易著，喻岳衡点校：《白居易集》，岳麓书社1992年版，第97页。

③ 周振甫主编：《唐诗宋词元曲全集》第14册，黄山书社1999年版，第5770页。

④ 四川大学古籍整理研究所编：《宋集珍本丛刊》第三十九册，线装书局2004年版，第493页。

⑤ 杨镰：《全元诗》第十册，中华书局2013年版，第301页。

⑥ 方岳撰：《秋崖诗词校注》，黄山书社1998年版，第460页。

运真任守，蜡屐穿林兴未穷"①句；黄彦平《次韵朱希真赠别》"登山灵运屐"②句。

南宋大臣、文学家楼钥曾撰长诗《送王正言守永嘉》，诗中赞叹"永嘉名郡太守尊，灵运后来诗绝少"③。南宋兰溪文人徐钧著有《谢灵运》诗云："眼空朝市爱山林，放浪登临寄笑吟。毕竟趋荣成异代，耻秦空抱鲁连心。"④

谢灵运的奇险和放浪给人留下了深刻的印象，给晋朝文坛带来了新鲜气息，其山水诗影响深远。谢灵运深厚的文学修养使其将永嘉奇秀山水寓于诗篇中，也为浙东运河诗路文化开辟了一条新道路。

二、梁祝文化的世界意义

浙东运河诗路文化不单是诗词赋曲的兴盛，产生于东晋时期，流传千古、凄婉动人的爱情故事《梁祝》，更是我国四大民间传说之一。最早流传于江浙一带的梁祝爱情故事，通过小说、戏剧等多种文学形式传遍了大江南北，其文学性、艺术性和思想性都居其他民间传说之首。研究者认为，梁山伯和祝英台的爱情故事滥觞于晋，定型于宋，完整于明，迄今有1600余年的历史。如今大家熟悉的梁祝故事，主要源自袁雪芬的越剧以及何占豪、陈钢的小提琴协奏曲及由阎肃填词的《化蝶》：

> 碧草青青花盛开，彩蝶双双久徘徊；千古传诵深深爱，山伯永恋祝英台。

---

① 王云五主编：《南涧甲乙稿附拾遗》，商务印书馆1936年版，第57—58页。
② 陆心源编撰：《宋诗纪事补遗》，山西古籍出版社1997年版，第814页。
③ 楼钥：《楼钥集》卷一，浙江古籍出版社2010年版，第7页。
④ 四川大学古籍整理研究所编：《宋集珍本丛刊》第八十七册，线装书局2004年版，第756页。

同窗共读整三载，促膝并肩两无猜；十八相送情切切，谁知一别在楼台。

楼台一别恨如海，泪染双翅，身化彩蝶，翩翩花丛来。历尽磨难真情在，天长地久不分开。[1]

凄美的故事，幻化为绕梁三日、余音不绝的旋律，萦绕在每一个人的心里。

爱情是人类社会一个永恒的主题，虽然世人对幸福的理解不同，但纯真的爱情则是大家向往的。梁山伯与祝英台对爱情矢志不渝，感天动地，化作彩蝶也要比翼双飞在人间。可以说彩蝶是人们精神世界里自由、永恒爱情的象征。

1986 年版的《中国大百科全书·中国文学卷》认为，最早记载梁祝传说的是初唐梁载言的《十道四蕃志》，现存最早梁祝传说的文字材料，是宋代乾道时期张津《四明图经》转引的初唐梁载言《十道四蕃志》：

义妇冢，即梁山伯祝英台同葬之地也。在县西十里接待院之后，有庙存焉……按《十道四蕃志》云："义妇祝英台与梁山伯同冢"，即其事也。[2]

晚唐张读的《宣室志》有梁祝故事的基本梗概：

《宣室志》："英台，上虞祝氏女，伪为男装游学，与会稽梁山伯者同肄业。山伯，字处仁，祝先归二年，山伯访之，方知其为女子，怅然如有所失，告其父母求聘，而祝已字马氏子矣。山伯

---

① 王立平主编：《百年乐府：中国近现代歌词编年选（三）》，上海音乐出版社 2018 年版，第 84 页。

② 高庆丰编：《宁波文化符号》，宁波出版社 2021 年版，第 80 页。

后为鄞令，病死，葬鄞城西。祝适马氏，舟过墓所，风涛不能进，问知有山伯墓，祝登号恸，地忽自裂，陷祝氏，遂并埋焉。晋丞相谢安，奏表其墓曰义妇冢。"①

《宣室志》第一次以故事的笔法完整记叙梁祝传说，将"化装求学"、"三载同窗"、"合葬"、"祝庄访友"、"求婚遇阻"、"当县令"等情节故事化，首次出现了梁山伯、祝英台的出生地及合葬地的明确说法。

祝英台是故事的主角。资料表明，祝英台是上虞人，离县城约七千米的祝家庄村是英台故里（图3-7）。"上虞县，祝家庄，玉水河边；有一个，祝英台，才貌双全"②，这是越剧《梁山伯与祝英台》的首句唱词，背靠青山的祝家庄，前面有条玉水河，可通四明（宁波）。1953年春天，著名越剧演员袁雪芬、范瑞娟、傅全香主演的《梁山伯与祝英台》，在华东戏曲汇演中获一等奖，后进京在中南海作专场演出。这部具有强烈反封建色彩的爱情悲剧，引起了全国轰动。文化部派人到上虞进行了实地考察，以《上虞县志》的记载为基础改编电影剧本，选择了当时的县城丰惠镇城西的玉带溪，城东凤鸣洞上的古塔、瀑布，拍摄了我国第一部彩色戏曲影片《梁山伯与祝英台》。离祝家庄不远的余姚马家村人马文才拆散了梁祝姻缘，由于梁祝故事，祝家庄和马家村世代不通婚。

图3-7　上虞祝家庄祝府

①　翟灏撰：《通俗编》卷三十七，中华书局2013年版，第529页。
②　绍兴市文联编：《绍兴百景图赞》，百花文艺出版社1995年版，第122页。

清朝道光岁贡邵金彪曾作《祝英台小传》，将梁祝故事"美化完整了"。《祝英台小传》云：

祝英台，小字九娘，上虞富家女，生无兄弟，才貌双绝。父母欲为择偶，英台曰：儿当出外游学，得贤士事之耳。因易男装，改称九官，遇会稽梁山伯亦游学，遂与偕至义兴善权山之碧鲜岩筑庵读书。同居同宿三年，而梁不知为女子。临别梁，约曰，某月日可相访，将告父母以妹妻君，实则以身许之也。梁自以家贫，羞涩畏行，遂至愆期。父母以英台字马氏子。后梁为鄞令，过祝家，询九官。家僮曰：吾家但有九娘，无九官也。梁惊悟，以同学之谊乞一见。英台罗扇遮面出，侧身一揖而已。梁悔念成疾，卒，遗言葬清道山下。明年，英台将归马氏，命舟子迁道过其处，至则风涛大作，舟遂停泊。英台乃造梁墓前失声恸哭，地忽开裂，随入茔中，绣裙绮襦，化蝶飞去。丞相谢安闻其事，于朝请封为义妇。此东晋永和时事也。齐和帝时，梁复显灵异，助战有功，有司为立庙于鄞，合祀梁祝。其读书宅称碧鲜庵，齐建元间改为善权寺。今寺后有石刻，大书祝英台读书处。寺前里许，村名祝陵。山中杜鹃花发时，辄有大蝶双飞不散，俗传是两人之精魂。今称大彩蝶尚谓祝英台云。明杨守阯《碧鲜坛》诗：缇萦赎父刑，木兰替耶征。婉娈女儿质，慷慨男儿情。淳于不生男，木兰无长兄。事缘不得已，乃留千载名。英台亦何事，诡服违常经？班昭岂不学，何必男儿朋？贞女择所归，必待六礼成。苟焉殉同学，一死鸿毛轻。悠悠稗官语，有无不可征。有之宁不愧，木兰与缇萦。荒哉读书坛，宿草含春荣。双双蝴蝶飞，两两花枝横。彼美康节翁，小车花外行。一笑拂衣去，南山松柏青。国朝汤思孝《碧鲜岩》、许岂凡《碧鲜庵》诗，俱见旧志艺文。①

① 路晓农编著：《历代梁祝史料辑存》，复旦大学出版社 2020 年版，第 293—294 页。

梁山伯也是会稽人。东晋时，明州（今宁波）一带也属会稽郡管辖。《宁波府志》和《鄞县志》记载：梁山伯为东晋会稽人，曾任鄞县县令，政绩卓著，被奏封为"义忠王"。国内流传梁祝传说的地方很多，但梁山伯庙则只有明州一座。在高桥镇上，有一座始建于东晋安帝隆安元年（397）的梁山伯庙，此庙亦称梁圣君庙。庙侧有古墓一座。1997年，文化部门对梁山伯古墓进行考古发掘，有文物出土，判断为晋墓，系下品寒门人士。这座墓为"一墓双碑"，一碑属梁山伯，一碑属祝英台。

北宋大观年间明州知府李茂诚所撰《义忠王庙记》（即《梁山伯庙》）云：

　　神讳处仁，字山伯，姓梁氏，会稽人也。神母梦日贯怀，孕十二月，时东晋穆帝永和壬子三月一日，分瑞而生。幼聪慧有奇，长就学，笃好坟典。尝从名师过钱塘，道逢一子，容止端伟，负笈担登。渡航相与坐而问曰："子为谁？"曰："姓祝，名贞，字信斋。"曰："奚自？"曰："上虞之乡。"曰："奚适？"曰："师氏在迩。"从容与之讨论旨奥，怡然自得。神乃曰："家山相连，予不敏，攀鱼附翼，望不为异。"于是乐然同往。

　　肄业三年，祝思亲而先返。后二年，山伯亦归省。之上虞，访信斋，举无识者。一叟笑曰："我知之矣。善属文，其祝氏九娘英台乎？"踵门引见，诗酒而别。山伯怅然，始知其为女子也。退而慕其清白，告父母求姻，奈何已许鄮城廊头马氏，弗克。神喟然叹曰："生当封侯，死当庙食，区区何足论也。"

　　后简文帝举贤，郡以神应召，诏为鄮令。婴疾弗瘳，嘱侍人曰："鄮西清道源九陇墟为葬之地也。"瞑目而殂。宁康癸酉八月十六日辰时也。郡人不日为之莹焉。

　　又明年乙亥，暮春丙子，祝适马氏，乘流西来，波涛勃兴，舟航萦回莫进。骇问篙师。指曰："无他，乃山伯梁令之新冢，得非怪欤？"英台遂临冢奠，哀恸，地裂而埋葬焉。从者惊引其裙，风烈若云飞，至董溪西屿而坠之。马氏言官开椁，巨蛇护冢，不果。郡以事异闻于朝，丞相谢安奏请封义妇冢，勒石江左。

至安帝丁酉秋，孙恩寇会稽，及鄞，妖党弃碑于江。太尉刘裕讨之，神乃梦裕以助，夜果烽燧荧煌，兵甲隐见，贼遁入海。裕嘉奏闻，帝以神功显雄，褒封"义忠神圣王"，令有司立庙焉。

越有梁王祠，西屿有前后二黄裙会稽庙，民间凡旱涝疫疠，商旅不测，祷之辄应。

宋大观元年季春，诏集《九域图志》及《十道四蕃志》，事实可考，夫记者，纪也，以纪其传不朽云尔。为之词曰：

生同师道，人正其伦，死同窀穸，天合其姻。神功于国，膏泽于民，谥义谥忠，以祀以禋。名辉不朽，日新又新。[①]

《义忠王庙记》记载，梁山伯为当地县令，积劳成疾，英年病逝，遗命安葬于清道源九龙墟（今宁波西郊高桥镇）。

明末秀才徐树丕，字武子，号活埋庵道人，江苏长洲（今吴县）人，明亡后隐居不出。在其所著《识小录》中写道：

梁山伯，祝英台，皆东晋人。梁家会稽，祝家上虞，同学于杭者三年，情好甚密。祝先归。梁后过上虞寻访，始知为女子。归告父母，欲娶之。而祝已许马氏子矣。梁怅然不乐，誓不复娶。后三年，梁为鄞令，病死，遗言葬清道山下。

又明年，祝为父所逼，适马氏，累欲求死。会过梁葬处，风波大作，舟不能进。祝乃造梁冢，失声哀恸。冢忽裂，祝投而死焉，冢复自合。马氏闻其事于朝，太傅谢安请赠为义妇。

---

① 陈峻菁：《梁山伯祝英台》，光明日报出版社 2003 年版，第 276—277 页。

和帝时，梁复显灵异助战伐。有司立庙于鄞县。庙前桔二株相抱，有花蝴蝶，桔蠹所化也，妇孺以梁称之。

按，梁祝事异矣。《金楼子》及《会稽异闻》皆载之。夫女为男饰，乖矣。然始终不乱，终能不变，精神之极，至于神异，宇宙间何所不有，未可以为证。[①]

1926年，著名民间文学研究专家钱南扬考察梁祝墓、庙，当时相关建筑仍保存完整。钱南扬先生在参观宁波西门外梁祝二人庙时写了一篇关于庙、墓的纪实报告。

1.庙的现状

梁祝的庙，在宁波西门外十里许的九龙墟。明黄润玉的《府志》说在县西十六里，是不对的。此后成化志（钱大昕《乾隆志》引）嘉靖《府志》《康熙志》等，都沿其误。尤可笑者，诸志于梁祝的坟墓，则仍依宋元旧志作"在县西十里"，并未依《黄志》也把他改为"十六里"，凭空把梁祝的庙和墓由贴邻而迁离到六里之遥，编辑时未免太大意了。

……

2.墓的现状

墓就在庙的西隔壁。墓园并不大，不过庙基的一半多些，后垣和庙齐，前门稍为缩进一些。西北两面滨甬江，环以短墙，北墙开门，有踏步可通水次，南面有两扇铁栅门，直通于外，东面就是庙壁，有边门通在后殿。铁栅门恐怕除香汛外平时是不开的，平时都从后殿边门出入。

墓的位置，偏在墓园的东南隅，大概适当隔壁正殿的院子。

---

① 陈峻菁：《梁山伯祝英台》，光明日报出版社2003年版，第275—276页。

墓作长圆形，上面东西横亘着一道凹下的痕迹，把墓分成南北两部。实在的形状，不过是两个相连的土丘，中间有一条小径罢了。这大概是庙祝故神其事，根据了地裂的传说，有意装出来的。否则，陵谷尚有变迁，就便真有地裂之事，则在泥土上的痕迹也不能留存到这样久远。南部的墓很低小，北部颇高大。墓前供一个矮小的石案。墓上列着个石碑，写着：

晋　浙江按察司佥事王书

封　英台义妇冢

嘉靖　丁未腊月吉旦鄞县知县徐立

案光绪《鄞县志》，那时的知县叫徐易，字希文，永丰人，嘉靖二十三年进士。后三年，廿六年是丁未，这个碑到现在快要四百年了。

墓园西端有一个亭子，空地上散列着许多青翠的柏树，龙蟠蠖屈，大约是一二百年前的东西了。

墓的记载，比庙来得早一些，《十道四蕃志》上已经确确实实地写着，可见在唐初就有了。再以前，明徐树丕《识小录》虽说《金楼子》已记载这个故事，然未见原文，有没有说到这个墓，不可知了。[①]

季羡林先生在《中国传统小说在亚洲》序中写道：

我们立国于亚洲大陆垂数千年。我们这个勤劳、勇敢、智慧的民族创造了光辉灿烂的文化；我们国家是世界少数文明古国之一。……亚洲国家到中国来取的中国文化和中国华侨带出去的中国文化，是多方面的，头绪是异常复杂的。中国的文学艺术是其

---

① 叶春生主编：《典藏民俗学丛书（下）》，黑龙江人民出版社2004年版，第2660—2663页。

中的重要组成部分。……流行于中国民间的梁山伯与祝英台的故事也同样传至国外。最初大概是流行于华人社会中，后来逐渐被译成了当地的文字，流传到当地居民中间，流传的范围大大地扩大了。这些作品不同程度地在当地产生了影响，使当地居民更进一步了解了中国，从而加深了中国人民和这些国家人民之间的友谊。①

我国发射的宇宙探测卫星播放的音乐中，就有小提琴协奏曲《梁祝》。可以想象，当浩瀚的宇宙中另一个星球的生物接收到这一美妙音乐时，或许他们那里正发生着同样的爱情故事，一对千古恋人听着听着，沉醉其中，而其中的情感密码也许就会被那个世界共同解码。

《梁山伯与祝英台》是中国古代四大民间传说中流传最广、影响最大的，不仅为中华民族钟爱，而且超越国界，远播域外。梁祝传说早在南宋末期就传到了高丽，并且在民间落地生根，发生嬗变，成为朝鲜半岛民间传说的一种。梁祝故事流传到国外，至今发现最早的要属近邻的朝鲜半岛。

唐代著名诗人、浙江余杭籍的罗邺创作的《蛱蝶》七律诗，咏出了"梁祝"的传说："草色花光小院明，短墙飞过势便轻。红枝袅袅如无力，粉翅高高别有情。俗说义妻衣化状，书称做吏梦彰名。四时羡尔寻芳去，长傍佳人襟袖行。"②高丽人编辑的《夹注名贤十抄诗》，不仅收有罗邺的《蛱蝶》诗，而且还加上注释，从"女扮男装"到衣裳"片片化为蝴蝶子"，全面完整地叙述梁祝传奇故事，从此传遍了朝鲜半岛。

十九世纪后期，"梁祝"的传说已经从中国翻然而起，传到了亚洲各国以及世界多地。流传之广泛、影响之深远不亚于莎士比亚的任何一部悲剧。1873年印度尼西亚出版了无名氏的《山伯英台》爪哇文版，1885年出

---

① 季羡林：《我从东方来》，中国纺织出版社有限公司 2020 年版，第 12—13 页。

② 郑土有、胡蝶：《梁祝传说》，中国社会出版社 2008 年版，第 15 页。

版了《山伯英台》马来文版,朝鲜十九世纪末刊行了木刻本《梁山伯传》,1898 年俄国学者尼·盖·加林一米哈依洛夫斯基将梁祝传说《誓约》等朝鲜民间故事译成俄文,在俄罗斯出版,后又译成法文传到法国。

二十世纪,尤其是四、五十年代以后,梁祝故事的传播更加广泛。梁祝文化以电影、戏剧、音乐、舞蹈等形式,在世界各国广泛传播。印尼在二十世纪创作出版过十多种版本《梁祝》。与此同时,越南、日本、新加坡、马来西亚等国家也以不同方式传播着梁祝文化。越剧戏曲片《梁山伯与祝英台》是新中国第一部彩色电影,1954 年周恩来总理携该片出席瑞士日内瓦国际会议,用电影这一现代视听媒介近乎完美地再现了中国传统爱情传说,受到德国、朝鲜、芬兰、美国、新加坡、匈牙利、加拿大等国人民的热烈欢迎和真诚赞美。日本著名指挥家小泽征尔盛赞小提琴协奏曲《梁祝》是"神圣的曲子"。越剧《梁祝》在德国的演出,一场谢幕达28 次之多。美国花样滑冰运动员将小提琴协奏曲《梁祝》作为伴奏曲,印度、泰国等国艺术家也以此创作舞蹈表演。梁祝故事在泰国不仅为广大人民喜闻乐见,也深受泰国王室的赞赏,诗琳通公主曾在王后的生日音乐会上熟练地演奏《梁祝》等中国乐曲。

梁祝丰厚的形象蕴涵、浓郁的感情色彩、炙烈的爱情追求,不仅强烈感染着国人,也深深感染着外国人,无论置身何处,只要有《梁祝》旋律响起的地方,就一定能找到共同的语言和共同的心声。茅晓辉、陈可伟主编的《绚丽多彩的梁祝文化》一书说:"有人说得好,有太阳的地方就有华人,有华人的地方就有梁祝。也可以这么说:有人类的地方就会有梁祝。梁祝文化是世界珍贵的非物质文化遗产,悠久的梁祝文化已走向世界,成为全人类共享的中华民族优秀的文化成果。"[①]

梁祝文化传播形式丰富,民间工艺有年画、版画、剪纸、艺术模型、彩陶瓷塑、蝶翅工艺、石雕木雕、刺绣草编、泥塑面塑等,并通过小说、

---

① 茅晓辉、陈可伟主编:《绚丽多彩的梁祝文化》,宁波出版社 2008 年版,第 112 页。

歌谣、传奇、木鱼书、戏剧、曲艺、音乐、电影等形式传承，几乎涉及了艺术领域中所有主要的艺术形式，成为家喻户晓的文化现象。越是民族的，就越是世界的，一个民族的传说是这个民族发育、成长的形象记录，更是民族文化长期积淀的宝藏。

第四章
唐代浙东运河诗路全盛

　　浙东唐诗之路是唐代诗人在浙东吟唱聚会的一条旅游线路，它贯穿浙江以东的越州、明州、台州、温州、处州（今丽水市）、睦州（今属杭州市）、衢州、婺州（今金华市）等八个州，以越州萧山之西陵（今西兴）、渔浦为起点，取道钱塘江，以钱塘江南北渡口作为诗路起、终点的出入口。因为这八个州从唐贞元三年（787）设浙东道、治越州以后，均在浙东范围，故以称之。这片以越州为中心的区域，以经济之发达、文化之深厚、景色之奇丽、宗教之兴盛，吸引了晋代以后的无数文人墨客前来游赏、探幽、怀古、创作，到唐代掀起高潮。初步统计，自唐上元二年（675）初唐四杰之一的王勃，于越州若耶溪王献之山亭参加修禊活动时作《山亭夜宴》诗开篇，到唐天复元年（901），京官王贞白弃官归隐，漫游越州作《泛镜湖》诗收结，共226年的浙东唐诗之路高潮时期，有400多位著名诗人沿着这条路线游玩越中，留下数千篇诗作以及众多诗坛佳话，形成中国文学史上独树一帜，中外旅游史上绝无仅有的浙东唐诗之路（图4-1）。

第一节　运河唐诗之路神游

　　这条以诗为特色，以水路为主兼以陆道的旅游之路，它在文化和交通上，把浙东主要文化景点串联起来，具体点说，从钱塘江南岸渡口渔浦、西陵经西兴运河（即浙东运河萧山段和山阴段）、东镜湖航道（即浙东运

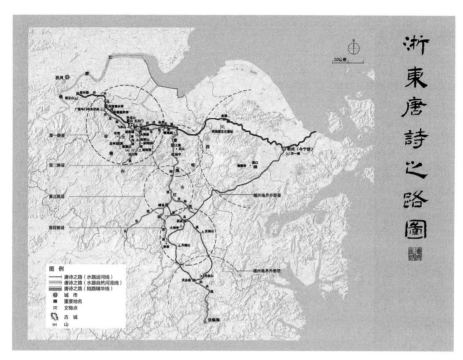

图 4-1　浙东唐诗之路图（图片来源:《中国鉴湖》第七辑，中国文史出版社 2020 年版，卷首）

河会稽段）到曹娥江的浙东运河西段和穿越浙东运河的曹娥江（剡溪），是浙江唐诗之路的核心区和精华段，它成为诗人们着力描述和讴歌的重点所在。

由此诞生的名家大作、诗坛佳话，层出不穷，奠定了浙江唐诗之路的人文基础，标志着浙东运河诗路文化历经千年发展，开始进入全盛时期。

一、诗路神品

被誉为浙东唐诗之路诗作神品的，当数李白《送王屋山人魏万还王屋》诗。诗中描述了浙东诗路的大部分景观，尤其对越中山水——钱江潮、会稽山、若耶溪、镜湖、越州城、曹娥庙、剡中、四明山的描绘更是出神入化，荡气回肠。

诗云：

仙人东方生，浩荡弄云海。沛然乘天游，独往失所在。
魏侯继大名，本家聊摄城。卷舒入元化，迹与古贤并。
十三弄文史，挥笔如振绮。辩折田巴生，心齐鲁连子。
西涉清洛源，颇惊人世喧。采秀卧王屋，因窥洞天门。
竭来游嵩峰，羽客何双双。朝携月光子，暮宿玉女窗。
鬼谷上窈窕，龙潭下奔漯。东浮汴河水，访我三千里。
逸兴满吴云，飘飖浙江汜。挥手杭越间，樟亭望潮还。
涛卷海门石，云横天际山。白马走素车，雷奔骇心颜。
遥闻会稽美，一弄耶溪水。万壑与千岩，峥嵘镜湖里。
秀色不可名，清辉满江城。人游月边去，舟在空中行。
此中久延伫，入剡寻王许。笑读曹娥碑，沉吟黄绢语。
天台连四明，日入向国清。五峰转月色，百里行松声。
灵溪咨沿越，华顶殊超忽。石梁横青天，侧足履半月。
眷然思永嘉，不惮海路赊。挂席历海峤，回瞻赤城霞。
赤城渐微没，孤屿前峣兀。水续万古流，亭空千霜月。
缙云川谷难，石门最可观。瀑布挂北斗，莫穷此水端。
喷壁洒素雪，空濛生昼寒。却思恶溪去，宁惧恶溪恶。
咆哮七十滩，水石相喷薄。路创李北海，岩开谢康乐。
松风和猿声，搜索连洞壑。径出梅花桥，双溪纳归潮。
落帆金华岸，赤松若可招。沈约八咏楼，城西孤岧峣。
岧峣四荒外，旷望群川会。云卷天地开，波连浙西大。
乱流新安口，北指严光濑。钓台碧云中，邈与苍岭对。
稍稍来吴都，徘徊上姑苏。烟绵横九疑，漭荡见五湖。
目极心更远，悲歌但长吁。回桡楚江滨，挥策扬子津。
身着日本裘，昂藏出风尘。五月造我语，知非佁儗人。
相逢乐无限，水石日在眼。徒干五诸侯，不致百金产。

吾友扬子云，弦歌播清芬。虽为江宁宰，好与山公群。

乘兴但一行，且知我爱君。君来几何时？仙台应有期。

东窗绿玉树，定长三五枝。至今天坛人，当笑尔归迟。

我苦惜远别，茫然使心悲。黄河若不断，白首长相思。①

　　这是李白为挚友魏万寻访自己漫游浙东所写的回赠诗，创作于唐天宝十三年（754），李白与魏万相会广陵（今扬州）、共游金陵（今南京）后不久。其中"东浮汴河水，访我三千里"、"相逢乐无限，水石日在眼"、"乘兴但一行，且知我爱君"、"黄河若不断，白首长相思"等句，真切表达了诗人对魏万的深厚感情。而诗的主题——"访我三千里"之行程②，对于研究浙东唐诗之路来说，更是具有重要价值。

　　其一，首次记录唐代京师及北方诗人漫游浙东运河行程。

　　唐代，以东都洛阳为中心的隋唐运河（图4-2），随着工程体系的不断完善，开始进入全盛时期。特别是东南方向的运河，如通济渠，沟通淮河后，连接淮扬运河、江南运河，南至杭州钱塘江入口。然后过钱塘江连接浙东运河，东至明州入东海，连接海上丝绸之路，

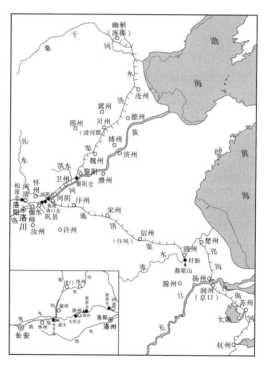

图4-2　隋唐大运河图

---

① 李白著，王琦注：《李太白全集》卷十六，中华书局1977年版，第748—761页。

② 该诗自序云"王屋山人魏万，云自嵩、宋沿吴相访，数千里不遇。乘兴游台、越，经永嘉，观谢公石门。后于广陵相见"，勾勒了"访我三千里"的路线图。

成为支撑唐朝经济命脉的重要线路，也为浙江唐诗之路的形成奠定了水运交通基础。

该诗记录诗人进入浙东唐诗之路的必经水路——隋唐运河。诗中所云的诗人挚友魏万，号王屋山人。王屋山，《元和郡县志》载"王屋山，在河南府王屋县北十五里，周围一百三十里"，即今河南省济源市与山西省晋城市一带。王屋县位于黄河北岸，境内沁水是隋唐运河永济渠的上游引水渠，向南，在永济渠首南渡黄河即达隋唐运河通济渠的黄河入口；向西，"西涉清洛源"，入黄河可达河清与洛阳，水运交通发达。魏万的三千里行程，是从王屋出发，在沁水口南渡黄河后，入通济渠向东，通济渠又称汴河，即诗中的"东浮汴河水"，然后经吴地的里运河（邗沟），过长江，经江南运河到钱塘江北岸的杭州，就是诗中所说的"逸兴满吴云，飘飘浙江汜"。

其二，记录隋唐运河与浙东运河的连接点，及浙东唐诗之路的出入口。

钱塘江，又称浙江，以"壮观天下无"的钱塘涌潮闻名于世，也是唐代杭州与越州的分界河流。江北岸的樟亭与江南岸的西陵（今西兴）是一组对应的钱塘江主要渡口①。这组渡口既是隋唐运河与浙东运河的连接点，又是浙东唐诗之路的主要起讫点和出入口，在水利史、航运史和浙东唐诗之路等多学科研究中具有重要意义。这组至关重要的诗路起讫点和出入口的地理位置及水环境，在李白的这首诗与同期诗作中，都得到了全面、客观的记载和展示。

"挥手杭越间，樟亭望潮还。"唐代钱塘江，以江中线为界，分开了南北的越州与杭州，形成杭越两州同饮一江水、同观钱江潮的紧邻关系，乘

---

① 据《宋书·孔觊传》记载"（吴）喜自柳浦渡，趣西陵"，自六朝以来，柳浦、西陵已是钱塘江的一组主要渡口。开皇十年（590），杨素依凤凰山筑城，在山下柳浦始筑杭州治，柳浦渡口因沙涨南移成樟亭渡口。参见陈桥驿主编《中国运河开发史》，中华书局 2008 年版，第 345、390 页。

船渡江，挥手间就从杭州来到越州。诗中的"樟亭"附近设有樟亭驿①，唐时位于钱塘江北岸，北依杭州城，南濒钱塘江，地处隋唐运河南段江南运河进入钱塘江的要道口。它既是杭州的观潮胜地，也是杭州的水运枢纽，地理位置优越，驿外的江岸水域形成著名的樟亭渡口。这在其他唐诗中多有佐证，如宋昱的《樟亭观潮》、孟浩然《与颜钱塘登障楼望潮作》、姚合的《杭州观潮》等，特别是晚唐诗人喻坦之的《题樟亭驿楼》诗，更是把亭、楼、驿、渡、船、潮以及隔江相对的西陵渡口融为一体，诗云："危槛倚山城，风帆槛外行。日生沧海赤，潮落浙江清。秋晚遥峰出，沙干细草平。西陵烟树色，长见伍员情。"②诗中，"危槛"指江南运河汇入钱塘江的上塘河堤岸，高潮位水位接近堤顶，故称"危槛"。"山城"指扩建后的杭州城，城中有凤凰山，故称。"沧海赤"、"浙江清"，这里除指樟亭渡口的涌潮外，也提示了下游不远处就是钱塘江入海口，即李白诗中所说的"海门"。"西陵"即樟亭渡对应的钱塘江南岸渡口，浙东唐诗之路的起始点。所以，这首诗其实是对李白诗中"樟亭"、"海门"、"西陵"地理环境的诠释。

再看李白《送友人寻越中山水》诗句："东海横秦望，西陵绕越台。湖清霜镜晓，涛白雪山来。"③可见，李白不仅把西陵作为钱塘江南岸渡口，而且把它与越台④、秦望⑤、镜湖、涌潮并列为越中山水的代表，希望朋友去一一寻访。西陵城，《嘉泰会稽志》卷一载："西陵城，在萧山县西一十二

---

① 宋《乾道临安志》卷二："樟亭驿，晏殊《舆地志》云：在钱塘旧治南五里。"
② 上海古籍出版社编：《全唐诗》，上海古籍出版社1986年版，第1799页。
③ 李白著，王琦注：《李太白全集》卷十六，中华书局1977年版，第764页。
④ 越台，即越王台，越地有二处。一处在今绍兴城内府山（即卧龙山）东南麓，宋宝庆《会稽续志》载："越王台，按祥符《图经》云，在种山东北，种山盖卧龙山旧名也。"一处在萧山西陵（即西兴），《名胜志》："萧山县西九里城，上有越王台，李白诗'西陵拱越台'是也。"
⑤ 秦望，指秦望山。《嘉泰会稽志》卷九："秦望山，在（会稽）县东南四十里。《舆地广记》云：秦望在州城南，为众峰之杰。秦始皇登之以望东海……"

里。"位于著名的越国城堡固陵（今萧山越王城山）之西而得名。五代末，吴越王钱镠以陵非吉语改为西兴，即今杭州滨江区西兴（图4-3）。

图4-3　西兴镇海楼、塘闸图（图片来源：明万历《萧山县志》）

唐代，西陵城外就是西陵渡口，由晋代埭、渡合一的西陵埭演变形成，"自古是通津"。西陵埭位于钱塘江与浙东运河交汇处，今西兴城隍庙"西兴运河源头"碑附近，有浙东运河第一埭之称①。埭的始建应与晋代西兴运河开通同期，为阻遏钱塘江涌潮侵入运河而设，始载于《宋书·孔觊传》："喜自柳浦，趣西陵。西陵诸军皆悉散溃。"当时的西陵是钱塘江南岸的一个重要渡口和军事要塞。到南朝齐时，西陵埭已发展成为会稽、吴兴交通要道钱塘江两岸的主要牛埭，官方收取过埭税，"计年长百万"②。唐代，隋唐运河与浙东运河两大南北运河沟通以后，尤其是安史之乱以

①　参见陈志富：《萧山水利史》，方志出版社2006年版，第188页。
②　李延寿：《南史·顾宪之传》，中华书局1975年版，第922页。

后，富庶的两浙成为漕粮的主要征收地区，还是纺织品、纸张、瓷器、茶叶等物资的主要供给地，时人称"天宝之后，中原释耒，辇越而衣，漕吴而食"①，"当今赋出于天下，江南居十九"②，南北运河漕运无疑成为唐朝廷的生命线。而这条生命航线中至关重要的节点之一，就是沟通南北运河的西陵渡与西陵堰，包括配套的舟船、水手、挑夫、驿站、仓储设施和运输工具等，形成一个庞大的产业群。为此，官府专门设置了西陵镇、西陵驿，配设"西陵堰专知官"与"西陵镇遏使"③，对渡、堰、镇实行专职管理，足以证明西陵渡、堰在南北运河体系中重要的作用与地位。这在杜甫的《解闷》其二中，也得到充分反映，诗云："商胡离别下扬州，忆上西陵故驿楼。为问淮南米贵贱，老夫乘兴欲东游。"④商胡，也称胡商、胡客、胡贾，唐时泛指入内地贸易的西北客商及中亚、西亚等外国商贾。该诗反映了他们"下扬州"、"上西陵"，经隋唐运河、浙东运河到越州开展商贸活动的状况，以及西陵粮市在这条漕运线上举足轻重的地位。

其三，首次记载了唐时钱塘江的入海口。

"涛卷海门石，云横天际山。白马走素车，雷奔骇心颜"，写隋唐运河与浙东运河交汇处的钱塘江水环境。诗中，"海门"是指当时钱塘江的入海口南大门；"天际山"是指南大门峡口的龛山与赭山，因龛、赭两山相峙如门，故称海门；龛山又称航坞山，海拔299.1米（黄海海平面，下同），在《越绝书》已有记载；赭山（美女山、狮子山、红山总称），海拔188.4米，位于樟亭、西陵下游不远处，李白观潮时可以亲眼所见。气势磅礴的钱塘江涌潮雪白如练，如万马奔腾席卷海门而过，惊心动魄，骇人心颜。这是钱塘江主槽出南大门入海口的最早记载。此后，对海门的记载络绎不绝，

---

① 董诰等编：《全唐文》卷六三〇《故太子少保赠尚书左仆射京兆韦府君神道碑》，中华书局1983年版，第6357页。

② 董诰等编：《全唐文》卷五五五《送陆歙州诗序》，中华书局1983年版，第5612页。

③ 据萧山城厢觉苑寺前唐咸通十五年（874）平胜经幢铭文记载。

④ 上海古籍出版社编：《全唐诗》，上海古籍出版社1986年版，第569页。

仅唐诗中就有：刘禹锡"须臾却入海门去，卷起沙堆似雪堆"（《浪淘沙九首》之七），张祜"地盘江岸绝，天映海门空"（《题樟亭》），白居易"况有虚白亭，坐见海门山"（《郡亭》），齐己"千寻万派功难测，海门山小涛头白"（《观李琼处士画海涛》）等。至清代钱塘江入海口从南大门移至北大门后，林则徐《题祝誉廷司马庆普广陵观潮图》中还称南大门为海门，云"两山宽赭束海疆，欲进不进潮怒奔"（《云左山房诗钞》卷三），只是当时南大门已经淤塞，钱塘江涌潮只能"欲进不进"，不能畅流南大门了。历史时期，在北岸海宁与南岸龛山之间，钱塘江河口主槽，先后经历南大门（龛山、赭山之间）、中小门（赭山、河庄山之间）与北大门（河庄山、海宁海塘之间）三条入海通道，史称"三门演变"（图4-4）。

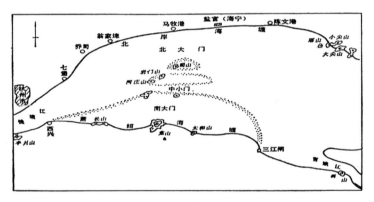

图 4-4　钱塘江三门变迁示意图
（图片来源：《萧山水利志》，浙江人民出版社 2019 年版，第 125 页）

春秋越国句践时期至明末，钱塘江主槽出南大门，至清康熙三十六年（1697）以前主槽北移中小门，先后延续了约 2200 年[1]。此后，主槽变

---

① 钱塘江主槽何时从北大门改走中小门，史无确凿记载。约略言之，以公元前 490 年句践自吴返越重开杭坞航道算起，到清朱定元《海塘节略总序》称"康熙三十六年（1697）以前水出中小门"为止，约 2187 年。

移于中小门与北大门之间，终于在乾隆二十四年（1759）全趋北大门①，迄于今。"三门"作为钱塘江入海口即"海门"的历史，一直延伸到20世纪末，才确认东移至宁波镇海外游山和上海南汇芦潮港连线入东海②，延续时间约2500年。由此可见，李白诗中首提"海门"的开创意义和历史功绩是何等巨大。

其四，首次记载了浙东唐诗之路全程。

如前所述，以樟亭、西陵两大钱塘江渡口为起讫点与出入口，水路为主兼以陆路的浙东唐诗之路，其主线贯穿唐代浙东八州，又派生出钱塘江南岸渡口渔浦至诸暨、镜湖至云门、曹娥至明州等支线，主支线之间各具特色，相得益彰，丰富、充实了这条诗路的自然景观和文化内涵。其中，诗路主线又可以分为西陵至越州城的起始段，越州城至天台国清寺的主干段，天台国清寺至樟亭的延伸段。总体而言，这条诗路主线和沿线的主要景观，在李白这首诗中被完整、真实地描绘和记载，开创了浙东唐诗之路的筚路蓝缕之功。

唐代中原、北方诗人，由杭州樟亭渡钱塘江至西陵，再从西陵出发，走浙东运河之西兴运河至越州城，史称"一百另五里"③，实测约46.1千米。这条诗路起始段，由于唐代浦阳江尚未改道钱清江，也没有设钱清堰，水路比较通畅，途中少有停留，故留下诗作不多，李白仅以"遥闻会稽美"诗句来描述诗人们乘船观赏沿途风貌渐入佳景的感受和心情。而后，诗路从运河入城，来到越国古都，浙东政治、经济、文化中心的越州城。这里，稽山青翠，耶溪幽长，镜湖浩渺，湖城辉映，"秀色不可名"，它既是诗路文化、旅游的核心区，也是诗路主干段的起点：从越州城出发，出都泗水门（图

---

① 清爱新觉罗·弘历《阅海塘记》："而戊寅之秋，雷山北始有涨沙痕，己卯（1759）之春遂全趋北大门。"载清嘉庆《山阴县志》。
② 浙江省水利志编纂委员会编：《浙江省水利志》，中华书局1998年版，第114页。
③ 《万历〈绍兴府志〉点校本》卷七，宁波出版社2012年版，第160页。

4-5），越过都泗堰，进入浙东运河之镜湖航道至曹娥堰，史称"一百里"①，实测约 32.4 千米；再越过曹娥堰进入潮汐河流曹娥江，上溯剡溪、新昌江，经石梁达新昌江源头天台华顶山大兴坑，水路全长约 134.8 千米②，大部分可通舟楫和竹筏；然后走陆路到越州诗路主线的终点天台国清寺。

图 4-5　原址重建的绍兴都泗水门

　　这条越州境内的诗路主线及沿途风光，可谓"东南山水越为首，剡为面，沃洲、天姥为眉目"③，是唐代诗人的必访之地，按水路形态和位置，可划分为四个游程，其中越州城向东到曹娥堰的运河镜湖航道，可说是浙东唐诗之路主线的第一游程，可达的主要景区有镜湖、越州城、蓬莱阁、会稽山、若耶溪、禹陵、云门寺、严维园林等。由镜湖航道越曹娥堰进入曹娥江，从下游上溯至三界，可说是浙东唐诗之路主线的第二游程，除了曹娥江本身就是旅游景区外，依靠曹娥江水路的主要旅游点还有曹娥庙、偶山、小江驿、东山等。从三界上溯，至嵊州新昌江与澄潭江合流处，便

①　《万历〈绍兴府志〉点校本》卷七，宁波出版社 2012 年版，第 160 页。
②　根据《绍兴市水利志》提供资料计算得出，中国水利水电出版社 2021 年版，第 182—183 页。
③　丁如明、聂世美校点：《白居易全集》，上海古籍出版社 1999 年版，第 947 页。

是唐代诗人向往之剡溪，属曹娥江中游，可说是浙东唐诗之路主线的第三游程，除剡溪本身就是旅游景区外，依靠剡溪及其支流的主要旅游点还有嵊浦、清风、剡山、艇湖等。由剡溪上溯曹娥江源头之一的新昌江，便是唐代诗人心目中的剡中，可说是浙东唐诗之路主线的第四游程，依靠新昌江等水路及陆路的主要旅游景点有石城山、南岩、沃洲山、天姥山、华顶、石梁、天台山和国清寺等。然后在天台城附近入灵溪（今始丰溪），进入浙东唐诗之路延伸段，顺流而下灵江、椒江入海，接近海航线，南至永嘉（今温州）；再从永嘉沿瓯江上溯，观青田石门，再溯大溪、好溪，经丽水至缙云，翻山入武义江，过梅花桥，入双溪，至金华；上八咏楼后，入兰溪江，至新安江口；转入富春江，观严子陵钓台，顺流而下再入钱塘江，在北岸樟亭渡口入杭州，经江南运河前往吴郡。这条李白诗中描绘的观赏、吟唱浙东山水形胜之路，就是一条完整的浙东唐诗之路。

二、元白唱和

渡过钱塘江，即为越中地面。这里千岩竞秀，万壑争流，文化深厚，魅力无穷，令多少骚人墨客迫切向往，流连忘返。例如六朝名士谢灵运徜徉于稽山镜水之间，慰藉、陶冶、放飞心灵，开创了我国诗坛的山水诗流派，对后世产生重大影响。唐代不少诗人就是冲着谢灵运等人的山水情结而来的，李白诗句"谢公宿处今尚在，渌水荡漾清猿啼。脚着谢公屐，身登青云梯"[1]，便表达了诗人们对越州秀美山水的向往。不仅如此，镜湖区域还集聚着众多源远流长的人文景点与传说，如宛委山、禹陵与大禹传说，禹庙、祭禹与越国创立，大越城与句践、范蠡，欧冶耶溪铸剑，西施若耶采莲，秦始皇望海立碑，司马迁"上会稽，探禹穴"，曹娥庙与曹娥碑，王羲之兰亭修禊，谢安东山再起，葛洪宛委炼丹，王徽之雪夜访戴，

---

[1] 上海古籍出版社编：《全唐诗》，上海古籍出版社1986年版，第407页。

贺知章赐归镜湖等等，都是令唐人心驰神往，想要探索的。优美的山水风光与深厚的人文历史交相叠加，融为一体，将文化的引力和张力发挥到极致，使越地成为唐代诗人非到不可之地（图4-6、图4-7）。初唐诗人孟浩然的《渡浙江问舟中人》真切流露了欲览越中的急迫心情：

图4-6　绍兴大禹陵与大禹庙

图4-7　绍兴府山越王台

潮落江平未有风，扁舟共济与君同。

时时引领望天末，何处青山是越中？[①]

---

①　上海古籍出版社编：《全唐诗》，上海古籍出版社1986年版，第380页。

西陵既是诗路的起点，又是越州与隔江相对的杭州的分界处。越州刺史元稹与杭州刺史白居易这对唐代诗坛挚友，以越州、杭州为节点，互相往返于钱塘江与西兴运河之间，以诗言情，以诗咏景，亦唱亦和，竹筒递诗，演绎了一大诗坛佳话（图4-8、图4-9）。"竹筒递诗"起始于唐长庆三年（823）十月，时元稹由同州赴越州任职，途经杭州，拜访白居易。白设宴款待，席中互赠诗作。元稹有《赠乐天》诗："莫言邻境易经过，彼此分符欲奈何？垂老相逢渐难别，白头期限各无多。"[1]诗中"垂老"、"白头"之叹，情真意挚，表述了元白二人的生死情谊，流露出元稹当时心情并不见佳。白居易即写下《席上答微之》，以示安慰："我住浙江西，君去浙江东。勿言一水隔，便与千里同。富贵无人劝君酒，今霄为我尽怀中。"席散，白居易送元稹上船离杭。渡过钱塘江，到了西陵，便是越州地面了，朋友间惜恋之情，依然难以释怀，于是，元稹又深情地远眺杭州，信笔写下《别后西陵晚眺》诗，以竹筒贮之，递送杭州。

图 4-8　绍兴运河园元稹、白居易唱和诗墙

图 4-9　世界文化遗产——浙东运河绍兴古纤道

---

① 　上海古籍出版社编：《全唐诗》，上海古籍出版社 1986 年版，第 412 页。

诗云：

> 晚日未抛诗笔砚，夕阳空望郡楼台。
>
> 与君会后知何日，不似潮头暮却回。①

白居易阅罢此诗，欣然会心，即刻写下《答微之泊西陵驿见寄》诗，虚拟元稹西陵遥望之状，聊表自己感激之情。依旧贮诗竹筒，递送越州。答曰：

> 烟波尽处一点白，应是西陵古驿台。
>
> 知是台边望不见，暮潮空送渡船回。②

以上是元白唱和竹筒递诗的开端。从此开始，一发而不可收，又有歌伎歌唱，尽得一时风流。如元稹《重赠》诗："休遣玲珑唱我诗，我诗多是别君词。明朝又向江头别，月落潮平是去时。"③写出了与白居易依恋难舍之情。白居易又以《答微之上船后留别》诗，表明同样心迹："烛下尊前一分手，舟中岸上两回头。归来虚白堂中梦，合眼先应到越州。"④诗作均以竹筒贮之，在杭越间传递。元诗中的玲珑是当时著名的余杭歌伎，白居易曾派她到越州为元稹诗作酬唱，以抚慰其受伤的心灵。据王谠《唐语林》卷二载："官妓高玲珑、谢好好，巧于应对，从元稹镇会稽，参其酬唱，每以筒竹盛诗来往。"⑤元白二才子在杭越的竹筒递诗，既有诗唱和，又有歌伎酬唱，在历史上给浙江增添了一段文坛佳话。

---

① 上海古籍出版社编：《全唐诗》，上海古籍出版社 1986 年版，第 417 页。
② 上海古籍出版社编：《全唐诗》，上海古籍出版社 1986 年版，第 446 页。
③ 上海古籍出版社编：《全唐诗》，上海古籍出版社 1986 年版，第 417 页。
④ 上海古籍出版社编：《全唐诗》，上海古籍出版社 1986 年版，第 446 页。
⑤ 王谠：《唐语林》，上海古典文学出版社 1957 年版，第 54 页。

元白唱和诗中表达的相互关切、怀念之情，完全出于好朋友之间深厚感情的流露，真切自然。然而，当他们在各自夸州宅实为州地的唱和时，却出现了激烈的学术交锋。这场争论是由元稹开启的，他先以《以州宅夸于乐天》诗赠白居易，诗中赞扬越地风光奇秀，诗末"我是玉皇香案吏，谪居犹得住蓬莱"更是洋溢着无比自豪、满足的情感。白居易很不服气，认为杭州风光要胜于越州，遂作回诗《答微之夸越州州宅》赠元稹，诗云：

> 贺上人回得报书，大夸州宅似仙居。
> 厌看冯翊风沙久，喜见兰亭烟景初。
> 日出旌旗生气色，月明楼阁在空虚。
> 知君暗数江南郡，除却余杭尽不如。[①]

具有从朝廷到地方的丰富阅历和对璀璨越文化深刻认识的元稹底气很足，他当然不同意白居易的观点，于是作《重夸州宅旦暮景色兼酬前篇末句》诗回赠，开篇以越州州宅"仙都难画亦难书"的美景来气气白居易"除却余杭尽不如"的自夸，此后，仍然意犹未尽，又作了一首回诗《再酬复言和夸州宅》，从经济、文化、环境、生态等方面进行城市要素比较，诗曰：

> 会稽天下本无俦，任取苏杭作辈流。
> 断发仪刑千古越，奔涛翻动万人忧。
> 石缘类鬼名罗刹，寺为因坟号虎丘。
> 莫著诗章远牵引，由来北郡似南州？[②]

---

① 上海古籍出版社编：《全唐诗》，上海古籍出版社 1986 年版，第 446 页。
② 邹志方：《〈会稽掇英总集〉点校》，人民出版社 2006 年版，第 6 页。

开篇"会稽天下本无俦",是说会稽在国内还没有一个城市可以与它相提并论的。下一句"任取苏杭作辈流",意思是与会稽相比,苏州和杭州不过是作配角而以。在唐代,苏州和杭州已经是江南出名的大州了,再与前一句联系起来,这两地显然是作为当时国内州郡的代表来与会稽比较。

如果说以上元白二人各自夸奖州宅的唱和,有点自说自话、斗嘴争胜的意思,那末,二大才子对以"稽山镜水"为代表的越州自然风光与人文景观的唱和,更是为我们留下了一幅堪与《清明上河图》媲美的唐时越州地理、人文的历史画卷。这次唱和是由元稹发起与主导的,他特邀白居易前来镜湖源流若耶溪阳明洞天胜地参加投简活动①,留下了《春分投简阳明洞天作》和《和微之春分投简阳明洞天五十韵》两首诗。而这次唱和的缘起,又是从夸奖各自州郡风光开始的。先是元稹邀请白居易来游赏越州美景,其《寄乐天》诗云:"莫嗟虚老海壖西,天下风光数会稽。灵汜桥前百里镜,石帆山崦五云溪。冰销田地芦锥短,春入枝条柳眼低。安得故人生羽翼,飞来相伴醉如泥。"以杭州为"海壖"②作反衬,道出了"天下风光数会稽"。白居易不服气,以天竺寺、钱湖景区为例,回诗《答微之见寄》曰:"可怜风景浙东西,先数余杭次会稽。禹庙未胜天竺寺,钱湖不羡若耶溪。摆尘野鹤春毛暖,拍水沙鸥湿翅低。更对雪楼君爱否,红栏碧甃点银泥。"诗题下原注:"时在郡楼对雪。"则该诗应作于长庆三年(823)冬天。来年春暖花开之际,白居易应邀来到越州,元白二人泛舟镜湖,溯流若耶,来到阳明洞天前,投简祈告,兴由所至,文思喷涌,元稹挥笔写下《春分投简阳明洞天作》。

---

① 投简是道教向名山水府祈祷的一套仪式。1975年,该地出土吴越国宝正三年(928)投于若耶溪的银简二枚,国家一级文物。

② 海壖,海边空地。海壖西,杭州在杭州湾(古称后海)之西,故称。

中分春一半，今日半春徂。老惜光阴甚，慵牵兴绪孤。
偶成投秘简，聊得泛平湖。郡邑移仙界，山川展画图。
旌旗遮屿浦，士女满闾阎。似木吴儿劲，如花越女姝。
牛侬惊力直，蚕妾笑睢盱。怪我携章甫，嘲人托鹧鸪。
闾阎随地胜，风俗与华殊。跣足沿流妇，丫头避役奴。
雕题虽少有，鸡卜尚多巫。乡味尤珍蛤，家神爱事乌。
舟船通海峤，田种绕城隅。栉比千艘合，袈裟万顷铺。
亥茶阗小市，渔父隔深芦。日脚斜穿浪，云根远曳蒲。
凝风花气度，新雨草芽苏。粉坏梅辞萼，红含杏缀珠。
薅余秧渐长，烧后荈犹枯。绿縃高悬柳，青钱密辫榆。
驯鸥眠浅濑，惊雉迸平芜。水静王余见，山空谢豹呼。
燕狂捎蛱蝶，暝挂集蒲卢。浅碧鹤新卵，深黄鹅嫩雏。
村扉以白板，寺壁耀桢糊。禹庙才离郭，陈庄恰半途。
石帆何峭峣，龙瑞本萦纡。穴为探符坼，潭因失箭刳。
堤形弯熨斗，峰势踊香炉。幢盖迎三洞，烟霞贮一壶。
桃枝蟠复直，桑树亚还扶。鳖解称从事，松堪作大夫。
荣光飘殿阁，虚籁合笙竽。庭狎仙翁鹿，池游县令凫。
君心除健羡，扣寂入虚无。冈踏翻星纪，章飞动帝枢。
东皇提白日，北斗下玄都。骑吏裙皆紫，科车幰尽朱。
地侯鞭社伯，海若跨天吴。雾喷雷公怒，烟扬灶鬼趋。
投壶怜玉女，嗅饭笑麻姑。果实经千岁，衣裳重六铢。
琼杯传素液，金匕进雕胡。掌里承来露，枰中钓得鲈。
菌生悲局促，柯烂觉须臾。稊米休言圣，醯鸡益伏愚。
鼓鼙催暝色，簪组缚微躯。遂别真徒侣，还来世路衢。
题诗叹城郭，挥手谢妻孥。幸有桃源近，全家肯去无。①

① 上海古籍出版社编：《全唐诗》，上海古籍出版社1986年版，第423页。

白才子不甘示弱，随即答以《和微之春日投简阳明洞天五十韵》，对元氏长篇作了深度的阐释，可谓是珠联璧合，交相生辉：

青阳行巳半，白日坐将徂。越国强仍大，稽城高且孤。
利饶盐煮海，名胜水澄湖。牛斗天垂象，台明地展图。
瑰奇填市井，佳丽溢闾阎。句践遗风霸，西施旧俗姝。
船头龙天矫，桥脚兽睢盱。乡味珍螃蚎，时鲜贵鹧鸪。
语言诸夏异，衣服一方殊。捣练蛾眉婢，鸣榔蛙角奴。
江清敌伊洛，山翠胜荆巫。华表双栖鹤，联樯几点乌。
烟波分渡口，云树接城隅。洞远松如画，洲平水似铺。
绿科秧早稻，紫笋折新芦。暖踏泥中藕，香寻石上蒲。
雨来萌尽达，雷后蛰全苏。柳眼黄丝颣，花房绛蜡珠。
林风新竹折，野烧老桑枯。带钑长枝蕙，钱穿短贯榆。
暄和生野菜，卑湿长街芜。女浣纱相伴，儿烹鲤一呼。
山魈啼稚子，林狖挂山都。产业论蚕蚁，孳生计鸭雏。
泉岩雪飘洒，苔壁锦漫糊。堰限舟航路，堤通车马途。
耶溪岸回合，禹庙径盘纡。洞穴何因凿，星槎谁与刳。
石凹仙药臼，峰峭佛香炉。去为投金简，来因挈玉壶。
贵仍招客宿，健未要人扶。闻望贤丞相，仪形美丈夫。
前驱驻旌旆，偏坐列笙竽。刺史旗翻隼，尚书履曳凫。
学禅超后有，观妙造虚无。髻里传僧宝，环中得道枢。
登楼诗八咏，置砚赋三都。捧拥罗将绮，趋跄紫与朱。
庙谟藏稷契，兵略贮孙吴。令下三军整，风高四海趋。
千家得慈母，六郡事严姑。重士过三哺，轻财抵一铢。
送觞歌宛转，嘲妓笑卢胡。佐饮时炮鳖，蠲醒数鲙鲈。
醉乡虽咫尺，乐事亦须臾。若不中贤圣，何由外智愚。
伊予一生志，我尔百年躯。江上三千里，城中十二衢。

出多无伴侣，归只对妻孥。白首青山约，抽身去得无。①

例如，描写如云越女，元稹侧重对劳动妇女的赞美，"似木吴儿劲，如花越女姝……跣足沿流妇，丫头避役奴"，白居易则和以西施浣纱典故的传承，"句践遗风霸，西施旧俗姝……捣练峨眉婢，鸣榔蛙角奴"。又如，对地理环境的描述，元稹笔下是"舟船通海峤，田种饶城隅。栉比千艘合，袈裟万顷铺"。所称"海峤"，是指永嘉（今温州）的沿海港口，"舟船通海峤"是说越地舟船入近海航线可以"航瓯舶闽，浮鄞达吴"；所称"袈裟"，比喻镜湖北部平原"九千顷"田地相连，被纵横交叉的河道分割成如块似的和尚袈裟，一望无际，这是诗人亲临其境，长期考察，并把自己的诗歌创作融入对越地这块灵秀土地的真挚的热爱之情，才能描述得形象如画。而白居易从杭州渡钱塘江经西兴运河到越州城，沿途所见的田野被河网包围，接着舟行镜湖，更惊叹于杭州西湖所无法比拟的镜湖水域，目光所及都是水，所以写出了"烟波分渡口，云树接城隅。涧远松如画，洲平水似铺"的诗句，对越州水乡赞赏不已。不仅如此，唱和诗中对于镜湖上游拦截若耶溪的水利工程——回涌湖②的描述，更是具有重要价值。元稹诗"石帆何峭峣，龙瑞本萦纡……堤形弯熨斗，峰势踊香炉。幢盖迎三洞，烟霞贮一壶"，所称"石帆"指石帆山，"龙瑞"指龙瑞宫，属阳明洞天范围，指明了拦截若耶溪形成回涌湖的这条堤坝就在龙瑞宫附近，而且坝形弯曲如熨斗，属于拱坝。白居易也看到了这条拱坝，他在回诗中云"石凹仙药臼，峰峭佛香炉。去为投金简，来因挈玉壶"，把拱坝比喻成捣药的石臼（一半），也就是说这是一条石砌的拱坝，并且由于拱坝截断了若耶溪，不能沿溪上溯，只能在坝底下船，翻坝入回涌湖再乘舟，或上坝顶走陆路，这就是白居易诗中所说的"堰限舟航路，堤通车马

---

① 上海古籍出版社编：《全唐诗》，上海古籍出版社 1986 年版，第 449 页。

② "在县东四里。一作回踵。旧经云：汉马臻所筑，以防若耶溪溪水暴至，以塘弯回，故曰回涌。"采鞠轩藏版：《嘉泰会稽志》卷十，嘉庆戊辰（1808 年）重镌。

途。耶溪岸回合，禹庙径盘纡"，把这条堤坝的类型、结构、功能及地理位置作了补充和说明。两诗足以证明，唐代以前回涌湖的石砌拱坝技术已经居于我国的先进水平。

不仅如此，元稹关于记载镜湖葑田的诗句"薅余秧渐长，烧后葑犹枯"，对于研究镜湖淤积的起源与发展，同样具有重要的史料价值。"葑"，指菰草（即茭白草）的根。在我国江南一带湖沼、河流边盛长着菰、蒲等各种水草，茎蔓纠结成片，水草根部被水漫风刮，逐渐脱离了泥底，终于形成浮在水面上的小岛，铲去或火烧岛上面的茎叶后，即可种植水稻和蔬菜，这种漂浮在水面上能够移动的耕地就叫"葑田"。葑田的形成是河湖、水库不断淤积的结果。所以，元稹的"葑田"诗句，以及在他之前秦系有关"葑田"的诗句"树喧巢鸟出，路细葑田移"（《题镜湖野老所居》），都证明会稽山麓一带地势较高的镜湖水域，在唐代中期已开始淤积，逐步形成漂移于浅水面的葑田。这类葑田日积月累，规模不断扩大，遍布山麓地带。迄今以村庄地名留存下来的，仅绍兴县就有孟家葑、严家葑、张家葑、陈家葑、王家葑、劳家葑、郑家葑、葑里和邹家葑等共 13 处之多[1]，大范围葑田的出现，既是镜湖淤积不断加深的证明，也为宋代大规模围垦镜湖，终致湮废创建了必要条件。

三、卧龙揽胜

从西陵出发，泛舟西兴运河，从迎恩水门（图 4-10）入城，来到"越中蔼蔼繁华地"的越州城（图 4-11），开始了唐诗之路中最为精彩的越中山水之行。

---

① 周一农：《词汇的文化蕴涵》，上海三联书店 2005 年版，第 77 页。

图 4-10　绍兴迎恩水门

图 4-11　隋代罗城（越州州城）示意图

诗人孙逖《登越州城》对越中山水风光做了全景式的描述：

> 越嶂绕层城，登临万象清。封圻沧海合，廛市碧湖明。
> 晓日渔歌满，芳春棹唱行。山风吹美箭，田雨润香粳。
> 代阅英灵尽，人闲吏隐并。赠言王逸少，已见曲池平。[①]

仡立于越州城内卧龙山顶，登高远眺，山会两县，尽收眼底。南望稽山群峰环绕，宛如翠屏；北望后海紧掠平原，疆界分明；望城南之镜湖，一碧万顷；望城北之平原，阡陌纵横；廛市、渔船、稻田、竹林，真是美不胜收。这方秀美而富有灵气的山水养育了无数英才，吸引了高人聚集。孙逖是潞州涉县（今河北涉县）人，唐开元二年（714）举哲人奇士科，授山阴尉。后又举贤良方正科，登文藻宏丽科，终官太子詹事。授山阴尉期间，写有不少歌咏稽山镜水的诗作，又以《登越州城》为代表作，而从"芳春棹唱"之描写看，该诗当作于开元三年（715）。诗人在《山阴县西楼》诗中所云："一见湖边杨柳风，遥忆青青洛阳道。"然而，诗人虽有"遥忆青青洛阳道"之感，但真的要他离开越州，他又无限留恋了："越国山川看渐无，可怜愁思江南树！"这恰恰是对"天下风光数会稽"的最好诠释。

四、镜湖泛舟

鉴湖，唐代称镜湖、南湖等，是我国长江以南最古老的大型蓄水工程，由会稽太守马臻开建于东汉永和五年（140）。全盛时期，鉴湖水面积达 173 平方千米（相当于今 30 个杭州西湖），正常蓄水量 2.68 亿立方米，总库容 4.40 亿立方米以上，至今仍居浙江省以供水、灌溉为主的大型水库

[①] 　上海古籍出版社编：《全唐诗》，上海古籍出版社 1986 年版，第 276 页。

蓄水量首位①。在存续的1000多年间，鉴湖为山会萧灌区的"九千顷"农田提供了灌溉保证，减少了自然灾害所带来的损失，从而促进了区域经济的持续发展，奠定了绍兴河网水系和"鱼米之乡"的基础。（图4-12）

图4-12　鉴湖图（图片来源：明万历《绍兴府志》）

　　昔日海潮直薄、旱涝频仍的沼泽荒原，被改造成为晋人王羲之赞颂的"山阴道上行，如在镜中游"的旅游胜地。南朝陈顾野王《舆地志》亦云"山阴南湖，萦带郊郭，白水翠岩，互相映发，若镜若图"②，生动、形象地描述了包括镜湖、灌区原野、会稽郡城和稽北丘陵在内的镜湖流域如诗如画的水环境。（图4-13）

---

① 《浙江通志》编纂委员会：《浙江通志·水利志一》，浙江人民出版社2020年版，第386页。

② 徐坚：《初学记》，中华书局1962年版，第189页。

图 4-13　今日鉴湖风光

镜湖"秀色不可名",自然引得诗人们要身临其境。出越州城,在城门外有三处游船码头:一为都赐堰,可乘舟去游赏东湖;二是稽山门,可舟行东湖或西湖;三系常禧门,也即西湖码头,山阴道的起点。诗人们拾步上船,放舟镜湖,湖光山色、莲荷越女映入眼帘,先贤雅事、历史往事涌上心头,怎能不诗兴大发?据初步统计,唐代诗人咏吟镜湖及沿湖景区的诗作,留传至今的至少有镜湖 72 首、若耶溪 75 首、云门 151 首、禹陵 10 首、兰亭 15 首、东湖(东镜湖之景点)19 首、柯亭 2 首,共计 344 首[①],居诗路景点之首;代表性诗人有孟浩然、贺知章、李白、杜甫、白居易、元稹、严维等,几乎囊括了唐代的诗坛翘楚。其中李白三次入越,创作的镜湖诗至少 15 首,恐怕也是李白一生中留诗最多的景点了,诗人对镜湖的迷恋,由此可见一斑,其作有将镜湖、荷花、西施、若耶溪、美人宫(图 4-14)融为一体的《子夜吴歌·夏歌》,诗云:

---

① 根据邹志方编《历代诗人咏鉴湖》、《历代诗人咏若耶溪》、《历代诗人咏禹陵》、《历代诗人咏兰亭》(以上由新华出版社出版)和《历代诗人咏云门》(浙江古籍出版社)等统计。

镜湖三百里，菡萏发荷花。

五月西施采，人看隘若耶。

回舟不待月，归去越王家。①

图 4-14　绍兴西施山美人宫遗址公园

中唐诗人朱庆余笔下展现诗情画意、天人合一，人与自然和谐共处的
《南湖》：

湖上微风小槛凉，翻翻菱荇满回塘。

野船着岸入春草，水鸟带波飞夕阳。

芦叶有声疑露雨，浪花无际似潇湘。

飘然篷艇东归客，尽日相看忆楚乡。②

若耶溪是镜湖上游会稽山"三十六源"中最大最长的溪河，幽深奇
丽，古老神秘，被誉为越部族的母亲河。溪之畔安葬着大禹，又有越国的

---

① 上海古籍出版社编：《全唐诗》，上海古籍出版社 1986 年版，第 390 页。

② 上海古籍出版社编：《全唐诗》，上海古籍出版社 1986 年版，第 515 页。

都城平阳和冶金基地上灶，还有西施采莲留下的曼妙足迹。诗人李绅作《若耶溪》：

> 岚光花影绕山阴，山转花稀到碧浔。
> 倾国美人妖艳远，凿山良冶铸炉深。
> 凌波莫惜临妆面，莹锷当期出匣心。
> 应是蛟龙长不去，若耶秋水尚沉沉。[①]

　　如果说上述诗篇歌颂的旖旎风光和璀璨文化，是唐代镜湖诗鲜明的两大表现主题的话，那末，诗人们亲临湖上泛舟，则是他们讴歌镜湖的最富情趣的篇章。相关诗作不胜枚举，有乘舟春游的，如宋之问"但爱春光迟，不觉舟行疾"（《早春泛镜湖》），孟浩然"帆得樵风送，春逢谷雨晴"（《与崔二十一游镜湖寄包贺二公》）；有途经镜湖的，如孙逖"更从探穴处，还作棹歌行"（《同邢判官寻龙瑞观归湖中》）；有湖中垂钓的，如崔峒"时游镜湖里，为我把鱼竿"（《送侯山人赴会稽》）；有航湖送客的，如刘长卿"山色湖光并在东，扁舟归去有樵风"（《东湖送朱逸人归》），朱庆余"飘然篷艇东归客，尽日相看忆楚乡"（《南湖》）；有行舟饮酒作诗的，如周元范"风前酒醒看山笑，湖上诗成共客吟"（《奉和白舍人游镜湖夜归》）；有夜泊镜湖的，如李频"想当战国开时有，范蠡扁舟只此中"（《镜湖夜泊有怀》）等等。这些全方位描写湖上泛舟的优美诗篇，不仅具有专题研究价值，而且使这一人文景观充满了诗情画意，其中，最具浪漫色彩和想象空间的，当属李白名句"我欲因之梦吴越，一夜飞渡镜湖月"（《梦游天姥吟留别》）和"人游月边去，舟在空中行"（《送王屋山人魏万还王屋》），诗人写的湖上泛舟，都是在空中进行的，前者是"飞渡"，后者是"行空"，真是太浪漫了。但是，这种浪漫并不是毫无依据的空想，而是在现实基础

---

① 上海古籍出版社编：《全唐诗》，上海古籍出版社1986年版，第1222页。

上升华的浪漫，这个现实基础就是唐代镜湖正常水位与平原河道正常水位之间，存在约 2 米以上的水位差①。设想一下，夏秋夜晚，明月当空，登临越州城楼，银光洒落在镜湖与密集河网上，映衬着湖堤上下夜航船上的点点灯火，水位差的视觉效果进一步扩大，与湖堤下河船相比，湖面客船仿佛在空中行驶，李白看到了这种水位差造成的奇特景观，才写出了"人游月边去，舟在空中行"的不朽名句。

五、贺李友情

浙东唐诗之路上诞生了四十多位诗人。其中有这样一位诗人，他是唐代诗坛的元老级人物，一个演绎"金龟换酒"雅事的浪漫酒仙，也是一名离家五十载的镜湖游子。唐天宝三年（744），他以八十六岁高龄向唐玄宗求还，回到日夜思念的镜湖故乡。仿佛有一股神奇的青春活力注入心肺，诗人感受着烟波浩渺的镜湖，生出回到家乡的喜悦之情，百感交集，写下了清新脱俗、脍炙人口的《回乡偶书》两首。诗云：

> 少小离家老大回，乡音难改鬓毛衰。
> 儿童相见不相识，笑问客从何处来？

> 离别家乡岁月多，近来人事半销磨。
> 唯有门前镜湖水，春风不改旧时波。②

还有《采莲曲》："稽山罢雾郁嵯峨，镜水无风也自波。莫言春度芳菲

---

① 参见陈鹏儿：《鉴湖史》，中华书局 2011 年版，第 116—117 页。
② 上海古籍出版社编：《全唐诗》，上海古籍出版社 1986 年版，第 266 页。

尽，别有中流采芰荷。"①《答朝士》："钑镂银盘盛蛤蜊，镜湖莼菜乱如丝。乡曲近来佳此味，遮渠不道是吴儿。"②此后不久就驾鹤西归，他就是贺知章。

天宝六年（747），对贺知章（图4-15）深怀知遇之恩的李白第二次漫游浙东，兴冲冲前往拜访贺知章，不料贺知章已经作古。李白悲痛难扼，于是写下《对酒忆贺监二首》等诗追悼贺老，诗前有序，回忆了与贺老长安相遇，"金龟换酒"的情景，"太子宾客贺公，于长安紫极宫一见余，呼余为谪仙人，因解金龟换酒为乐，殁后对酒，怅然有怀，而作是诗"，诗云：

图4-15　贺知章像

> 四明有狂客，风流贺季真。长安一相见，呼我谪仙人。
> 昔好杯中物，翻为松下尘。金龟换酒处，却忆泪沾巾。
>
> 狂客归四明，山阴道士迎。敕赐镜湖水，为君台沼荣。
> 人亡余故宅，空有荷花生。念此杳如梦，凄然伤我情。③

贺知章与李白首次相见，是在长安紫极宫，时天宝元年（742）。此前，李白早就拜读过贺老的诗，这次相遇，自然立即向前拜见，并呈上带来的诗卷，其中就有《蜀道难》，贺知章读毕，十分欣赏李白瑰丽的诗句和潇洒的风采，说："你是不是太白金星下凡到了人间？"遂呼为"谪仙人"，兴奋地解下衣带上的金龟换酒与李白共饮。不久，贺知章以从三品秘书监的身份向唐玄宗推荐李白，李白遂被任命为翰林学士。其时贺知章

①　上海古籍出版社编：《全唐诗》，上海古籍出版社1986年版，第266页。
②　上海古籍出版社编：《全唐诗》，上海古籍出版社1986年版，第266页。
③　上海古籍出版社编：《全唐诗》，上海古籍出版社1986年版，第425页。

84岁，李白42岁，从此贺知章和李白结下忘年之交的深厚友谊，成为文坛的千古佳话。

李白与贺知章的最后相见，是在天宝三年（744）正月初五，朝廷欢送贺知章还乡的饯别仪式上。这次仪式的规格极高，由唐玄宗李隆基御制《送贺知章归四明并序》，太子李亨主持，李适之、李林甫等六卿庶尹大夫送行赋诗，留下应制诗38首，"正月五日，上令周公、邵公泊百僚饯别青门之内。玄鹤摩于紫霄，吹笙击鼓，尽是仙乐，闻者莫不增叹，轻轩冕焉"[1]，可谓盛况空前，举国少见，足见贺知章当时在朝中的显赫地位。然而，对于这次举国少见的诗坛盛会，《全唐诗》仅存李隆基、李林甫、李白诗三首，除李隆基《送贺知章归四明并序》："遗荣期入道，辞老竟抽簪。岂不惜贤达，其如高尚心。寰中得秘要，方外散幽襟。独有青门钱，群僚怅别深。"[2]对贺知章道德、文章给予高度评价外，李白的《送贺监归四明应制》，则表现了朋友之间的恋恋不舍之情：

> 久辞荣禄遂初衣，曾向长生说息机。
> 真诀自从茅氏得，恩波宁阻洞庭归。
> 瑶台含雾星辰满，仙峤浮空岛屿微。
> 借问欲栖珠树鹤，何年却向帝城飞。[3]

大概因为是奉旨应制诗写得不够尽兴，诗人情不自禁地又写下《送贺宾客归越》送别诗，再次表达了希望与贺知章尽早再见的迫切心情，只是地点不同，前诗期望在帝城重逢，后诗则表达要去越州探望的强烈愿望，希望在"黄庭换白鹅"的山阴兰亭，与贺老一道参加"曲水流觞"雅集，再续"金龟换酒"的知遇之恩，诗曰：

---

① 邹志方点校：《〈会稽掇英总集〉点校》，人民出版社2006年版，第26—37页。
② 上海古籍出版社编：《全唐诗》，上海古籍出版社1986年版，第27页。
③ 上海古籍出版社编：《全唐诗》，上海古籍出版社1986年版，第411页。

镜湖流水漾清波，狂客归舟逸兴多。

山阴道士如相见，应写黄庭换白鹅。^①

在送别贺知章不久后的天宝三年（744），李白被皇帝"赐金放还"，开始了他后半辈子寄情山水的漫游之旅。天宝六年（747），李白再游浙东，拜访贺老，不料贺知章已经作古，"金龟换酒"终成绝唱。

六、乘潮赏景

沿着李白"一夜飞渡镜湖月"的足迹，从越州都赐门登船东行，走镜湖湖堤内的运河航道，约 35 千米，来到曹娥江西岸的曹娥堰，以此进入曹娥江。有一座纪念孝女的汉代古庙曹娥庙（图 4-16）独立江边，庙中还有名士蔡邕留下字谜的汉代名碑曹娥碑，到唐代碑已损坏。

图 4-16　全国重点文物保护单位——绍兴曹娥庙

①　上海古籍出版社编：《全唐诗》，上海古籍出版社 1986 年版，第 411 页。

长庆三年（823）至大和三年（829）间，诗人赵嘏慕名造访曹娥庙，看到已瘗之碑，不禁触景生情，写下《题曹娥庙》诗：

青娥埋没此江滨，江树飐飀惨暮云。
文字在碑碑已堕，波涛辜负色丝文。①

曹娥江，因汉代孝女曹娥在此投江寻父尸而得名，干流全长182千米，流域面积5931平方千米，是宁绍平原除钱塘江外的最大潮汐河流。南朝宋始建梁湖埭切断了姚江与曹娥江的联系，失去了姚江的分流，曹娥江潮汐变得更为汹涌，感潮江段延长到剡县（今嵊州市）清风峡以远②，从而为唐代诗人舟行曹娥江到达上游剡溪创造了条件，形成了从浙东运河（镜湖）进入曹娥江上溯浙东唐诗之路的第二个、第三个游程。对于内地诗人来说，乘潮而至更是梦寐以求，一则快速称心，再则可临流观景。约在天宝年间（742—756），颍州汝阴（今安徽阜阳）籍诗人萧颖士乘晓月下江，赏浪中日出，一览曹娥江风情，写下了《越江秋曙》：

扁舟东路远，晓月下江濆。激滟信潮上，苍茫孤屿分。
林声寒动叶，水气曙连云。暾日浪中出，榜歌天际闻。
伯鸾常去国，安道惜离群。延首剡溪近，咏言怀数君。③

---

① 上海古籍出版社编：《全唐诗》，上海古籍出版社1986年版，第1407页。
② 清齐召南《水道提纲》："曹娥江即古剡溪，源出天台及东阳，经新昌西北，为三溪。至嵊县南，而西港来会，曰剡溪。稍东折，东北经浦口，有溪自东南来会。又北流，经清风岭、嵊浦、三界，过东山，至蒿坝东南，为曹娥江，又名上虞江。"清风岭即清风峡，位于嵊县县城与三界之间。唐萧颖士午夜前在曹娥候潮登舟，"晓月下江濆"，乘潮上溯曹娥江，到早上"暾日浪中出"，仍然是落潮时段，按航速6千米/小时航行6小时计算，已经过三界，所以唐代曹娥江的感潮河段当在清风峡以远。
③ 上海古籍出版社编：《全唐诗》，上海古籍出版社1986年版，第364页。

按诗中所云，当夜明月初升时，诗人在曹娥渡口登舟，上溯波涛汹涌的曹娥江，一览苍茫孤屿，潋滟波光，不久夜潮涌起，助舟远行，次日凌晨，赏红日在波浪中而起，听遥远处传来的阵阵渔歌，曹娥江风情尽收眼底。不知不觉间，轻舟已过三界，即将从曹娥江进入剡溪。从剡溪到剡中，即诗路主干段的第三和第四游程，其主要载体为剡溪和新昌江。沿途山水相映，风光秀美，是越中美景的主要表现区域，唐人于此留下大量诗作，如李白"若教月下乘舟去，何啻风流到剡溪"（《东鲁门泛舟》），杜甫"剡溪蕴奇秀，欲罢不能忘"（《壮游》），朱放"月在沃洲山上，人归剡县溪边"（《剡山夜月》），皇甫冉"嵯峨天姥峰，翠色春更碧。气凄湖上雨，月净剡中夕"（《曾东游以诗寄之》），孟浩然"歇马凭云宿，扬帆截海行。高高翠微里，遥见石梁横"（《寻天台山》）等等。另有镜湖隐士方干创作的舟、景交融的《路入剡中作》诗，在描绘剡中美景的同时，为后人留下了唐代曹娥江上游新昌江水运状态的宝贵记载，诗云：

> 戴湾冲濑片帆通，高枕微吟到剡中。
> 掠草并飞怜燕子，停桡独饮学渔翁。
> 波涛漫撼长潭月，杨柳斜牵一岸风。
> 便拟乘槎应去得，仙源直恐接星东。①

诗中，"戴湾"指戴溪，即剡溪，应指在剡县城三江口附近一段，河道弯曲，故名；"长潭"，位于后来新昌城附近的新昌江支流上②，从三江口到长潭水道长近 19 千米，属于诗路上的第四个游程。这条水道开始可以

---

① 邹志方点校：《〈会稽掇英总集〉点校》，人民出版社 2006 年版，第 55 页。
② "（新昌）长潭，在县西南。其源西南自东阳，北出夹溪，过穿岩。别一源南自天台，出墓门溪，东转韩峰，迳西与穿岩水合流，入于潭，又西北流，入剡西门。唐方干诗'波涛漫撼长潭月'谓此。"采鞠轩藏版：《嘉泰会稽志》卷十，嘉庆戊辰（1808年）重镌。

通帆船，航道顺畅，所以诗人在船上"高枕微吟"，十分得意。过了长潭，诗人游兴不减，意欲继续沿新昌江上行，但是此处已经不能行船了，只能改乘"槎"即木筏航行（图 4-17），从长潭直通百菊①，航程约 23 千米。

图 4-17　曹娥江上游风光（图片来源：《中国鉴湖》第三辑，中国文史出版社 2016 年版）

然后走陆路，上天台，来到越州诗路主线最后一个景点国清寺。

这条从西陵经越州城、曹娥，上溯曹娥江、剡溪至长潭的诗路黄金水道（反之亦然），由潮汐河流曹娥江（含中游剡溪、上游之一新昌江）、人工湖泊镜湖和人工运河西兴运河（浙东运河起始段）三种不同的河湖江形态组成，以乘潮航行为特色，途经山阴、会稽、上虞和剡县，全长约 175 千米②。据研究，早在六朝时期，这条黄金水道已经开通，日夜通航。

南朝宋元嘉七年（430）二月，诗人谢惠连从始宁东山出发去建康，他的堂兄谢灵运（康乐）送其到曹娥江边渡口。惠连渡江走镜湖运河航道，经会稽郡城，再从西兴运河到钱塘江边的西陵，因风浪所阻，只好夜宿西陵，由此而作《西陵遇风献康乐》诗，诗云："昨发浦阳汭，今宿浙

---

① 《绍兴市水利志》上卷，中国水利水电出版社 2021 年版，第 184 页。
② 根据绍兴市地图 1 ∶ 180000 测算。

江湄。"①这里浦阳指曹娥江，诗中又说："临津不得济，伫楫阻风波。"显然是受阻于钱塘江风浪，不得已停船夜宿西陵。谢惠连应是在早上出发的，而在第二天的下午到达，若是傍晚到达，就谈不上"伫楫阻风波"了。计算一下大概时间，早春二月7点从始宁出发，第二天下午3点到达西陵，共计32小时，除去途中夜宿10小时，实际航行22小时。航行里程，从始宁东山到曹娥埭约15千米，从曹娥埭走镜湖、西兴运河到西陵78.5千米②，共计约93.5千米，与航行时间相符。诗中又云："回塘隐舻栧，远望绝形音。"经考证，诗中的"回塘"是指镜湖南堤转向北堤的拐角处，即在白米堰一带形成的"回塘"区域③，说明谢灵运一直相送到白米堰附近，谢惠连在船上望着谢灵运渐渐消失的人影，看到了鉴湖上的许多舟船在"回塘"湖面航行，从而证明了谢惠连过曹娥江进入镜湖，走的是沿湖堤的镜湖运河航道。

在唐代，浙东唐诗之路上诞生的诗人达四十多位，隐居的诗人有二十多位，前来踏访、游赏、交游、吟咏的诗人在四百位以上。从诗人的活动范围和诗歌创作的集中度来看，以越州城为中心的山会两县的镜湖区域，即诗人们所称的"越中"，更是这条诗路的精华段。初步统计，在这段精华区域，著名诗人如孟浩然、王维、贺知章、李白、杜甫、白居易、元稹都留有踪迹和诗作，孟浩然和杜甫逗留的时间前后达四年之久，李白和李绅一生三次徜徉其间，白居易也两次到过这里；地方行政长官大多也是诗人，仅任越州刺史的诗人就有独孤峻、杜鸿渐、韩滉、贾全、杨於陵、孟简、元稹、陆亘、李绅、高铢、元晦、杨汉公、李褒、李讷、王龟等；唐代最大规模的诗歌联唱活动——大历浙东唱和，就发生在镜湖的岛屿景区东湖，参加诗人57位，联唱诗歌49首；诗人咏镜湖及镜湖周围名胜越州

---

① 该诗作于南朝宋元嘉七年（430），诗中"昨发浦阳汭"的浦阳，实指曹娥江，是将曹娥江混称为浦阳江错误的最早出处，影响后世，引发了一系列的学术争论。参见陈鹏儿《柯水长流》，载《柯水明珠》，西泠印社出版社2008年版，第118—127页。

② 绍兴县地方志编纂委员会编：《绍兴县志》第一册，中华书局1999年版，第189页。

③ 盛鸿郎：《绍兴水文化》，中华书局2004年版，第93页。

城、会稽山、若耶溪、曹娥江、云门、东湖、兰亭、禹陵、柯岩等的诗作，留传下来的多达 480 首以上（不含相关诗作）。尤其可贵的是唐代诗人在此的踏访之地与诗作描写之处，差不多都能考证出来。在中外旅游史和中国文学史上，这样一条以水路为主，以诗歌为载体的纯粹文化游路，能够穿越千年，长盛不衰，可谓是绝无仅有，独领风骚。

第二节　运河诗路特色

浙东唐诗之路是一条文化之路和旅游之路，它始于越国，盛于唐朝，传于当代，长盛不衰，具有 2500 年悠远璀璨的历史。那末，这条长盛不衰的诗路，特别是在唐代进入全盛时期后，诗路所处的以越州城为中心的宁绍地区，具有何种独特的自然、人文景观风采，才能吸引、汇聚全国四百余名一流诗人，前来越州游赏、吟唱、会客、留居，形成浙东唐诗之路呢？从地理环境和载体功能方面进行研究，这些特色主要体现在地形水系、运河功能和山水风光三个方面。

一、地形水系

（一）海退后的宁绍平原

以"山—原—海"台阶地形、潮汐河流和平原河网为特色的地形水系。

今宁绍平原位于会稽山、四明山北麓和钱塘江、杭州湾（南岸古称后海）之间，东西延伸达 150 千米，现有面积约 7633 平方千米[①]，这片负山

[①]　浙江省水利志编纂委员会编：《浙江省水利志》，中华书局 1998 年版，第 426 页。

面海的狭长平原，在卷转虫海进高潮时淹没成为浅海，海岸线直达会稽山、四明山山麓，海平面高程约在 5.5 米以上①。随着海退来临和加深，海岸线从山麓地带不断向北后退，浅海区域重新露出，逐渐演变成浅海沉积型的沼泽平原；到春秋时期，当时海岸的位置，根据《越绝书》记载的后海南岸越国港口和航道与大越城的距离可以证明②，已经后撤到唐代山会海塘塘线一带，远离会稽山山麓线约 20 千米以上。由此判断，最晚在越王句践时期（前 496—前 465），在宁绍平原区域，特别是西部山会地区（越国中心区域），接近于现代"山—原—海"台阶式的地形态势已经形成。平原南部是会稽山和四明山，均属于浙中山脉仙霞岭的分支。以两山为分水岭分成区域内三大潮汐河流，自西而东为浦阳江、曹娥江和甬江，流入钱塘江和后海，又分别以会稽山为浦阳江与曹娥江、四明山为曹娥江与甬江的分水岭（图 4-18）。其中，位于中部的曹娥江是宁绍平原的地理分界线，曹娥江以西是山会萧平原，以东则是虞姚鄞平原。与杭嘉湖平原相比，由于宁绍平原具有负山面海、宽幅狭窄的地形特点，既承山区洪水冲击，又受后海潮汐漫淹，河湖连绵，土地泥泞，因此沼泽化程度就更加严重。

公元前 7 世纪，齐国宰相管仲曾经到过越地，目睹了这片沼泽平原，称此地："越之水浊重而洎，故其民愚疾而垢。"③而越王句践与这片沼泽平原朝夕相处，十分熟悉，他的描述就更加具体而真实，他说："西则迫江，东则薄海，水属苍天，下不知所止。交错相过，波涛浚流，沈而复起，因复相还。浩浩之水，朝夕既有时，动作若惊骇，声音若雷霆。波涛援而起，船失不能救，未知命之所维。"④接着对生活在这片土地上的越人的习俗和

---

① 浙江省水利志编纂委员会编：《浙江省水利志》，中华书局 1998 年版，第 106 页。
② "石塘者，越所害军船也。塘广六十五步，长三百五十三步，去县四十里"，"防坞者，越所以遏吴军也，去县四十里"，"杭坞者，句践杭也。……去县四十里"。杭坞即今航坞山，与绍兴城直线距离约 23 千米。袁康、吴平：《越绝书》，上海古籍出版社 1985 年版，第 63 页。
③ 管仲：《管子》，浙江人民出版社 1987 年版，第 438 页。
④ 袁康、吴平：《越绝书》，上海古籍出版社 1985 年版，第 29 页。

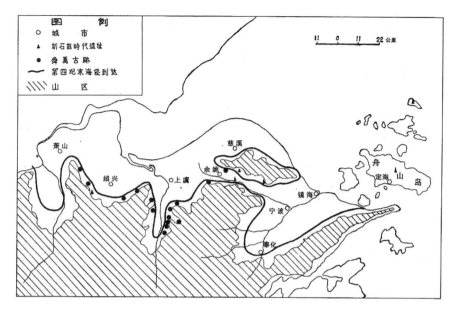

图 4-18 宁绍地区第四纪海进范围及新石器时代遗址分布示意图

（图片来源：《中国历史地理论丛·第三辑》，陕西人民出版社 1988 年版，第 277 页）

习性作了概括，说："夫越性脆而愚，水行而山处；以船为车，以楫为马；往若飘风，去则难从；锐兵任死，越之常性也。"[1]管仲与句践的说法是基本一致的，主要说明两点：一是越国中心区域的水环境。管仲说"水浊重而泊"，遍地是十分浑浊的水。而句践说"水属苍天"，也是指遍地是水，并且进一步表明造成遍地是水的原因：河水下泄与涌潮上溯，"交错相对"。还具体描述了一日两度、进退相复、势若惊骇、声如雷霆的潮汐形势，是为钱塘江涌潮的最早记载。一是越人的性格特点。管仲来到越地大概是在公元前 667 年以后，当时的越国还比较弱小，因此，当目睹在沼泽平原艰苦劳作的"断发纹身"、"裸体黑齿"的越人之后，这位见过大世面的北方大国宰相认为其"愚而垢"，既愚笨，又肮脏，显然管仲对越人习性的评价是属于浅表性的。而作为越族代表人物，句践对越人习性的理解当然要深刻得多，称之为"脆而愚"，"脆"形容为性格就是刚烈、血性，宁折不屈，

---

① 袁康、吴平：《越绝书》，上海古籍出版社 1985 年版，第 58 页。

"愚"就是愚笨到连生命都不当一回事，即不怕死，"锐兵任死，越之常性也"。所以管仲和句践的描述，无疑是当时宁绍平原水环境和这方水土所养育的越人习性、习俗的真实写照。

（二）"山—原—海"台阶地形的形成

山会地区位于宁绍平原西部，界于曹娥江与浦阳江之间。山会地形由南部会稽山区丘陵区、中部山会沼泽平原区和北部后海沿岸区三部分组成，以唐代山会海塘塘线为界，东汉永和以前的山原总面积约 1763 平方千米[①]。这片区域虽然潮害严重，泥泞不堪，但由于兼具山原海的地理优势，气候暖湿，雨量充沛，物产富饶，水土资源丰富，既是史前时期越族先民的聚居、活动中心，又是越国时期越国政治、经济、军事、文化的中心区域（图 4-19）。

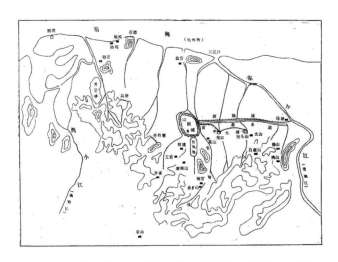

图 4-19　春秋越国中心区域地形及主要经济、军事基地示意图
（图片来源：《鉴湖与绍兴水利》，中国书店 1991 年版，第 115 页）

---

① 山会地区，历史上的山阴、会稽二县地域，相当于今绍兴市越城区、柯桥区和部分上虞区。由稽南丘陵、稽北丘陵、山会平原（山会海塘线内）面积相加得出。其中，稽南丘陵为小舜江流域面积减去嵊县部分约为 450 平方千米，稽北丘陵为古鉴湖上游山区集雨面积加上不属于古鉴湖上游的夏履江集雨面积约为 568 平方千米，山会平原采用山会萧平原面积减去萧山平原面积后约为 745 平方千米（黄海 10 米以下），共计约为 1763 平方千米。

会稽山脉呈西南、东北走向，长约 90 千米，宽 30 千米（不含平原孤丘）。它的主干部分横亘于后来的山阴、会稽、诸暨、嵊县等边界；北脉自西南方诸暨、嵊县边境进入山会地区，区域主峰真如山（五百冈）高 788米，是全境最高的山峰。主干部分分出三条主要分支，自东而西分别为真如山、化山和西干山脉，其中真如山是曹娥江与其支流小舜江的分水岭，化山是小舜江与古代鉴湖水系的分水岭，西干山是浦阳江下游诸水与古代鉴湖水系的分水岭。这三条主要分支，其本身也分出了很多的丘陵分支，山势陡峭，地形崎岖，尤其是真如山与化山之间的丘陵分支，山峰高度多在海拔 500 米以上，形成会稽山范围内地势较高的一片丘陵地，面积约 450 平方千米，由于位置偏南，姑称之为稽南丘陵，全部置于小舜江流域之内。小舜江是曹娥江中游最大的支流，以曹娥江的古名舜江而得名，主流全长 73 千米，流域面积 544 平方千米[①]，在今上虞上浦小江口汇入曹娥江。这条山区河流在历史上没有多大变化，支流杂出，水量丰富，构成众多山间盆地和山麓冲积扇，成为古代越人开发最早的地区之一，留下了众多舜的传说和故迹，著名的舜王庙就位于小舜江下游的双江溪之滨。

在化山与西干山之间，情况比南部更为复杂。化山北侧向北伸展出五支主要的丘陵分支，与西干山东侧延伸出十多支西南、东北走向的丘陵分支相互交杂，主要山峰高度一般都在 500 米以下。与稽南丘陵相比，这片丘陵虽然是显得低矮，但是地势更为复杂，溪河更加众多，山谷地和山间盆地面积更是广大，再向北，在丘陵的山麓地带，形成比较开阔的冲积扇坡地，地势渐趋平缓，最后与沼泽平原连成一片，面积约 568 平方千米，由于位置偏北，姑称之为稽北丘陵。稽北丘陵是越族先民最重要的活动中心。这片山林资源丰富的广阔丘陵地，曾经是海进高潮时期越族先民退居的山区，越族先民在此实行"随陵陆而耕种，或逐禽鹿而给食"[②]的生活模

---

① 绍兴市地方志编纂委员会编：《绍兴市志》第一册，浙江人民出版社 1996 年版，第 232 页。

② 崔冶译注：《吴越春秋》，中华书局 2019 年版，第 165—166 页。

式。此一越族先民赖以繁衍生息的根据地，以后又是开创越国的中心所在地，拥有大禹陵、禹庙和越国都城嶕岘、平阳等著名历史古迹，以及宛委山、秦望山、云门山、若耶山、赤堇山、天柱峰等众多古越名山。

稽北丘陵内形成的众多溪河，古人称"三十六源之水"，现考证主要溪河有 43 条，其中，集雨面积 0.8 平方千米以上的溪河 36 条，与古称"三十六源"符合，包括其他溪河在内总集雨面积达 419.60 平方千米[①]，较大的溪河自西向东有古城溪、型塘溪、丰里溪、苦竹溪、兰亭溪、坡塘溪、南池溪、若耶溪、攒宫溪、富盛溪、石泄溪、塘里溪等，山区河段主流长度在 5—23 千米间，均属于古代鉴湖的上游源头水系，它们为鉴湖的形成提供了丰富的水源。此外还有夏履江，主流全长 32.6 千米，集雨面积 148.4 平方千米[②]，在今绍兴钱清前童流入浦阳江，属于浦阳江下游支道（改道后水道有变化）的主要源头之一。这些山区溪河，河道短促，流水湍急，流经山麓冲积扇后向北冲入沼泽平原，再向北注入后海，从而形成河海相通的潮汐河流，把沼泽平原分割成数十块几乎彼此平行的小平原。其中最大的山区河流若耶溪，发源于今绍兴平水嵋岙村龙头岗，流经稽北丘陵进入平原区后，分成平水东江和平水西江两河，平水西江向西过大禹陵，又向北在后来的稽山门汇入绍兴环城河，主流全长 23.55 千米，集雨面积 152.42 平方千米[③]，再经环城东河（天然河流），在昌安门外汇入直落江，向北过玉山峡口（古鉴湖玉山斗门位置），出三江口注入后海。

山会平原位于宁绍平原西部，今称绍虞平原。地处南部会稽山与北部后海之间，东西以曹娥江、浦阳江（支道）为界，以唐代山会海塘为北界计算，总面积约 745 平方千米[④]。这片平原从 5000 年前的卷转虫海退开

---

① 绍兴县地方志编纂委员会编：《绍兴县志》第一册，中华书局 1999 年版，第 455 页。
② 绍兴县地方志编纂委员会编：《绍兴县志》第一册，中华书局 1999 年版，第 190 页。
③ 绍兴县地方志编纂委员会编：《绍兴县志》第一册，中华书局 1999 年版，第 189 页。
④ 按古绍萧平原面积 965 平方千米减去古萧山平原面积 219.9 平方千米得出。参见中国水利学会水利史研究所、浙江省绍兴市水利电力局编：《鉴湖与绍兴水利》，中国书店 1991 年版，第 196 页；《萧山水利志》，1999 年，第 57 页。

始，由浅海逐步出露成陆而形成，到 2500 年前的越国时期已经形成了上述规模，也就是越王句践所说的"西则迫江，东则薄海"的宁绍平原的西部中心区域。平原内既承受会稽山"三十六源"洪水的下泄冲击，又受到后海潮汐沿江上溯的顶托作用，山洪、涌潮漫溢成为一片沼泽，并且在山麓地带形成众多湖泊。例如逶迤曲折的山区河流若耶溪冲入平原后，形成比较趋直的里直江和直落江水道，南北贯穿山会平原，或直接或经玉山出三江口注入后海；而后海潮汐尤其是天文大潮又可以从三江口经直落江和里直江上溯平原，在龙舌嘴以南的山麓地带，与若耶溪上游山水相顶托，潴成以后命名为孔湖、周湖和铸浦等山下湖泊。类似的湖泊还有许多，比较著名的如浮湖、谢憩湖、康家湖、泉湖、西茔湖、员石湖、容山湖、秋湖、阳湖等等，几乎遍布会稽山山麓地带，形成珍珠项链状的山下湖泊群，构成古代鉴湖的基础水源。这样，直到东汉修筑鉴湖以前，稽北丘陵"三十六源"溪河流量下泄山下湖泊群，经湖泊滞洪后，组合成约 30 条南北向平原河流[1]，除东缘的后称之白米堰河偏东流入曹娥江，西缘的后称之抱姑堰河偏西流入浦阳江支道外，其余约 28 条河流穿越山会平原，或汇聚，或入湖，或为溇、潭、浦、荡，最后汇合成数条较大的潮汐河流，主要有直落江、里直江（上游若耶溪）、柯水（上游型塘江）和浦阳江支道（上游麻溪）等，注入后海，构成今日萧绍平原河网的基本水系。

山会平原北缘就是杭州湾之南岸，古代称为后海，统属于钱塘江的涌潮区域。五六千年以来，钱塘江河口两岸平原地貌和岸线的变化，主要是江流、潮浪对泥沙冲蚀淤积的结果。历史上，钱塘江主槽流入海口曾经摆动于龛山（航坞山）与赭山之间的南大门、赭山与河庄山之间的中小门、河庄山与海宁海塘之间的北大门的三门之间。在明末清初以前一直是江出南大门，江道基本稳定不变，遂使南大门在唐代就有"海门"之称。

以唐代大规模修筑山会海塘为标志，宁绍地区，特别是越国、会稽

---

[1]　根据宋徐次铎《复鉴湖议》和明万历《绍兴府志》鉴湖图所载古鉴湖涵闸设施计算南北向河流数。

郡、越州中心区域山会地区的"山—原—海"台阶式地形已经形成，从而为浙东唐诗之路载体的确立，奠定了水道基础。

（三）主要河流、河网

东汉永和开建鉴湖以前，具有"山—原—海"台阶地形的山（阴）会（稽）萧（山）地区，境内及边境通连的主要天然河流，自西而东有钱塘江、浦阳江、曹娥江、姚江和甬江等；区域内的众多湖泊，主要分布在会稽山麓的平原地带，称之山麓湖泊，著名的当数庆湖。东汉以后，随着鉴湖的开建与湮废，以及平原河湖网的不断整理，山麓湖泊演变为山会萧平原湖泊群，它们与平原天然人工河道融为一体，形成独步天下的绍兴平原河湖网，简称绍兴河网。

1.钱塘江

钱塘江，又名浙江，还有渐水、渐江水等别称，下游河段又有钱塘江、之江等名称，近代统称整条河为钱塘江，是浙江省最大的河流，也是我国东南沿海一条独特的河流，以雄伟、壮观的涌潮著称于世。钱塘江有南北两源，均发源于安徽省休宁，在建德县梅城汇合后，流经杭州市，东出杭州湾，在上海南汇芦潮港和宁波镇海外游山连线为入海口注入东海。河长以北源（正源）为长，总长668千米，流域面积55558平方千米，干流的上游为南、北两源，中流为富春江，下流为钱塘江。南源兰江从源头至梅城，长303千米，流域面积19468平方千米；北源新安江从源头至梅城，长359千米，流域面积11674平方千米，有著名的新安江水库，形成高峡平湖——千岛湖。南北两源在梅城汇合后向东北流，至杭州西湖区东江嘴河段，称富春江，长102千米，区间流域面积7176平方千米。其上游梅城至桐庐为七里泷峡谷，又称桐江，现为富春江水库库区，高山碧水，风景极佳，著名的严子陵钓台就在库区左岸山崖上；富春江出水库后，开始受潮汐影响，河宽400—700米；至桐庐，左纳分水江；至窄溪镇，左纳绿渚江；至富阳附近，河宽500—900米；自富阳东流，至浦阳江口，受潮汐影响增大，河宽450—1200米。富春江在闻家堰小砾山右纳浦阳江后称钱塘江，至芦潮港和外游山连线河口长207千米，区间流域面积17240

平方千米，其间经曹娥江口门大闸，曹娥江由闸节制从右岸汇入。钱塘江河段上承山洪，下纳江河，是世界著名的三大涌潮河流之一。

东汉时期，钱塘江河口在龛山与赭山连线上，但这仅仅是地理上的河海分界线，实际上，当时的钱塘江出南大门后，由于南沙尚未存在，江道紧逼山会平原北缘，掠三江口而过，较之目前江道走北大门的情况当然大不相同。这样，钱塘江的山洪和涌潮，特别是在天文大潮期间，对曹娥江和浦阳江及其他潮汐河流产生强烈影响，而潮汐河流通过与之沟通的支流，又将这种洪潮影响转嫁于山会平原上的众多河流和湖泊，从而大大加深了平原的内涝积水和沼泽化程度，有助于鉴湖基础水源的形成。

钱塘江是浙东唐诗之路的主要载体之一。唐代钱塘江两岸的主要渡口，是浙东唐诗之路的起讫点和出入口，又以樟亭—西陵这组渡口为重点，沟通了隋唐运河（江南运河）与浙东唐诗之路主线浙东运河，继而形成世界三大涌潮河流的早期观潮景点"樟亭观潮"，并诞生了以宋昱《樟亭观潮》、李白《横江词六首》之四、刘禹锡《浪淘沙九首》之七为代表的咏潮诗。承前启后，传诵至今。

2. 浦阳江

浦阳江是钱塘江河口段的右岸支流，浦阳地名最早见载于《越绝书》卷八："浦阳者，句践军败失众，懑于此。去县五十里。"[1]浦阳江水系现状，干流发源于浦阳县西部岭脚，流经浦阳、诸暨、萧山3县（市）境，在萧山境内，西北流经临浦镇，出碛堰山，至闻堰小砾山汇入钱塘江，干流全长151.1千米，流域面积3431平方千米[2]。主要支流右有大陈江、开化江、枫桥江，左有五泄溪、凰桐江、洲口溪等，以开化江最大，五泄溪、枫桥江次之。

东汉以前，在今浦阳江下流临浦至小砾区域内，分布着临浦、渔浦、湘湖三大湖泊通连钱塘江，是为浦阳江的西出干流。此外，浦阳江进入临

---

① 袁康、吴平：《越绝书》，上海古籍出版社1985年版，第59页。
② 《绍兴市水利志》，中国水利水电出版社2021年版，第198页。

浦（湖）后，又向东北分出一条支道，沿山会平原西缘北流，在牛头山附近纳入夏履江，折东经钱清再向北，从杭坞山（今航坞山）附近注入钱塘江。宋明浦阳江改道时期，这条支道一度成为浦阳江的下游干流，并且在钱清交汇西兴运河后流向有所改变，从原先的北出杭坞山入钱塘江，改变为折向东北，流经山会平原北部，从三江口入海，故又称钱清江，俗称西小江。但在东汉以前，这条浦阳江的下游支道则是山阴县与余暨（萧山）县的分界河流，它与山会地区的关系，主要表现为钱清以南的夏履江和钱清附近的抱姑堰河从右岸汇入这条界河。

唐代钱塘江的主要渡口，除樟亭、西陵这一组外，还有一组著名渡口，就是江北的定山与江南的渔浦。这一组渡口，古来和柳浦（樟亭）、西陵齐名，它从杭州定山渡钱塘江至渔浦，然后溯浦阳江，经萧山、山阴，直达诸暨和婺属地区，是一条交通要道，也是浙东唐诗之路的一条重要支线。初步统计，于这条支线上创作的诸暨唐诗多达 311 首，举凡李白、杜甫、孟浩然、元稹、白居易等一流诗人尽列其中[①]，是"唐诗之路的支撑"之一。

3.曹娥江

古名舜江，因汉代孝女曹娥投江寻父尸而得名，在嵊县附近又称剡溪，上虞县境又称上虞江，下流段俗称东小江，是宁绍平原中部最大的潮汐河流。曹娥江发源于磐安县城塘坪长坞，流经新昌、嵊县、上虞、越城4县（市、区）境，干流从源头至曹娥江口门大闸，全长 197.2 千米，流域面积 6080 平方千米。干流分为两段，上游正源称澄潭江，澄潭江与新昌江汇合后称曹娥江，其中曹娥江章镇以下为感潮河段，河口段河宽达一千米以上，受潮汐影响，河床冲淤不稳，2009 年建成曹娥江口门大闸后，曹娥江成为内河。主要支流有左于江、新昌江、长乐江、黄泽江、下管溪、小舜江等，除长乐江、小舜江从左岸汇入曹娥江外，其余均从右岸

---

① 陈侃章、余文军编著：《唐诗之路话诸暨：诸暨唐诗三百首》序，浙江大学出版社2021 年版，第 2 页。

汇入，支流中以长乐江较大。这是曹娥江的水系现状。与之相比，东汉时期的曹娥江，除河口部分并非注入钱塘江而直接入后海，以及下游江段以后有所东移外，其他江道本身没有较大变化；它与山会地区的关系，南面有稽南丘陵的小舜江汇入曹娥江，北面可能仅有白米堰河汇入曹娥江河口段，而从小舜江汇入口以下的曹娥江下游江道，作为上虞县与山阴县（会稽县、绍兴县）的分界河流，自秦代以来一直沿用到民国时期（区划变动期除外）。

唐代曹娥江又称剡溪，是浙东唐诗之路主线的重要载体。诗路沿鉴湖运河航道由曹娥堰进入曹娥江后分为两个游程：一是向南沿曹娥江上溯剡溪，是为游程主线，已如前述。一是向东渡过曹娥江，越梁湖堰进入浙东运河直达明州，连接海上丝绸之路，将诗路延伸到海外，称为明州支线，该游程以观赏四明山水为特色，来此游览的诗人有孟浩然、李白、刘长卿、杜荀鹤等十余人，特别是大诗人李白于天宝六年（747）登上四明山，写下了《早望海霞边》："四明三千里，朝起赤城霞。日出红光散，分辉照雪崖。"①

4.绍兴河网

今萧绍运河流域（图 4-20）位于钱塘江南岸，东邻曹娥江，西北与钱塘江东岸接壤，西南靠诸暨，东南是绍虞平原与曹娥江支流小舜江的分水岭。该流域由山区河流和平原河网二部分组成。流域面积 1515 平方千米，其中平原面积 965 平方千米（黄海 10 米以下），山丘面积 550 平方千米，是构成历史时期山会地区的主体部分。1985 年据《绍兴市水资源调查与水利区划》报告，市境范围流域面积为 1291.72 平方千米，河密率为 2.38 千米/平方千米，河网高水位蓄水量为 2.72 亿立方米。绍兴平原南部稽山丘陵山区有古称"三十六源"之水，源出西干山脉和化山山脉，源短流急，由南向北，下注鉴湖与萧绍运河通连，为平原河湖网的主要水源。运河西起西兴，

---

① 李白著，王琦注：《李太白全集》，中华书局 1977 年版，第 972 页。

东到曹娥老坝底，约78.5千米，贯通整个萧绍虞平原，主要通航里程有650余千米。由曹娥江口门大闸、三江闸、马山闸、迎阳闸、东江闸、滨海闸及浙东引水、曹娥江引水等调节河网蓄水、排涝，由萧绍海塘转换成曹娥江西岸标准海塘与钱塘江南岸标准海塘组成御潮防洪屏障。

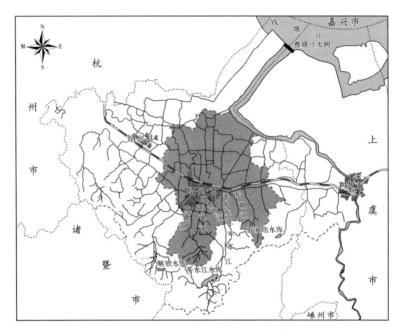

图 4-20　萧绍运河（绍兴段）流域图

唐代鉴湖进入全盛时期，包括鉴湖在内的山会地区河网的正常蓄水量多达 4.79 亿立方米[①]，水环境远优于现代。而且鉴湖与越州政治、经济、文化中心的越州城融为一体，构建成浙东唐诗之路的核心区和精华。终唐一代，以孟浩然、王维、贺知章、李白、杜甫、白居易、元稹为代表的 400余位诗人，几乎都游览于此，留下约 480 首名篇佳作，成为浙东唐诗之路诗歌创作的核心区域。区域内，以穿越越州城的浙东运河为诗路主线，又

----

① 古鉴湖正常蓄水量为 2.68 亿立方米，今残存河湖蓄水量为 6100 立方米，故唐代山会地区河网蓄水量要比今日绍兴平原河网蓄水量多 2.07 亿立方米，加今河网蓄水量 2.72 亿立方米，故约达 4.79 亿立方米。

在越州城向南分出一条支线，经东鉴湖，在龙舌嘴进入历史文化沉积深厚的若耶溪（图4-21），沿溪上溯，沿途不仅有禹得天书之宛委山、禹封禅之会稽山、禹葬地之禹陵，还分布着众多的越国古迹，如越之古都平阳、大越城，越之射的山，欧冶铸剑之上、中、下三灶，西施采莲之若耶溪，以及秦始皇《会稽刻石》，汉代的郑弘若耶樵风，晋代道教的若耶福地，唐代的佛教名寺云门寺等，不胜枚举。再从云门寺直达源头嵋岙村龙头岗，长约23.55千米，称之若耶支线，以清幽秀丽的山川风光著称于世。其中云门寺既是浙东佛教圣地，也是书法圣地和浙江唐诗之路的重要节点，留下的云门唐诗和艺文多达140篇以上，实属罕见。

图4-21 若耶溪图（图片来源：清康熙《会稽县志》）

二、运河功能

南朝移民促进了浙东地区的开发。到隋开皇九年（589），并余姚、鄞、鄮三县为句章县，县治设在鄮城，开始形成浙东的区域中心。随着对外贸易的发展，地处浙东沿海的鄮县的通商海港地位开始崭露头角，并兴盛发达起来，在唐开元二十六年（738）鄞县从越州分析出来，设置了明州以统之。唐长庆元年（821）明州治与鄞县治互易，自小溪迁至三江口，形成明州港，始建明州城，标志着浙东地区进入了以海港经济为特色的发展时期。

明州城位于余姚江、奉化江、甬江交汇的三江口，北出甬江海口，西连浙东运河，既为我国东南沿海之重要港口，又是沟通沿海重邑杭、越、明之浙东运河的终点港口，也是隋代以后中国大运河的终点港口，海运、河运自古发达。特别是盛唐时期以来，明州港开通，活跃了朝鲜半岛航线、日本列岛航线和波斯航线，具有运河城市与海港城市双重特征的明州，成为中国大运河内河航运通道与外海航线（包括海上丝绸之路）的枢纽，浙东运河由此成为中国大运河唯一一条连接海上丝绸之路的纽带运河，通江达海。

（一）对外贸易之路

唐代以来，明州与日本、朝鲜、阿拉伯、南洋等海外国家及地区的通商往来逐渐频繁。唐、五代时，明州港已开辟了三条海上航线：一是北至楚州（今江苏淮阴）、登州（今山东蓬莱县），在登州接渤海航线，出登州经大谢岛（长山岛）、都里镇（旅顺附近）、青泥浦（大连湾附近）、达乌骨城（今丹东市）至朝鲜半岛航线；二是南达温州、福州、广州，在广州接南洋航线，出广州经九州石（今海南岛东北角）、越南东海岸、新加坡海峡、马六甲海峡至斯里兰卡，然后沿印度西海岸航行至卡拉奇，再西行经霍尔木兹海峡，进入波斯湾航线；三是东渡东海，从明州直航至日本肥前值嘉岛，入博多津航线，为中日两国使节和民间商船往来的重要门户[①]。

明州港的开设和发展，不仅将海外航线与浙东运河航线连接起来，也把运河沿线越州的白洋港和西陵两大海港与明州港通连组合，形成海港与海港、海港与运河、海运与河运的集群优势，既拓展了明州港的内陆腹地，又延伸了浙东运河的对外辐射。其组合形式主要有三种。第一，白洋

---

① 宁波市地方志编纂委员会编：《宁波市志》上册，中华书局1995年版，第689页。

港与明州港组合。明州港出口海外的货物以丝绸和瓷器为主，故有海上丝绸之路、瓷器之路起点和通道之称。越州是唐代丝绸和瓷器的制造中心，凭借精湛的生产技术、悠久的贸易传统和优越的港口条件，越州的丝绸和瓷器源源不断地漂洋过海，远销海外，经阿拉伯、波斯商人之手，最远销到埃及、地中海国家。据9世纪阿拉伯《省道志》记载：从波斯到中国的航路，先从波斯湾到广州，再沿东南沿海进入杭州湾，应该到山阴白洋港，"由广府八日至越府，物产和广府无甚差别"。[①]白洋港，位于越州城西北四十九里后海沿岸的白洋海口，系唐代越州的出海口岸之一。白洋港与明州港地处杭州湾南岸，两港之间既有浙东运河陆地航线沟通，又与杭州湾沿岸近海航线连接，货物的中转、分流和船舶的停泊都比较方便，组合优势显著。第二，西陵港与明州港组合。从越州城走西兴运河直通西陵（西兴）港进入钱塘江，或从西陵港对面的杭州樟亭港进入钱塘江，再走钱塘江出海航道，经明州或在明州港中转连接南洋、波斯航线。如《吴越备史》记载吴越王取钱塘江出海航道至青州转战淮水，用购得的阿拉伯石油水战火攻，"火油得之海南大食国，以铁简发之，水沃其焰弥盛"[②]，其远航海外贸易所走的就是上述的这条航线。第三，转口明州出海口岸。从越州城向东走浙东运河鉴湖航道，过曹娥江，经姚江、甬江从明州口岸出海。尤其是越州陶瓷中心之一的上虞陶瓷品出口，因主要产地在曹娥江以东，不可能"费资增险"地回走曹娥江出海口经越州三江口再到白洋港，必然走既安全又方便的姚江水路直通明州港。所以，曹娥江以东的浙东运河应该在唐代作过疏凿整理，已经可以通航较大型的贸易货船。

（二）文化交流之路

对外航线的开通推动了中外的文化交流，促使中日之间的文化交流更

---

① 绍兴市地方志编纂委员会编：《绍兴市志》第二册，浙江人民出版社1996年版，第1145页。

② 范坰、林禹：《吴越备史》卷二，《四部丛刊续编》，上海商务印书馆1934年版，第4页。

为频繁。除遣唐使外，佛教东传也是中日文化交流史上的灿烂篇章。唐代我国佛教的八大宗派形成，并开始东传日本，对日本佛教的创立产生深刻影响。日本早期盛行的三论宗更是与越州有着密切的关联，因隋朝吉藏（549—623）在会稽嘉祥寺创立三论宗；律宗由鉴真（688—763）东渡始兴；天台宗始祖最澄（767—822）求法天台国清寺和曹娥江边的丰山道场等①。隋唐中日高僧频繁的文化交流，其来往中日间多是经明州或越州口岸走浙东运河，最为著名的当推鉴真东渡、最澄求法和圆珍求法。

鉴真东渡

鉴真，扬州人，扬州大明寺主持，唐代高僧。受邀东渡日本，自天宝二年（743）始，历十一载，遭五次失败，双目失明，终于在第六次东渡成功，受到日方隆重接待，出任大僧都，为日本律宗始祖，留居日本。天宝七年（748），鉴真第五次东渡，从扬州出发，在常州狼山遇风浪，漂流至越州三塔山和暑风山各停留一个月，然后再东渡日本，未果。三塔山现已无从考证，而暑风山可能是乌风山之误。乌风山又名白洋山，嘉庆《山阴县志》卷三："乌风山，在县西北五十里。一名龟山，滨海，今名白洋山。南麓旧设白洋巡司。"白洋山麓即为柯水入海口，为越国时期的沿海航道口岸，汉代就可能有日本商船泊此与会稽进行贸易，唐代成为越州的主要海港，所以鉴真漂流至白洋港停留一个月是符合当时实际的。又据赵朴初先生考证，鉴真第三次、第五次赴日就是以浙东运河沿程越州、明州城为基地东渡的②。

最澄求法

贞元二十年（804），日本高僧最澄和空海随日本桓武朝遣唐使泛海入唐求法，在明州登陆后，开始了明州—天台—越州—明州的求学之行，重点在天台和越州。据绍兴学者研究，最澄的越州之行见载于传续至今的日

---

① 盛鸿郎：《绍兴水文化》，中华书局 2004 年版，第 121—122 页。
② 赵朴初：《古代中日文化和友谊的伟大传播者鉴真大师》，《赵朴初文集》，华文出版社 2007 年版。

本天台宗典籍《显戒论》①。最澄先在天台山学习教义。次年从天台回到明州求牒，四月六日明州签发牒文，"往台州所求目录之外，所缺一百七十余卷经并疏等，其本今见具足在越州龙兴寺并法华寺。最澄等自往诸寺，欲得写取"。在译僧义真、行者丹福成等人陪同下，最澄从明州来到越州龙兴寺求经，而龙兴寺僧寂然认为其所求"六事宝器，可谓唐国珍奇，不易得"，拒绝给予，后几经周折，总算求得真言并杂教迹等一百二部，一百一十五卷，灌顶道具4种6件。最澄落脚曹娥江左岸的会稽丰山顶道场，于四月十八日，由持锡于丰山顶道场的顺晓在丰山顶道场为最澄灌顶，传授三部三昧耶，并"付法印信，灌顶道具一件"，从而使日本天台宗融入了密宗教义。求法后，最澄从丰山渡曹娥江，经浙东运河返明州，回国前，又向明州刺史郑审则求印信。郑评价他："南登天台之岭，西泛镜湖之水。穷智者之法门，探灌顶之神秘。可谓法门龙象，青莲出池。持此大乘，往传本国。"②牒文由日本珍藏至今。最澄从明州泛海回国，创立日本天台宗，后发展成为当今日本佛教最大的宗派，他还致力于学习、传播王羲之的书法艺术，是日本最早学习中国书法者之一。

圆珍求法

在最澄求法近半个世纪后的大中七年（853）七月，日本又一位高僧，空海大师的侄子圆珍，从九州出发，搭乘唐朝商船，开始了凶险异常的西行大唐求法行程。不久，他们在海上遇到大风，经过近两个月的海上漂泊，终于抵达中国福州连江。然后由福州北行，辗转来到越州。在越州开元寺住听习一年后，经浙东运河、隋唐运河，水陆兼行，到洛阳、长安等地巡礼求法。此后，基本按原程返回越州，又经浙东唐诗之路主线，从曹娥江到天台国清寺求法，度过了5年求法生涯。再从国清寺经曹娥江、浙东运河水路来到明州。大中十二年（858）六月，圆珍在明州再次搭乘唐商的船，携带经书一千多卷，经海上丝绸之路的日本列岛航线返回日本。

---

① 参见盛鸿郎：《绍兴水文化》，中华书局2004年版，第121—122页。
② 《千年海曙》编委会编：《千年海曙：满庭风华》，宁波出版社2017年版，第24页。

圆珍回日本后，屡次被请到皇宫讲经修法，后为三井寺第一代住持，他收藏从中国带回的典籍创立唐院。难能可贵的是，经历1160多年，包括两份过所在内的56件圆珍入唐求法的相关文献，完好地保存至今，成为日本的国宝，并于2023年5月被联合国教科文组织列入《世界记忆名录》①。其中的第一份过所是由位于今天绍兴的越州都督府签发的（图4-22）。内容如下：

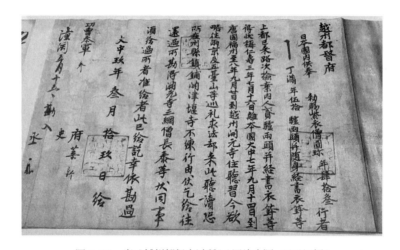

图 4-22　唐《越州都督府过所》（图片来源：王子江摄）

越州都督府：

日本国内供奉敕赐紫衣僧圆珍，年肆拾叁，行者丁满，年伍拾，驴两头，并随身经书衣钵等。

上都已来路次检案内，人贰、驴两头，并经书衣钵等。得状称，仁寿三年七月十六日离本国，大中七年九月十四日到唐国福州，至八年九月廿日到越州开元寺住听习。今欲略往两京及五台山等巡礼求法，却来此听读，恐所在州县镇铺关津堰寺不练行

①　王子江、杨光：《一位日本僧人的大唐往事，成为世界的记忆》，《新华每日电讯》2023 年 7 月 5 日。

由，伏乞给往还过所，勘得开元寺三纲僧长泰等状同事须给过所者，准给者，此已给讫，幸依勘过。

大中玖年叁月拾玖日给

府叶新　功曹参军□史

过所是唐代行旅之人过关的通行证，由中央尚书省和州级都督府颁发。在圆珍求法的56件相关文献中，以尚书省司门和越州都督府颁发的过所级别最高。这两份过所上各盖着三个红色印章，为"越州都督府印""尚书省司门印"等。其内容结合其他求法文献，清晰勾勒出圆珍求法的主要事功，及他以越州城为节点的，舟行浙东运河、隋唐运河和曹娥江的主要航程，无可辩驳地证明了浙东运河在连接海上丝绸之路、浙东唐诗之路和中国大运河中的纽带地位。

（三）海上诗歌之路

诗歌交流属于文化交流的重要内容，也是海上丝绸之路衍生的题中之义。上述圆珍等搭乘大唐商船往来中国与日本就是证明，从而诞生了以海上航线和运河航线为载体的中外诗歌交流，暂称之为海上诗歌之路。这种特殊的诗歌交流形态，从目前的史料看，应该是从空海留学开始的。

最澄留学地主要在浙东的天台和越州，与最澄一同来唐的空海，在明州登陆后，则取道浙东运河，西出钱塘江，直赴唐都长安，在西明寺留学三年。其间，空海受法于慧果高僧，主修佛典，还致力于研究、创作汉诗和习学颜真卿书法。唐元和元年（806）四月，空海学成，随同日本使者高价真人一起回国，途中留居越州数日，谒僧求经，以诗会友，与越州结下了不解之缘。据邹志方教授研究[1]，空海在越州取得了丰硕的文化成果。空海先是谒见严华寺住持神秀，得神秀所赠《金师子章》及《缘起六相》各一卷。再是晋谒越州刺史兼浙东观察使杨於陵，呈上《与越州节度使求

---

① 邹志方：《绍兴名胜诗谈》，新华出版社2004年版，第257—258页。

内外经书启》。时值越州大旱"镜湖竭"的第二年暮春，在赈灾任务最为繁重之际，杨於陵仍然想方设法满足空海的请求，"三教之中经律论疏传记，乃至诗赋碑铭卜医，五明所摄主教，可以发蒙济物者"，计二百五十卷左右赠与空海，其中与越州有关的，有王羲之《兰亭碑》一卷，《昙一律师碑铭》一卷，徐浩《宝林寺诗》一卷，朱千乘《朱千乘诗》一卷等。这批数目不菲的经典文化典籍，为空海后来撰写《文镜秘府论》、《篆录万象名义》等著作，提供了极其珍贵的资料。

让空海难以忘怀的还有一批越州的诗人。在他离开越州时，朱千乘、朱少端、郑壬和诗僧昙靖、鸿渐等为之送行，各作赠诗，送上了友情、关爱，这种离别之情，在朱千乘《送日本国三藏空海上人朝宗我唐兼贡方物而归海东诗并序》中表达得十分强烈。其诗和序曰：

> 沧溟无垠，极不可究。海外僧侣，朝宗我唐，即日本三藏空海上人也。解梵书，工八体，缮俱舍，精三乘，去秋而来，今春而往。反掌云水，扶桑梦中。他方异人，故国罗汉，盖乎凡圣不可以测识，亦不可知智。句践相遇，对江问程，那堪此情。离思增远，愿珍重珍重！元和元年春姑洗之月聊序。当时，少留诗云。

> > 古貌宛休公，谈真说苦空。
> > 应传六祖后，远化岛夷中。
> > 去岁朝秦阙，今春赴海东。
> > 威仪易旧体，文字冠儒宗。
> > 留学幽微旨，云关护法崇。
> > 凌波无际碍，振锡路何穷。
> > 水宿鸣金磬，云行侍玉童。
> > 承恩见明主，偏沐僧家风。[1]

---

[1]　陈尚君辑校：《全唐诗补编》，中华书局 1992 年版，第 977 页。

诗人对空海的相貌、身份和才华作了介绍，对他留学所取得的成绩作了高度的评价，最后表达了难舍的离别之情。

又如鸿渐的《奉送日本国使空海上人橘秀才朝献后却还》诗曰：

> 禅居一海间，乡路祖州东。
> 到国宣周礼，朝天得僧风。
> 山冥鱼梵远，日正蜃楼空。
> 人至非徐福，何由寄信通。①

诗人是以中国文化对日本的广泛影响来看待空海的留学的，其以浪漫的想象展示了空海归途的海市蜃楼奇景，又以恳切的态度，表达今后通讯的愿望。读来情深意切，使我们感触到唐朝当时兼容并包的伟大精神。

朱千乘、鸿渐等越州诗人以后有没有与空海互通讯息，不得而知。而空海的侄子圆珍回到日本后，仍然与唐朝商人保持密切往来，接受他们不断从大唐带回的经书，以及国清寺清观法师寄来的诗篇："睿山新月冷，台峤古风清。"这些都在圆珍求法的 56 件相关文献中留下明确记载。从公元 858 年圆珍回日本到现在，整整 1166 年过去了，三井寺的第 164 代主持福家俊彦，循着圆珍的足迹，多次游历中国，几乎到访过圆珍曾经去过的所有城市和记载的地点，传承宏扬先人业绩。福家俊彦喜欢唐诗和书法，亲笔书写李白诗《宣州谢朓楼饯别校书叔云》，悬挂于寺中显目处，并落款"三井青眼山人俊彦书"，以示对中国文化的崇敬之情②。这段延续千余年的文化交流史，充分彰显了以中日诗人为主体，浙东运河与海上丝绸之路为载体的海上诗歌之路，具有穿越时空、生生不息的生命力。

---

① 陈尚君辑校：《全唐诗补编》，中华书局 1992 年版，第 979 页。

② 王子江、杨光：《一位日本僧人的大唐往事，成为世界的记忆》，《新华每日电讯》2023 年 7 月 5 日。

三、山水风光

我国是个山水大国，名山大川遍及大江南北。在浙东唐诗之路干线上，沿程分布着形态各异、特征鲜明的众多佳山佳水，尤以今绍兴为中心的会稽山水风光，也就是以会稽山、鉴湖为代表的"稽山鉴水"风光最为著名，成为浙东唐诗之路上一道亮丽的风景线。

（一）稽山风光

会稽山（图4-23），位于绍兴城南部，呈西南、东北走向，长约100千米，宽约35千米，今位于绍兴城区内的面积约1018平方千米。主峰东白山在诸暨、嵊州、东阳交界，高1194.6米，为绍兴市最高峰。东白山沿主脉向东北延伸，山势渐低，最后没入绍兴河网平原。会稽山凭借其独特的山体之美和大禹文化、越国文化、宗教文化三大文化的深厚内涵，在历史时期，雄踞我国九大名山之首，冠绝天下。

图4-23 会稽山图（图片来源：清康熙《会稽县志》）

唐代鉴湖全盛时期的会稽山雄踞鉴湖南面，其北麓拥抱浩瀚无垠的鉴湖，"白水翠岩，互相映发，若镜若图"①，构成一幅美轮美奂的山水画卷。曾任山阴县令的晋代大画家顾恺之，身临稽山鉴水之间，被如诗如画的山水风光所震撼，当他回到吴中，人问会稽山水之美，便以诗一般的语言，对稽山风光作了概括："千岩竞秀，万壑争流，草木蒙笼其上，若云兴霞蔚。"②深刻提示了会稽山具有"形体之美，活力之美和山光之美"③的特点。

　　一是形体之美。顾恺之称之"千岩竞秀，万壑争流"。南宋诗人王十朋在《会稽山赋》中描述："其山则郁郁苍苍，岩岩嵬嵬。磅礴蜿蜒，嶕崒峋崅。若骞若犇，若阖若开。或凸或凹，或阜或堆。或断而联，或昂而低。虎卧龟蹲，龙蟠雁徊。舒为屏障，峙为楼台。掩映江湖，明灭云霓。"④展示了会稽山群山连绵，青翠欲滴；重峦叠嶂，布置灵巧；山体起伏，形态多变的壮观景象。

　　二是活力之美。受亚热带季风气候带来的丰沛雨量的影响，会稽山区的自然生态植被发育良好。稽北丘陵海拔 250 米至 500 米地带，多有常绿针叶林、落叶阔叶林、常绿阔叶林和灌木林，植物种类多达 931 种⑤，是天然的植物宝库。海拔 250 米以下的低丘和冲积扇平原，土层深厚，土质肥沃，是栽培粮食作物和培育茶、果、竹、桑等经济作物的理想场所。因此，稽北丘陵整体都是四季常青，郁郁葱葱，充满大自然的青春活力。由于植被茂盛，水资源涵养量十分丰富。稽北丘陵的"三十六源"溪流之水，清澈见底，四季不断，带来了山间无穷的灵气和生机，最后汇入鉴湖，又为鉴湖注入了源源不绝的源头活水。

　　三是山光之美。绍兴因地处北亚热带南缘，季风盛行。境内四季分

---

①　绍兴县地方志编纂委员会编：《嘉泰会稽志》卷第十《镜湖》，绍兴县地方志编纂委员会，1992 年版。

②　刘义庆撰，徐震堮著：《世说新语校笺》，中华书局 1984 年版，第 81 页。

③　任桂全：《绍兴城市文化论丛》，中国文史出版社 2020 年版，第 127 页。

④　王十朋：《会稽三赋》，《越中杂识》，浙江人民出版社 1983 年版，第 204 页。

⑤　绍兴县地方志编纂委员会编：《绍兴县志》第二编，中华书局 1999 年版，第 229 页。

明，雨量充沛，温度适中，空气湿润，光照的变化，热量的分配，降水的多少，与四季变化同步。加以会稽山区独特的地形地貌，区域性气候特征非常鲜明，给山光之美、水色之秀及其变化，提供了广阔的时空范围与可能。就是说，会稽山的四时山光，变化无常态，景色无定式。在这里，山有四时之色，草木有四时之气象，雨有四时之别，水有四时之态，雾报四时之信息，循环往复，气象万千。

（二）鉴水风光

唐代鉴湖进入全盛时期，以鉴湖湖体为主体，上承会稽山区"三十六源"之水，下泄北部平原河网，"溉田九千余顷"，经玉山斗门，出三江口注入后海，形成鉴湖水系，流域面积 1164.6 平方千米，其中平原面积 745 平方千米（含鉴湖），正常蓄水量 2.68 亿立方米，是唐代鉴水风光特指的水域范围。

如果说，顾恺之的"千岩竞秀，万壑争流"、"草木蒙笼"、"云兴霞蔚"，是对会稽山风光的经典概括，那么，王羲之的"山阴道上行，如在镜中游"，王献之的"从山阴道上行，山川自相映发，使人应接不暇"[1]，则是对鉴湖水风光的真实写照。而对包括鉴湖和平原河网水风光的描绘，当推王十朋的《会稽风俗赋》："其水则浩渺泓澄，散漫迂漾。涨焉而大，风焉而波。净焉如练，莹焉如磨。溢而为江，潴而为湖。为沼为沚，为潢为污。汇为陂泽，疏为沟渠。浸而田畴，淤而泥涂。"[2]

王献之所谓"山川映发"的景观，其实是一种高水平的水环境景观。鉴湖风光的一大特点就是其水环境在全年的大多数时间里，都能保持水面平静、水质清澈、无风浪，就像镜子一样，光鉴可照，达到"山川映发"的效果。这在唐诗中也多有描写，如孟浩然"试览镜湖物，中流到底清"，李白"湖清霜镜晓，涛白雪山来"，李颀"鳞鳞远峰见，淡淡平湖春"，元稹"镜呈湖面出，云叠海潮齐"，孟郊"时看镜中月，独向衣上落"等等，

① 刘义庆撰，徐震堮著：《世说新语校笺》，中华书局 1984 年版，第 82 页。
② 王十朋：《会稽三赋》，《越中杂识》，浙江人民出版社 1983 年版，第 206 页。

数不胜数。有学者把这种平静、多水的环境与当地人的性格关系进行研究，认为"长江下游温湿多水，河道纵横，使人性柔"①，即性格柔和、温柔，这是一方面。

另一方面，鉴湖流域的西、北面是钱塘江，东面是曹娥江，如王十朋说的"东泛曹江……西观惊涛"，且地处钱塘江涌潮区域，自越国至今，都受到后海潮汐的强烈影响。最早记载涌潮的是《越绝书》："西则迫江，东则薄海，水属苍天，下不知所止。……浩浩之水，朝夕既有时，动作若惊骇，声音若雷霆。"②唐代的涌潮诗更是精彩纷呈，如宋昱"涛来势转雄，猎猎驾长风。雷震云霓里，山飞霜雪中"③，李白"海神来过恶风回，浪打天门石壁开。浙江八月何如此，涛似连山喷雪来"④，刘禹锡"八月涛声吼地来，头高数丈触山回。须臾却入海门去，卷起沙堆似雪堆"⑤。而今随着治江围涂工程的接连完成，钱塘江下游的喇叭口逐渐缩窄，涌潮烈度可能超过历史时期。所以，鉴湖流域的水环境，在数千年的历史演变中，一直存在着鉴湖"柔水"和涌潮"刚水"并存融合的水环境，从而造就越地儿女"刚柔并济"的性格，用一个字概括就是"韧"，无论遇到什么样的艰难困苦，都摧不垮、打不到，无所畏惧，勇往直前。这就是代代相传的"胆剑精神"，也是深深铭刻在绍兴人骨子里的性格特征。

---

① 董楚平等：《广义吴越文化通论》前言，中国社会科学出版社 2012 年版，第 4 页。
② 袁康、吴平：《越绝书》，上海古籍出版社 1985 年版，第 29 页。
③ 上海古籍出版社编：《全唐诗》，上海古籍出版社 1986 年版，第 280 页。
④ 李白著，王琦注：《李太白全集》，中华书局 1977 年版，第 402 页。
⑤ 上海古籍出版社编：《全唐诗》，上海古籍出版社 1986 年版，第 911 页。

第三节　运河诗路成因

作为区域文化，绍兴文化的源头和前身，可追溯到源远流长、博大精深的越文化。而作为越文化的先驱，新石器时代的跨湖桥文化和河姆渡文化，以丰富的考古成果证明了於越祖先们不同凡响的创造力，在中华民族的文明之源留下了深深的印记。进入越国时期后，特别是在越王句践的领导下，於越部族又创造了以水利、冶金、纺织为代表的越国文明，继而完成了称霸中原的伟业。直至战国后期，被楚国所亡，秦始皇在越地设郡改名，强迫移民后，越族最终流散^①，越文化也随之告一段落。但是，文化犹如一条来自过去而又流向未来的河，文化通过纵向传承和横向传递，生生不息地影响和引领着人们的生存与发展。同样，越文化并不会因越族流散而消亡，尤其是精神层面的精华部分，必然会深深铭刻、熔铸于当地民众的思想和观念之中，以人为载体，以自己的独特个性支撑着、引领着本地经济社会的发展，从而使绍兴成为我国历代经济发达的地区之一，为区域文化高潮的到来奠定了基础。

以影响深度和广度而言，绍兴"纯文化"的文化高潮，在历史时期出现过两次。第一次是发生在晋朝的兰亭修禊，诞生了我国书法艺术史上的巅峰之作《兰亭序》。东晋永和九年（353）三月初三，会稽内史王羲之邀谢安、孙绰等一流名士聚会兰亭。一群文人雅士，置身于鉴湖之滨的崇山峻岭、茂林修竹之中，列坐清溪两侧，曲水流觞，饮酒赋诗，各抒情怀。王羲之将众人所赋的 37 首诗汇辑成集，并借酒兴，心醉落笔，写下的序文，世称《兰亭集序》，也称《兰亭序》。《兰亭序》的书法艺术"飘若游龙，矫若惊鸿"，被唐褚遂良称为"天下第一行书"，唐太宗赞其："详察古今，研精篆素，尽善尽美，其唯王逸少乎？"^②兰亭由此成为闻名海内外

---

① 陈桥驿：《越族的发展与流散》，《东南文化》1989 年第 6 期。
② 房玄龄等撰：《晋书》，中华书局 1997 年版，第 2103 页。

的书法圣地，延续至今。第二次是形成于唐代的浙东唐诗之路。在唐代，这条路诞生的诗人达 40 多位，隐居的诗人有 20 多位，前来踏访、游赏、交游、吟咏的诗人在四百位以上[①]，创作的诗歌多达 2000 首[②]，形成诗歌与旅游融合的一种独特文化现象，成为当今文学界研究的一个热门课题。而从诗人的活动范围和诗歌创作的集中度来看，以越州城为中心的山会两县的鉴湖区域，即诗人们所称的"越中"（今日的绍兴市区），更是这条诗路的核心区和精华段，至今仍然是一条闻名海内外的旅游热线。那么，这两次文化高潮是怎样发生的呢？或者说这两次文化高潮形成的原因是什么？研究这个问题，对于研究中国文学的发展规律，唐诗之路与政治文化、水利交通、海上丝路和经济社会的相互关系，以及唐诗之路与现代旅游的创新融合等课题，都具有重要意义。

先从梳理要素入手。

一是时间段。兰亭修禊，从领军人物王羲之晋建兴元年（313）随晋室南迁定居会稽算起，到晋永和九年（353）《兰亭序》诞生，延续时间为 40 年。唐诗之路，以精华段为例，从王勃上元二年（675）漫游越州参加若耶溪山亭修禊作《山亭夜宴》诗开始，到王贞白于唐乾宁二年（895）后不久作的《泛镜湖》收结，延续时间更长，为 220 年。而这两个时间段，恰恰处于鉴湖的早期发展阶段与全盛时期。

二是发生地。兰亭修禊的地点，王羲之在《兰亭序》中说得很清楚，是"会稽山阴之兰亭"，当时的兰亭位于鉴湖上游之兰亭溪注入鉴湖的入湖口，如孙绰《后序》所云"禊于南涧之滨，高岭千寻，长湖万顷"[③]，"南涧"即兰亭溪，"长湖"指鉴湖。唐诗之路虽然漫长，但如前所述，它的

① 邹志方：《绍兴名胜诗谈》，新华出版社 2004 年版，第 10—11 页。

② 根据邹志方《浙东唐诗之路》、《历代诗人咏鉴湖》、《历代诗人咏兰亭》、《历代诗人咏云门》、《历代诗人咏会稽山》、《历代诗人咏若耶溪》、《绍兴名胜诗谈》和《历代名人咏绍兴》，卢盛江《浙东唐诗之路唐诗全编》等出版著作和上虞东山景区、新昌景区初步统计。

③ 采鞠轩藏版：《嘉泰会稽志》卷二十，嘉庆戊辰（1808 年）重镌。

精华段同样分布于以越州城为中心的山会地区，即鉴湖区域。

三是文化成就。兰亭修禊的成就主要体现在诗歌文学和书法艺术上。前者，由王羲之、谢安等 26 人创作四言诗 14 首、五言诗 23 首，共 37 首，又由王羲之作序，孙绰作跋（后序），是为诗集。晋人称《临河》，唐人称《兰亭诗》，宋嘉泰《会稽志》称《上巳日会兰亭曲水诗》，一般称《兰亭集》。诗集内容，以描写鉴湖周边环境和抒发人生感悟为主，如"青萝翳岫，修竹冠岑。谷流清响，条鼓鸣音"，"鲜葩映林薄，游鳞戏清渠。临川欣投钓，得意岂在鱼"和"大矣造化功，万殊莫不均。群籁虽参差，适我无非亲"，①等等，达到了很高的文学水平和思想境界。后者，就是诞生了举世闻名的书法绝品《兰亭序》，虽然真本早已埋入唐太宗昭陵，存世《兰亭序》均为唐摹本，但后世书法家依然认为不可逾越。兰亭也由此成为书法圣地和鉴湖名胜存留至今，1963 年被列为浙江省文物保护单位。1985 年以来，绍兴市人民政府每年举办兰亭书法节活动，追怀永和遗风。唐诗之路的文化成就集中体现在诗歌创作上。几乎囊括所有大家在内的 400 多位唐代诗人，以数百首诗歌，将浙东风光描述得出神入化。尤其是咏吟鉴湖的诗作，数量众多，辞藻华丽，内涵丰富，全面勾勒了唐代山会地区优美的水环境，既可供人欣赏，也为后世鉴湖研究留下了真实的历史资料。如诗人写会稽山，"稽山碧湖上，势入东溟尽。烟景昼清明，九峰争隐嶙"；写鉴湖，"镜湖三百里，菡萏发荷花。五月西施采，人看隘若耶"，"秀色不可名，清辉满江城。人游月边去，舟在空中行"；写鉴湖灌区，"蓬瀛若仿佛，田野如泛浮"，"雪花布遍稻陇白，日脚插入秋波红"；写后海，"东海横秦望，西陵绕越台"，"涛卷海门石，云横天际山。白马走素车，雷奔骇心颜"，等等。

以上要素分析无不说明，越地历史时期的两次文化高潮都与鉴湖水利紧密相关，不可分割。进一步的研究认为，这两次文化高潮的出现并不是

---

① 采鞠轩藏版：《嘉泰会稽志》卷二十，嘉庆戊辰（1808 年）重镌。

偶然的、孤立的文化现象，它们其实是越地经济基础和上层建筑发展累积在特定历史时期的集中反映，主要体现在政治、文化、经济、环境四个方面。

一、政治因素

汉末三国，北方群雄并起，战乱不绝，而会稽郡的政治形势则相对稳定，吸引了蔡邕、管宁、嵇康、阮籍、阮咸等众多一流名士前来山阴避祸、游览和卜居，这些名流成为日后晋朝名士南迁的先头部队。西晋后期，晋皇室内讧，发生了"八王之乱"，北方游牧民族趁乱南下，分据华北各地，迫使包括皇室、士大夫在内的中原人口大量迁入南方。而作为六朝首都大后方的会稽，不仅无战争，政权稳固，且在朝廷重臣的治理下，政清人和，成为东晋诸郡之首。会稽郡的中心区域——郡城和山会地区，自然成为南迁人口定居的理想之地，其中迁入的显要家族、僧人就有王羲之、谢安、孙绰、李充、许询、支遁等[①]。这批文化精英以鉴湖区域为中心，或为官，或定居，或置业，或隐逸，在互相拜访、共同切磋、结伴游赏和祭礼论道中，放飞情怀，吟诗挥毫，形成一个当时国内首屈一指的文化圈，为兰亭修禊文化高潮的到来奠定了人文基础。在唐代，特别是"安史之乱"以后，北方遭受战乱重创，人民流离，社会动荡，而浙东地区虽然有过袁晁起义（762—763）和裘甫起义（859—860）的短暂战乱，但总的政治形势趋于稳定，社会相对安定。不少诗人，特别是仕途遭受挫折的诗人，希望寻找一处相对安定的处所，或漫游，或寻访，或隐居，来慰藉心灵创伤，寻求知己共鸣，前来越州便在情理之中。并且，从孟浩然《渡浙江问舟中人》诗句"时时引领望天末，何处青山是越中"来看，诗人们游览越中的心情显得非常迫切，久而久之，自然地形成了唐诗之路。无

---

① 房玄龄等撰：《晋书》，中华书局 1997 年版，第 2103 页。

疑，长时期稳定的政治局面是产生兰亭修禊和形成浙东唐诗之路的先决条件，而社会稳定又是由鉴湖水利为基础的发达的山会经济所决定的。

二、文化因素

能够长时期、大规模地吸引国内文化精英前来定居、游赏、集会，继而掀起文化高潮的另一重要原因，是山会地区深厚的文化积淀。这个地区本身就是越文化的中心区域。越文化不仅与黄河流域汉文化、长江中游楚文化并列为我国先秦的三大著名文化，而且因具有海洋特色和开放特性，比其他文化具有更强的吸引力，加以春秋战国与汉、楚文化的交流，秦、汉、晋三代与北方文化的融合，越地文化又有了超乎寻常的发展，汉、六朝大批文化人的涌现，便是越地文化高度成熟的表现。这就为越地晋代名士和唐代诗人的大批产生奠定了基础，也为吸引更多外地名士、诗人的踏访、游赏、吟咏创造了浓厚的文化氛围。至六朝，这种文化氛围已经成为社会风俗和风气。"粤（越）自汉晋，奇伟、光明、硕大之士固已继出，东晋都建康，一时名胜。自王（羲之）谢（安）诸人在会稽者为多，以会稽诸山为东山，以渡涛江而东为入东，居会稽为在东，去而复归为还东，文物可谓盛矣"[1]，正是当时名士集聚、文化鼎盛的真实写照。其文化特点，主要体现在王羲之、谢安、谢灵运、谢惠连等名士对鉴湖区域的山水情结上，特别是谢灵运徜徉于稽山镜水之间，慰藉、陶冶、放飞心灵，开创了我国诗坛上的山水诗流派，对后世产生重大影响。唐代不少诗人就是冲着谢灵运等人的山水情结而来的，李白诗句"谢公宿处今尚在，渌水荡漾清猿啼。脚着谢公屐，身登青云梯"，便表达了诗人们对远游越州的向往。不仅如此，鉴湖区域还集聚着众多源远流长的人文景点与传说，如宛

---

① 浙江省地方志编纂委员会编：《宋元浙江方志集成》第 4 册，杭州出版社 2009 年版，第 1626 页。

委山、禹陵与大禹传说，禹庙、祭禹与越国创立，大越城与句践、范蠡，欧冶耶溪铸剑，西施若耶采莲，秦始皇望海立碑，司马迁"上会稽，探禹穴"，曹娥庙与曹娥碑，王羲之兰亭修禊，谢安东山再起，葛洪宛委炼丹，王徽之雪夜访戴，贺知章赐归镜湖等等，都是令唐人心驰神往，所要探索的。优美的山水风光与深厚的人文历史交相叠加，融为一体，将文化的引力和张力发挥到极致。而将山水风光与人文历史融合的纽带和载体，恰恰是唐代诗人厚爱有加、倾情歌咏的鉴湖。

三、经济因素

唐代，大规模修筑山会海塘和扩建玉山斗门，使鉴湖水利的灌溉效益和效率得到大幅提升，进一步推动和加快了北部平原的开发速度，同时促进农业经济向调整生产结构、应用农学新技术、提高单位产量的方向发展，使绍兴传统农学技术进入成熟期。据洪惠良、祁万荣先生研究[1]，唐宋时期山会地区农业生产的结构和布局已基本完成，形成了以粮食生产为主，农、林、牧、副、渔综合发展的生产结构，产生了一大批农产品专业生产区，如北部平原的稻、麦生产区，城镇郊区的蔬菜生产区，鉴湖沿岸的水生果、蔬、鱼、鸭生产区，西干山脉花果生产区，会稽山区的茶叶生产区等。水田传统农学技术成熟的表现主要有三：一是水田"耕耙耖"体系形成。唐陆龟蒙《耒耜经》对曲辕犁有详细描述，还记有"爬"和"礰礋"等水田农具，所谓"耕后有爬……爬后有礰礋"，正是对南方水田"耕耙耖"体系的真实写照。元人王桢在《农书》中说："南方水田，耕毕即耙，耙毕即耖。"说明元代以前"耕、耙、耖"已经成为南方水田的常规耕作体系。二是水田旱作的开垄作沟体系已形成。唐以前，山会地区水田基本上只种一

---

① 洪惠良、祁万荣编著：《绍兴农业发展史略》，杭州大学出版社 1991 年版，第 103—104 页。

季水稻，唐特别是宋以后，随着稻麦二熟制的推广，以及生产实践经验的累积，旱作开沟作垄技术，至迟在南宋时期得以完成，王桢的《农书》对此已有了很好的总结。这项农耕技术主要是解决大小麦等旱粮作物在南方水田的适应性问题。由于大小麦等北方旱作不耐水淹，而越地乃水乡泽国，地下水位较高，春冬时有雨水，自然环境不适于麦类生长，而开沟作垄可及时将田中水排出入河，有利于降低地下水位，且水田经冬秋一次深耕和干燥，解决了土壤因长期淹水所发生的缺氧、板结问题，改善了土壤的团粒结构，对后作水稻的生产也有很大的促进作用。三是稻麦二熟制的推广和建立。随着稻麦二熟制的建立和稻麦栽培技术的提高，唐宋山会地区的粮食生产跨上了新台阶，粮食亩产量也达到了很高的水平，成为当时国内的一个重要粮食基地，所产粮食直接运往京城或其他指定地区。唐朝前期，漕粮运至洛阳含嘉仓，《新唐书·食货志三》有载："江淮漕租米至东都输含嘉仓，以车或驮陆运至陕。""江淮"包括浙江省境在内。从含嘉仓出土的铭砖中，考证出该仓的粮食部分来自越州，说明当时山会地区已是唐政府漕粮的来源地之一①。杜甫《解闷》诗也云："商胡离别下扬州，忆上西陵故驿楼。为问淮南米贵贱，老夫乘兴欲东游。"淮南的粮价要到越州西陵来查证，足见越州粮食在全国市场上的重要地位。

手工业更是兴旺发达，其中丝绸、黄酒、造纸、瓷器、刻板印刷等的技术水平已接近封建社会的顶峰。例如丝绸，品种有罗、绫、縠、绢等多达十余种，统称"越罗"，唐代就被列为贡品。黄酒，古称"越酒"，起源于河姆渡文化时期，历数千年发展，到唐代，已处于制曲技术突破、绍兴黄酒基本定型的前夜。造纸，越州以竹纸"名天下"，上品竹纸具有"滑一也，发墨色二也，宜笔锋三也，卷抒虽久墨终不渝四也，性不蠹五也"五大优点，从唐代起开始列入贡品。印刷，我国雕版印刷起源于唐朝中期，而唐长庆四年（824）以前，越州就有了雕版印刷，刊印本业已"卖

---

① 陈桥驿主编：《中国运河开发史》，中华书局 2008 年版，第 380 页。

于市井"。时任越州刺史的元稹，曾目睹会稽山区村校的印刷品教材，留下深刻印象，说："至于缮写摹勒，卖于市井，或持之交酒茗者，处处皆是。予尝于平水市中（元稹自注：镜湖旁草市名）见村校诸童习诗，召而问之，皆对曰'先生教我乐天、微之诗'，因亦不知予为微之也。"[1]瓷器，山会地区的瓷器以越瓷闻名，发轫于良渚文化时期，曾为中国陶瓷由陶向瓷发展作出重要贡献，到唐末、宋初达到顶峰，远销海外。唐人陆羽所撰《茶经》中也有对全国瓷器的评价，称"盘"和"瓯"以越瓷为第一。陆龟蒙写有《秘色越器》赞美越瓷："九秋风露越窑开，夺得千峰彩色来。好向中宵盛沆瀣，共嵇中散斗遗杯。"[2]唐宋之际，吴越国王曾多次向中原朝廷进贡秘色青瓷[3]，可见越瓷的地位非同一般。而这些鼎盛局面的形成，又与发达的山会地区鉴湖水利和宁绍地区浙东运河等基础设施建设存在着密不可分的关系。

四、环境因素

东汉以后，随着鉴湖配套涵闸的逐步增设和完善，这一大型蓄水工程在滞洪、供淡、灌溉、释咸、航运等方面，日益发挥出巨大效益，有效改善了昔日山会地区海潮直薄、土地斥咸、淡水缺失、旱涝频仍的恶劣水环境，到六朝时，已出现了晋人王羲之赞颂的"山阴道上行，如在镜中游"的优美水环境。鉴湖湖水清澈见底，澄碧可鉴，这是非常了不起的，充分说明鉴湖创立，农业重心从山麓地带向北部平原转移后，鉴湖上游约420平方千米的稽北丘陵森林植被得到了很好的保护与恢复。南朝陈顾野王《舆地志》亦云："山阴南湖，萦带郊郭，白水翠岩，互相映发，若镜若

---

①　白居易：《白氏长庆集》，卷七十一元稹序，上海涵芬楼影印。
②　周振甫：《唐诗宋词元曲全集》第 12 册，黄山书社 1999 年版，第 4683 页。
③　吴任臣撰：《十国春秋》卷七八，中华书局 1983 年版，第 1081—1116 页。

图。"同样说的是鉴湖若镜，又把湖与周围青山组合成一幅山水丹青，生动形象地描述了包括鉴湖、周围原野、会稽郡城、稽北丘陵在内的鉴湖区域如诗如画的水环境。

鉴湖湖堤与后海海塘两塘并存的唐代鉴湖水利，使鉴湖灌区得以全面开发。山会地区进入人—地—水平衡和林多于水、地的良好状态，人与自然关系基本达到了和谐共处、"天人合一"的境界。描写这种境界的唐代诗句可谓比比皆是，如"稽山罢雾郁嵯峨，镜水无风也自波。莫言春度芳菲尽，别有中流采芰荷"（贺知章《采莲曲》），"千岩泉洒落，万壑树萦回……湖清霜镜晓，涛白雪山来"（李白《送友人寻越中山水》），"湖上微风小槛凉，翻翻菱荇满回塘。野船着岸入春草，水鸟带波飞夕阳"（朱庆余《南湖》），等等。而诗人孙逖的《登越州城》，更是对越中山水作了全面描述："越嶂绕层城，登临万象清。封圻沧海合，廛市碧湖明。晓日渔歌满，芳草棹唱行。山风吹美箭，田雨润香粳。代阅英灵尽，人闲吏隐并。赠言王逸少，已见曲池平。"

由此可见，无论从上层建筑或经济基础层面，对于越地兰亭修禊和唐诗之路两次文化高潮的形成，鉴湖水利工程都作出了巨大贡献，鉴湖水利等造就高度发达的越地文明，才支撑并托起了兰亭修禊和唐诗之路两大文化高潮的到来。这无疑是经济基础决定上层建筑最有力的历史证明。

第四节　运河诗路全盛之基

在研究浙东运河诗路，特别是唐代浙东运河诗路全盛的文化现象时，需要对浙东运河文化及浙东运河诗路的涵义进行探讨。

一、浙东运河文化

从属性而言，浙东运河属于水利工程，而浙东运河文化应属于广义的文化，它包括三个概念，即浙东运河工程文化(简称工程文化)、浙东运河水利文化(简称水利文化)和浙东运河文化(简称运河文化)。工程文化是指疏凿、筑堤、跨河等工程体系，是三者的核心；水利文化是指工程体系及其外衍的工程管理、治水人物、水利艺文等构成的水利体系，它与工程文化一起均属于自然科学领域；而运河文化的范围更加广泛，它是水利文化与运河流域内人类社会由运河形成的习俗、风情、文学、艺术等文化现象的总和，属于自然科学与人文科学相结合的文化体系。现以工程文化为例，略加讨论。浙东运河的工程体系至少由十大工程构成。1.疏凿工程：即疏凿形成的浙东运河本体，称运河干道，为世界文化遗产。2.堤岸工程：称塘，与运道结合为运道塘，又有官塘、新堤、古纤道等别称，其中绍兴古纤道为世界文化遗产点。3.跨河工程：①堰，较低的挡水建筑物，宋代浙东运河"七堰相望"的梁湖、曹娥、钱清3堰，位列中国大运河21名堰之中；②桥，绍兴八字桥，为世界文化遗产点。4.航运工程：①港口，历史著名的固陵港、句章港、白洋港和北仑港等；②水驿，蓬莱水驿和西兴水驿等。5.水源工程：上游水源工程主要有湘湖、鉴湖、它山堰等，它山堰为世界灌溉工程遗产。6.拒潮蓄淡工程，即运河北部海塘，有萧绍海塘、百沥海塘、浙东海塘等，"绍萧蔚为名郡者，实赖于此"。7.水位调节工程：绍兴三江闸，代表我国传统水利建筑科技和管理的最高水平。8.仓储工程：萧山西兴过塘行，为世界文化遗产点。9.民居工程：绍兴八字桥街区，为世界文化遗产点。10.文化工程：宁波庆安会馆，为世界文化遗产点。这十大工程体系，历经2500年的发展演变延续至今，并以此为核心和基础，形成了中国大运河发展史上璀璨夺目、独树一帜的浙东运河文化。

二、浙东运河诗路

浙东运河诗路是浙东运河文化中的一朵奇葩，它是以浙东运河为载体，以诗人及诗人在运河流域创作的诗歌为主体的一种文化现象，兼具自然科学与人文科学的双重属性，因此，研究浙东运河诗路需要进行多学科的研究。

首先是浙东运河。浙东运河是浙东运河诗路的主要载体，它是我国最早的人工运河之一，也是中国大运河唯一连接海上丝绸之路的南端运河。晋唐时期，浙东运河西起钱塘江南岸的萧山西兴，经绍兴、宁波，穿越（连接）潮汐河流浦阳江（钱清江）、曹娥江、甬江，东至镇海招宝山入东海，通江达海，贯穿宁绍平原全境，全长约 205.6 千米①，其广义流域面积，以今日萧绍宁地区总面积计算约 19136 平方千米②。其前身山阴故水道，始凿于约公元前 490 年越王句践时期，自大越城（绍兴城）至练塘（炼塘）村，全长约 20.7 千米③，至今尚存。西晋会稽内史贺循，于永嘉元年至三年（307—309）疏凿会稽郡城（绍兴城）至萧山西陵（西兴）的西兴运河，史载"一百零五里"④，是浙东运河中疏凿里程最长的河段，向西过钱塘江连接江南运河，向东经鉴湖（山阴故水道与鉴湖河湖一体），过曹娥江连接姚江、甬江，入东海，沟通了浙东运河全程。唐开元二十六年（738）明州从越州分析单设，唐长庆元年（821）明州州治迁至三江口形成明州

---

① 邱志荣、陈鹏儿：《浙东运河史》上卷，中国文史出版社 2014 年版，第 176 页。
② 按杭州萧山市面积 1492.26 平方千米，绍兴市面积 8279 平方千米，宁波市面积 9365 平方千米，相加得出。载《萧山水利志》编纂委员会编：《萧山水利志》，浙江人民出版社 2019 年版，第 77 页；绍兴市地方志编纂委员会办公室编：《绍兴市志》，浙江古籍出版社 2018 年版，第 3 页；宁波市水利志编纂委员会编：《宁波市水利志》，中华书局 2006 年版，第 1 页。
③ 参见陈鹏儿：《鉴湖史》，中华书局 2011 年版，第 71—72 页。
④ 明万历《绍兴府志·山川志四》："运河，自西兴抵曹娥横亘二百余里，历三县。萧山河至钱清长五十里，东入山阴经府城至小江桥长五十五里，又东入会稽长一百里。"其中，萧山、山阴段称西兴运河，长一百零五里。

港，明州与海外国家及地区的通商往来逐渐频繁，唐代明州港已开辟了朝鲜半岛、日本和波斯湾三条海上航线①，标志着浙东运河进入了连接海上丝绸之路与隋唐运河的发展时期。而作为诗路的主要载体浙东运河干、支线，特别是运河连接曹娥江这条浙东唐诗之路核心水道的航行条件，在唐代以前是优良的。宋代迄今，由于会稽山区的水土流失逐步加剧、浦阳江改道和钱塘江北移，使浙东运河的航行条件持续弱化，达不到唐代的通航水平。例如曹娥江的航道萎缩。如前所述，唐代诗人方干在《路入剡中作》诗中写到"波涛漫撼长潭月，杨柳斜牵一岸风"，明白地告诉读者，在唐代的曹娥江航道，从鉴湖到新昌城附近的长潭，船可直达，而现在到了嵊州城附近的剡溪口（三江口）就无法行进，航道缩短了19千米之多。又如绍兴运河流域的河道淤积，据研究，从永嘉元年（307）至唐末天祐四年（907）的600年中，只有1次浚河记载，而天祐四年，到明嘉靖十六年（1537）建成三江闸的630年间，较大规模的疏浚就增加到8次；再从嘉靖十六年到民国三十八年（1949）的412年间，内河、外港疏浚更是增到27次，河道淤积出现了不断恶化的趋势②，航行条件明显不及唐代。毫无疑问，唐代浙东运河干、支线的航行条件处于历史时期的最好水平，不但促进了宁绍地区经济的快速发展，而且为浙东运河诗路进入全盛时期创造了交通条件，奠定了水道基础。

再就是诗人、诗歌，它们是浙东运河诗路的主体。从主体角度研究，唐代浙东运河全盛的主要依据有二。一是诗歌创作高峰。在中国文学史上，"诗歌是中国文学的主流，唐代是中国诗歌的高峰"③，这在学术界已经形成共识。在唐代诗歌高峰中，大诗人李白、杜甫等四百多位诗人，渡钱塘江，行浙东运河，在浙东唐诗之路和浙东运河诗路，特别是在诗路核心区、精华段所在的越州区域（此处指1996年分设滨江区以前的萧绍运

---

① 宁波市地方志编纂委员会编：《宁波市志》上册，中华书局1995年，第689页。
② 参见陈鹏儿：《鉴湖史》，中华书局2011年版，第322—324页。
③ 邹志方、李永鑫：《历代诗人咏绍兴》，云南美术出版社2003年版，前言第1页。

河流域），创作了一千多首描写越地山水风光、历史文化和民俗风情的诗作名篇。这些诗歌，以华丽的辞藻、磅礴的气势和鲜明的越文化与海洋文化特色，在唐代诗歌中占有不可或缺的地位，尤其是大历年浙东联唱（参与诗人 57 人，作诗 49 首）的创作规模[①]、元白唱和的诗坛佳话、李白诗歌记载对水利史研究的历史贡献，在诗路历史上更是绝无仅有，标志着唐代浙东运河诗路进入了高峰时期。二是区域文化高潮。如前所述，从公元前 490 年到 1949 年的 2439 年浙东运河历史中，运河流域出现过两次文化高潮，就是晋代的兰亭修禊和唐代的浙东唐诗之路。这两次文化高潮，虽然在艺术成就上因属不同门类而难以比较，但是在延续时间、地域范围、诗人人数与创作诗歌的数量及对后代影响等方面，后首要超过前者，或者说是在前者的基础上发展到更高水平。由此可证，无论载体、主体，唐代浙东运河诗路都进入了全盛的时期。

文化是一条来自过去又流向未来的河。文化传承生生不息、长盛不衰的根本原因，在于创造文化的人类，能够在坚守优良传统的基础上，不断改革创新，勇往直前，去完成不同时代所赋予的不同历史使命。浙东运河文化如此，浙东运河文化中凝聚、展现、贯穿始终的绍兴精神同样如此。绍兴精神发端于大禹治水，"八年于外，三过其门而不入"的公而忘私精神，到春秋越国时期，演变成为句践"卧薪尝胆"、"三千越甲可吞吴"的胆剑精神。此后，代代相传，不断发展，如东汉马臻为民建湖被杀的献身精神，西晋谢安东山再起，取得淝水之战胜利的不屈不挠精神，唐代贺知章"少小离家老大回"的乡贤情结，宋代陆游"王师北定中原日，家祭无忘告乃翁"的爱国精神，明代刘宗周誓不投降，绝食而亡的民族气节，清代秋瑾英勇就义的大无畏精神，鲁迅"横眉冷对千夫指，俯首甘为孺子牛"的刚柔精神，以及当代绍兴人发展经济创造的"走遍千山万水，吃尽

---

① 邹志方、李永鑫:《历代诗人咏绍兴》，云南美术出版社 2003 年版，前言第 2 页。

千辛万苦，说尽千言万语，想尽千方百计"的"四千精神"等，都是绍兴精神在"胆剑精神"的基础上，不断创新发展形成的时代精神，它成为数千年来，支撑绍兴人"安身、立业、闯天下"的强大精神力量。

第五章
宋元明清浙东运河诗路演变

汉唐时期浙东运河水上诗路格局基本形成，加上运河水运作用的发挥，促使浙东地区经济发展、农业增产、人口增多，城市日趋繁华。宋代亦是浙东运河的辉煌阶段，两宋时期浙东运河为国家级主航道。元代浙东运河是庆元港联系腹地的主要航线，明代初年钱清江的航运虽然状况堪忧，但经过治理后逐渐通达。弘治年间是中国大运河史上运河河道比较畅通的时期。西塘河完成了浙东运河从西往东到达明州府城的最后一段运河航程，因此也称为古浙东运河的末段。清代，浙东地区经济发展、人口增长，城镇繁华，运河在当地经济社会发展中地位十分突出，运河塘路的建设标准也就更高，古纤道"白玉长堤"因此得名。康乾盛世中，两位帝王尤其重视祭拜大禹，因此在乘龙舟途经浙东运河时留下了辉煌的篇章，为清代大运河增添异彩。《南巡盛典》也记载了当时为迎接乾隆帝祭禹整治浙江海塘、浙东运河的情况，以及乾隆在运河的路径和所写的诗文。清乾隆五十五年前后朝廷制作了大运河全图，绘制出浙东运河最南端的地理图景。[1]

---

① 邱志荣:《浙东运河概述》,《2013 年中国水利学会水利史研究会学术年会暨中国大运河水利遗产保护与利用战略论坛论文集》2013 版，第 232—295 页。

第一节　宋代诗路的繁荣发展

　　唐诗之路是活态的和延续的，在汉唐盛世历史文化的基础之上，宋代文学家、诗人在浙东沿唐诗之路的游历继续增加，诗文创作依旧层出不穷。南宋浙东运河（图5-1）成为朝廷存续与对外交流的生命线，建炎南渡后，绍兴成为南宋京畿之地，浙东运河更成为可以直接出海的海上丝绸之路、国家级航道。[①]宋代，后海岸北移、鉴湖衰落和浦阳江改道等水环境的变迁，对浙东运河产生重大影响，促进了运河的河道工程建设。宋室南迁定都临安以后，长江以北大部分地域被金国占领，宋代政治经济形势发生了南移的重大变化。[②]通过航海与对外交流，打通了水路与海路，运河诗路逐渐呈现与外贸、外交结合，展露出包容开放的时代特征。早在唐代，诗歌文化沿着"海上丝绸之路"传播到了国外，与日本、朝鲜半岛等地区有着长期和重要的交流。到了宋代，在原有的基础上持续发展与对外交流，并取得丰硕的成果。同时随着浙东运河段成为国家级的主航道，其流通性大大增强，一些文学家、诗人对运河的关注度越来越高，各类描述运河情景的文学作品大量涌现出来，内容生动且不仅仅局限于诗歌形式。良好稳定的历史环境、盛唐文学的延续发展，在此基础上的不断探索，诞生了大量对当时运河情况的记录和描绘等创作。宋代极负盛名的爱国诗人陆游归乡期间也写出了大量的运河岸乡居诗，流传甚广。

---

① 赵豫云：《论陆游乡居诗与宋代戏剧：以浙东运河、鉴湖流域为中心》，《绍兴文理学院学报（人文社会科学）》2020年第11期。

② 邱志荣、陈鹏儿：《浙东运河史》上卷，中国文史出版社2014年版，第266页。

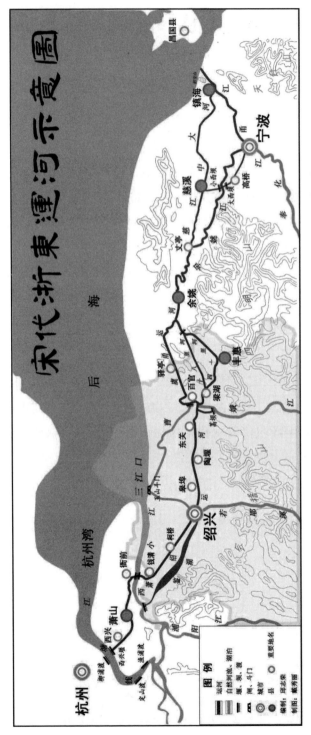

图 5-1 宋代浙东运河示意图（选自：《浙东运河史》上卷，中国文史出版社 2014 年版，第 9 页）

一、经济文化的互动与互渗

宋代仍处在浙东运河的最辉煌期[1]，由于浙东地区经济继续快速地发展，北宋绍兴城市彰显出繁华盛况，地位非同一般。南宋是绍兴城市发展史上的一个飞跃时期，绍兴成为富庶的鱼米之乡，在全国城市中占据杰出地位。后来，南宋建都临安，浙东运河是其通向南、北、东的主要水运干道之一，绍兴、明州（今宁波）、台州成了临安的主要后方，也是通向海上丝绸之路的门户。由于鉴湖和西兴运河的交通便利，使甬江和钱塘江通过浙东运河的交通运输业快速发展。苏轼在《进单锷吴中水利书状》描述："两浙之富，国用所恃，岁漕都下米百五十万石，其他财赋供馈不可悉数。"[2]北宋末叶，知明州军蔡肇曾记载了他从杭州到明州运河沿途中"三江重复，百怪垂涎，七堰相望，万牛回首"的繁盛景象。[3]

宋代是浙东海上丝绸之路的鼎盛期，北宋时期，明州港是当时五个对外贸易港之一，是北宋同日本、高丽往来的主要口岸。在南宋时期，明州港仍是当时全国的四大港口之一。绍兴七年（1137），明州已是"风帆海舶，夷商越贾，利厚懋化，纷至沓来"。对外贸易、贡使来朝等，越来越多地依赖明州港。瓷器、茶、丝织品、书籍、文具、铜钱等，成为明州港对外贸易的主要输出品。同时，从南岭、福建等地以及日本来的海船，在明州驻泊后，改乘内河船，经浙东运河至杭州，与大运河对接，直达扬州等商业城市。

北宋时，连接长江、淮河的大运河已经建成，为运输提供了便利。到了南宋时期，为了避开战乱，大量人口迁移到了比较安全的江南地区，使

---

① 邱志荣：《浙东运河概述》，《2013 年中国水利学会水利史研究会学术年会暨中国大运河水利遗产保护与利用战略论坛论文集》2013 版，第 232—295 页。

② 苏轼著，孔凡礼点校：《苏轼文集》卷三二，中华书局 1986 年版，第 916—917 页。

③ 邱志荣：《浙东运河概述》，《2013 年中国水利学会水利史研究会学术年会暨中国大运河水利遗产保护与利用战略论坛论文集》2013 版，第 232—295 页。

这个地区的经济发展迅速。与此同时，南宋政府为了连接长江和浙江、福建的海运，决定在此修建运河，此一段浙东运河的开凿较宋代其他河段要晚，但它缩短了水运里程，使江南、浙东的物资运输变得更为便利。此外，浙东运河沿线还建有不少支撑运河水运的水利设施，如湖塘、闸口等，使江南、浙东地区的手工业和丝绸业更加发达，也促进了市场的繁荣。浙东运河的建成改善了南宋的水运条件，使得南方经济得以迅猛发展，对南宋的经济、社会发展作出了重大贡献。

二、文化艺术对诗路的推动

城市的繁荣是所在地区经济发达的体现。宋代浙东运河沿岸手工业兴旺发达，其中丝绸、黄酒、造纸、瓷器、雕版印刷等技术水平在唐代的基础上又有新的发展。例如丝绸在唐代被列为贡品，及宋时，从种桑、养蚕、缫丝到织丝形成一条龙生产。黄酒，古称越酒，历数千年发展到宋代，由于制曲技术的突破，绍兴黄酒遂基本定型，品种也很多，颇受朝廷大员们的青睐。造纸，越州以竹纸名天下，从唐代起开始列入贡品，宋代绍兴成为全国造纸业的中心之一，官府分别在汤浦（会稽）、新林（山阴）、枫桥（诸暨）、三界（县）设立四个造纸局，它们都是于会稽山地中崛起的竹纸制造基地，制作技术处于国内领先地位。宋人薛道祖《咏笔砚闲物》歌颂了竹纸精湛的制作技术："越竹滑如苔，更加一万杵。自封翰墨乡，一书当千户。"雕版印刷起源于唐朝中期，至宋代，雕版印刷已经盛行，绍兴和临安成为南宋两大印刷和出版中心，印刷技术对于绘画、诗词集等文学艺术类作品的保存和传播起到了积极作用。唐末宋初越瓷烧造达到顶峰。南宋时期鉴湖湮废，以西兴运河及原东鉴湖为主形成的浙东运河航运地位更加突出，特别是宋室南渡后，常出现"四方之民，云集两浙，百倍常时"的景象。

南宋定都临安，政治、经济形势发生了巨大变化，浙东运河的重要性更加显现，文献中关于此河流的记载也不断增多。南宋姚宽在《西溪丛语》卷上中说：

> 今观浙江之口，起自纂风亭，北望嘉兴大山，水阔二百余里，故海商舶船，畏避沙潭，不由大江，惟泛余姚小江，易舟而浮运河，达于杭、越矣。①

描绘了宋代浙东运河的航运景象。作者站在纂风亭远眺，先是描绘了浙江出海口水域开阔的景色；然后提到从海上进入内地航行面临的困难，大船无法直达长江，只能停靠余姚，转乘小船进入浙东运河，沿运河进入内陆；最后提到浙东运河的终点杭州和越州。生动表现了浙东运河连接江海运输的重要作用。同时也说明了杭州湾的航运存在着海潮和沙堆的危险，由明州至杭州商船多走浙东运河航线，这里所承载的流通量增大。

三、陆游等文学家的杰出贡献

宋代陆游对浙东运河的描绘则更显得有生气，在《法云寺观音殿记》中描绘了地处绍兴城西法云寺边的漕运交通发达，其地富庶的景象：

> 出会稽城西门，循漕渠行八里，有佛刹日法云禅寺。寺居钱塘、会稽之冲。凡东之士大夫仕于朝与调官者，试于礼部者，莫不由寺而西，饯往迎来，常相属也。富商大贾，掀舵挂席，夹以大橹，明珠大贝翠羽瑟瑟之宝，重载而往者，无虚日也。又其地在镜湖下，灌溉潴泄，最先一邦，富比封君者，家相望也。②

---

① 姚宽撰，孔凡礼点校：《西溪丛语》，中华书局1993年版，第25页。
② 陆游著，钱仲联等校注：《陆游全集校注》，浙江古籍出版社2015年版，第268页。

陆游在《法云寺观音殿记》中对浙东运河的描绘生动而丰富，继续向读者展示了寺院周边的繁荣景象：寺院之西，漕船络绎不绝，来往频繁；河岸边上，搬运的劳动者忙碌着，他们肩负着重担，忙着装卸物资。寺院所在的地方位于钱塘江和会稽之间的冲口地带，也就是绍兴之地，东南地区的士大夫和官员们都要经过这里前往朝廷或到外调之地。甚至连参加礼部的考试，他们多半都会选择经过法云寺，彼此招待、护送，也时常聚集，进行吟诵风雅之事。

以上文学作品描绘的不仅是东南地区的士绅们流动的节点，也是富商巨贾的经济交汇点，商贾的船只装载着丰厚的货物，以镜湖为辐射中心，将此地经营成为繁荣富庶的一方天地，甚至超过许多封君领地。

陆游通过描绘法云寺所在的浙东运河周边的繁荣景象，展示了当时运河的重要地位和繁荣程度，也是对浙东运河历史地位与商贾文化的生动刻画。

陆游作为南宋的著名文人，对浙东运河及其周边地区有着深厚的感情，他多次游览并以诗文表达了对这片土地的热爱和赞美。如《钱清夜渡》诗：

> 轻舟夜绝江，天阔星磊磊。地势下东南，壮哉水所汇。月出半天赤，转盼离巨海。清晖流玉宇，草木尽光彩。[①]

在《钱清夜渡》诗中，陆游描绘了夜晚在钱清江渡口的壮丽景象，江天宽广，星光璀璨，月光倾泻，令人神往，优美的景色浸润着整个大地，写出钱清江渡口月出时分的壮丽气象。

又《西兴泊舟》：

---

① 陆游著，钱仲联等校注：《陆游全集校注》，浙江古籍出版社 2015 年版，第 161 页。

衰发不胜白，寸心殊未降。避风留水市，岸帻倚船窗。日上金镕海，潮来雪卷江。登临数奇观，未易敌吾邦。①

此为西兴渡口所见钱江潮奇观，陆游写下了自己老迈但骨气傲然的心态，他与风共舞，与江潮相对，对抗岁月的侵蚀。他也描绘了江潮的壮丽奇观，潮水冲击江岸仿佛卷起了一阵无边的雪花。陆游家住西兴运河近处，从少小离家到晚年家居，常泛舟运河之中，或记述事物，或歌咏风光，多有妙篇佳作。

陆游于绍熙二年（1191）一度出游，沿浙东运河，从千秋观、禹祠、樊江、东关、练塘，一直到曹娥江，在东关留有《东关》二首：

路入东关物象奇，角巾老子曳筇枝。蚕如黑蚁桑生后，秧似青针水满时。穿市不嫌微雨湿，过溪翻喜坏桥危。当年野店题诗处，又典春衣具午炊。

云疐鱼鳞衬夕阳，放翁系缆水云乡。一筇疾步人惊健，斗酒高歌自笑狂。风暖市楼吹絮雪，蚕生村舍采桑黄。东阡南陌无穷乐，底事随人作许忙？②

以上作于绍熙二年春，诗人描绘了东关的农村风光。

这年夏天，陆游再度出游，依然顺浙东运河，从少微山、织女潭到东关，又作《东关》七绝二首：

天华寺西艇子横，白蘋风细浪纹平。移家只欲东关住，夜夜湖中看月生。

---

① 陆游著，钱仲联等校注：《陆游全集校注》，浙江古籍出版社 2015 年版，第 161 页。
② 陆游著，钱仲联等校注：《陆游全集校注》，浙江古籍出版社 2015 年版，第 67—68 页。

烟水苍茫西复东，扁舟又系柳荫中。三更酒醒残灯在，卧听萧萧雨打篷。①

陆游绍熙二年出游时，也到过练塘，写下《练塘》诗：

微风吹颊酒初醒，落日舟横杜若汀。水秀山明何所似，玉人临镜晕螺青。②

《东关》和《练塘》两首诗描绘了他在东关、练塘地区的游览所见。他用生动的笔触描绘了农村景色，有桑树和稻田的村庄，勤劳的村民养蚕采桑，人们过着忙碌而快乐的生活。陆游的诗文通过细腻而贴近生活的描写，展示了浙东运河及其周边地区的独特风貌和文化内涵。他以诗歌的形式记录下自己的感受与观察，使读者能够更深刻地了解这片土地的美丽与魅力。他的作品不仅是文学的珍品，也是宝贵的历史资料，为后人展示了当时浙东运河的风采与魅力。

宋代其他诗人也有许多作品涉及浙东运河及周边的景色和情怀。宋代诗人杨蟠在《越》一诗中，通过描绘渔浦夕阳和鉴湖春浪，展现了浙东运河地区的美丽景色，他以夕阳横挂和春浪倒垂的形象将这片景色描述得壮丽而动人："渔浦夕阳横挂雨，鉴湖春浪倒垂天。"

宋赵汝唫在《离越》诗中曰："东关寒水深，游子别家心。"描绘了东关的寒冷深水，表达了游子离家的心情。

宋王安石《复至曹娥堰，寄刻县丁元珍》曰："津亭把手坐一笑，我喜满怀君动色。"回忆起自己初到曹娥堰时与丁元珍相见的情景，流露喜悦之情。诗人于仁宗皇祐二年（1050）由鄞县知县调任舒州通判，沿浙东

---

① 陆游著，钱仲联等校注：《陆游全集校注》，浙江古籍出版社 2015 年版，第 84—85 页。

② 陆游著，钱仲联等校注：《陆游全集校注》，浙江古籍出版社 2015 年版，第 68 页。

运河途经越州时，曾在曹娥堰逗留，时丁宝臣知剡县，诗人回忆初至曹娥堰两人相见的情景，故诗作以此开篇，津亭即曹娥渡之亭。

喻良能《夜发曹娥堰》曰：

> 孤灯乍明灭，隐约小桥边。野市人家闭，晴天斗柄悬。秋深风落木，夜静浪鸣雷。

诗中描绘了夜里从曹娥堰出发的情景：深秋、静夜、小桥、野市、鸣浪、悬斗，一派静谧意境。[①]夜晚的安静与自然的声音交织在一起，勾勒出运河与文人生活息息相关的图景。

宋代的文人墨客通过各自的文学佳作，以自己独特的视角和感受，展现了他们对浙东运河及周边景色的热爱与赞美，丰富了对这片土地的描绘。他们的作品不仅仅是文学创作，也是对当时社会和人文景观的记录与反映，为我们了解宋代浙东运河的历史和文化做出了重要贡献。

第二节　元明诗路的多元风采

元代和明代是中国历史上运河发展的重要阶段，是诗路发展的新起点。随着元朝政权的建立，浙东地区的运河建设得到了推动。元代初年，浙东地区的金清运河和新安运河得到了修复和改善，使得水运交通更加便利。同时，元朝时还修建了杭州至临安之间的京杭大运河，进一步加强了浙东地区的水运能力。元代后期，浙东地区的运河发展进入了高峰期，运河数量已经达到了数十条，其中以杭州至金华的天尧运河和杭州至绍兴的

---

① 赵豫云：《论陆游乡居诗与宋代戏剧：以浙东运河、鉴湖流域为中心》，《绍兴文理学院学报（人文社会科学）》2020 年第 6 期。

丰泽运河最为重要，这些水道连接了杭州、绍兴、金华等城市，使得这些沿岸城市成为繁荣的商业中心。

明朝建立后，明成祖朱棣下令重修大运河，这一命令也推动了浙东地区运河的发展。明成祖在位期间，疏浚了连接杭州和北京的大运河，使得浙东地区成为大运河的重要节点。明代初期，浙东地区的运河进一步扩展和改建，使得运河网络更加完善；明代中期，浙东地区的运河数量达到了数百条，其中以杭州至宁波的运河段最为重要，这段运河连接了浙东地区的两个重要港口城市，带动了浙东地区的商业和贸易迅猛发展。总体来说，元代和明代是浙东运河发展的黄金时期（图5-2），在这个时期，河道得到了大规模修建和改善，使得水运交通更加便利，促进了商业和贸易的繁荣，这一时期的建设和发展，也为后来运河诗路的发展奠定了基础。

元代南起杭州、北抵北京的京杭运河全线贯通后，成为其后数百年间南北水运大动脉。明代建成绍兴三江闸后，钱清江成为内河，自西而东包括西江塘、北海塘、后海塘、东江塘和嵩坝塘的山会海塘连成一线，全长116.85千米，山会萧平原始与后海隔绝，塘线稳定后无多变迁。[①]元明时期文人在浙东运河的歌咏之作不断涌现，此时浙东运河地位不及南宋，但仍是海港城市（宁波）联系腹地的主要航线，是与日本、朝鲜半岛贸易往来的重要口岸，正如张翥诗中所描写的："是邦控岛夷，走集聚商舶，珠香杂犀象，税入何其多。"

此外，还有东南亚、西亚，甚至地中海、非洲许多国家、地区与庆元港有贸易关系。其时运河地位仍十分重要，政府多有建设、疏浚之举。明代成化九年（1473）戴琥任绍兴知府，对绍兴平原河网及运河集中进行了整治。明嘉靖十五年（1536）七月，绍兴知府汤绍恩主持兴建了著名的滨海三江大闸，山会海塘连成一线，始与后海隔绝，山会平原完成了从鉴湖水系向运河水系的演变。浙东运河的主要段落，即由钱塘江南岸经过绍兴到曹娥，约一千千米的航道，可以一直通航。

---

① 绍兴县地方志编纂委员会：《绍兴县志》第一册，中华书局1999年版，第467页。

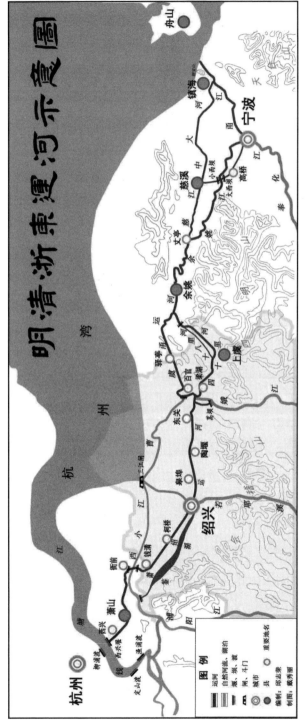

图 5-2　明清浙东运河示意图（选自：《浙东运河史》上卷，中国文史出版社 2014 年版，第 13 页）

一、元明时期的诗篇佳作

运河在元明时期是经济和文化交流的重要通道，蕴含着丰富的历史和文化内涵，连接了不同的地域和城市，这在文学作品中都得以充分展现。

元陈孚《越上早行》曰："潮落曹娥渡，云昏夏禹山。"说明诗人彼时是等在曹娥渡，待潮退才可离渡，从"欲问钱塘路，渔家半掩关"的收结看，诗人也是过了曹娥渡，沿浙东运河绍萧段前往西兴的。该诗反映出曹娥渡是一个潮汐受限的区域，必须选择合适的时机才能安全通过，这也暗示了曹娥渡的地理环境和运河的特点。《越上早行》通过描绘待潮落的曹娥渡和沿运河前行的旅程，展示了运河的特点以及人与运河之间的亲密联系。

明代高启的《夜发钱清江》是一首描写夜晚渡过钱清江的诗，开篇曰："钱清渡头船夜开，黄茅苦竹闻猿哀。"描述了夜晚船只离开钱清渡头航行在江上的情景，运河是诗中的背景之一。钱清江是萧绍地区的一条重要河流，也是浙江运河的一部分。通过提及钱清渡头，将诗人的情怀带到了运河的景观中，诗中通过描写夜晚渡过钱清江的情景，展示出运河的繁忙和重要性。结尾"棹歌早过越王城，东方未白啼鸦起"也再次突出了夜晚航行的特殊氛围。通过此诗，可以感受到运河作为交通要道的联通性以及对水运距离的估算。另外透露出夜晚行船的寂静和神秘感，通过描绘运河夜晚航行的场景，将运河与自然景观、人文环境融为一体，描绘出运河的文化底蕴和诗意之美。

《过钱清，浦阳江由此入海》是元代柳贯所作，这首诗描绘了作者经过钱清，目睹浦阳江由此入海的壮丽景象。作者穿过了钱清，随后进入浦阳江，随运河水运感受到了江、河、海壮阔的气势。诗中运用了丰富的自然景色描写，如"沙鸥跃浪云霄去"、"舟摇铁锁寒波急"，使人仿佛能亲身感受到江水奔流的激情和壮丽景象，表达出对江河自然之美的赞美与敬仰，以及对自然力量的感受和共鸣，使人身临其境。

二、两京水路歌的畅快淋漓

明代初年钱清江的航运状况虽然堪忧，但经过后期治理逐渐通达。明代政府对运河的整治也十分重视。明代弘治年间（1488—1505）是中国大运河史上运河河道比较畅通的时期。西塘河完成了浙东运河从西往东到达明州府城的最后一段运河航程，因此古时也称其为浙东运河的末段。自然江河逐步成为防洪（潮）灌溉与航运两利的航道系统。在此期间，人们可以由运河直通南北东西，途经不同省份，一路畅通无阻。其间诞生了《北京水路歌》与《南京水路歌》两首专门记录运河线路的风格独特的诗歌作品。

根据明人余永麟《北窗琐语》记载，永乐十九年（1421），明成祖将首都从南京迁至北京。在这个过程中，张得中随同朝廷迁往北京，途中创作了《北京水路歌》。这首诗歌描绘了从宁波出发，经过杭州、苏州、扬州、徐州、德州等地，坐船从宁波经杭州直达北京的大运河路线。出发的地点是宁波城西望京门，从浙东运河进入钱塘江的地点在萧山城西十多里的西兴，途经杭州、苏州、扬州、徐州、德州，进入北京的航道依次是潞县镇、张家湾和通州，贯通运河水路航程。全程风景秀丽，共经三十六个行政区、七十二座大型水闸，总计航程约三千七百里，历时两个月，平均日行六十余里。这首诗歌生动地展现了明代水路的繁荣景象，反映了当时社会经济的发展和水路交通的面貌，为后人深入了解明代时期的水运文化和城市发展历史提供了宝贵资料。

《北京水路歌》：

> 四明古称文献邦，望京门外西渡江。水驿一程车厩远，舜江楼头横石杠。新中二坝相连接，上虞港内还通榸。梁湖曹娥潮易枯，大舟小舠重难涉。东关渐近樊江来，熏风廿里芙蕖开。贺监湖光净如练，绕门山色浓如苔。绍兴城，水如碧，橹声摇过蓬莱驿。柯桥远抵钱清湾，刘公庙食居其间。新林白鹤路迢递，日斜

始得瞻萧山。梦笔桥高对江寺，双塔亭亭各相峙。古碑无字草芊芊，犹美文通好才思。西陵古号今西兴，越山隔岸吴山青。钱唐江接海门阔，胥潮怒卷轰雷声。杭州旧是临安府，藩臬三司列文武。坐贾行商宝货烦，锦绣街衢百万户。北出关门景如画，竹篱人家酒旗挂。皋亭临平谈笑间，等闲催上长安坝。崇德石门逢皂林，湾边三塔高十寻。嘉禾却过杉青闸，黄江小路吴歌吟。平望吴江眼中过，繁华地属姑苏郡。枫桥尚忆张继诗，夜半钟声又信疑。望亭无锡人烟多，既庶且富闻弦歌。瞬息毗陵暂相泊，奔牛吕城容易过。丹阳与丹涂，镇江人共游。铁瓮城形环上国，金山塔影浮中流。扬子江边即江汉，浩浩汤汤茫无岸。甘露招提镇翠微，舟人遥指凝眸看。一帆送过瓜洲隄，船行迅速如岸移。维扬厚土琼花观，览游试问黄冠师。程奔邵伯高邮路，界首沿流水如注。菰蒲深处浴鸳鸯，湖浪滔天似潮怒。宝应县，宝应湖，荒城已废存浮图。古淮大道通南北，物阜民康军饷储。漕运循规事专一，密密征帆蔽天日。桅樯接踵连舳舻，舵楼按歌吹觱篥。清河口，土高厚，淮阴城台至今有。桃源县接古城墟，宿迁旋觉人烟辏。直河下邳地渐隆，子房圯桥遗旧踪。马家浅，吕梁洪，篙师须倩少年雄。寿亭尉迟古名将，金龙之祠屹相向。守邦治水各有功，来往祈神乞阴相。快马船飞莫能过，锣鼓催毡号声喝。一浅一铺穿井泉，溥济兵夫往来渴。徐州逾境山，夹沟至丰沛。泗亭况对歌风台，台下每惊流水汇。沙河谷亭闸最难，湍流萦回却船退。南阳枣林次鲁桥，澎湃水声翻雪涛。师家仲家势亦险，新闸新后坡尤高。石佛赵村颇平静，济宁在城及天井。栖草二闸迨开河，支山小驿来俄顷。柳堤金线笼暮烟，小河张秋灯火船。荆门阿城各二闸，七级上下相勾连。周家李家闸流急，崇武东昌旧城邑。杨青临清当要冲，百工纷纷共阛集。卫河度口夹马营，故城小市犹传名。德州良店连窝城，东光新桥从此经。沽酒浇离愁，必与朋簪共。夜深风雨打蓬窗，五更惊起思亲梦。明朝涉砖河，顺入长芦滩。乾宁兴济青县关，河流静海杨青站，直沽杨村吹便帆。河西务，河合县，潞县相将迤城域。张家湾上趋通州，半肩行李惟书籍。我本江南儒，宦游至于此。所经之处三十六，所历之程两月矣。共经水闸七十二，约程三千七百里。薰沐整衣冠，肃簪鹓班列。九重红日丽青天，四海奇珍贡金阙。贤能辅圣朝，共享升平福。我曹功成夺锦袍，早沐恩波食天禄。①

《南京水路歌》：

圣主乘龙天宇开，鹤书飞下征贤才。鄞江布衣忝英荐，蒲帆早驾长风来。长风吹帆过西渡，赭山大隐黄公墓。车厩丈亭并蜀山，余姚江口停泊处。清滩七里如严陵，前瞻石堰为通明。上虞东山由谢傅，钱王庙前双树清。蔡家庄下梁湖坝，曹娥庙古丰碑大。路接东关白塔高，樊江一曲萦如带。绍兴城上会稽山，蓬莱仙馆云雾间。柯桥古寺殿突兀，举头又见钱清关。罗山林浦连渔浦，钱唐江潮吼如虎。六和塔近月轮边，龙山闸枕澄江浒。杭州旧是宋行宫，凤皇飞来南北峰。六桥三竺入天目，西湖十里荷花风。临平寺前通崇德，三塔清湾照城碧。嘉兴尚有读书台，平望随云高八尺。吴江八九洞相连，苏州好在阊门前。枫桥夜来过无锡，横林晓色凝云烟。常州古城高岌业，奔牛吕城坝相接。丹阳地势控丹涂，舟向镇江城外涉。金山焦山两虎踞，龙潭瓜步依江屯。观音阁下韩桥小，龙江驿上金川门。入门先到鸿胪寺，奉楮殷勤报名字。五更待漏觐枫宸，从今愿写平生志。②

---

① 乔世宁等：《丘隅意见（及其他四种）》，中华书局 1985 年版，第 61—67 页。

② 乔世宁等：《丘隅意见（及其他四种）》，中华书局 1985 年版，第 59—61 页。

诗的开篇以"圣主乘龙天宇开，鹤书飞下征贤才"表达对南京城市兴盛和帝王贤德的赞美，接着描述水路交通的繁荣和发达。诗歌中描绘了许多沿途著名的景点和名胜，如西渡、赭山、余姚江、清滩、前瞻石堰、上虞东山、钱王庙、蔡家庄、曹娥庙等，涉及了杭州、临平、嘉兴、苏州、无锡、常州等地的景观风貌，整首诗歌描述了水上经历和运河水路的畅通无阻，展现了水上交通的通达和城市的繁荣魅力，传递出对水路文化的赞美。诗歌不仅对于理解运河沿线地区的历史、文化和人文景观具有重要意义，还促进了多样化文学及艺术形式的发展。

三、愈加多元的文艺作品

值得注意的是，元代以后诗路文化顽强生长，并从单一的诗歌形式向更多元的艺术形式扩展。文学作品的形式更加丰富多元，除了诗词之外，还有戏曲、杂文、地方志等更加丰富的文字形式。文学与文化核心仍然是围绕运河，这些文学作品从不同角度描绘了浙东运河的景观、历史和人文风情，丰富了人们对浙东运河的认识和了解。

《浙东运河图志》是明代浙东地区的一本地方志著作，详细描绘了浙东运河的河道、桥梁、船舶等，记录了当时的运河交通和经济活动。《明史·河渠志》记录了当时的运河工程和运河的历史沿革，包括了浙东运河的相关情况。天一阁藏明人杂剧《浙东百花洲》是明代文学家何景明创作的一部杂剧，剧目以浙东运河为背景，描绘了运河畔的百花洲，展现了浙东运河地区的风土人情和社会生活。这部杂剧以浙东运河地区的百花洲为背景，通过一系列的情节和角色塑造，展现了当时浙东运河地区的繁荣和热闹场景。剧中的人物有商人、艺人、官员等，他们在百花洲上生活，糅杂着浙东运河地区的社会生活和民俗风情。商人们的贸易活动展示了当时的经济状况和商业交流、艺人们的表演展现了当地的文化艺术发展、官员们的角色则呈现了当时的社会秩序和行政管理。这类戏剧形式以生动鲜明的方式记录了运河沿岸的社会风貌，同时也反映出明代戏曲艺术的魅力。

运河地区的繁荣是根植于深厚历史文化基础上的繁荣。水路的通达带来精神世界的丰富和自由舒畅，正因如此，也激发了更多元的文学艺术形式的创作。

第三节　清代诗路的皇家气魄

清代，浙东运河的发展进一步提升了沿河地区的经济和交通发展。清代初期，为了促进经济发展和区域间的联系，清朝政府进行了对浙东运河的修建和改善工程。特别是康熙年间，进行了大规模的运河改建工程，如加宽了运河的河道、修建了堤坝和闸门，提高了运河的通航能力。运河的畅通为商品和资源的流通提供了便利，推动了商业和手工业的发展，促进了地方经济的繁荣。同时，沿线的城市和村落也得到了发展，形成了繁荣的市场和商业中心。水上交通更加便利，大大缩短了地区间的距离和运输时间，人们可以通过运河快速、安全地运输货物和旅客，促进了地区内外的交流和联系。宁波、温州、台州等运河沿线城市，因为运河的存在而成为重要的港口和商贸中心，吸引了商人和移民，形成了经济和人口的集聚，此外，吸引了众多文人墨客，他们通过诗歌、文学、绘画等艺术形式表达对运河的赞美和对生活的感悟，形成了独特的诗路文化。

清代大部分地区改建石塘，使塘体更趋稳固。山会海塘直接拱护绍萧平原 126.63 万亩农田和百万以上人口的安全。三江闸建成当年，又畅流磺堰，使浦阳江干道归复西出钱塘江故道，基本消除了改道对山会水系的影响。海塘的封闭和浦阳江的复道最终确立了绍萧平原内河运河水系，而曹娥江以东的运河段，除堰闸和局部支线变迁外，运河主干道基本保持不变。另一方面，元明清中国国都北移，加以政治动乱对浙东地区的影响，包括元末方国珍割据，明中叶倭寇扰乱，清代鸦片战争外敌入侵等，致使浙东运河的交通航运从南宋的黄金时代逐步下滑。然而，在山会萧地区，随着鉴湖衰落和运河水系的确立，浙东运河在灌溉、防洪排涝等方面的地位不但没有削弱，反而有所加强。

一、清代浙东诗路新格局

（一）南北输运的繁荣

清代初期，康熙皇帝进行了运河的扩建和修复工程，以促进国内贸易和交通的发展。特别是修复了运河北段的通惠河和南段的浙东运河，将运河系统连接起来，使得运河的交通功能得以进一步增强。清代是运河交通最为繁忙的时期之一，运河成为重要的商贸和运输通道，许多重要的商业城市和港口都沿着运河而建，这些城市的繁荣和运河的交通密切相关，运河诗路自然也随之繁盛起来。与唐宋时期相比，清代运河诗路更多地体现了南北走向，主要集中在江南和北方的沿运河地区。这与清朝的政治和经济格局有关，江南地区繁荣富庶，是中国社会经济、商贸和文化的重要中心。

（二）游览诗盛行

在清代，运河诗路也出现了一种新的诗歌体裁，即游览诗。许多文人士子和游客经常沿着运河游览，欣赏风景，感受运河的壮丽和历史文化。他们在游览过程中写下了大量的诗歌作品，描绘了沿途的景色、人文环境和个人的情感体验。运河诗路的演变表现为运河的扩建和修复、交通的繁忙、南北走向的重要性以及游览诗的兴起，这些变化都反映了清代运河在经济、文化和交通方面的重要作用。

宋明清时期浙东运河诗路的发展建立在前朝的历史基础之上，与此同时，不断强化运河的现实作用以及完善流通性，使浙东运河及沿海港口能够进一步承担对外文化交流的重任。宋明清时期，浙东运河的交通作用日益凸显，不仅为地方经济的发展提供了便利，也为文化交流和物资流通提供了良好的条件。运河的畅通和完善使得货物和信息能够更快速地流通，促进了更大范围地区的交流和互动。河道交通连接了内陆和沿海地区，沿海港口成为与外界进行文化交流的重要枢纽，通过运河和港口的输入与输出，外来的文化、知识和艺术得以传入，同时也促进了本地文化的对外流通，丰富了诗路的内涵。

浙东运河的发展吸引了众多文人墨客和商贾聚集于此，他们通过诗歌、文学等形式表达对运河的赞美和对生活的感悟。这些文人的活动丰富了诗路的内涵，使其成为一个充满文化艺术氛围的地区。明代著名哲学家、教育家王阳明当年离职还乡，在山阴故水道南侧若耶溪的宛委山中的阳明洞天处结庐，设帐讲学，据说他二次到宛委山阳明洞天，潜心求索，终于悟得"格物致知"的道理，后创立"心学"。浙东学派是我国历史上颇具特色和成就的学术流派，起源于宋代，经元明过渡时期，在清代到达鼎盛。浙东学派是宋明清时期在浙江东部地区形成的一支重要学派，代表了这一地区的学术成就。浙东学派的形成与地方的经济繁荣和文化交流密切相关。

二、《南巡盛典》与运河胜景

清代浙东地区经济发展，人口增长，城镇繁华，运河在当地经济社会发展中的地位十分突出。康、乾两位帝王在乘龙舟途经浙东运河时留下了辉煌的篇章。《南巡盛典》记载了当时为迎接乾隆帝祭禹，整治浙江海塘、浙东运河的情况，以及乾隆在运河的路径和所写的诗文。清乾隆五十五年（1790）前后制作的《九省运河泉源水利情形图》，第二部分绘制的是从绍兴府经杭州直至京城的大运河，足证浙东运河为中国大运河之南起始端。清康、乾两帝先后横渡钱塘江沿运河浩荡南下，一时间紫气蔽日，彩云遮天，龙舟独尊，千帆竞发，沿河百官黎民云集，迎接圣驾，是何等壮观气象。①

---

① 邱志荣：《千古名河 好运天下：话说浙东运河的历史与价值地位》，《中国水利》2018 年第 13 期。

《南巡盛典》记清乾隆十六年（1751）、二十二年（1757）、二十七年（1762）、三十年（1765）高宗弘历途经直隶、山东四次南巡两江两浙的情况。清乾隆三十一年（1766）七月两江总督高晋请旨纂辑此书，三十三年（1768）初稿完成。高宗命大学士傅恒校阅初稿，傅恒阅后上表，认为条例详备，但内容只限于巡视两江，应将巡视两浙及途经直隶、山东的情况一并载入。高宗同意，令直隶、山东、浙江将所有材料都送交高晋，令其总揽。重新纂辑后于乾隆三十六年（1771）修成全书。《南巡盛典》分为十二部分：卷一至卷四为恩纶，记录高宗南巡期间的恩诏、恩宴、赏赉等；卷五至卷三十六为天章，收录高宗巡行过程中的御制纪念诗、文；卷三十七至卷四十二为蠲除，记录高宗在巡行期间蠲通省之赋，免所过之租，豁积岁之逋，除耗羡之额，轸恤万民；卷四十三至卷五十三为河防，记录高宗南巡期间普幸水利、敷土惠民；卷五十四至卷五十九为海塘，记录高宗巡视海塘工程；卷六十至卷六十七为祀典，记南巡过程中的朝会、祭告、銮仪、乐章等；卷六十八至卷七十五为褒赏，记录高宗南巡期间对随从人员、地方文武官员、兵丁等的加恩赏赐；卷七十六至卷八十四为吁俊，记录高宗南巡期间选拔人才的情况；卷八十五至卷八十八为阅武，记载皇帝出巡时的官兵接驾事宜、视察兵营阵地、检阅战阵演练等；卷八十九至卷九十三为程途，记载巡视途经地区的风土人情；卷九十四至卷一百零五为名胜；卷一百零六至卷一百二十为奏请。

　　《南巡盛典》是皇帝巩固统治、展示皇权的巨著。以磅礴的叙事和细致的描述记录了皇帝巡视南方地区的情况，记载了南方地区的政治、经济和人民生活状况。南巡活动包括各种恩诏、恩宴、祭祀、巡视和接受地方官员的朝见等内容。乾隆皇帝视察了当地的治理状况，观摩农业、手工业和商业的发展，同时也参观了著名的名胜古迹。该活动在政治、经济和文化等方面产生了重要影响，巩固了乾隆皇帝的统治地位，增强了对南方地区的控制力。同时，南巡也促进了南方地区的经济发展和文化繁荣，为地方政权的稳定和社会的进步做出了贡献。

　　宋明清时期，运河得到了较大的发展，对于沿线地区的经济、文化和社会生活都具有重要的意义。浙东运河作为连接南方和东海沿岸的重要水路，在宋元明清时期扮演了重要的交通角色。水路的发展促进了浙东地区的经济繁荣，让商品和资源得以便捷地互动和流通。运河畔的城镇和市场也随之兴起，商业和手工业的发展为沿线地区的经济增长提供了动力。浙东运河沿线地区在宋元明清时期也成为文化、艺术的繁荣中心，运河两岸的城市和村落孕育了众多文人墨客，他们通过诗歌、文学、绘画等艺术形式表达对运河的赞美和对生活的感悟。而运河及其沿线地区的景色和人文风情成为他们创作的重要题材，形成了独特的"运河诗路文化"。水路交通的便捷加快了人口和信息的流动，同时，运河沿线的村落和城市成为文化和经济交流的重要场所，人们在此进行交易、交流、学习和娱乐，运河的繁荣也提高了人民的生活水平。

浙东运河诗路文化的发展对于运河沿岸地区的经济、文化和社会生活产生了积极的影响。诗路文化不仅丰富了当地的文化底蕴，也促进了经济的发展和社会的进步。这种文化的传播、传承对于今天理解浙东地区的历史、文化和人文景观具有重要意义。宋元明清诗路的变迁也是随着运河的变化而变化的，运河的途经线路牵动着周围的一事一物，是体现系统的、整体的浙东唐诗之路文化的重要载体。诗路依托水路，诗歌又丰富了水路的文化与内涵。纵览宋元明清时期浙东运河诗路的演变，处处洋溢着运河之水与诗人豪情之间的互通互融。

第六章
现代浙东运河诗路旅游

　　浙东运河是我国最早的人工运河，也是我国保存最好的运河之一。纵观历史，浙东运河是中国大运河的南端，涵养文化的重要源流，也是振兴经济的黄金水道，海上丝绸之路南起始段。浙东运河 200 千米的主航道至今保存完好，不仅沿线文化遗存丰富，而且在水利、航运、文化、生态、经济等方面仍然发挥着重要作用。浙东唐诗之路是唐代诗人的踏访之地，留下了一大批优秀璀璨的诗歌，诗作描写之景点，至今基本保存完好。其中的精华段，在当代又诞生了以西兴古镇、浙东运河文化园和东山景区为代表的闻名海内外的旅游热点，持续吸引着海内外游客探寻和游览浙东运河诗路。

第一节　起源绽放：西兴古镇的诗路旅游

一、从西兴运河到西兴古镇的文化沉淀

（一）以浙东运河历史视角，知西兴古镇繁荣过往

　　公元 300 年前后，在晋会稽内史贺循的主持下，开凿了著名的西兴运河。"运河在府西一里，属山阴县，自会稽东流县界五十余里入萧山县，

《旧经》云：晋司徒贺循临郡，凿此以溉田。"①它自郡城西郭西经柯桥、钱清、萧山直到钱塘江边，起初称漕渠。因运河从萧山向北在西陵镇与钱塘江汇合，而西陵后称西兴，故名西兴运河。

浙东运河西起杭州西兴古镇，东至宁波，与海相连，全长239千米，是过去重要的航运河道。漫漫历史长河中，浙东运河曾是滋润和哺育一方百姓的盈盈活水，更是一条盘活地方经济的黄金水道。作为京杭大运河的延伸段以及大运河与海上丝绸之路联通的通道，浙东运河是大运河不可或缺的重要组成部分。浙东运河不但孕育了富庶的萧绍平原，也为大运河留下了一段最完整、最丰富的古运河文化遗存，为世人描绘出一幅原汁原味的古运河风俗长卷。这幅长卷的开篇正是位于杭城钱塘江南岸的西兴——一座拥有众多人文古迹的千年商业重镇。

西兴古镇（图6-1）位于萧山西十里处，历史悠久，交通发达，是京杭运河的终点，浙东运河的起点，也是浙东唐诗之路的起点。西兴古镇的历史最早可以追溯到春秋时期，越国大夫范蠡在此筑城，当时称为固陵，六朝时称为西陵，后吴越王钱镠因"陵"非吉语，改西陵为西兴，一直沿用至今。虽几经易名，但西兴却因为拥有浙东运河和钱塘江的中转码头，舟车辐辏，万商云集，其"两浙门户"、"浙东首地"的地位反而在光阴流转中固守了。《水经注》载："浙江又经固陵城北，昔范蠡筑城于浙江之滨，言可以固守，谓之固陵，今之西陵也。"春秋时期，越国大夫范蠡在此筑城抵御吴军，当时的固陵就是现在的西兴，如今还能见到遗址上的几段城墙墙基和立柱，是这座城池的关隘——铁陵关。《绍兴府志》记载："西兴驿在西兴镇运河南岸，唐之庄亭也。"固陵有设置固陵驿，说明当时在保持军事性质的同时，也是一座交通型城镇。西晋以后，军事要塞向中转码头转变，驿站功能转为以水驿为主，西兴古镇也发展成为一个兴盛的商业市镇，成为沟通江海的必经之路。

---

① 陈桥驿：《浙江古今地名词典》，浙江教育出版社1991年版，第543—544页。

图6-1　西兴古镇

　　西兴古镇老街西端连着浙东古运河的源头，在没有高速公路和铁路的时代，水运是一种重要的交通方式，西兴古镇也成为浙东运河上重要的中转站。西兴是钱江古津，位于西江塘和北海塘的交接处，最早被称为固陵渡。过去，浙东运河船上的货物与客人要过塘翻坝上外江船，然后再运往全国各地。同时，过钱塘江的货物与客人也要过塘翻坝后才能上内河船只，往浙东、浙南各地。货物因时间问题，无法做到随到随运，就需要在西兴古镇停留。货物需要仓储，客人需要停歇，西兴运河两岸的西兴人敏锐地嗅到了巨大的商机，于是西兴古镇就成了过往商客转运货物的"转运中心"，相当于如今的物流中心。西兴古镇作为南来北往的一个中转码头，出现了万商云集、士民络绎、市容繁华的一片盛景。久而久之，西兴古镇出现了一种新的行业，也就是"过塘行"，即专门为过往客商提供转运货物服务的"转运行"。自此，南北客商、东西货物都在西兴古镇中转，故过塘行布满西兴，这也成为西兴古镇商业兴盛的重要标志（图6-2）。"西兴过塘行及码头"也成为世界文化遗产大运河之浙东运河的组成部分。

图6-2　西兴古镇

（二）因浙东运河水运之利，晓西兴古镇兴旺之始

西兴古镇流淌着浙东运河的水，汲取着浙东运河的文化营养，也因浙东运河而繁盛。同时，浙东运河也因西兴古镇的存在，更加充满生机与活力。西兴古镇与浙东运河唇齿相依，协同发展，共融共荣。

一方面，西兴古镇是浙东运河文化系统的有机组成部分，反映了运河的人文价值。西兴古镇既是诗意风华的浙东唐诗之路的起点古镇，又是运河水路商肆繁华的浙东第一过塘古渡。西兴码头是浙东运河西端的码头，是沟通钱塘江与浙东运河的枢纽。旧时的西兴码头与过塘行筑群紧邻，担负着钱塘江与浙东运河货物装卸、客人上下的职责，成为保障陆上与海上丝绸之路紧密联系的关键节点。西兴古镇见证了运河对沿线区域经济和商贸发展的影响，也大大推动了运河沿线城市聚落的形成和发展。当前，西兴古镇老街周边建设有白马湖生态创意城、滨江互联网小镇和物联网小镇等新型文化产业平台，进一步推动了西兴古镇传统文化与新型文化的融合，也成为新时代运河文化保护、传承、利用、创新的重要载体。

另一方面，西兴古镇至今仍保存了完整的运河城镇格局、历史街区、传统街巷，彰显了极高的历史文化价值。西兴古镇是浙江境内延续时间最长、保存规模最大的运河城镇，承载了浙东运河历史文化的记忆，也记录了因浙东运河而兴衰的城镇历史。浙东运河是西兴古镇发展的动力来源，也是西兴古镇形态格局形成的主要因素。平行于西兴运河的西兴老街，就是依托运河而发展、繁荣起来的商业街，较为完整地保留了最初的格局及建筑风貌。"前街后河，路河平行，一河两路"的格局清晰可见，"高墙窄巷"、"前店后寝"的特点明显，古桥梁、码头、民居等历史遗存丰富（图6-3）。

图6-3 西兴古镇鸟瞰

近年来，西兴古镇立足于古镇文化与老街文化，全力推进古镇旅游，以文促旅，以旅彰文，形成了古镇文旅融合的发展模式，让西兴古镇在新时代焕发新的生机。如今的西兴古镇，也成为了运河上的一颗璀璨明珠，不仅留住了古镇的昔日繁华，更留住了千年运河的时代记忆。①

---

① 叶彬松：《古镇新韵：浙东古运河源头西兴》，《杭州》2022年第12期。

二、西兴古镇的运河文化与唐诗文化

（一）忆西兴古镇官河过往，感过塘行之社会百态

西兴古镇是与浙东运河命运紧紧相连的一个古镇。据《西兴镇志》载，自清末至民国时期，西兴共有过塘行七十二爿半，挑夫、船夫、轿夫、牛车夫等从业人员达千人，成为名震江南的货物集散中心。七十二爿半过塘行，就是这段历史的物化记忆。在西兴集镇中心，有一条保存完好的 960 米长街，七十二爿半过塘行就位于这条老街。与老街相邻的，就是浙东古运河的起始段——官河。

官河上，还有一座古石桥，叫作屋子桥，因桥上建屋而得名。这是一座半圆单拱石桥，重建于清康熙年间，连接着官河路和西兴老街。今天，行走在官河边，老屋临河，青瓦盖顶，踏步接水，古桥横跨，流水人家，一派浓郁的江南古镇韵味。从一些保存完好的过塘行和老宅、古桥旧址，以及氤氲其中的民风民俗中，依稀还能触摸到当年繁华景象的丝丝痕迹。

一座过塘行，半部西兴史（图 6-4、图 6-5）。西兴本地老人们介绍，当时过塘行生意兴隆，各路船只排起的队伍长达千余尺，首尾相接，起航靠埠，上客卸货，昼夜不歇，一派繁忙景象。运河里舟来纤往，吆喝声此起彼落。西兴古镇居民张翊乔说："老底子最繁华的时候，这老街上一排门面过半都是过塘行，最多的时候有 70 多家。""过去我们家过塘行有厨娘、账房先生，还有几位负责联系的业务员。"厨娘负责烧饭做菜，招呼往来运货的商客，账房先生则负责管账，业务员负责外出跑业务，联系内河、外江的运货船只。"一些老顾客都不用亲自跑船运，我们这边直接接收，联系好运货。"张翊乔回忆说。

过塘行的兴盛还带动了其他生意的红火。在张翊乔的记忆中，官河两边当年有汤宝楼茶店、延春堂药店、润大昌南货店、祥茂肉店、杨永和布店，还有酒作坊、酱园店等，休闲娱乐，一应俱全。河对岸的老房子，很多曾经就是过塘行，因此房子沿河的一边，现在还能看到一扇小门，小门内有一个带石阶的过道，过塘行的伙计通过这里，沿阶梯而上，就可以把

船上货物搬到房中。沿着官河再往西行，就到了古运河的源头，连通浙东古运河和钱塘江的水闸门——永兴闸，还有城隍庙遗址。永兴闸以前不通航，主要是用来调节古运河的水位。靠近城隍庙，屹立运河头的有两只石狮子，在岁月变迁、江河奔流中，它们张着大嘴，对着远道而来的客人，诉说着西兴古镇千百年来的历史。

图 6-4　西兴过塘行原景（图片来源：西兴发布　　　　图 6-5　过塘行码头专题博物馆
　　　　　2023 年 6 月 27 日）

　　如今的西兴古镇保存了传统运河街市的格局风貌，保留了码头、铁陵关、西兴闸、城隍庙、西兴驿、古桥、牌坊等遗址遗迹，是研究浙东运河古镇空间形态的珍贵遗产，作为浙东唐诗之路的起点，西兴也吸引了众多唐代诗人前来游赏，是唐诗之路重要节点的吸引力基础。

（二）读西兴唐诗壮丽诗篇，品文人墨客言志抒情

　　西兴是浙东唐诗之路的起点，作为交通要冲，无数文人墨客在这里驻足停留，他们或凭栏怀古，或泛舟畅游，或夜宿西兴。据不完全统计，西陵、固陵、樟亭、西陵驿、白马湖、城山等涉及西兴地域的诗篇，有 400 首之多。其中不乏李白、杜甫、白居易等历代名家的壮丽诗篇。唐代诗人从这里坐船，开始他们的浙东之旅，并留下了脍炙人口的诗作。

　　李白三入越中，离不开运河舟楫，他的抒情诗《送友人寻越中山水》，将登临西兴后的第一印象告诉朋友，与之共享快乐之情：

闻道稽山去，偏宜谢客才。千岩泉洒落，万壑树萦回。

东海横秦望，西陵绕越台。湖清霜镜晓，涛白雪山来。

八月枚乘笔，三吴张翰杯。此中多逸兴，早晚向天台。

这是一首五言排律，诗中提到了西兴，西陵绕越台，越台是春秋时越王句践在这里招贤纳士，抗击吴国所筑。

唐时，胡人来到中原地带经商，随后来到浙东地区，杜甫有诗提及此，诗中表达了杜甫关心民生，关心国家和人民的胸怀：

商胡离别下扬州，忆上西陵故驿楼。

为问淮南米贵贱，老夫乘兴欲东流。

孟浩然的观潮诗《与颜钱塘登樟亭望潮作》，吟咏雷霆万钧的钱塘江大潮和西兴万人空巷的观潮场面：

百里闻雷震，鸣弦暂辍弹。

府中连骑出，江上待潮观。

照日秋云迥，浮天渤澥宽。

惊涛来似雪，一坐凛生寒。

白居易也到访过西兴。长庆二年（822），白居易任杭州刺史，他来到西兴后，写下《宿樟亭驿》。当时，如要回到中原，需要从西兴渡过钱塘江，但是要过钱塘江，需等潮平之后，诗中表达了诗人的思乡之情：

夜半樟亭驿，愁人起望乡。

月明何所见，潮水白茫茫。

另在与元稹唱和中，写下《答微之泊西陵驿见寄》：

> 烟波尽处一点白，应是西陵古驿台。
>
> 知在台边望不见，暮潮空送渡船回。

千百年前，诗人们倾听着钟鼓声在耳边回荡，凝望着滚滚的钱塘江潮水，以吟诵西兴古镇千年的繁华。施肩吾、吴融、罗隐、宋之问、王昌龄、王勃等唐代先贤纷纷驻足西兴，此外还有胡人番客、外国朝圣者，他们或在这里留下传说，或留下诗文，或留下画卷。①

这个小小的西兴古镇记载了众多唐代名家的足迹。李白、杜甫、白居易……这些诗坛大家，他们将固陵涌潮、江风、驿站、关楼、茶亭、塔林等一系列美丽景象和优美音韵永存于那些广为流传的诗篇之中。

三、西兴古镇旅游发展现状

西兴古镇作为浙东运河和浙东唐诗之路的起点，小桥流水人家，粉墙黛瓦街巷，呈现出典型的江南古镇特色。西兴老街被列入杭州市十大历史保护街区之一。2014年6月22日，中国大运河列入世界文化遗产，浙东运河西兴过塘行码头成为其中一个重要遗产点。西兴立足于老街文化，全力推进古镇旅游，形成文旅结合的发展模式，让古镇焕发新的生机。

（一）文化味与生活味交融

西兴古镇的老街，保留了最真实的历史原貌，带着浓重的生活质感，吸引着国内外游客前来体验西兴的古朴与烟火，感受充满历史文化的古镇生活。相比于其他商业气息浓郁的古镇，西兴古镇多了一些古朴宁静。

---

① 杜正贤：《浙东运河之西兴过塘行码头保护与利用的建议》，《杭州研究》2015年第2期。

为传承历史文脉，让历史文化遗产"活起来"，自 2003 年以来，西兴街道以"八八战略"指引西兴古镇进行保护与利用，通过"大运河申遗"、"小城镇环境综合整治"、"诗路文化带建设"等工程，加大了对古镇的保护和整治力度，使古镇面貌焕然一新。在老街保护区内共有全国重点文物保护单位大运河西兴码头与过塘行建筑群等 19 处、杭州市文物保护单位 1 处、杭州市文保点 1 处、杭州市历史建筑 5 处。沿老街分布着屋子桥、铁陵关、永兴闸、西兴驿等遗址，以及残存的牌坊、街亭、河埠头等众多文物古迹，延续了西兴古镇的历史文化，较为完整地保留了清末民初"两街一河"的格局。

（二）诗路味与国际味相融

围绕浙东唐诗之路，弘扬诗路文化，西兴古镇打造了"诗路声音博物馆——西兴馆"，举办"从西兴出发——浙东唐诗之路"摄影活动和学术研讨活动，推出"游钱塘精华，逛西兴老街"旅游线路。在南宋时期，通过浙东运河，使杭州与泉州、广州连接，频繁往来，让西兴与世界也有了亲密接触。千百年来，在西兴的人们形成了"国际化"的视野，而这种文化基因的延续，也恰是西兴古镇从传统走向开放包容最生动的注解，打响了"浙东运河起点"的文化品牌，成为杭州文化旅游的又一大胜地。

四、西兴古镇诗路文化与旅游的融合

（一）观西兴驿站点如灿星，思古镇遗址过往沉浮

在历代地方志中，常以"西兴驿"或"西陵驿"在地图上标示西兴，可见驿站设置对西兴的重要性。驿站负责过境官员食宿，也接待客商。运河开凿后，西兴驿以水驿为主。浙、闽一带的读书人进京赶考，浙东运河是必经之路。

驿站既是迎送官员、招待商贾的场所，也是地方行政的门面，于是出现了许多修建华丽、陈设舒适的馆驿。唐代驿道建设完善，沿途树木成

荫，驿站布局合理，行旅十分方便。唐代诗人李白、杜甫、白居易等都曾作有吟咏西陵樟亭的诗，此刻樟亭既是驿馆的一部分，又是驿馆的代称。唐诗兴盛的时代，诗人们由此乘船东去绍兴、宁波，西兴也因此成为浙东唐诗之路的起点。[1]

在西兴老街，还有一个"官方招待所"，名曰西兴驿，据说西施就是在这里梳妆打扮后渡江去的吴宫，唐代大诗人李白、杜甫、白居易等在诗中都提到过这个驿站，这里也将作为遗址被保护起来。在古塘路，迎面可见竖立着的世界遗产标志：中国运河——西兴过塘行码头。走进古镇便可见从古镇穿行而过的官河，它是历史上浙东运河的源头。一条官河陪伴着古镇绵延千年至今，官河是伴随着浙东运河的开凿而诞生的，由于由官方开凿，当地人称呼它为官河，这是一条辉煌逾千年而今显得有点恬静的河。

西兴驿遗址在西兴老街上。西兴驿是以船为主要交通工具的驿站，其转递手段为"代马船"。在古塘路有一白墙黛瓦的小院，内设西兴过塘行码头专题陈列馆。陈列馆规模不大，以浙东运河文化为主题，分别从西兴历史沿革、浙东运河历史沿革、西兴过塘行码头历史沿革三大部分展现浙东大运河、唐诗之路的灿烂史与西兴过塘行产业的兴衰史。

（二）兴西兴古镇旅游，游运河唐诗风韵诗路

西兴古镇一度繁盛的除了贸易还有诗。西兴古镇是诗路浙江的"纽结地"，连接着"浙东唐诗之路"、"大运河诗路"、"钱塘江诗路"，并通过浙东运河直通宁波，与海上丝绸之路连为一体。历史上的西兴，曾吸引李白、杜甫、白居易、苏轼等唐宋众多文人墨客驻足，是文人墨客的灵感发源地之一。据记载，唐代有400余位诗人由杭入越，东游名山大川前，都先登陆西兴（或另一古渡渔浦），观潮吊古后，再乘舟东行。他们登固陵，游妆亭，住驿站，观海潮，睹物生情，缅怀先人，留下瑰丽诗篇无数。

---

① 李靖、徐永利：《略论萧绍运河文化的空间演绎：以钱塘古镇西兴为例》，《华中建筑》2008 年第 3 期。

唐朝时期，官员升迁贬谪，文人寻幽漫游，商客南北往返，无不频频出入西陵，形成了繁盛的山水文化，留下不少诗作。走进古镇里面会看到很多带有古时味道的老街，以前这里是非常热闹的，虽然现在没有之前的繁华景象，但是仍然保留了很多的古建筑物，走进去便能体验到江南水乡风情。当漫步在古街，能够感受到这个古镇蕴含的丰富诗意。这个古镇最中心的地方就是老街，全长960米，西起铁岭关，东到资福桥，也是至今为止杭州城区保存得最完整的一条老街。

西兴古镇主要沿官河呈带状发展，"房—河—街—房"、"房—街—房"的空间结构强化了古镇的带状走势，强调了运河空间轴线走向。官河南北形成了上大街、下大街两条主要道路，在唐朝它还有一个诗意的名字——东山诗道。

唐代的时候，运河成为了一条黄金旅游线路，李白、杜甫、王维等诗坛大家都曾游历于此，还有许许多多的唐代诗人造访于此，走出了一条唐诗之路。时隔千余年后，人们依然可以沿着这条路线感受着唐诗风韵。从中国唐代开始，浙东运河日益繁忙。唐代诗人们从这里出发，走向远方。我们也可以循着这样的足迹，去往西兴古镇旅游，感受唐诗风韵，走向更远的地方。

西兴古镇为游客提供了一次穿越时光体验杭州悠久历史和深厚文化底蕴的机会。西兴老街是一条可以看尽西兴古镇最原始风貌及西兴古镇文化的老街。古色古香的青石板路，错落有致的居民房，再辅以小桥流水，成为西兴老街独有的文化符号，散发江浙古镇独有的江南韵味。对岸的西兴街两侧有不少清末民初的建筑，老式的剃头铺、木凳铺、茶馆等，别有一番风情。西兴古镇是一个"活着"的聚落，常住于此的本地居民，共同构成古镇特有的民俗风情。老街文物古迹众多，历史文化氛围厚重。铁岭关遗址讲述了五代时吴越王钱镠在此观潮，永兴闸为古时调节古运河水位高低和水质的水利工程，西兴过塘行码头专题陈列馆讲述了浙东大运河、唐诗之路的灿烂历史和西兴过塘行产业的兴衰历程。老街上至今还残存的几家过塘行的招牌，见证了当年西兴古镇商贸往来的繁华忙碌，也印证了西兴古镇不但是当时的物流中心，也是人流中心与文化中心。

西兴古镇以其浓郁的历史底蕴和独特的景观吸引着众多游客。这个古镇同时展现了古代繁华和宁静的一面，成为一个生机勃勃的地方。来到西兴古镇，你可以感受到深厚的人文氛围和悠久的历史，其独具特色的历史背景和景点特色在杭州市独树一帜。游客们可以在这里领略到历史的厚重和人文的魅力，体验到别样的生活方式。无论是散步在古镇的街道上，欣赏河岸的美景，还是参观保存完好的古桥和建筑，都会给人们留下深刻的印象。

（三）释放非遗文化，开发诗路旅游

利用西兴古镇的老街非遗文化，将非遗文化与诗意旅游相结合，为游客营造出富有诗意的旅游体验，不仅提升了游客的参观和游玩的趣味性，也促进了西兴古镇的文化传承和发展。（1）大力保护和修复老街。对西兴古镇的老街进行保护和修复，保留和修复历史建筑、古老的街道布局和传统街景。通过保护和修复，以原汁原味地展示古镇的历史风貌，为诗路旅游提供真实的背景。（2）积极打造诗意氛围。在老街的建筑立面、巷道墙壁等位置悬挂与诗词文化相关的标语、对联、展板等，营造诗意的氛围。这些诗词可以是现代作家的创作，也可以是古代文人的名作，以唤起游客心中的诗意和共鸣。（3）举办演出活动。定期举办诗词朗诵会、传统音乐演奏会、戏曲表演等文艺活动，通过诗歌、音乐、戏曲等艺术形式展示西兴古镇的老街非遗文化。这些活动可以在老街的剧院、广场、文化中心等场所举行，吸引游客参与和感受诗意文化的魅力。（4）非遗工艺展示。在老街设立非遗工艺展馆或文化工作室，展示和传承当地的非遗工艺。游客可以观摩和参与工艺制作，了解非遗技艺背后的文化内涵，体验诗意文化的源头和传承。（5）打造诗意餐厅和茶楼。在老街设置具有诗意氛围的餐厅和茶楼，以古典庭院为特色，让游客在品尝美食或品茗的同时，感受到诗意文化的渗透。（6）举办诗意文化展览。举办诗词艺术展览，展示与诗词相关的艺术作品、书法、篆刻等。展览可以结合西兴古镇的老街景观和非遗文化，通过图片、文字、多媒体等形式展示和介绍相关诗词的背景、

创作过程和内涵。（7）导游解说服务。培训专业的导游，以提供有关西兴古镇老街非遗文化的专业解说服务。导游以丰富的知识和讲解技巧，让游客了解诗意文化的渊源和西兴古镇的历史传承。

（四）挖掘文化底蕴，打造西兴古镇的诗意景点

西兴古镇拥有悠久的历史和丰厚的文化底蕴，深入挖掘古镇的历史、人文、艺术等方面的元素，为诗路旅游提供丰富的文化内涵。通过研究当地的古诗文化和古代文人墨客的活动，找出与古镇相关的诗词资源，作为打造诗路旅游的基础。（1）文化保护与修复。通过加强对古建筑、古道、古树等历史文化遗迹的保护和修复工作，使其能够更好地展示古镇的历史风貌和传统文化。（2）文学艺术活动。举办文学论坛、诗歌朗诵会、书法比赛等活动，邀请知名诗人、文艺家参与，通过文学、艺术的交流和传承，弘扬古镇的诗意氛围。（3）文化展览与展示。建设文化展览馆或文化陈列馆，展示西兴古镇的文物和艺术作品，为游客提供更多了解和体验古镇文化的机会。（4）诗词陈列墙和碑刻。在古镇的重要街道、景点或公共场所设置诗词陈列墙或碑刻，展示西兴古镇的历史典故和名人诗句，营造浓厚的文化氛围。（5）多媒体互动展示。利用现代技术，打造多媒体互动展示设施，通过影像、音频等方式，将西兴古镇的历史和文化呈现给游客，增加趣味性和吸引力。（6）主题活动与民俗体验。举办传统节日庆祝活动、传统手工艺制作体验等，让游客亲身参与，感受古镇的独特魅力，进一步了解古镇的文化传统。

选择一些古镇内的风景名胜和文物古迹，打造具有诗意的景点。景点可以结合相关的诗词作品，为游客提供浸入式的体验，通过观景、朗诵、诗创作等活动，让游客与诗意景点互动，感受古镇的美和文化。设立诗词墙和诗意驿站。在古镇的重要位置，设立一座诗词墙，展示游客创作的诗词作品。同时，在适当的地方设立一个诗意驿站，提供休憩和创作的空间，鼓励游客在古镇中寻找灵感进行诗词创作。制作诗意地图和导览手册。设计一份诗意地图和导览手册，将古镇内的景点、历史文化信息与相关的诗词作品结合起来，为游客参观提供指引，让游客能够更全面地了解古镇的诗意之美。

（五）举办诗歌活动，传递西兴运河的诗情画意

组织诗歌朗诵会、诗歌比赛、诗词讲座等活动，吸引文化爱好者和诗词创作者来到古镇，展示他们的作品并进行交流互动。（1）确定活动主题。根据古镇的历史文化和诗意氛围，确定诗歌活动的主题。可以选择与古镇相关的主题，如古镇的美景、历史人物、传统文化等，鼓励诗人和文化爱好者创作与古镇相关的诗词作品。（2）招募参赛者。通过各种渠道招募诗歌爱好者、文化艺术团体和学校的师生等参加诗歌活动。可以通过线上和线下的报名方式，确保有足够的参赛者参与。（3）组织诗歌朗诵会。举办诗歌朗诵会，为参赛者提供展示的平台。朗诵会可以在古镇的特色场所或室外开展，增加活动的艺术氛围。（4）举办诗歌创作比赛。组织诗歌创作比赛，可以设立不同的奖项，如最佳古镇主题诗歌奖、优秀青年诗人奖等，激发参赛者的创作热情。（5）举办诗词讲座和工作坊。邀请专业诗人、学者等开展诗词讲座和工作坊，向参赛者和观众传授诗歌创作技巧、诗词赏析等知识。通过专业指导和互动交流，提升参赛者的诗歌水平和创作能力。（6）举办颁奖典礼和表演。在活动结束后，举办颁奖典礼和表演，为优秀的参赛者颁发奖项，并举办诗歌朗诵、音乐演奏等艺术表演，以展示古镇的文化魅力和诗意之美。

（六）加强合作与推广，提高西兴古镇诗路旅游的传播度

有效地宣传推广西兴古镇的诗路旅游产品，吸引更多的游客前来体验古镇的诗意之美，推动古镇旅游业的发展。（1）建立合作伙伴关系。与相关旅游机构、酒店、旅行社等建立紧密的合作伙伴关系。通过合作，整合资源，共同推广西兴古镇的诗路旅游产品。与旅行社合作推出特色的诗路旅游线路，与当地酒店合作提供优惠房价或套餐服务，与文化机构合作举办诗歌朗诵会等。（2）设立诗路旅游推广中心。设立一个专门负责推广诗路旅游的推广中心或办公室，负责制定推广策略、策划推广活动等。中心可以与相关旅游机构、媒体、社交平台等建立良好合作关系，利用多种渠道宣传推广西兴古镇诗路旅游产品。（3）制作宣传材料。设计宣传册、海报、宣传片等宣传材料，突出古镇的诗意和文化内涵。宣传中可以加入相

关的诗词作品，让游客感受古镇的诗意之美。同时，利用社交媒体等新媒体平台进行线上宣传，吸引更多的游客。（4）举办推广活动。组织一系列推广活动，如诗词朗诵会、诗歌创作比赛、文化论坛等，吸引文化爱好者和游客参与其中，提高古镇的知名度和影响力。可以邀请知名诗人、文化名人等作为嘉宾，增加活动的号召力。（5）网络推广与在线预订。利用互联网进行推广与预订服务。建立官方网站，提供古镇的介绍、景点资讯、活动信息等。与在线旅游平台合作，提供诗路旅游套餐，方便游客在线预订。（6）参展与合作宣传活动。参加相关的旅游展会、文化节、艺术展览等活动，向更广泛的群体宣传推广西兴古镇的诗路旅游。与其他有关旅游、文化、艺术的机构、景区等进行合作宣传，提高品牌知名度和影响力。

通过多措并举打造西兴古镇的诗路旅游，吸引更多的游客前来体验古镇的独特历史文化，与诗词作品进行互动和交流，并通过诗意旅游丰富古镇的文化内涵。

第二节　再谱长歌：浙东运河文化园再续诗路旅游

一、浙东运河文化园孕育灿烂的运河文化

浙东运河绍兴段是绍兴境内的世界文化遗产，也是绍兴最具历史文化价值的瑰宝。为了更好地保护浙东运河的遗产，充分利用运河资源，展现运河所蕴藏的文化价值，绍兴市创建了浙东运河文化园。通过这一举措，绍兴希望传承和弘扬浙东运河及绍兴的丰富历史文化。浙东运河文化园依河而建，千年运河水在其旁缓缓流淌。这里融合了历史文明与现代文明，展示了浓厚的文化底蕴。文化园承载着运河的历史与文化，通过展览和讲

解，让人们深入了解、感悟运河文化的独特魅力。在浙东运河文化园里，游客们可以沿着运河步道漫步，欣赏壮观的运河景色；参观展览馆，了解运河的历史背景和文化内涵；还可以参与文化活动和体验项目，亲身感受运河文化的魅力。浙东运河文化园以其丰富的历史资源和独特的文化魅力，成为绍兴地区一处重要的文化景点。它不仅展示了运河宝贵的文化遗产，也为人们提供了一个了解和感受浙东运河文化精神的平台。通过浸润在运河文化的海洋里，我们能更深刻地领略到浙东运河的历史积淀和人文魅力。

浙东运河文化园（图6-6）位于浙东运河北侧，处于绍兴浙东古运河核心位置。浙东运河文化园的建筑群充分尊重运河周边自然生态，整体形态古朴、灵动，凸显水墨江南的白墙灰瓦，灵动轻巧，展示绍兴河湖聚落的"美"、古桥纤道的"秀"、采石景观的"奇"等特色。

图6-6　浙东运河文化园（图片来源：中央电视台记者范凯拍摄）

二、浙东运河文化园的诗路文化

浙东运河文化园是绍兴打造运河文化品牌、建设浙江金名片的重点工程，是弘扬运河文化、提升城市品位的城市新地标，是进一步提升"浙东唐诗之路"文化品牌的有形载体。浙东运河文化园依托浙东运河（绍兴段），沿河而建，李白在此地也留下了许多作品。

遥闻会稽美，一弄耶溪水。

万壑与千岩，峥嵘镜湖里。

秀色不可名，清辉满江城。

人游月边去，舟在空中行。

此中久延伫，入剡寻王许。

（《送王屋山人魏万还王屋》）

镜湖水如月，耶溪女如雪。

新妆荡新波，光景两奇绝。

（《越女词》其五）

镜湖流水漾清波，狂客归舟逸兴多。

山阴道士如相见，应写黄庭换白鹅。

（《送贺宾客归越》）

越王勾践破吴归，义士还家尽锦衣。

宫女如花满春殿，只今惟有鹧鸪飞。

（《越中览古》）

　　李白的《越中览古》，道出昔日繁华与落寞。府山承载了古运河的历史，也见证了唐诗的发展。拾级而上，山上有越王殿与越王台、清白泉、文种墓、唐宋名人摩崖题刻、飞翼楼、风雨亭、革命烈士纪念碑等景点，可以感受历史的车轮在这里留下的痕迹。

　　古时的会稽郡、越州，今日由浙东运河文化沉淀的绍兴，称得上是中国历史最悠久的城市之一。凭借"千岩竞秀，万壑争流"的美景，吸引了无数文人墨客驻足，并有绝妙诗词传世。南朝梁王籍有《入若耶溪》：

> 舲艎何泛泛，空水共悠悠。
> 阴霞生远岫，阳景逐回流。
> 蝉噪林逾静，鸟鸣山更幽。
> 此地动归念，长年悲倦游。

若耶溪在绍兴市南 6 千米的若耶山下，北流入镜湖，描绘了浙东运河边的山水情景。此诗之后，描写若耶溪的诗作不断涌现，而且或多或少受了它的影响。唐崔颢也作有《入若耶溪》：

> 轻舟去何疾，已到云林境。
> 起坐鱼鸟间，动摇山水影。
> 岩中响自答，溪里言弥静。
> 事事令人幽，停桡向余景。

崔颢的《入若耶溪》描绘了若耶溪水色的清澈和环境的幽静，正是为了寄托诗人喜清厌浊、好静恶闹的情怀。此外，孟浩然也作有《耶溪泛舟》，描绘若耶溪之景：

> 落景余清辉，轻桡弄溪渚。
> 澄明爱水物，临泛何容与。
> 白首垂钓翁，新妆浣纱女。
> 相看似相识，脉脉不得语。

三、浙东运河文化园旅游开发现状

（一）以运河文化为主线，构建三大文化板块的文化旅游

以文促旅，以旅彰文。浙东运河文化园将集结与"水"相关的文化创意产业，打造"文化+"消费场景，推出研学游、非遗游等多条主题旅游线路，融入食、住、游、娱、购各个环节。让古运河和城市融合，产生新的吸引力、沟通力、发展力和生命力。

浙东运河文化园以文化为主线，建设文博、文创和文旅等三大文化板块。文博区的空间以运河博物馆为主馆（图6-7）、淡水鱼水族馆为副馆。博物馆开展浙东运河文化、淡水鱼类科普展示与教育；文创区以运河文化创意产业用房为主体，主要用于培育和发展浙东运河文创产业；文旅区以垂钓竞技中心及文旅用房为主体，文旅用房主要用于休闲酒店。

图6-7　浙东运河博物馆（图片来源：中央电视台记者彭汉明拍摄）

浙东运河文化园的六大展厅，浓缩了浙东运河文化园的历史精华，成为一条璀璨的文化带、绿色的生态带、缤纷的旅游带。其六大展厅及其内容如下：序厅（伟大工程、宝贵遗产——中国大运河与浙东运河），包括中国大运河、浙东运河分段、浙东运河地位、世界著名运河、浙东运河大事记；展厅一（沧海桑田、地平天成），包括海侵海退、原始水运、大禹治水、山水大势；展厅二（千古名河、水运伟绩），包括辉煌历史、工程技术、管理调控；展厅三（富兴百业、海内巨邑），包括自古繁华、城镇风

采、海上丝路；展厅四（人文荟萃、各领风骚），包括禹风浩荡、天地正气、诗文风雅、民俗风情；展厅五（承前启后、璀璨前程），包括工程建设、综合整治、运河申遗、永久魅力。

（二）塑造景观节点，触摸运河文化基因

浙东运河文化园除了三大板块、六大展厅外，还有运河水街、运河诗路带、水上游乐线三条主线，横碧桥、越风台、运河水街和古韵崔纶四处主景观，共40个节点，18个文化基因得以延续。浙东运河文化园是一个以集中展示浙东运河元素为主题的，融合文博、文创、文旅于一体的，以"旅游景点+文旅园区+城市花园"多功能复合的文化园区，它成为了城市新地标，提升了区域人气活力，推动了"浙东唐诗之路"、文创大走廊等文化旅游项目的发展，进一步增强了绍兴区域的融合，对打造全市首位度中心城区、推动绍兴大城市建设发展具有重要意义。

浙东运河文化园也充分将运河的"诗意"化于园中，利用场地宽度和景观资源，超越博物建筑的单一内部空间，将运河文化的场景和元素，以书画和园林手法进行实景营造，创造出一幅浓缩运河文化的"诗路胜景"，就像一幅沿运河展开的立体诗画长卷，使到访的人们得以在真实的运河时空中，切身体验运河文化的所有美妙细节。

浙东运河文化园的设计主要是为了打造一个集科普教育、收藏研究、交流、休闲体验、IP运营于一体的现代博物馆。同时，浙东运河文化园立足运营视角，将其嵌入整个园区生态系统中，确保浙东运河文化园运营的可持续性发展。作为"诗路胜景"关键的一环，浙东运河文化园的设计灵感来源于运河上来来往往的舶帆，以及绍兴传统建筑轮廓剪影，这两者皆是绍兴文化的代表形象。浙东运河文化园的建设正是将两者巧妙糅合，借舶帆之骨，融屋檐之形，以现代材料和技术，创造出既有传统文脉气韵，又独具时代精神和标志，最终为游客过目不忘的整体形象。浙东运河文化园屋面主要采用钛锌板及数控印刷玻璃等，在檐口及中庭局部需要采光的区域，通过数控打印玻璃进行色彩渐变，利用天光和水体景观的复合作用，在室内创造出一条光之运河，起到引导参观的作用，创造出既有传统

气韵，又独具时代精神和标志的视觉形象，正所谓"望数千年运河清波，展新时代诗路风帆"。从浙东运河文化园到整个大运河的文化沉淀，足可见运河诗路旅游悠远深厚的文化内涵。

四、浙东运河文化园诗路文化与旅游的融合

（一）以运河文化之积淀，镌刻诗路旅游之悠远

运河是涵养古越文化的重要源流之一，并以其厚重的历史文化产生了诗路旅游。从产生背景看，浙东地区水陆交通便利、社会经济繁荣、自然山水秀丽、人文历史深厚。历代诗人更是以浙东运河作为行进线路，纵览沿线的名山大川等自然风景及璀璨多元的人文风景。传颂至今的诗歌不仅为历代诗人用以壮景，展现了秀美山川和深厚人文；而且以诗咏志，体现了其情感、理想、体悟及所处时代的背景。

同时，诗歌文化线路还展现出一种独特的动态导引作用。源于六朝士族塑造的传统、风气和生活方式，每个时代的新创作又与之前的诗人、诗作和典故等叠加在一起，产生了更大的"虹吸效应"，使得浙东的山水殊胜、人文历史、风物民俗等获得了更为广泛的社会认同，诗路的影响亦因此源远流长。这种因文学诗词的"积厚流光"，正是诗歌之路与其他类型的文化线路所不同的，也是人们心中的"诗与远方"。

从整体特征看，诗路把多样的自然和人文资源以"诗歌"为纽带串接在了一起。浙东的江河山川、名胜古刹、风土人情屡屡出现在诗人们的笔下：会稽山、四明山、天台山、天姥山等名山，千佛岩、穿岩十九峰、石梁飞瀑等奇峰，曹娥江、鉴湖、剡溪、浣纱溪、若耶溪等河湖水系，国清寺、高明寺、华顶寺等天台宗佛寺，普济禅寺等观音道场寺庙，雪窦寺等弥勒佛道场寺庙，新昌大佛寺、天童寺等东传佛教寺庙，赤城山洞、括苍山洞、委羽山洞等道教的三大洞天、八小洞天与十五处福地，剡纸、茶叶、鲈鱼、莼菜等风物特产，越剧、绍剧、甬剧、木雕、青瓷等民俗技

艺……诗路成为一个自然与人文相互融合的独特整体，它为浙东地区秀美的山水、多元的文化和多样的民间生活提供了重要的历史见证，焕发出与其他类型文化线路不同的"诗情画意"的艺术特征。

（二）以运河遗产之丰厚，凸显诗路旅游之殊胜

浙东运河文化园是国家运河文化公园建设的重要组成部分。回首过往千百年来，浙东运河始终紧跟时代的步伐，见证了历史的不断发展，运河文化遗产异彩纷呈；今天的运河，更因沿线遗产的历史与文化底蕴，支撑起了璀璨的诗路旅游。浙东运河基于资源的特色性，开发了多样化的旅游线路，既展示了浙东运河的历史文化，也全面呈现了新时代浙东运河的发展成就。第一，水上环城游线。从柯岩风景区镜湖码头出发，古运河的悠悠历史，瓜渚湖的清新明媚，大小坂湖的意气风发，柯桥古镇和中国轻纺城的古今交汇，江南水乡的婉约和时尚在这里相遇。东汉末年著名的文学家、书法家蔡邕，避难柯桥时，取柯亭椽竹制笛，该笛被后人称为"天下第一名笛"——柯亭笛，柯桥因此得名"笛里"。东晋"笛圣"桓伊曾用柯亭笛吹奏著名的琴曲《梅花三弄》。第二，古纤道漫旅。古纤道于唐元和十年（815）由唐代水利专家孟简主持修建，是世界文化遗产点，位于浙东运河柯桥段，西自湖塘板桥，东至柯桥上谢桥，全长 7.5 千米。所用石料多取材于柯岩，为青条石、青石板，故有"白玉长堤"的雅称。远远望去，长虹卧波，犹如一条于水面舞动的白练。湖塘板桥至阮社太平桥之间的破水型纤道，是柯桥古纤道中最精华的部分，包括宝带桥和玉带桥。第三，古鉴湖漫游。东汉永和五年（140），会稽太守马臻筑堤为湖，形成了古鉴湖。今天的鉴湖面积约 30.44 平方千米，分东鉴湖和西鉴湖两个区域，位于柯桥区境内部分为西鉴湖。来往此地的诗人们曾写下过许多题咏古鉴湖的诗文。第四，柯桥古镇，是全省首批 18 个省级历史文化街区之一。古镇是柯桥历史的见证者，也是浙东唐诗之路的重要节点。古运河不仅是江南水乡流动的风景，更是一条文化大动脉。

随着智慧旅游的快速发展，浙东淡水鱼馆内的一处特效电子屏幕呈现出了"海侵海退，沧海桑田"的景象。通过多媒体交互和虚拟现实技术等

互动形式，绍兴海侵海退的历史在这里以立体沉浸式的方式被生动演绎出来。当观众踩在屏幕上时，仿佛置身于一个真实的环境中，海水会泛起涟漪，脚下能感受到沙子的触感。利用砖雕、青铜器、遗址、历史文献等的陈列，结合声、光、电等数字化手段，水运文化在这里得到了系统而生动的诠释。淡水鱼馆是浙东运河文化园的亮点之一，它将成为鱼类文化研学和科普的重要基地，帮助人们了解国内外各种淡水鱼的知识和故事。而河底隧道更是淡水馆的一个亮点，它创造了一种奇特的景观，让游客感受到鱼群从头顶游过的壮观场景。同时，深入利用数字化技术，通过文学、美食、娱乐等方面的数字化，增强浙东运河文化与游客的互动，为游客创造了沉浸式的运河文化生活体验。

（三）以"艺术+"赋能浙东运河文化园，促进浙东运河文化园文化和旅游融合发展

艺术的魅力在于能穿透产业的边界，打通文化元素的融合渠道，创造新的文化旅游业态，释放文化价值。浙东运河文化园要努力发挥艺术多角度、全方位的渗透性功能，挖掘浙东运河文化资源，从浙东唐诗中汲取文化元素，打造浙东运河文旅新业态，创造"艺术+浙东运河人物"、"艺术+浙东运河故事"、"艺术+浙东运河戏剧"等传统文化艺术的展示方式与旅游体验活动，为游客创造传统文化体验新载体。同时，浙东运河文化园努力打造"艺术+浙东运河影视"、"艺术+浙东运河真人秀"、"艺术+浙东运河诗歌赛"、"艺术+浙东运河绘画赛"等新时代文化展示方式与体验内容。大力引入艺术展览，组织各类主题艺术展览，包括传统绘画、雕塑、摄影、现代艺术等，为游客提供观赏和学习的机会，从而增加文化内涵和艺术氛围。打造艺术装置，在文化园中设置艺术装置，结合运河文化元素，创造独特的艺术品展示区域，既能吸引游客，又能展现艺术与文化的融合。通过举办各类演艺活动，如音乐会、戏剧表演、舞蹈演出等，为游客提供多元的艺术享受，提升园区的娱乐性和文化内涵。开展交流合作，与艺术院校、艺术家协会等合作，举办艺术工作坊、讲座、研讨会等活动，促进艺术和文化的交流与合作，

提升园区的影响力和活力。开发艺术创意产品，推出以浙东运河文化为主题的创意产品，如文化衍生品、手工艺品等，增加游客的购物需求，促进文化产业的发展。与相关文化机构合作，引进优秀的文化展览馆，举办各类文化展览，为游客提供更多元化的文化体验。通过艺术赋能浙东运河，帮助游客获得超越时空的艺术体验，提高浙东运河的文化价值，释放浙东运河的文化和旅游经济效益。以"艺术+"赋能浙东运河文化园，将艺术与文化有机结合，为游客提供更丰富多样的文化和旅游体验，提升园区的品质和吸引力，推动文化和旅游融合发展。

（四）以"非遗+"赋能浙东运河文化园，打造诗路旅游新亮点

浙东运河沿线留下了诸多非物质文化遗产，以"非遗+"赋能浙东运河文化园，重拾浙东运河沿线优秀的非物质文化遗产，汲取浙东唐诗的文化营养，传承、利用和传播好浙东运河的非物质文化遗产，是释放浙东运河文化精神价值的重要手段，也是浙东运河文化园可持续发展的重要内容。梳理浙东运河丰富的非物质文化遗产，探索"非遗+旅游演艺"模式，开辟浙东运河文化园的文化旅游新空间，将浙东运河的非遗文化展示出来，并将其与唐诗文化融合，通过剧场演出、实景演出、互动演出等多种方式，积极组织演艺活动，进一步丰富游客的浙东运河文化体验，体现浙东运河文化旅游品牌的独特与魅力，打造有辨识度的浙东运河文化演艺产品，进一步释放浙东运河文化旅游产业的溢出效应。

此外，保护和传承非遗项目，将浙东地区的非遗项目纳入文化园的保护范畴，采取措施保护和传承非遗技艺，如举办工艺展示、工作坊、培训班等，激发民众对非遗文化的兴趣，提高民众对非遗文化的认知。打造非遗体验区，在文化园内设立非遗体验区，为游客提供亲身参与的机会，可以学习和体验非遗技艺，如织布、锻铁、剪纸等，增加游客的互动体验和参与感。举办非遗展览，安排定期或主题性的非遗展览，将非遗项目与运河文化相结合，展示非遗项目的历史渊源、技艺特点和创新发展，引导游客深入了解浙东非遗文化。举办非遗演出，组织非遗表演团队进行定期演出，展示非遗项目的艺术魅力，如传统舞蹈、音乐、戏曲等，吸引游客欣

赏和参与。设立非遗文化市集，在文化园内设立非遗文化市集，供非遗传承人和手工艺者展示和销售手工艺品，使游客有机会购买到当地独特的非遗产品。推出非遗文化导览，为游客提供非遗文化导览服务，导览员可以向游客介绍非遗项目的背景、历史和特点，增加游客对非遗文化的认知和兴趣。通过将非遗文化与浙东运河文化园相结合，可以为游客提供独特的文化体验，打造诗路旅游新亮点，促进非遗文化的传承与发展，提升文化园的吸引力和影响力。

（五）以"商业+"赋能浙东运河文化园，打造浙东运河的商业文旅综合体

发挥商业在文化旅游融合发展中的动力价值，基于浙东运河历史文化的特性、浙东运河文化景观的特色，从商业价值开发与运河文化传承的角度出发，建设具有独特地标性的浙东运河商业文旅综合体。根据浙东运河文化园不同区段的历史文化景观的亮点，开发不同主题的商业内容，布局特色鲜明且差异化凸显的业态，开发精而美的文旅新产品，促进商业与文旅的有机融合，打造辐射范围广、辐射深度强的浙东运河商业文化旅游综合体，带动浙东运河文化园周边区域的经济发展，释放浙东运河文化园的带动效应和溢出效应。

引入商业品牌，积极吸引知名商业品牌入驻文化园区，为游客提供一站式购物、娱乐和餐饮体验。可以引进特色商场、咖啡馆、餐厅等，丰富文化园区的商业业态。举办商业活动，如展销会、特色市集、主题派对等，吸引商家和消费者参与，提升文化园区的商业氛围和吸引力。融入文创设计，与文创设计机构合作，将运河文化与商品设计相结合，推出以运河文化为主题的创意产品，提升商品的附加值和观赏性。打造差异化消费场所，在文化园区内举办特色的主题节庆活动，打造独特的购物体验，如运河文化展示、地方美食品尝等，吸引游客留在文化园区并进行消费。发展文化旅游衍生业务，通过与当地旅行社、民宿、演出公司等合作，开展文化旅游衍生业务，提供包括导游、民俗表演、主题旅游线路等服务，增加游客的停留时间。

（六）创作浙东运河文化园的诗意艺术品

通过艺术品的创作，可以将浙东运河的诗意与美向观众传递，提升浙东运河文化园的艺术魅力，吸引更多游客和艺术爱好者的关注。主题选择：选择与浙东运河相关的主题，如运河风景、历史故事、文人墨客等。选取能够表达运河的美、文化和历史的元素作为创作的主题。艺术形式：根据创作主题和艺术家的风格，选择合适的艺术形式。可以运用绘画、雕塑、摄影、壁画等多种艺术形式，以传达运河的诗意和美感。材料选择：根据艺术形式和创作想法，选择适合的材料。可以使用传统的绘画材料，如油画颜料、画笔等；也可以选择特殊的材料，如陶瓷、金属、玻璃等，以增加艺术作品的质感和表现力。融合诗词元素：在艺术品中融入与运河相关的诗词元素，使其更具诗意。呈现运河风采：通过艺术品的形象、构图和内容，生动地呈现运河的风采。可以重点表现运河的景色、运船的场景、历史建筑等，以引发观众对运河文化的共鸣和感受。创新元素的运用：通过创新的手法和元素，让艺术品更富有诗意。可以运用现代艺术的手法、数字技术等，将传统与现代相结合，呈现出新颖独特的诗意艺术作品。多样化的展示方式：在文化园的不同空间中，选择合适的展示方式。可以在室内和室外设置艺术品展示区，根据不同的艺术形式，选择适宜的展示方式和背景。艺术家与文化园的合作：邀请具有艺术创作天赋和相关经验的艺术家，进行合作创作。艺术家可以深入运河文化园进行创作，从各个角度感悟和表达运河的诗意之美。

（七）以数字化营销为动力，提高浙东运河文化园诗路旅游的知名度

建设专业网站，展示浙东运河文化园的景点、活动、特色等内容，提供在线预订和购票服务，并提供丰富的旅游信息和互动功能，吸引用户访问和参与。使用社交媒体平台，利用主流社交媒体平台，如微博、微信、抖音、小红书等，发布精心设计的内容，包括景点介绍、特色活动、用户体验分享等，吸引更多用户关注和传播。开展内容营销，通过发布文章、视频、图片等方式，探讨浙东运河文化园的历史、文化、非遗项目等，增加用户对文化园的兴趣，提高知名度。推出虚拟导览和AR体验，利用虚

拟现实（VR）和增强现实（AR）技术，开发浙东运河文化园的虚拟导览和AR体验应用，让用户可以在线上探索文化园，增加用户的参与度和体验感。与旅游平台合作，与主要旅游平台、在线旅行社等合作，展示浙东运河文化园的旅游产品和特色活动，提供在线预订和推广服务，扩大知名度和吸引力。运用搜索引擎优化，通过优化网站内容、关键词选择、友好的页面结构等方式，提高浙东运河文化园在搜索引擎中的排名，吸引更多用户搜索、访问和参观。通过数字化营销策略，大力提高浙东运河文化园的知名度，吸引更多游客，推动浙东运河文化园诗路旅游的发展和旅游效益的增长。

第三节　东山再起：上虞东山孕育的诗路旅游

一、上虞东山的历史文化内涵

上虞自古以来就是浙东古运河上的重要城镇，沿着浙东运河，其西可通达绍兴，直至杭州，东可达余姚、宁波，直通东海。由此可见，在以水路为主要交通方式的时代，上虞凭借得天独厚的区位条件与水系条件，在运河大动脉上，成为古运河上最中心的城镇。

东山位于绍兴市上虞区西南部上浦镇境内，距上虞中心区13千米，是曹娥江省级风景名胜区的重要组成部分。东山以地处古会稽郡东部而得名，为越中名山，是古代浙东运河上的重要驿站。东山乃东晋名士谢安隐居之地。《嘉泰会稽志》卷第九载："东山在县西南四十五里，晋太傅谢安所居也，一名谢安山。"成语"东山再起"即典出于此（图6-8）。历史上以东晋名相谢安、大书法家王羲之为代表的大批名人雅士曾云集于此，是后世文人墨客慕名游览之地。

图 6-8　东山再起碑牌

　　上虞历史上曾出现"舜会百官"、"东山雅聚"、"春晖集贤"等三次名人大聚会，铸就了东山文化高地。"舜会百官"是上虞历史上第一次名人大聚会，虞舜因孝感动天、德被万方的事迹被后世尊为"明德始祖"、"百孝之首"、"文明之元"；"东山雅聚"是上虞历史上的第二次名人大聚会，东晋宰相谢安（图 6-9）曾长期隐居在此，并与兰亭王羲之、新昌支遁、余姚许洵及上虞孙绰（居东山下）等名士唱和雅聚（图 6-10），为历代文人称道；"春晖集贤"是上虞历史上第三次名人大聚会，经亨颐、蔡元培、夏丏尊、朱自清、丰子恺等作为 20 世纪中华文明的耀眼星辰，集聚于春晖，创造了上虞近代文化史上的高光时刻。

图 6-9　谢安像

图 6-10　晋代名贤牌坊

　　东山尽管只是浙东运河遗产区的某一节点，也只是浙东唐诗之路上的一个小节点，但是东山的文化内涵与历史底蕴却是唐诗文化与人文精神的一大缩影，既是唐诗文化演化的重要见证，也是新时代奋发进取精神的重要窗口。正如《浙江省诗路文化带发展规划》对文化精神的阐释："要继承弘扬历代先哲卧薪尝胆、励精图治，因势利导、敬业治水，博学多识、精研深究，兼容并蓄、经世致用，忧国忧民、为民请命等宝贵精神文化遗产。"东山这一文化地标所折射的文化精神不仅提升了公众的文化水平，还锻造了体现时代特色的人文品格，塑造了一座精神丰碑。

二、上虞东山的诗路文化

　　上虞东山作为文化名山，吸引了众多文人墨客的赞美与祝颂。上虞东山的山水、景色、人文历史等成为了古代文人作诗的灵感之源，留下了大量的传世之作。因此，在上虞东山的诗路文化中，诗词创作扮演了重要的角色。

　　后因有谢安隐居在东山，赋予了东山更多的文化意涵。《世说新语·排调》载：

谢公在东山，朝命屡降而不动。后出为桓宣武司马，将发新亭，朝士咸出瞻送。高灵时为中丞，亦往相祖。先时多少饮酒，因倚如醉，戏曰："卿屡违朝旨，高卧东山，诸人每相与言：'安石不肯出，将如苍生何？'今亦苍生将如卿何？"谢笑而不答。……谢公始有东山之志，后严命屡臻，势不获已，始就桓公司马。[①]

泌水之战，谢安运筹帷幄、镇定指挥，出奇制胜，打败前秦苻坚，"东山再起"的典故流传后世。

唐代多位诗人登临东山，盛赞谢安的同时也留下了诸多不朽诗篇。

李白一直向往东山，仰慕谢安之风华。李白出蜀远游去东山前，就写下《秋下荆门》，其中，"此行不为鲈鱼鲙，自爱名山入剡中"的"名山"就是指"东山"。此后，李白一生三次登临东山，写下《忆东山二首》、《谢公宅》、《梁园吟》等不朽诗篇，传颂谢安的精神。

其一

不向东山久，蔷薇几度花？

白云还自散，明月落谁家？

其二

我今携谢妓，长啸绝人群。

欲报东山客，开关扫白云。

（李白《忆东山二首》）

青山日将暝，寂寞谢公宅。

竹里无人声，池中虚月白。

---

① 刘义庆著，徐震堮校笺：《世说新语校笺》，中华书局 1984 年版，第 429—430 页。

荒庭衰草遍，废井苍苔积。

唯有清风闲，时时起泉石。

（李白《谢公宅》）

李白《梁园吟》盛赞谢安之精神："东山高卧时起来，欲济苍生未应晚。"

我浮黄河去京阙，挂席欲进波连山。

天长水阔厌远涉，访古始及平台间。

平台为客忧思多，对酒遂作梁园歌。

却忆蓬池阮公咏，因吟渌水扬洪波。

洪波浩荡迷旧国，路远西归安可得？

人生达命岂暇愁，且饮美酒登高楼。

平头奴子摇大扇，五月不热疑清秋。

玉盘杨梅为君设，吴盐如花皎白雪。

持盐把酒但饮之，莫学夷齐事高洁。

昔人豪贵信陵君，今人耕种信陵坟。

荒城虚照碧山月，古木尽入苍梧云。

梁王宫阙今安在？枚马先归不相待。

舞影歌声散渌池，空余汴水东流海。

沉吟此事泪满衣，黄金买醉未能归。

连呼五白行六博，分曹赌酒酣驰晖。

歌且谣，意方远，东山高卧时起来，欲济苍生未应晚。

杜甫亦为谢安之精神所震撼，以《宴王使君宅题二首》追忆谢安。

其一

汉主追韩信，苍生起谢安。

吾徒自漂泊，世事各艰难。

逆旅招要近，他乡意绪宽。

不才甘朽质，高卧岂泥蟠。

其二

泛爱容霜发，留欢卜夜闲。

自吟诗送老，相对酒开颜。

戎马今何地？乡园独在山。

江湖堕清月，酩酊任扶还。

胡曾惊叹谢安之品格与精神，写下《咏史诗·东山》诗，用以怀念谢安：

五马南浮一化龙，谢安入相此山空。

不知携妓重来日，几树莺啼谷口风。

茶圣陆羽曾到过浙江绍兴监制过茶叶，对于绍兴的美丽山水惊叹不已，尤其是东山，作《会稽东小山》赞叹东山和绍兴山水：

月色寒潮入剡溪，

青猿叫断绿林西。

昔人已逐东流去，

空见年年江草齐。

三、上虞东山旅游发展现状

东山，是东晋名士谢安隐居之地，浙东唐诗之路重要发祥地之一。东山山壁间有一形如手指的巨石，临江射西而出，故名"东山指石"，是东山著名的景观。景区内有谢安墓、太傅祠、将军石碑林、国庆寺等众多景点，是集休闲度假、主题观光、科普教育于一体的山水型休闲观光旅游区。上虞东山大致以以下三方面发展其旅游产业。

第一，打造标志性景区。东山湖也是东山大景区的一大标志性景区，相传为东晋名相谢安屯兵牧马之地，东山湖文化旅游项目被列入2018年浙江省第二批重大产业项目，主要包括东山大观酒店、越窑青瓷博物馆、天香茶文化博物馆、运动休闲娱乐中心、环湖骑行道、四季仙果种植基地、中草药种植基地等。

第二，挖掘文化，促进文旅融合。上虞区围绕"东山文化"这一文化品牌，加大对东山文化的挖掘、保护、传承、弘扬力度，做深做强文旅结合，共同传承好、弘扬好东山文化，努力把东山文化中蕴含的思想精髓运用到"青春之城"建设中来，为走好中国式现代化上虞高质量发展之路贡献更多人文力量。

第三，做好东山乡村旅游。东山村的董家山古村落是具有当地古建筑特色的一大景点。古色古香的祠堂，韵味十足的戏台，还有历经风霜的老台门等等。董家山自然村是东山村的核心地带，古村落依山坡而建，共有7000多平方米的古建筑群，大多是晚清至民国初期的建筑。古建筑梁架用材硕大，楼阁轩敞，雕饰华丽，堪称农村古建筑的"博物馆"。

四、上虞东山诗路文化与旅游的融合

东山因谢安而享有盛名，多年来一直吸引着古代和当代诗人的关注，成为浙东的诗文之地和精神标志。东山是谢安的隐居之地，景区内还保留了国庆寺、谢安墓、墓碑和洗屐池等历史遗迹。东山傲立于众多山峰之间，俯瞰着广阔的大海，属于杭州湾附近的一处绝佳景色。绍兴上虞是浙东唐诗之路的起点，也是吸引诗人们流连忘返、陶醉其中的文化圣地，留下了无数唐代诗人的足迹，也留下了许多广为传诵的佳作诗篇。这些为建设"诗路上虞"的旅游胜地奠定了坚实的文化基础，同时也为众多游客追寻诗意创造了文化魅力。

浙东唐诗之路既是一条融合了山水人文的旅游线路，也是一个集儒学、佛道、诗歌、陶艺和民俗等多种内容的文化宝库。在新时代，上虞不断挖掘诗路文化，打造诗路景观，发展诗路产业，让诗歌焕发活力，景观相互呼应，文化与旅游相互融合，使居民和广大游客能够获得更多的满足感和幸福感。立足于东山的文化资源，大力发展东山诗路旅游，是展示东山文化魅力，追忆和弘扬谢安精神的重要方式，也是响应文化与旅游深度融合的重要举措，更是全力打造"浙东唐诗之路"上的名山圣地的重要尝试。

（一）充分挖掘文化资源，开发诗路文化旅游产品

加强对东山唐诗之路沿线文化遗迹和景点的保护和开发，挖掘更多的历史文化信息，丰富旅游产品的内容。同时，加强对唐代文化的研究和传播，提高游客的文化体验。上虞东山文化资源非常丰富，包括历史文化、自然景观、民俗文化等多个方面。为了更好地挖掘这些文化资源，上虞应积极采取一系列措施，如加强宣传推广、保护和修复历史遗迹、开发文化旅游产品等。具体来说，于东山地区开展一系列文化旅游活动，如"东山诗路文化节"、"东山文化旅游节"、"诗意乡村游"、"诗词寻宝之旅"等，通过这些活动来宣传推广上虞东山的诗路文化旅游资源。同时，积极加强对东山历史遗迹的保护和修复工作，如修复明代古建筑"东山书院"等。此外，大力开发东山文化旅游产品，如"东山诗路之旅"、"东山古村落之旅"等，满足不同游客的需求。

（二）以谢安为主题，开发上虞东山的诗路研学旅游

将与谢安相关的历史和文化融入研学旅游中，让学生和游客以亲身体验的方式感受谢安时代的诗意和思想，增强他们对历史和文化的了解和兴趣。同时，通过提供丰富多样的诗路研学旅游项目，推动东山地区研学旅游的发展。建立谢安文化展示区，创建以谢安为核心的文化展示区，在该区域内展示谢安的生平事迹、历史背景和政治成就等内容。通过图片、文献、展板等形式，展示谢安的诗词作品和文化价值。设立谢安纪念馆，展示谢安的形象、家族背景和文化传承等。在纪念馆内设立专题展示区，通过图片、文物、多媒体等展示手段，全面展现谢安在历史上的地位和贡献。开展研学活动，组织研学课程和活动，让学生深入了解谢安的历史地位和文化遗产，包括参观纪念馆、参与文化讲解、亲自体验古代人的生活方式以及与专家学者进行交流等。重现谢安时期的文化景观，重建谢安的官邸、园林和居所等，游客可以通过这些景点，了解谢安的生活环境和当时的文化氛围。在纪念馆周边建立研学实践基地，为学生提供研学实践的场地和设施。学生可以亲自参与园林绿化、文物修复、制作古代文房四宝等实践活动，以此加深对谢安时代文化的理解。设计与谢安时代相关的互动体验项目，如穿越体验、角色扮演、制作"文物"等，让游客能够身临其境地感受谢安时代的文化和生活。与相关的研学教育机构合作，设计和推出以谢安为主题的研学活动，将诗词、历史、文化等元素融入研学课程，提供系统且深入的学习体验。拓展诗路旅游线路，结合谢安的历史足迹，开发与其相关的诗路旅游线路，游客可以沿着谢安的生活轨迹进行游览，了解谢安的诗词创作背景和艺术追求。

（三）数字化展示东山唐诗文化，增强游客的数字化体验

利用科技手段，设计多媒体展示和数字化体验，将诗意文化与科技相结合。可以利用虚拟现实（VR）、增强现实（AR）等技术，让游客身临其境，亲身感受诗意文化的魅力。开展诗路文化的虚拟现实游览，利用虚拟现实技术，创建上虞东山的虚拟游览场景，并结合唐诗文化，让游客能够身临其境地感受到历史的魅力。通过虚拟现实眼镜或应用程序，游客可以在虚拟环境中漫步于古代建筑中，走进诗人笔下的景点，并听诗词的朗读，增强参观体验。开展视频展播，增强诗路文化旅游的传播度，在景点设立多个视频展播区域，播放展示上虞东山的美景、历史文物和相关唐诗

文化的视频。视频展播可以以短片形式呈现，通过精致的剪辑和特效，将唐诗情韵与东山美景相结合，激发游客的情感共鸣。增强互动体验，设置互动展示区，游客可以通过触摸屏、投影等设备与展示内容互动。例如，设计诗词配对游戏，游客可以在屏幕上拖动诗句，将其与对应的景观图像配对；或者设置诗词填空游戏，让游客填写适当的诗句来描述展示的画面。开展数字化解说，通过在景点设置扫码导览或应用程序的方式，为游客提供数字化解说服务，游客可以通过扫描二维码或使用应用程序，获取有关上虞东山及相关唐诗文化的详细解读，还可以根据个人兴趣和需求进行个性化定制。开展线上云展览，通过网站或手机应用展示上虞东山的唐诗文化，游客可以在任何时间、任何地点实现云展览，浏览详细的展品图片、介绍、视频等，深入了解和欣赏唐诗文化。开展社交媒体互动，增强诗路文化旅游与游客的黏性，利用社交媒体平台，创建上虞东山的官方账号，并定期发布与唐诗文化相关的内容、趣味互动等，通过与游客的互动，分享诗词背后的故事等，引发游客的关注和参与。通过多媒体展示和数字化体验，可以为游客创造出更加丰富、深入的唐诗文化体验，这不仅提升了活动的趣味性和吸引力，还借助科技手段将传统与现代相结合，推动上虞东山的文化传承和发展。

（四）建立诗路导览系统，助力东山诗路旅游发展

通过建立诗路导览系统，为游客提供全方位的诗路旅游体验，将景点、诗词和文化相结合，加深游客对东山的了解，进一步推动上虞东山的诗路旅游发展。确定系统功能：确定诗路导览系统的功能和特点。例如，提供景点信息和导览路线推荐，提供诗词赏析和解读，提供导览地图和音频导览等功能。收集景点和诗词信息：收集东山区域的景点信息和相关的诗词作品。可以与当地文化机构、研究团队等合作，搜集古代文人墨客在东山游览时留下的诗词作品，并整理相关的解读说明。开发导览平台：根据确定的功能和数据需求，开发诗路导览系统的手机应用软件或网站。确保系统界面简洁明了、易于使用，同时要考虑响应式设计，适配不同的终端和平台。设计路线：根据景点和诗词资源，设计不同的诗路旅游路线并据需求作推荐。结合景点的特色和诗词的主题，生成多样化的游览路线，使游客可以有针对性地选择符合自己兴趣的线路。关联景点和诗词作品：在系统中建立起景点与诗词作品的关联关系。为每个景点添加对应的诗词赏析和解读，让游客在欣赏景点的同时，了解相应的诗词背景和内涵。提供导览和解说服务：通过音频导览、地图导航等方式，为游客提供导览服务。可以录制景点的讲解音频，让游客在游览时通过耳机或扬声器听取相应的解说，增添诗意之旅的艺术感。用户互动与分享功能：在系统中加入用户互动和分享的功能，如用户留言、评论、分享游记等。让游客可以在系统内交流和分享自己的诗路旅游体验，进一步提升游客的参与度和满意度。

（五）加强与周边地区的合作，共同打造"浙东唐诗之路"的品牌效应

通过联合推广、资源共享等方式，实现区域旅游业的共同发展。建立合作伙伴关系：与当地旅游景区、文化机构、旅行社等建立紧密的合作关系，共同推进诗路旅游品牌的发展。通过合作，可以整合资源，提供更丰富的旅游产品和服务，提升游客体验。设计统一的品牌形象：确定诗路旅游品牌的名称、标志和口号，并设计统一的视觉形象，包括Logo、宣传海报、官方网站等。品牌形象要突出东山区域的特色，让游客一眼就能联想到东山诗路旅游。创作并推广主题宣传片：制作一支宣传片，充分展现上虞东山的自然风光、文化底蕴和诗意之美，通过视频吸引游客的注意，并传递出独特的诗路旅游体验。组织诗词创作比赛和活动：举办诗词创作比赛，邀请游客和文化爱好者参与，通过诗词创作的方式表达对东山的热爱和感悟；组织相关的诗词活动，如诗会、诗歌讲座等，让更多的人了解和参与到诗路旅游中来。加强宣传和推广：通过多种渠道进行宣传和推广，如旅游书籍、旅行杂志、社交媒体等，向广大游客传递上虞东山诗路旅游的品牌形象和独特之处。通过以上举措，逐步建立起上虞东山诗路旅游的区域合作品牌，吸引更多的游客前来体验和感受东山的诗意之美。同时，要确保旅游产品和服务的质量，以提供更好的旅游体验，进一步提升品牌的影响力和竞争力。

第七章
浙东运河诗路文化的保护、利用、传承

浙东运河沿线保留着极为丰富的物质文化遗产和非物质文化遗产，展现了独特的浙东地域文化内涵。浙东运河诗路文化的保护、利用、传承正是要挖掘出浙东运河流淌在华夏大地上的能够被传承下来的历史遗存、风土人情、传统习俗、价值观念等核心内涵，以此打造出坚定文化自信、凝聚民族精神的诗意家园。

第一节　诗路工程：守护世界文化遗产

大运河世界文化遗产保护、利用、传承是国家的一项重大战略部署。2019 年 5 月，中共中央办公厅、国务院办公厅印发《大运河文化保护传承利用规划纲要》；2019 年 7 月，中央全面深化改革委员会会议审议通过了《长城、大运河、长征国家文化公园建设方案》；2021 年 8 月，国家文化公园建设工作领导小组印发《大运河国家文化公园建设保护规划》。这些文件对推进大运河文化保护、传承、利用进行了顶层设计。2018 年，浙江省委、省政府提出了打造"四条诗路"，建设诗路文化带的决策部署。2019年 11 月，浙江省政府正式印发实施《浙江省诗路文化带发展规划》，提出以"诗"串文为主线，以"诗"为点睛之笔，打造浙东唐诗之路、大运河诗路、钱塘江诗路和瓯江山水诗路四条诗路文化带。诗路文化带是浙江省"大花园建设"的标志性工程，是文化浙江建设的时代亮点。2020 年 4 月，浙江省发改委发布《浙东唐诗之路建设三年行动计划（2020—2022）》，启动浙东唐诗之路建设；2023 年 4 月，浙江省发改委发布《大运河诗路建设、钱塘江诗路建设、瓯江山水诗路建设三年行动计划（2021—2023）》，启动大运河诗路建设、钱塘江诗路建设、瓯江山水诗路三条诗路建设。诗路建设行动计划与《大运河文化保护传承利用规划纲要》、《浙江省国民经济和社会发展第十四个五年规划和二〇三五年远景目标纲要》、《浙江省大运河文化保护传承利用实施规划》等全面衔接。浙东运河沿线各地、各部门全面贯彻落实中央有关文件精神，以《浙江省诗路文化带发展规划》和诗路建设三年行动计划为引领，协同有力稳步推进诗路文化带建设，守护世界文化遗产，在诗路文化的保护、利用和传承上取得了显著成效。

一、诗路遗存挖掘保护

2014 年 6 月 22 日，历时 8 年之久的中国大运河申遗项目宣告成功，由京杭大运河、隋唐大运河、浙东运河组成的中国大运河被列入世界文化遗产名录，浙东运河正式以世界文化遗产的身份被纳入保护范围。但实际上，诗路文化的保护工作在此之前一直在进行中，在 2008 年浙东运河正式进入"中国大运河"文化遗产申遗范围后，尤其是 2014 年大运河申遗成功，更是将诗路遗存的挖掘保护推进到了一个新的阶段。

（一）完善政策法规，健全体制机制

对于任何文化遗产的保护而言，完善的法律法规和健全的体制机制都至关重要。2020 年 9 月，《浙江省大运河世界文化遗产保护条例》经浙江省十三届人大常委会第二十四次会议审议通过，并于 2021 年 1 月 1 日起正式施行。作为国内第一部关于大运河世界文化遗产保护的省级地方性立法，《条例》从全省层面为有效保护大运河提供了法治支撑。除此之外，运河沿线各地都出台了运河遗产保护的相关条例、规划等，而且根据外部环境的变化不断地进行调整、更新。

杭州市高度重视大运河遗产保护的法律规范工作。从出台《杭州市大运河世界文化遗产保护条例》，到编制《杭州市大运河世界文化遗产保护规划（2017—2030）》，再到制定《杭州市大运河世界文化遗产影响评价实施办法》，一系列强有力的法规、政策相继实施，环环相扣，相互支撑，为诗路文化的保护保驾护航。2017年5月1日，杭州率先出台《杭州市大运河世界文化遗产保护条例》，并成立了杭州市大运河文化保护传承利用暨大运河国家文化公园领导小组。该《条例》是大运河沿线27个遗产城市出台的首个大运河保护条例，适用范围涵盖浙东运河西兴段，确立了"统一规划、统一管理、分级负责、统筹协调、有效保护、合理利用"的保护原则，是大运河遗产保护、管理和开发、利用的法律依据。为有效贯彻落实该《条例》，2019年1月，杭州市人民政府正式批复了《杭州市大运河世界文化遗产保护规划（2017—2030）》，并将《规划》中的主要措施纳入杭州市国土空间总体规划编制中，使大运河遗产保护利用融入多规合一的建设审批管理中。为保证保护《条例》和保护《规划》的实施效果，2020年2月，杭州市园林文物局编制完成的《杭州市大运河世界文化遗产影响评价实施办法》正式实施，该办法的主要目的在于加强杭州市大运河世界文化遗产本体及两岸建设项目的管控，规范涉及大运河遗产建设项目的影响评价行为。

绍兴在大运河申遗成功后，第一时间开展了诗路文化保护的立法工作。2014年9月，绍兴市委、市政府出台《关于加强大运河（绍兴段）世界文化遗产保护、利用、传承工作的实施意见》，成为中国大运河沿线城市中第一个出台的有关运河遗产保护、利用、传承的实施意见，该意见在管理机制、本体监测、环境景观保护等方面都作了探索和规定。2019年8月，绍兴市人大常委会审议通过了《绍兴市大运河世界文化遗产保护条例》并决定于2020年1月1日起正式施行。该条例重点围绕绍兴大运河世界文化遗产保护、传承、利用现状及存在的主要问题，对大运河世界文化遗产的保护范围、保护主体、职责分工、规划编制、保护名录制度、遗产监测预警机制、保护利用举措等内容作出了相关规定与说明，旨在建成权责明确的运河保护管理体系和完善的运河遗产安全管理执法机制。

　　宁波在大运河申遗过程中，就开始了对运河遗产的法律化保护。2012年，宁波市公布了《大运河（宁波段）遗产保护规划》；2013年9月1日，开始实行《宁波市大运河遗产保护办法》。此外，还编制完成了《大运河（宁波段）保护管理规划》、《宁波市大运河核心监控区国土空间管控细则》，通过法律手段为申遗和浙东运河遗产保护工作提供重要保障。2017年12月，宁波对《宁波市大运河遗产保护办法》进行了修订，根据环境的发展，对运河遗产的保护理念、保护范围、体制机制等方面进行了调整优化，以更好地守护运河遗产。[1]2023年3月31日，宁波市公布了《宁波市大运河世界文化遗产保护实施办法》，并宣布于2023年6月22日起施行。对于宁波而言，这一新规的公布是一个全新的重要节点，意味着宁波段运河的保护、传承、利用将进入新时期。新规充分考虑了宁波运河遗产保护环境的特点，进一步明晰了大运河世界遗产的概念，以实现更精准的保护；同时，新规聚焦建立健全高效实用的监管治理体系，厘清了"负责"与"协同"、"主办"与"协办"、"牵头"与"配合"之间的权责归属，明确了文物、发展和改革、自然资源和规划、水利、交通运输、生态环境、住房与城乡建设、财政、农业农村、教育、地名、气象等12个运河相关主管部门的主要责任义务，并要求市和大运河遗产所在地人民政府建立综合协调机制，实行定期会议制度，多部门联动、统一指导、信息互通、资源共享、协同共治，以从根本上解决多头管理和管理缺位的问题，形成大运河保护齐抓共管的合力。表7-1列出了关于浙东运河遗产保护的主要地方性政策、法规。

---

① 2023年3月公布的《宁波市大运河世界文化遗产保护实施办法》第三十条规定，"2013年7月5日公布的《宁波市大运河遗产保护办法》（市人民政府令第205号）同时废止"。

表 7-1 浙东运河保护地方性政策、法规概况

序号	政策、法规名称	制定机关	公布日期	施行日期
1	《浙江省大运河世界文化遗产保护条例》	浙江省人民代表大会常务委员会	2020 年 9 月 24 日	2021 年 1 月 1 日
2	《杭州市大运河世界文化遗产保护条例》	杭州市人民代表大会常务委员会	2017 年 4 月 7 日	2017 年 5 月 1 日
3	《杭州市大运河世界文化遗产影响评价实施办法》	杭州市园林文物局	2020 年 1 月 7 日	2020 年 2 月 1 日
4	《关于加强大运河（绍兴段）世界文化遗产保护、利用、传承工作的实施意见》	绍兴市人民政府	2014 年 9 月	2014 年 9 月
5	《绍兴市大运河世界文化遗产保护条例》	绍兴市人民代表大会常务委员会	2019 年 8 月 30 日	2020 年 1 月 1 日
6	《宁波市大运河遗产保护办法》	宁波市人民政府	2013 年 7 月 5 日	2013 年 9 月 1 日
7	《宁波市大运河遗产保护办法》（修订）	宁波市人民政府	2017 年 12 月 21 日	2017 年 12 月 21 日
8	《宁波市大运河世界文化遗产保护实施办法》	宁波市人民政府	2023 年 3 月 31 日	2023 年 6 月 22 日

（二）建立保护名录，开展遗产监测

建立遗产保护名录，开展遗产监测，是诗路文化保护工作的重要抓手，也是全面提升诗路文化保护管理能力和治理水平的重要途径。

浙东运河沿线各地在申遗遗产普查的基础上，开展了建立遗产保护名录的工作。以绍兴为例，为贯彻落实《绍兴市大运河世界文化遗产保护条例》的相关规定①，2020 年 6—12 月，绍兴市对大运河世界文化遗产河

---

① 《绍兴市大运河世界文化遗产保护条例》第十条规定："市人民政府应当建立统一的大运河世界文化遗产保护名录制度。市文物主管部门应当会同市自然资源和规划、水利等部门与区人民政府组织普查、编制和修订保护名录，根据本条例规定将大运河世界文化遗产河道、遗产点和大运河其他遗产要素明确为保护对象，纳入保护名录。国务院、省和市人民政府已经批准公布为保护对象的，直接列入保护名录。对列入保护名录的保护对象应当逐一建档，并依照有关法律法规、保护对象权属等明确保护责任人和保护措施。"

道、遗产点和大运河其他遗产要素进行了普查，编制了《绍兴市大运河世界文化遗产保护名录》，并于2021年3月开始施行。《绍兴市大运河世界文化遗产保护名录》共包含157项物质遗产要素和非物质产要素。物质遗产要素主要指已列入国家、省、市级运河保护规划的运河遗存，包括运河遗产河道、遗产点、与运河相关的各级文物保护单位（点）和普查登录文物、与运河密切相关保存较好的历史文化名镇、其他等，共计106项（见表7-2）；非物质遗产要素主要是指与运河文化相关的各级非物质文化遗产，包括传统口头文学以及作为其载体的语言、音乐、戏剧、传统技艺、医药、节庆民俗等，共计51项（见表7-3），其中国家级非物质文化遗产17项，省级非物质文化遗产20项，市级非物质文化遗产14项。

表7-2 《绍兴市大运河世界文化遗产保护名录》物质遗产要素[①]

序号	遗产要素类别	遗产名称	地理位置	遗产类型	年代	保护等级
1	运河遗产河道	浙东运河杭州萧山—绍兴段	自柯桥区钱清街道顾家荡村开始，经越城区，止于上虞区曹娥江	其他类	春秋时期至中华人民共和国	世界文化遗产
2		浙东运河上虞—余姚段	上虞区曹娥江至五夫长坝升船机	其他类	南宋至中华人民共和国	世界文化遗产
3	遗产点	八字桥	越城区绍兴古城	古建筑	南宋	世界文化遗产
4		古纤道	柯桥区板桥至上谢桥段	古建筑	明代	世界文化遗产
5		八字桥历史文化街区	越城区绍兴古城	历史文化街区	宋至民国	世界文化遗产

---

① 绍兴市文化广电旅游局（市文物局）：《〈绍兴市大运河世界文化遗产保护名录〉政策解读》，2021年2月24日，http://sxwg.sx.gov.cn/art/2021/2/24/art_1229397123_1786244.html。

续表

序号	遗产要素类别	遗产名称	地理位置	遗产类型	年代	保护等级
6	与运河相关的各级文物保护单位（点）和普查登录文物	皋埠段古纤道	越城区独树村至樊江村	古建筑	清代至民国	国保大运河（绍兴段）的组成部分
7		上虞段古纤道	上虞区镇西桥至联星村	古建筑	清代	国保大运河（绍兴段）的组成部分
8		老坝底堰坝	上虞区曹娥街道娥二村村东	古建筑	清代至中华人民共和国	国保大运河（绍兴段）的组成部分
9		五夫长坝及升船机	上虞区驿亭镇新五夫村五夫自然村	古建筑	明代至中华人民共和国	国保大运河（绍兴段）的组成部分
10		驿亭坝	上虞区驿亭镇新驿亭村新力自然村的运河上	古建筑	清代	国保大运河（绍兴段）的组成部分
11		渔后桥段古纤道	柯桥区钱清街道联兴村渔后自然村	古建筑	明代至民国	国保大运河（绍兴段）的组成部分
12		梁湖堰坝遗址	上虞区梁湖镇外梁湖村江坎头	古遗址	晋至中华人民共和国	国保大运河（绍兴段）的组成部分
13		拖船弄堰坝遗址	上虞区曹娥街道上沙村中	古遗址	清代	国保大运河（绍兴段）的组成部分
14		古鉴湖遗址	越城区东跨湖桥至清水闸村	古遗址	东汉至中华人民共和国	省保
15		三江闸	越城区斗门镇原三江村	古建筑	明代	省保
16		太平桥	柯桥区柯岩街道阮社社区	古建筑	明代	国保绍兴古桥群的组成部分

序号	遗产要素类别	遗产名称	地理位置	遗产类型	年代	保护等级
17		东湖石宕遗址	越城区皋埠镇东湖	古遗址	汉至民国	省保
18		马臻墓	越城区伟联村偏门跨湖桥之西南	古墓葬	东汉	省保
19		四十里河梁湖段故道	自上虞区外梁湖村开始至水岸新城	其他类	西晋至中华人民共和国	省保浙东运河河道的组成部分
20		通明堰遗址群	上虞区丰惠镇通明村南村自然村四十里河上	古遗址	宋	省保
21	与运河相关的各级文物保护单位（点）和普查登录文物	蒿坝清水闸及管理设施	上虞区曹娥街道蒿坝村蒿一自然村庄南约100米处	古建筑	明、清代	省保
22		十八里河	自上虞区丰惠镇开始，至界线	其他类	明代至中华人民共和国	省保浙东运河河道的组成部分
23		新通明坝	上虞区丰惠镇虞光村	古建筑	明至中华人民共和国	省保浙东运河河道的组成部分
24		丰惠城内河	上虞区丰惠古镇内	其他类	—	省保浙东运河河道的组成部分
25		大王庙	柯桥区钱清街道江南村虎象自然村	古建筑	清代	省保
26		融光桥	柯桥区柯桥街道大寺社区	古建筑	明代	国保绍兴古桥群的组成部分
27		光相桥	越城区北海街道北海桥直街	古建筑	元代	国保

序号	遗产要素类别	遗产名称	地理位置	遗产类型	年代	保护等级
28	与运河相关的各级文物保护单位（点）和普查登录文物	广宁桥	越城区蕺山街道广宁桥社区	古建筑	明代	国保
29		泾口大桥	越城区陶堰镇泾口村	古建筑	清代	国保
30		茅洋桥	越城区陶堰镇茅洋村	古建筑	明代	市保
31		永丰桥	柯桥区柯桥街道永丰桥河沿	古建筑	清代	三普
32		玉龙桥	越城区北海街道北海村虹桥头	近现代	民国	文保点
33		迎恩桥	越城区迎恩门外运河进城口	古建筑	明代	国保
34		梅仙桥	越城区北海街道宫后	古建筑	清代	三普
35		董家渡桥	越城区皋埠镇东湖村	古建筑	清代至民国	三普
36		会龙桥	越城区北海街道北海村新台门对面	古建筑	清代	文保点
37		大安桥	上虞区东关街道高泾村古纤道上	古建筑	清代	国保上虞古纤道上
38		古柯亭	柯桥区柯桥街道柯亭社区运河沿线	古建筑	清代	区保
39		清水亭	柯桥区钱清镇钱清村	古建筑	清代	市保
40		工农桥	柯桥区柯桥街道大寺社区红木桥河沿5号	古建筑	清代	三普

序号	遗产要素类别	遗产名称	地理位置	遗产类型	年代	保护等级
41	与运河相关的各级文物保护单位（点）和普查登录文物	小江桥	越城区蕺山街道萧山街西端	古建筑	民国	文保点
42		龙华桥	越城区蕺山街道广宁桥社区龙华寺旁	古建筑	明代	文保点
43		泾口村关帝庙	越城区陶堰镇泾口村	古建筑	清代	三普
44		四十里河（除梁湖段故道外）	上虞区水岸新城至余姚交界处	其他类	晋代至中华人民共和国	省保浙东运河河道的组成部分
45		钱氏大宅院	上虞区丰惠镇通明村南村自然村老档里	古建筑	明、清	省保
46		外梁湖村关帝庙	上虞区梁湖镇外梁湖村官厅山北麓	古建筑	清代	区保
47		虞光村关帝庙	上虞区丰惠镇虞光村新通明坝东250米	古建筑	清代	省保
48		通济桥	上虞区丰惠镇南街居委会	古建筑	清代	市保
49		九狮桥	上虞区丰惠镇东门村街河之上	古建筑	元代	省保
50		汤公祠	上虞区曹娥街道孝女庙村中	古建筑	清代	文保点
51		曹娥庙	上虞区曹娥街道孝女庙村	近现代	民国	国保
52		东山遗址	上虞市上浦镇东山村东山上	古遗址	东晋	市保

续表

序号	遗产要素类别	遗产名称	地理位置	遗产类型	年代	保护等级
53	与运河相关的各级文物保护单位（点）和普查登录文物	萧绍海塘（绍兴段）	自上虞区蒿坝村经越城区，至柯桥区大和山西侧	古建筑	明清	省保
54		银山矿冶遗址	上虞区东关街道保驾山村银山	古遗址	东周	区保
55		大禹陵	越城区稽山街道禹陵居委会会稽山麓	古墓葬	清代	国保
56		宋六陵	越城区富盛镇攒宫村	古墓葬	南宋	国保
57		杜君庙	上虞区梁湖镇皂李湖村湖塘下自然村	古建筑	清代	文保点
58		接渡桥	柯桥区柯桥街道中泽居委会	古建筑	清代	国保绍兴古桥群的组成部分
59		泗龙桥	越城区（镜湖新区）东浦镇鲁东村	近现代	民国	国保绍兴古桥群的组成部分
60		永福桥	越城区北海街道清水嘉苑西侧	古建筑	清代	三普
61		炼剑桥	上虞区东关街道联星村朱家娄	古建筑	清代	文保点
62		永嘉桥	越城区东湖镇大皋埠村	古建筑	明代	文保点
63		凤林桥	越城区东湖镇杨浜村洞桥头	古建筑	清代	三普
64		云陵桥	越城区皋埠镇山前徐村	近现代	民国	三普

序号	遗产要素类别	遗产名称	地理位置	遗产类型	年代	保护等级
65	与运河相关的各级文物保护单位（点）和普查登录文物	竺可桢故居	上虞区东关街道南阳社区建东西路 54 号	古建筑	清（公元 1644—1911 年）	省保
66		胡愈之故居	上虞区丰惠镇南门村百云自然村村中	古建筑	清（公元 1644—1911 年）	省保
67		浙东新四军北撤会议旧址	上虞区丰惠镇庙弄社区西大街世济弄 7 号	近现代重要史迹及代表性建筑	1945 年	省保
68		上虞县民主政府旧址	上虞区丰惠镇东门社区东大街北面卫生院（原文庙）内	近现代重要史迹及代表性建筑	民国（1912—1949）	区保
69		晾网山青瓷窑址	上虞区梁湖镇华光居委会晾网山南麓	古遗址	三国东晋	区保
70		叶天底烈士故居	上虞区丰惠镇虞光村虞光自然村四十里河上新建步行钢桥东北侧	近现代重要史迹及代表性建筑	民国（1912—1949）	区保
71		峰山道场遗址	上虞区曹娥街道梁巷居委会峰山东麓	古遗址	唐代、清康熙（1662—1722）	区保
72		王一飞故居	上虞区丰惠镇庙弄社区小庙弄 6 号	古建筑	清	区保

续表

序号	遗产要素类别	遗产名称	地理位置	遗产类型	年代	保护等级
73	与运河相关的各级文物保护单位（点）和普查登录文物	范寿康故居	上虞区丰惠镇南门村百云自然村城埠河西南岸边	古建筑	清（1644—1911）	区保
74		天香楼遗址	上虞区梁湖镇华山居委会东面	古建筑	清	区保
75		祝氏祖堂	上虞区丰惠镇祝家庄村蔡岙自然村	古建筑	道光六年（1826）	文保点
76		吴觉农故居	上虞区丰惠镇庙弄社区西大路11号	近现代重要史迹及代表性建筑	1982年	区保
77		沙赵婆井	上虞区曹娥街道上沙村南凤凰山东北坡	古建筑	明（1368—1644）	文保点
78		禄泽庙	上虞区梁湖镇禄泽居委会禄泽庙东侧	古遗址	西晋	文保点
79		曹仲兰故居	上虞区梁湖镇外梁湖村大街102号	古建筑	清、民国（1644—1949）	文保点
80		杜婉容故居	上虞市驿亭镇联桥村小寺桥自然村村中	古建筑	清	文保点
81		上虞县民主政府永和旧址	上虞区永和镇永和村永和自然村直街弄2号现敬老院内	近现代重要史迹及代表性建筑	1945年	文保点

序号	遗产要素类别	遗产名称	地理位置	遗产类型	年代	保护等级
82	与运河密切相关保存较好的历史文化名镇	丰惠镇	上虞区丰惠古镇内	历史文化名镇	元代至民国	省级历史文化名镇
83		东浦镇	越城区东浦古镇内	历史文化名镇	清代至民国	省级历史文化名镇
84	其他	赵家升船机	上虞区赵家村曹娥江边	近现代	1979 年	——
85		西陡门闸坝遗址	上虞区驿亭镇西陡门村	古遗址	宋代	——
86		五夫老街	上虞区驿亭镇五夫村	历史地段	清代至民国	——
87		新河弄历史文化街区	越城区绍兴古城内	历史文化街区	清代至民国	——
88		西小河历史文化街区	越城区绍兴古城内	历史文化街区	明代至民国	——
89		戢山街历史文化街区	越城区绍兴古城内	历史文化街区	明代至民国	——
90		柯桥历史文化街区	柯桥区柯桥街道大寺社区	历史文化街区	明代至民国	——
91		驿亭镇驿亭老街	上虞区驿亭镇新驿亭村	历史文化街区	清代至民国	——
92		无量闸	上虞区梁湖镇华山居委会	古建筑	清代	——
93		蒿坝引水河	上虞区曹娥街道白米堰至蒿坝村	其他类	东汉至中华人民共和国	
94		百官坝遗址	上虞区曹娥江边	古遗址	清代	——
95		大坝遗址	上虞区曹娥江边	古遗址	清代	——

续表

序号	遗产要素类别	遗产名称	地理位置	遗产类型	年代	保护等级
96	其他	顶坝底遗址	上虞区曹娥江边上沙百步街内	古遗址	清代	—
97		上沙百步街	上虞区曹娥江边	历史地段	清代至民国	—
98		泗洲塘村闸坝	上虞区驿亭镇泗洲塘村	古建筑	中华人民共和国	—
99		都泗堰闸遗址	越城区环城东路都泗城门下	古遗址	南朝	—
100		兴隆桥	越城区皋埠镇南祠小区西侧	古建筑	清代	—
101		瓜渚湖生态湿地	柯桥区柯桥轻纺城东北	其他类	—	—
102		圩田	越城区陶堰街道南侧	其他类	宋代以来	—
103		皋埠老街	越城区皋埠街道上	历史地段	清代至民国	—
104		攒宫江（御河）	越城区皋埠镇东湖村至攒宫村	其他类	南宋至中华人民共和国	—
105		延陵桥	越城区皋埠镇腰鼓山村	近现代	中华人民共和国	—
106		永安桥	柯桥区钱清镇顾家荡村	古建筑	清代	—

表 7-3 《绍兴市大运河世界文化遗产保护名录》非物质遗产要素[①]

序号	遗产名称	所在地	保护等级
1	绍兴黄酒酿制技艺	绍兴市	国遗
2	石桥营造技艺	绍兴市	国遗
3	绍兴童谣	绍兴市	国遗
4	王羲之传说	绍兴市	国遗
5	徐文长故事	绍兴市	国遗
6	大禹祭典	绍兴市	国遗
7	水乡社戏	绍兴市	国遗
8	调吊	绍兴市	国遗
9	绍剧	绍兴市	国遗
10	绍兴目连戏	绍兴市	国遗
11	绍兴摊簧	绍兴市	国遗
12	绍兴平湖调	绍兴市	国遗
13	绍兴词调	绍兴市	国遗
14	绍兴莲花落	柯桥区	国遗
15	绍兴宣卷	柯桥区	国遗
16	越窑青瓷烧制技艺	上虞区	国遗
17	梁祝传说	上虞区	国遗
18	大禹传说	绍兴市	省遗
19	绍兴花雕制作工艺	绍兴市	省遗
20	乌篷船制作技艺	绍兴市	省遗
21	越医文化	绍兴市	省遗

---

① 绍兴市文化广电旅游局（市文物局）：《〈绍兴市大运河世界文化遗产保护名录〉政策解读》，2021 年 2 月 24 日，http://sxwg.sx.gov.cn/art/2021/2/24/art_1229397123_1786244.html。

续表

序号	遗产名称	所在地	保护等级
22	绍兴派古琴艺术	绍兴市	省遗
23	勾践传说	越城区	省遗
24	绍兴古桥名传说	越城区	省遗
25	绍兴菜烹饪技艺	越城区	省遗
26	绍兴腐乳制作技艺	越城区	省遗
27	会稽铜镜制造技艺	越城区	省遗
28	绍兴师爷故事	柯桥区	省遗
29	王星记扇	柯桥区	省遗
30	绍兴铜雕	柯桥区	省遗
31	绍兴酱油传统酿造技艺	柯桥区	省遗
32	绍兴"三六九"伤科	柯桥区	省遗
33	虞舜传说	上虞区	省遗
34	上虞吹打	上虞区	省遗
35	哑目连	上虞区	省遗
36	上虞特色豆制品制作技艺	上虞区	省遗
37	曹娥庙会	上虞区	省遗
38	书法	绍兴市	市级
39	鉴湖的故事	越城区、柯桥区	市级
40	赛龙舟	越城区	市级
41	陆游与唐琬故事	越城区	市级
42	会稽砖砚制作技艺	越城区	市级
43	绍兴戏剧脸谱工艺	越城区	市级
44	绍兴黄酒开酿节	柯桥区	市级
45	扯白糖技艺	柯桥区	市级

序号	遗产名称	所在地	保护等级
46	安昌腊肠制作技艺	柯桥区	市级
47	五龙庙会	上虞区	市级
48	夹塘大糕制作技艺	上虞区	市级
49	梁湖水磨年糕制作技艺	上虞区	市级
50	崧厦霉千张制作技艺	上虞区	市级
51	谢安故事	上虞区	市级

遗产监测方面，在全省数字化改革的大背景下，通过省级层面的协调，构建大运河数字化监测和保护体系，对浙东运河遗产进行系统的监测。自2021年1月1日起开始施行的《浙江省大运河世界文化遗产保护条例》第十八条明确规定："县级以上人民政府应当根据需要明确或者设立大运河遗产保护监测专业机构，配备必要的工作人员。大运河遗产保护监测专业机构负责大运河遗产保护的监测工作，建立完善监测档案，并按照国家和省有关规定报送监测报告。自然资源、生态环境、住房城乡建设、交通运输、水利、文化旅游、综合行政执法、气象等部门，应当配合做好相关监测工作，提供相关监测数据。大运河遗产监测数据应当纳入政府公共数据平台。"2021年，浙江省世界文化遗产监测中心联合杭州、宁波、嘉兴、湖州、绍兴五地共同成立了"浙江省大运河世界文化遗产监测联盟"；2022年，浙江省大运河世界文化遗产监测系统全面建成并正式上线运行，该系统综合运用地理信息、遥感监测、物联网、云计算等技术，贯通国家、省、市、县四级管理体系，以数字化赋能世界遗产保护。

（三）修缮物质遗产，重视非遗保护

浙东运河沿线的物质文化遗产和非物质文化遗产是诗路文化的主要载体，对诗路文化的保护离不开对运河河道、遗产点、文物保护单位等物质文化遗产及各种非物质文化遗产的保护。在对诗路文化保护的过程中，运

河沿线各地做到了物质文化遗产和非物质文化遗产保护并重。

对物质文化遗产的保护注重遗产的真实性和完整性保护。以运河古纤道为例。古纤道依浙东大运河而建，东至绍兴陶堰至上虞，西到钱清接萧山，全长约 75 千米。而位于绍兴湖塘街道板桥至柯桥街道上谢桥段全长 7.5 千米的古纤道保存较好，为其中的精华部分，1988 年被国务院公布为第三批全国重点文物保护单位。古纤道自晋代初成后，历经各个时期政府和地方乡绅的保护性改造和维修，新中国成立后，国家和当地政府非常重视古纤道的保护，曾投入大量资金进行了多次整修。1989 年，由绍兴县文物管理部门主持的古纤道整修工作开始实施，第一期维修工程从 1991 年下半年开始到 1994 年结束，对自太平桥以西至钱清镇行义炼油厂止，全长 2.5 千米的古纤道进行全面整修，投入经费约 25 万元；第二期整修工程于 1995 至 1996 年进行，投入经费 40 余万元，对剩余的 5 千米古纤道进行整修。这两期整修工程使中断几十年的古纤道得以东西贯通，其精华部分得到了较好的保护。此后，又相继制定了多个维修、保护方案，投入了大量资金，对古纤道进行修复保护，如 1999 年的《古纤道现状调查及保护方案》，2001 年的《全国重点文物保护单位绍兴古纤道保护维修方案》，2003 年的《关于对古运河整治规划的初步意见》，2013 年的《大运河申报世界文化遗产绍兴县段整治方案》、《古纤道局部保养加固维修工程保护方案设计》。这些方案的实施，不仅对古纤道遗产本体进行了以"真实性"为原则的保护，而且对古纤道周边环境进行了整治，注重对遗产的整体性保护，呈现出越来越精细化的发展趋势。

对运河遗产河道的保护是诗路文化保护工作中的又一大亮点。得益于河湖长制、"五水共治"等众多优秀的浙江经验，浙东运河遗产河道的保护取得了巨大成效。以杭州地区为例，2009 年至 2018 年，西兴街道积极响应滨江区委区政府河道综保工程要求，开展"五水共治"，采取河道清淤、截污纳管、排水口整治、生态治理、河岸整治等一系列举措，全面整治官河等河道以及周边环境，建设河面及河道周边生态景观，完成全河段的综保工作，将整体水质稳定在Ⅳ类左右，使运河从原本的垃圾河、臭黑河变成了西兴人愿进入、能欣赏、可休闲，人与自然的和谐共生河。再如绍兴市柯桥区，该区自2010年开始推行河长制，截至2023年3月，全区形成了"村—镇—区"三级河长体系，共有村级河长700余名、镇级河长800余名、区级河长近30名，共同高标准推进全区854条河道的治水工作，使区内的浙东运河河道重焕生机。位于柯桥区柯岩街道的叶家堰村就是典型之一，该村实施"五水共治"与美丽乡村、美丽景区建设相结合的战略，全面落实"河长（湖长）制"，村庄首先从"整转帮扶村"转变为"五星达标村"，再从"五星达标村"转变为"3A级景区示范村"，在短短几年的时间里实现了发展的"三级跳"。

对非物质文化遗产的保护主要贯彻"见人见物见生活"的传承创新保护理念。以绍兴市为例，浙东运河绍兴段非物质文化遗产非常丰富，其中代表性的有越剧、绍兴黄酒酿制技艺、石桥营造技艺、大禹祭典等。近二十年来，绍兴市不断完善非遗保护的组织机制、政策法规、名录体系、传承人管理、传承基地和保护载体建设等非遗保护体系元素，夯实非遗保护的基础；充分利用旅游载体，挖掘非遗传承的生命力和实践活力，助推非遗系统性保护；高度重视非遗的传播和推广交流，推动非遗保护成果的社会共享；设立市县两级非遗保护协会，多方激活社会力量，形成非遗保护的强大合力。在这些举措之下，绍兴市的运河非遗保护工作取得了引人瞩目的成就。浙江省文化和旅游厅发布的2022年度《浙江省非物质文化遗产保护发展指数评估指标数据》显示，绍兴市本级在全省市本级中排名第二，绍兴市在全省11个设区市中排名第二，在市本级和设区市排名自2017年以来连续六年稳居全省前三位。

（四）注重研究阐释，强化宣传传播

注重对诗路文化的研究阐释，强化诗路文化的宣传传播，是对诗路文化进行有效保护的基础和保障。习近平总书记强调："一个博物院就是一所大学校。要把凝结着中华民族传统文化的文物保护好、管理好，同时加强研究和利用，让历史说话，让文物说话。"加强对诗路文化的研究阐释能够"让文物活起来"具备更为坚实的理论支撑。浙东运河沿线各地在诗路文化的研究和传播上开展了大量工作。

萧山区加强对诗路文化的整理研究，编写专题研究著作《萧山运河文化》；开展浙东运河萧山城区段口述历史调查；对贺知章与诗路文化进行研究，举办贺知章与诗路文化高峰论坛。为强化对诗路文化的宣传展示，2019年底，萧山区文旅局决定对浙东运河边的千年古寺江寺进行改造提升，利用运河沿岸的地理优势和江寺的深厚底蕴，建设集运河文化展示地、文旅融合示范点、城市文化新地标于一体的浙东运河萧山展示馆。2020年12月，浙东运河萧山展示馆建成开馆。馆内设《梦回运河：浙东运河萧山特展》主题展，展览分为历史、人文和浙东唐诗之路三个篇章，通过文字、图片、影像、实物和互动体验等多种方式展示浙东运河的前世今生。此外，馆内还设置了文创区，用于展示各类与萧山非遗项目相关的文创产品，如萧山花边、昭东剪纸等，成为人民群众了解萧山运河非遗文化的一个重要窗口。

绍兴市对诗路文化的研究充分依托各方力量，取得了丰硕的成果。绍兴市社会科学界联合会作为绍兴市委、市政府联系社会科学界的桥梁和纽带，组织了包括社科学会、高校社科联、县区市社科联等大批力量开展诗路文化研究。2021年，为深入、系统挖掘浙东运河历史文化资源，绍兴市社会科学界联合会发布了绍兴文化研究工程年度重大项目"浙东运河文化研究"系列丛书。研究成果无疑将对诗路文化的研究阐释、宣传传播做出重大贡献。在诗路文化的宣传传播方面，除了采用常规的博物馆形式进行宣传传播外，各种主题展会、赛事也是绍兴宣传传播诗路文化的重要途径。例如，柯桥区先后成功承办第七届中国曲艺节、"文化和自然遗产日"浙江主场城市活动、"浙江好腔调"全省曲艺展演、"少年非遗说"浙江传说故事讲述大赛等省级活动，并连续承办六届中国曲艺高峰论坛，较好地展示传播了绍兴非遗。越窑青瓷、绍兴黄酒、绍兴青铜剑、绍兴铜雕、绍兴摊簧等非遗项目先后参展中国（浙江）非物质文化遗产博览会、苏浙沪说唱艺术大赛等活动，越剧、绍兴莲花落等非遗项目先后赴新加坡、德国、法国、新西兰及澳大利亚等国开展文化交流演出，莲花落《十八相送》还在法国第三届巴黎中国曲艺节上获得唯一一个最高奖项——卢浮金奖，诗路文化走出国门，走向国际。2023年7月，第十五届浙江·中国非物质文化遗产博览会在浙江省绍兴市举办。"绍兴馆"作为此次博览会的地方主题馆之一，展陈以"越享非遗"为主题，分为颂扬·越精神、传承·越生活和演绎·越风韵三大版块，浓缩展示全市非遗精华，集中呈现以绍兴黄酒酿制技艺、越窑青瓷烧制技艺、绍兴传统木船制作技艺等为代表的各级非遗项目30余项，涵盖衣、食、住、行、娱五大领域，另绍兴乌篷船制作技艺、棕榈叶编结工艺、排花带织造技艺等现场技艺展示极大地丰富了观众的感官体验，全方位展现了非遗与人民日常生活的紧密联系，是绍兴非遗承接传统、服务当下的生动实践。在"绍兴馆"中，参观者可以充分品味绍兴的自然山水之美、历史人文之美、江南风情之美、非遗多样之美。

《宁波市大运河世界文化遗产保护实施办法》对浙东运河文化的推广和宣传提出了具体的要求与建议。《办法》要求，市和区（县、市）人民政府及有关部门应当加强大运河遗产的历史、科学、艺术、文化等研究，提炼、发掘大运河文化价值，推进大运河精神的传承与发展。为更好做好大运河保护工作，宁波明确提出打造大运河国家文化公园。按照相关规划，布局建设宁波三江口核心展示园、浙东运河集中展示带、宁波塘河文化公园等，用于展示和传播诗路文化，同时，谋划大西坝、小西坝、压赛堰三个考古遗址公园建设。其中，宁波三江口核心展示园和浙东运河集中展示带被列为国家级核心展示园和国家级集中展示带，宁波塘河文化公园已经进入布展陈列阶段。

二、诗路遗产价值重现

诗路文化连接着过去、现在、未来，也连接着美好生活。诗路文化保护的目标不仅仅是建立遗产名录、划定保护范围、制定保护措施，更在于挖掘和放大诗路文化遗产的价值，通过一系列的活化利用策略，使诗路文化融入当代生活的语境，与人们建立情感联系。在做好诗路文化保护的同时，运河沿线各地坚持保护与利用并重、传承与创新并举的理念，深入挖掘诗路文化的内在精髓和时代价值，推动诗路文化的活化利用，让其融入浙东运河沿线社会经济和文化建设。

（一）编制利用规划，做好顶层设计

2016 年，杭州萧山区编制了《滨水空间的复兴——浙东运河（萧山段）历史文化保护与利用研究》，分析了大运河（萧山段）保护利用的现状及存在问题，提出了保护利用的总体思路，旨在让运河重新融入城市发展进程。同时，谋划了运河沿线发展的总体空间格局，自西向东将运河分为门户段、古城段、新区段、郊野段、古镇段等 6 个区域，提出对应的规划建设主题。另外，对老岳庙、铁路西站、祇园寺、转坝 4 个重要景观节点，从功能定位、用地结构、建筑风貌及景观营造和交通组织四个方面提出规划指引和城市设计引导。

"十三五"时期，绍兴对诗路文化的利用依据主要是 2019 年 1 月开始实施的《绍兴古城保护利用条例》。"十四五"期间，为更高质量、更加有效推进诗路文化保护利用工作，绍兴市出台了《绍兴古城保护利用"十四五"规划》，《规划》将重点实施越子城、八字桥、阳明故里、鲁迅故里、书圣故里"一城一桥三故里"五大文化旅游区建设，推动文商旅项目发展，建设社会民生和基础设施项目，并提出了相应的保障措施。

2021 年 5 月 25 日，宁波市委办公厅、市政府办公厅联合印发了《大运河（宁波段）文化保护传承利用实施规划》。规划提出了大运河（宁波段）文化保护传承利用的建设管控要求，着墨大运河（宁波段）沿线丰富多样的文化底色，统筹运河沿线文化遗产保护和城镇经济社会发展，将大运河沿线划分成遗产区、缓冲区、核心监控区三类区域进行分层分类科学保护，系统构建"一脉三片多组团多线路"空间格局，其中"三片"指浙东文化传承发展片、河海文化创新发展片、海洋文化开放发展片。同时，《规划》提出系统推进沿线流域生态治理与航道开发建设，规划精品文化旅游线路，提升大运河（宁波段）沿线文化遗产保护和展示水平，赋予千年运河新的面貌。

（二）文旅融合发展，为民富民乐民

文化与旅游融合发展是文化遗产"活"起来的重要途径。2022年4月，中共中央宣传部、文化和旅游部、国家文物局印发《关于学习贯彻习近平总书记重要讲话精神 全面加强历史文化遗产保护的通知》，要求"坚持以文塑旅、以旅彰文，用好历史文化遗产"，"推进历史文化遗产与旅游深度融合"。文化铸魂，旅游兴业，两者融合发展能更好地发挥文化遗产为民、富民、乐民的作用。多年来，浙东运河沿线各地锚定"全面加强历史文化遗产保护利用"的目标，充分挖掘大运河的文化品牌价值，完善运河沿线文化旅游功能，让浙东运河更多地融入城市发展，融入百姓生活，是诗路文化与旅游深度融合发展的生动实践。其中，浙东运河文化园和庆安会馆是文旅融合推动诗路文化活化利用的生动案例。

2019年绍兴市委、市政府决定建设浙东运河文化园（浙东运河博物馆），该工程为国家运河文化公园的重要组成部分之一，也是《大运河文化保护传承利用规划纲要》的重点标志性项目。2020年3月，浙东运河文化园项目正式启动建设，截至2023年6月底，项目建设主体工程已完工，整体形象进度约98%。浙东运河文化园项目位于绍兴市越城区、柯桥区交界处，浙东运河北侧。项目总投资近15亿元，总建筑面积达12.4万平方米。浙东运河文化园是融文博、文创、文旅三大功能区域于一体的承载城市公园功能的博物园，旨在向公众展示"一部浙东运河宏伟史诗，一篇越地文化璀璨华章，一幅宁绍山水风物画图"。整个项目呈现"一廊三带"格局，分文博、文创和文旅三大区块，包括浙东运河博物馆主馆、浙东运河博物馆副馆（淡水鱼水族馆）、国际垂钓竞技中心、文商旅区、公园等多个功能区。其中，文博区主要展示和挖掘浙东运河文化，同时进行淡水鱼类科普展示与教育等，主要建筑包括浙东运河博物馆（主馆）和淡水鱼水族馆（副馆），占地面积约6.5万平方米，总建筑面积约4.3万平方米。文创区主要用于培育和发展浙东运河文创产业，主要建筑为运河文化产业用房，总建筑面积约 4.3 万平方米。文旅区主要用于承办国内外各类垂钓赛事、日常垂钓休闲和文旅活动等，主体建筑为垂钓服务中心、文旅用房和社区活动中心。建成后的浙东运河文化园（浙东运河博物馆）将成为一个以集中展示浙东运河元素为主题的，"旅游景点＋文旅园区＋城市花园"多功能复合的文化园区，对于提升区域人气活力，进一步增强绍兴区域融合，推动诗路文化活化利用具有重要意义。

庆安会馆位于宁波三江口，又名"甬东天后宫"，始建于 1850 年，是浙东运河沿线重要的文化遗产，也是中国历史上最有名的会馆之一。作为浙东地区航运业发展的见证，庆安会馆蕴含着以大运河为载体的运河文化、以近代商帮聚谊为内涵的会馆文化、以妈祖信俗为代表的浙东海事民俗文化，内涵丰富，价值重大。1997 年，宁波市文化局接管庆安会馆，对其进行修复，并迁建安澜会馆，将两会馆辟为浙东海事民俗博物馆，供人们参观游览。长期以来，庆安会馆将传播弘扬诗路文化作为重要目标，借助古建筑和博物馆的资源优势，举办"巧木刻意——木雕艺术展"、"如视入世——感触拓印里的青瓷"等各种特色展览，利用"微文物"呈现诗路"大文化"，通过可观、可触、可感的沉浸式展陈氛围的营造，让游客探寻运河几千年的历史文脉。随着近几年研学旅行的兴起，庆安会馆充分发挥自身作为中小学生研学实践教育基地的作用，探索形成"展、学、游"一体化的深度研学模式，推出了"庆兮安澜"等青少年研学系列活动，编印了《河奔海聚博物志》研学课本，联合保国寺、天一阁、白云庄等宁波市区多个重要文物地标，合作开展寓教于乐的研学活动，打造宁波文博类研学品牌。此外，庆安会馆积极加强与毗邻街道、社区的联系，主动融入宁波市"15 分钟居民文化圈"，打造成为居民家门口的博物馆。自 2002 年起，庆安会馆每年与庆安社区联合举办"民俗文化教育节"，让社区居民在多姿多彩的活动中感受传统文化的魅力，传承诗路文化，已然成为宁波市馆地共建的文化样板。在游客服务方面，为持续提升游客的满意度，庆安会馆专门开设网站和微信公众号，推出门票预约、活动报名、展览预告"掌上通"，组建拥有多种专业长项的志愿者队伍，分时段提供志愿服务；

严格按照全国重点文物保护单位相关要求，配置视频监控系统、红外报警装置、防雷系统、智慧用电系统、火灾自动报警系统等安全设施，全面守护游客和文物的安全。

（三）深耕文化"两创"，发展非遗经济

党的十九届六中全会强调"推动中华优秀传统文化创造性转化、创新性发展"。优秀传统文化的创造性转化是指优秀传统文化旧形式被赋予新内涵，内涵观念被赋予新阐释；优秀传统文化的创新性发展则是指在社会主义核心价值观的引领下，马克思主义基本理论与优秀传统文化相结合，凝铸出新时代中国特色社会主义的文化新形态。文化"两创"是新时代我国文化工作的重要指导思想。在保护、利用、传承诗路文化的过程中，浙东运河沿线各地始终将中华优秀传统文化创造性转化、创新性发展摆在重要位置，探索将优秀传统文化融入产业发展、乡村振兴、共同富裕等工作中，在将文化遗产与现实生活融合的过程中，发挥文化遗产巨大的经济价值，同时实现文化遗产的社会传承。

作为非遗大市，绍兴在推动诗路文化"两创"方面走在全国前列。通过市场化发展，众多非遗项目实现了从"指尖记忆"到"指尖经济"的转变。绍兴非遗的市场化发展有多种路径。第一种路径为非遗产业化，代表性的如绍兴黄酒、绍兴酱油、平水日铸茶、兰花栽培、王星记扇、安昌腊肠、剧装制作等传统手工技艺项目。经由生产性保护和产业化发展，这些非遗项目本身得到了保护和传承，也为绍兴地区经济发展做出了巨大贡献。以黄酒酿制技艺为例，近年来绍兴市大力振兴发展黄酒产业，出台《绍兴黄酒保护和发展条例》，制订了一系列推动黄酒产业高质量发展的规划和政策，投资 300 多亿元打造东浦黄酒小镇，改造提升中国黄酒博物馆、古越龙山中央酒库等黄酒展示基地，通过产业化发展使得这一非遗项目释放出巨大的经济价值。第二种路径为"非遗+商业"。自 2020 年起，绍兴市开始推进"绍兴非遗形象门店"建设工作。为保证非遗形象门店建设的方向性、科学性和成效性，2021 年 6 月，绍兴市文化广电旅游局正式出台实施《非遗形象门店管理规范》，对非遗形象门店的基本要求、类型

以及创建原则、经营状况要求、门店环境要求、产品及服务管理要求、评定和复核等内容进行了规定。根据这一标准，开展绍兴市非遗形象门店的申报认定工作，分别于 2022 年 11 月和 2023 年 5 月认定了两批共 20 家绍兴市非遗形象门店，涉及绍兴黄酒、花雕、酱制品、铜雕、绍兴菜、茶叶、中医药以及戏剧曲艺等 50 多个非遗项目，典型代表如"书圣故里"越酿工坊、越红·绍兴非遗客厅、咸亨酒店等。非遗形象门店建设工作更好地彰显了绍兴非遗产品的魅力，增强了经营门店的非遗标识度，在赋予非遗时代生命力的同时，使非遗"活"在城市生活中。第三种路径为"非遗+文创"。深度挖掘非遗项目的文化内涵，鼓励非遗传承人和传统产品生产企业将非遗项目与生产生活、创意设计、市场需求相结合，开发生产独具特色的非遗文创产品。例如，历史悠久的绍兴铜雕以铁壶、铜壶和生活装饰品等文创产品为突破口，取得了显著的经济效益；针对年轻市场群体所开发、包装的文创产品，如时尚纸扇、特色黄酒、艺术拼布、装饰刺绣等，在满足年轻人消费需求的同时，促进了非遗的合理利用，增强了非遗传承的活力。

（四）数字技术赋能，促进遗产重生

数字技术深刻影响着诗路文化的创新、创造、传播、发展等方式，对诗路文化遗产的赋能作用越来越明显，让诗路文化遗产得以重生。作为"十四五"浙江全面深化改革的总抓手，数字化改革贯穿浙江省诗路文化带建设。全省"数字诗路"平台的建设实现了诗路文化基础数据和资料的数字化展示。"数字诗路 e 站"体验中心的建设，则将数字化技术和厚重的诗路文化相结合，为游客带来了沉浸式诗路旅游体验。2021 年，浙东运河首座数字诗路文化体验馆——"诗 e 柯桥"数字诗路文化体验馆投入运营。"诗 e 柯桥"数字化体验馆面积约 1000 平方米，馆内设十余个数字展项，以柯桥诗路文化为魂，集文旅大数据平台、数字化游客引导网络及数字化互动产品于一体，覆盖区内诗路景点 126 处、诗词 1600 余首，通过数字化互动技术重现璀璨的诗路盛世。数字化游客引导网络以互联网科技、人工智能技术为依托，为游客推荐个性化游线，并借助互通共享的线上线下

两大平台，达到游客相互连接、全域联动、相互引流的效果。数字化互动产品贯穿了数字化技术、数字化思维和数字化认知，注重互动式体验，将绍兴诗路的历史文化、名人轶事、诗词歌赋等呈现于可视化、可互动的数字化展览平台，游客在展馆内便可云游柯桥十二景，回味李白、孟浩然、贺知章等文人墨客在这里留下的不朽诗篇。馆内展项还可以随着交互数据的持续积累和交互赋能技术的迭代不断升级，让游客得到"常来常新"观感体验。此外，"诗e柯桥"数字诗路文化体验馆还对诗路文化资源进行了创造性转化、创新性发展，推出一批具有柯桥符号的诗路文创产品，这些文创产品具有鲜明的主题，形象生动地讲述了诗路故事。"数字诗路e站"通过部门业务协同、数据共享、技术集成，实现线上线下融合，使诗路文化遗产得以重生。

三、诗路文化发扬光大

浙东运河诗路文化积淀了浙东运河厚重的文明底蕴，承载了浙东运河昌达的史迹文脉，凝聚了浙东运河深邃的先贤智慧，孕育了浙东运河的社会生态，既是文明发展的载体，更是精神意境、社会观念和生活方式的一种升华，有着巨大的历史价值、文化价值、社会价值和时代价值。如上文所述，浙东运河沿线各地在挖掘保护诗路遗存、促进诗路遗产价值重现方面做了大量工作，取得了重大成效。但是将诗路文化发扬光大仍是运河沿线各地的一项长期任务。

（一）明确定位，增强辨识度

浙东运河诗路文化的发扬光大，首先需要使其具备较高的辨识度。从目前国家和省里的相关战略部署来看，浙东运河具备双重身份。从国家层面来看，浙东运河是中国大运河世界文化遗产的重要组成部分；从浙江省层面来看，浙东运河是浙江省大运河诗路的重要组成部分。这些都是浙东运河的"标签"，在给浙东运河带来一定"身份"的同时，也在无形中淡化了属于其自身的独特性。面对众多的同类竞争者，浙东运河需要想办法提升自身的辨识度。

增强浙东运河诗路文化辨识度的关键在于明确浙东运河的定位。只有明确定位，才能增强辨识度，高质量地融合大运河文化带和诗路工程建设。该定位需要综合考虑浙东运河在中国大运河世界文化遗产中的定位和在浙江诗路文化带中的定位，通过回答以下三个问题，可使答案更明确：第一，在跨越8个省市，全长2700千米的中国大运河世界文化遗产中，浙东运河有怎样的特质？第二，在浙江四条诗路之中，浙东运河有怎样的特质？第三，这些特质和价值叠加后会赋予浙东运河怎样的定位？从中国大运河世界文化遗产来看，浙东运河至少具备以下特质：是中国大运河中最早建成的河段；是位于江南水乡，集厚重历史文化与优美自然风光于一体的运河；是连接海上丝绸之路的运河；是至今仍在沿用和保存最好的运河。从浙江四条诗路来看，浙东运河至少具备以下特质：是唯一以人工运河为载体的诗路；是一条通江达海的诗路。综合以上，浙东运河可谓是一条文化景观之河、千年"在线"之河、安定开放之河。

（二）整合传播，扩大影响力

目前，得益于大运河世界文化遗产保护、利用、传承的相关国家战略决策以及浙江省诗路文化工程的部署与实施，浙东运河诗路文化得以通过更多渠道、更多角度走入公众的视野。但与此同时，也应看到浙东运河诗路文化的影响力尚有待提高。

浙东运河诗路文化影响力有限的原因主要来自以下方面：首先，在如何界定浙东运河诗路文化上缺乏明确而统一的认知。目前社会一般公众对浙东运河诗路文化尚无准确的认知，并未形成对浙东运河诗路文化资源的精准辨识，甚至在政府治理和学界研究中，对这一问题也缺乏明确的界定。例如，浙东运河诗路文化是否仅限于围绕浙东运河所生发的诗文化，而不包括其他文化类别？浙东运河诗路文化是一种抽象的文化标识，还是一种具象的文化形式？文化本身就是一个非常抽象的概念，但从传播的角度，又必须借助具体的形式。其次，在当前媒体渠道广泛、信息爆炸的传播环境下，有关文化的多种宣传与表达分散了公众的注意力，混淆了人们对诗路文化的理解和认识。以绍兴为例，关于绍兴的文化表述，可见越文化、黄酒文化、运河文化、桥文化、书法文化、宋韵文化等，诚然，这些都是绍兴的典型文化，但在当前的传播环境下，非常容易引起受众的困惑，因而很难在他们心目中留下深刻的印象。最后，由于浙东运河的跨行政区域属性，在有关传播活动中，各行政区域较难保持"同一种声音"。改善这一问题的可行办法是对浙东运河诗路文化进行整合传播，即运河沿线各地管理部门达成一致，整合各种资源，以"同一种声音"传播浙东运河诗路文化。其中建立诗路文化谱系尤为重要，以诗路文化谱系的建立去整合其他各种文化要素，并依此去讲述浙东运河故事。

（三）合力保护，提高传承力

浙东运河跨越杭州、绍兴、宁波三市，由于历史和区域经济特色等多方原因，三市对诗路文化的保护、利用、传承工作呈现出不平衡的发展格局。绍兴作为诗路文化资源相对丰富的地区在推动保护、传承、利用方面的意识较强，启动较早，力度较大，行动较快，实践相对丰富，成效也较为显著，而其他地区在保护、传承、利用诗路文化方面的行动相对较晚。另外，在相互合作和民众参与度方面也需要提升。

三地需要对浙东运河诗路文化进行合力保护，以提升诗路文化的传承力，这种合力主要来源于两个层面。第一层面是区域之间的合力，即杭州、绍兴、宁波三市之间建立由政府主导的稳固的合作关系，就浙东运河诗路文化保护、传承、利用的主要方面达成一致，共同推进浙东运河诗路文化的保护、传承和利用。目前，三地之间已开展了一些合作。例如，自 2021 年起，宁波市文化广电旅游局和杭州市园林文物局开始联合主办"浙东运河杭甬对话"活动，该活动是两地在继大运河法制建设、监测管理等方面的合作后，推进文旅领域合作的重要举措，截至 2023 年 6 月，该活动已连续举办 3 年。再如，2023 年 8 月，在杭州市运河综保中心的牵头协调下，萧山区衙前镇、绍兴市钱清镇和宁波市东胜街道共同成立了浙东运河镇级联盟，旨在合作开展浙东运河的保护与利用工作。总体而言，这些合作尚不够全面，很难真正形成浙东运河诗路文化保护、传承和利用的合力。第二层面是不同主体之间的合力。浙东运河诗路文化保护、利用、传承涉及社会的诸多领域和不同层面，政府、社会力量、民众在其中有着不同的角色定位，需要彼此协调配合和共同努力，通过合理的职责分工来发挥政府的"引导者"角色作用、社会力量的"主导者"角色作用和民众的"践行者"角色作用。在这两个层面形成合力，无疑会成为推动浙东运河诗路文化发扬光大的内生动力。

第二节　诗路珍珠：绽放遗产迷人光芒

　　2019 年《浙江省诗路文化带发展规划》提出诗路文化带的发展目标之一是"以四条诗路串联形成浙江诗画山水之'链'，深入践行'两山'理念，发掘'珍珠'、打造'高地'，将秀美山水串'珠'成'链'"。① 串珠成链是诗路文化带建设的核心思想之一。作为诗路文化带建设的亮点，诗路珍珠包括古城名镇名村、高能级景区、名山公园、海岛公园、遗址公园、产业平台、人文水脉、森林古道八个大类。诗路珍珠不仅是诗路文化带上的明珠，更是浙江省大花园的耀眼明珠。2021 年 7 月、2022 年 4 月和 2023 年 5 月，浙江省发展改革委先后公布了三批浙江大花园耀眼明珠名单，第一批 16 个，第二批 26 个，第三批 22 个，共计 64 个。其中，浙东运河沿线共 6 个（见表 7-4）。此外，根据《关于印发浙东唐诗之路建设三年行动计划（2020—2022）的通知》精神，西兴古镇、兰亭景区、鲁迅故里·沈园景区等也是重点擦亮的诗路珍珠。作为浙东运河诗路文化保护、传承、利用的成果，它们守护着诗路文脉，绽放出遗产的迷人光芒。

---

① 浙江省人民政府：《浙江省人民政府关于印发浙江省诗路文化带发展规划的通知》，2019 年 10 月 9 日，https://www.zj.gov.cn/art/2019/10/9/art_1229019364_55443.html。

表 7-4　浙东运河沿线浙江大花园耀眼明珠名单

序号	名称	所在地	类别	批次
1	慈城古城	宁波江北	古城名镇名村	第一批
2	慈溪上林湖越窑国家考古遗址公园	宁波慈溪	遗址公园	第一批
3	安昌古镇	绍兴柯桥	古城名镇名村	第二批
4	会稽山香榧古道	绍兴柯桥	森林古道	第二批
5	绍兴黄酒小镇	越城东浦古镇	产业平台	第三批
6	绍兴鉴湖	绍兴柯桥、越城	人文水脉	第三批

一、西兴古镇：一座"拒绝变脸"的古镇

西兴古镇是钱塘自古繁华的金钥匙。在"八八战略"的指引下，古镇秉承"抢救为主、保护第一"的理念，在对诗路文化原汁原味保护的基础上，进行合理利用，不仅于高楼林立中留住了诗路千年的时代记忆，更续写了盛世繁华的运河故事。如今的西兴古镇，俨然成为了浙东运河上的一颗璀璨明珠，成为千年烟火味和历史文化书卷气交相辉映的古镇新样板。

（一）诗路浙江"纽结地"

西兴古镇地处钱塘江南岸，因春秋末期越国大夫范蠡在此筑城拒吴而得名，历史上曾是两浙门户，交通发达，人文荟萃，留下了历代名家的壮丽诗篇。西兴古镇是浙东古运河的源头，也是诗路浙江的"纽结地"，连接着浙东唐诗之路、大运河诗路、钱塘江诗路三条诗路，并通过浙东运河直通宁波，与海上丝绸之路连为一体。西兴老街位于西兴古镇中心，西起铁岭关，东到资福桥，全长960米，江南水乡风貌保存较为完好，是《杭州市历史文化名城保护条例》中规定保护的历史街区之一，也是目前杭州城区保存最完整的老街之一。街区内共有全国重点文物保护单位大运河西兴码头与过塘行建筑群19处、杭州市文物保护单位1处、杭州市文保点1处、杭州市历史

建筑 5 处，沿街分布着屋子桥、铁陵关、永兴闸、西兴驿等遗址，以及残存的牌坊、街亭、河埠头等众多文物古迹，较完整地保留了清末民初"两街一河"的格局。西兴祝福和西兴竹编灯笼分别在 2007 年和 2010 年被列入浙江省非物质文化遗产代表性项目名录。

（二）原封不动"保起来"

2002 年，西兴老街被列入杭州市十大历史保护街区之一。在国内许多老街走商业化发展道路的情况下，西兴老街未来应该如何定位？朝什么方向发展？这成为西兴古镇一个重要的亟待解决的问题。2003 年 7 月 25 日，杭州日报刊载的一则《西兴老街拒绝"变脸"》报道中这样写道："决策要对历史负责，要对子孙后代负责。"这正是当时西兴古镇管理者的心声。当保护与开发的矛盾最终落在商业利益的获取和人文价值的保护的冲突上时，他们毫不犹豫选择了后者，决定把西兴老街原封不动、完整地保护起来。近 20 年来，西兴古镇的发展始终坚持着"抢救为主、保护第一"的理念。在这一理念下，古镇在保护传统建筑、保护街巷肌理的同时，留住了原住居民，留下了传统的生活方式。走进西兴古镇，可以看到深邃的小巷，临水的房屋，直通河边的屋前石阶；可以看到在房前晾晒衣物的居民，在屋后乘凉的居民，沿着河边晨练话家常的居民；可以看到运河土菜馆、西陵饭店、阿权家常菜、西兴老豆腐店等充满烟火气的老店，它们或藏匿在街角小巷，或屹立于闹市一隅，让每一位食客品尝到了千年诗路文化的味道。

（三）原汁原味"用起来"

对任何文化遗产来说，"活化"都是最好的传承；对遗产地原住居民来说，发展也是必然的需求。西兴古镇对诗路文化的保护并非固步自封的"死保"，而是在历史与现代的碰撞中，寻求保护与开发的平衡点，在与旅游、节庆、摄影、文创等的融合中，将文化历史资源用起来，只有"用起来"，才能"保起来"。西兴古镇对文化遗产的"用"不是简单的"用"，而是原汁原味地"用"，引入符合古镇文化底蕴的业态。位于西兴街道古塘路 35 号的西兴过塘行码头专题陈列馆，是古代的一处"物流中心"，也是世界文化遗产中国大运河的一个重要遗产点，由西兴街道于 2013 年修缮完成开馆。陈列馆内以浙东运河文化为主题，详细展示了西兴历史沿革、浙东运河历史沿革、西兴过塘行码头历史沿革、浙东唐诗之路的历史等。同时，馆内还设置有"诗路声音博物馆——西兴馆"数字文化项目的线下体验点，展示有关西兴的经典诗词作品、典故传说、非遗文化等，参观者可以聆听西兴诗路故事，更清晰立体地了解西兴文化之美。自开馆以来，西兴过塘行码头专题陈列馆年均接待游客 1 万人以上，成为西兴古镇主要的旅游景点之一。此外，镇上有充满书香和文化感的无羁派咖啡、"佗寂风"的猫草院子咖啡店，有集咖啡馆、买手店、商业拍照于一身的 surely 摄影店铺，这些个性店铺的主人虽然均为年轻人，但都是因为喜爱古镇深厚的文化底蕴、原住民的市井气息和慢节奏的生活方式而选择在这里开店。这些业态为保留着旧时模样的西兴古镇融入了新的"内核"，让古镇的文化氛围得以在当下复兴、延续。

（四）穿越时间的"西兴驿"

在"保护第一"的理念下，当地政府对古镇进行了基于留存底蕴的提升改造。2005 年，《杭州市历史文化街区和历史建筑保护办法》正式实施，西兴古镇被列为保护对象，镇上一批过塘行老房子也被列为市、区重点保护对象。2009 年西兴过塘行码头被列为大运河遗产点"立即列入项目"，根据国家大运河保护和申遗工作安排，西兴街道实施了西兴过塘行码头申遗整治工程，该工程将河道、街区整治与保护人类历史文化遗产有机结合，本着保护第一的原则开展了遗址展示工程、河道综保工程、拆迁拆违工程、文物修缮及立面整治工程、绿化环境整治工程、老街改造工程、文化展示工程等多项建设，在保留古镇文化底蕴的基础上，对古镇建筑及环境进行了改造提升。后来，西兴古镇又经过多次修缮，例如，2014 年对运河源头的保护性修缮；2016 年的小城镇环境综合整治，对古镇进行了拆违覆绿、清淤、沿街立面整治以及堤、危旧房修缮。2018 年初，西兴老街被评为浙江首批省级小城镇环境综合整治样板街道。

如今，这一千年的津渡在科学保护下，与杭州城市共融共生，相互交融的传统韵味和时代特色不仅留住了其往日繁华，更焕发出新的生机。穿越了千年时光的"西兴驿"被游客给予高度评价，"大隐于市的'宝藏古镇'"，"遍地都是生活"，"拥有烟火味、丹青范、地形美的杭州古镇"。近20年来，西兴古镇立足于"建设文化大省"的要求，以自己的方式探寻传统文化保护传承与社会发展之间的平衡点，推动中华优秀传统文化创造性转化、创新性发展，使这座因运河而兴的古镇成为传承诗路文化的耀眼明珠。

二、绍兴黄酒小镇：非遗市场化保护传承典范

绍兴是黄酒的故乡。黄酒酿制技艺源于春秋，成于北宋，兴于明清，传承流布于鉴湖水系区域，"汲取门前鉴湖水，酿得绍酒万里香"。绍兴黄酒品质优良，主要有元红酒、加饭酒、善酿酒、香雪酒四大传统品种。清代袁枚《随园食单》中曾赞其："绍兴酒，如清官廉吏，不参一毫假，而其味方真。又如名士者英，长留人间，阅尽世故，而其质愈厚。"黄酒不仅仅是一种物质，更是一种文化，是水乡绍兴之魂，与当地的民俗民风紧密相连。2006年，绍兴黄酒酿制技艺被列入第一批国家级非物质文化遗产名录。绍兴黄酒小镇是浙江省第一批37个特色小镇之一，设有"酒乡古镇"东浦和"黄酒重镇"湖塘两个区域，通过"一镇两区"模式，打造"产业＋文化＋旅游＋社区"四位一体的黄酒产业发展平台。2023年5月，绍兴黄酒小镇（绍兴越城东浦古镇）成功入选浙江省第三批大花园耀眼明珠名单，是非物质文化遗产市场化保护传承的典范。

（一）一镇两区：集聚呈现非遗精华

绍兴黄酒小镇分为两个片区，即东浦片区和湖塘片区。从绍兴黄酒酿制技艺的发展历史来看，东浦和湖塘都是其精华地。

东浦是中国历史文化名镇，也是绍兴黄酒的发祥地，距今已有1600余年的历史，被誉为"酒乡古镇"，素有"越酒行天下，东浦酒最佳"之

说。古越龙山、会稽山、塔牌三大著名绍兴黄酒品牌，都起于东浦镇的酒坊。除了水乡、酒乡之誉外，东浦还有"桥乡"、"名士之乡"的美称，是伟大爱国诗人陆游和辛亥革命先烈徐锡麟的故乡，现存有徐锡麟故居、周总兵府第、陆游故居、陈氏宗祠、沈氏宗祠、文昌阁等多处历史文化遗迹，以及上大桥、下大桥、西巷桥、马院桥等多座古桥①。基于这些丰厚的历史文化资源，东浦片区定位于"黄酒+"，以推进黄酒产业创新提升、弘扬黄酒历史文化和发展生态旅游为重点。

湖塘原名吴塘，相传因句践使吴人筑塘而得名，后马臻筑鉴湖塘堤十里而改名为湖塘，位于绍兴市柯桥城区西南部，自古以来就是绍兴黄酒的主要产区之一，素有"黄酒重镇"之称。黄酒产业也是湖塘目前最具特色的产业之一，其黄酒产量占绍兴的半壁江山，设有黄酒产业基地。绍兴黄酒的三大品牌企业——塔牌、古越龙山（鉴湖酿酒）、会稽山均集聚在湖塘。除了众多的知名黄酒企业，湖塘还有绍兴黄酒酿制技艺国家级非物质文化遗产项目唯一的代表性传承人王阿牛、绍兴黄酒酿制技艺省级传承人潘兴祥，他们对黄酒人才的"传、帮、带"保障了黄酒产业拥有源源不断的专业人才，也保证了湖塘黄酒的酿造工艺。基于优良的黄酒产业基础，湖塘片区定位于黄酒产业的特色园区，立足黄酒本身，主攻黄酒产业发展。

（二）产业+文化+旅游+社区：黄酒产业与非遗双赢

作为特色小镇，绍兴黄酒小镇有两大主要任务，其一是推动绍兴黄酒产业的转型升级，其二是传承黄酒酿制技艺非物质文化遗产，保护黄酒文化。围绕这两大任务，东浦片区和湖塘片区以"产业+文化+旅游+社区"为发展思路，通过功能分区、产业创新、业态配置、设施配套、营销宣传等，实现黄酒产业的转型升级和黄酒酿制技艺非物质文化遗产保护、利

---

① 20世纪末，镇内有216座古今桥梁。民间有谚语："磕头跪拜上大桥，上城坐船马院桥；东浦老酒越浦桥，吹吹打打薛家桥；说东道西大木桥，买鱼买肉过洞桥；哭哭啼啼过庙桥，欢天喜地跨新桥；看病求医西巷桥，革命传统下大桥。"

用、传承的双赢。

东浦片区包括13个子片区，分别是黄酒产业创意园区、黄酒博物馆、酒吧街区、酒店区、越秀演艺中心、游船码头、游客中心及配套设施、酒坊街区、民宿街区、民俗街区、黄酒文化养生社区、名人艺术中心，每个子片区都围绕黄酒延伸出产业、文化、旅游和社区等不同的功能①。湖塘片区是绍兴黄酒的核心生产基地，按照一湖两岸三片区的布局进行建设，其中，"一湖"指鉴湖，"两岸"指南北两岸，"三片区"分别为南岸产业片区、北岸休闲片区和黄酒旅游片区。整个小镇以建设"世界级黄酒品牌标杆、中国黄酒文化复兴高地、中国黄酒产旅数字融合典范"为总体目标，通过"醉里水乡、戏里水乡、梦里水乡"三大主题场景的打造，激活"酒经济、旅经济、夜经济"三大特色经济，振兴黄酒产业，让黄酒酿制技艺"活"在当下。目前，绍兴黄酒小镇成功打造了"中国黄酒第一镇"的金字招牌，黄酒企业品牌影响力全面提升："会稽山"成为国内黄酒行业第三家上市企业，"塔牌"上市战略成功启动，成功创建"会稽山"、"塔牌"等中华老字号和"孝贞"等省老字号品牌，会稽山绍兴酒和塔牌绍兴酒成为首批杭州亚运会官方指定黄酒。绍兴黄酒小镇已成为越城旅游业的一大支柱，酒仙会市、糯稻开耕节、开酿节、封坛节、水龙节等一系列与酿酒相关的传统民俗活动，黄酒奶茶、黄酒棒冰、黄酒巧克力、黄酒布丁等一系列黄酒创意美食，吸引了源源不断的游客。截至2023年5月，绍兴黄酒小镇累计接待游客超200万人次。通过"黄酒+"，实现黄酒产业与黄酒非遗的双赢。

（三）政府引导，企业主体，市场运作：激发非遗传承内生动力

在运作机制上，绍兴黄酒小镇采用了"政府引导，企业主体，市场运作"的机制。东浦片区的规划设计始于2010年前后，2013年，东浦镇政府牵头成立东浦镇古镇保护实业有限公司，探索小镇的市场运营机制；

---

① 余婷婷：《绍兴，有一个黄酒小镇》，《新型城镇化》2023年第4期。

2015年成立东浦黄酒小镇开发领导小组和绍兴黄酒小镇建设领导小组；2018年1月，绍兴黄酒小镇（东浦）开发建设管理委员会成立；2020年4月，绍兴市政府与北京融创控股集团有限公司签订战略协议。[①]如今，绍兴黄酒小镇（东浦）开发建设管理委员会代表绍兴市政府指导小镇建设，北京融创控股集团有限公司负责小镇的市场运营。湖塘片区以黄酒企业为主，各企业除独立运营本企业黄酒生产外，还协同打造黄酒博物馆、黄酒文化中心等多个区域公共业态，连续多年举办黄酒开酿节、封坛节和黄酒文化论坛等大型推广活动。属地政府湖塘街道为企业提供各种引导和配套服务，如完善小镇公共设施，加大对小镇客厅、道路和公共基础配套设施等投资力度；推进审批流程再造，优化企业投资项目开工前的审批流程等。此外，还通过资金、政策等多种要素，支持黄酒企业引育非遗大师，完善产业"传、帮、带"机制，保障黄酒酿制技能传承人的梯队建设；推动黄酒企业与国内高校及专业研究院开展产学研合作。这种运作模式利用市场手段最大化地激发黄酒酿制技艺非物质文化遗产保护、利用、传承的内生动力。如今，绍兴黄酒小镇黄酒年产量超过20万吨，占全省市场三分之一以上，已成为黄酒产业的集聚中心、黄酒产品的研发中心、酿酒大师的培养中心、特色旅游的示范中心和黄酒文化交流中心。黄酒酿制技艺非物质文化遗产在这里散发出勃勃生机，成为活下去、传承下去的人类文化遗产。

三、慈城古城：文化引领的古城复兴

慈城古城位于宁波市江北区西北部，是江南地区保留最完整的古县城，它所体现的古代中国在城市选址、规划、水利、建筑等各个方面的传

---

① 唐诗伊：《绍兴黄酒特色小镇的文化资源开发与利用研究》，广西大学2020年硕士学位论文。

统文化和营造思想，"实为造化与人文中和之极致"，是现存古城中的珍品和中国古县城的"标本"①。慈城古城拥有 2500 年的建城史，其人文鼎盛与浙东运河密切相关。浙东运河宁波段自余姚至慈城，在余姚江往北靠近慈城古镇处绕了个弯，再到入海处。有了慈江段运河后，明清时期众多慈城人离开家乡前往全国各地做官、经商，也吸引了五湖四海的商人和旅客来此歇脚、访古和经商，往来人流趋于密集，商品交换变得活跃，由此催生出一个繁华的慈城。2005 年 5 月 18 日，时任浙江省委书记的习近平同志在慈城古县城考察调研时指出"慈城名人荟萃，人才辈出，其深厚的文化底蕴的确让人大开眼界。在下一阶段古县城的开发建设过程中，要充分发挥慈城独特的人文优势，挖掘内涵，注重保护，使其在当代文化教育和旅游事业，乃至文化大省建设中发挥积极作用"。2001 年，慈城古县城正式启动保护开发工作，截至 2020 年，累计投入 80 多亿元。2009 年，慈城古城的古建筑修缮工作荣获联合国教科文组织"亚太地区文化遗产保护荣誉奖"，成为中国唯一入选 BBC 全球 18 个"传承的英雄"文化保护典范②。历经 20 多年的保护开发，慈城古城成为浙东运河畔一座活化、再生的千年古县城。

（一）修复：保护古城整体形态

古建筑修复是夯实慈城古城复兴的重要基石。2001 年，宁波市委、市政府决定实施对慈城古城的保护性开发。在此过程中，秉承着"保护古城整体形态、延续古城人文情怀"的修复理念，采用保护、改善、改造、保留、更新和整饬等六种模式，保留古城棋盘式街巷格局，恢复千年古城的原生态风貌，并颁布实施了国内首部古城历史文化保护条例——《宁波市慈城古县城保护条例》。据统计，截至 2020 年，慈城古县城已累计完成宅

---

① 严再天、段闻生：《慈城古城保护发展中"留"的思考》，《城乡建设》2017 年第 9 期。

② 宁波市江北区政协课题组：《千年古城复兴的慈城路径研究》，《宁波通讯》2020 第 17 期。

院修缮、遗址重建近 25 万平方米。经过修缮，古城内冯（俞）宅、酒税务、符卿第、宝善堂等一大批明清古建筑群得到了保护，太湖路、太阳殿路等历史街区展现出古时风貌，孔庙儒文化广场、慈湖景区等相继建成。在修复过程中，大量使用原有古建筑的材料，尤其是宁波传统的建筑材料年糕砖，以达到修旧如旧的目的。为了保护古城的整体形态，参照《光绪县志》对已毁坏的古城核心建筑古县衙进行了复建，在复建时运用当地古民居的垒墙工艺，从而实现对历史文化的传承。同时，对考古发现的地下遗存进行了妥善保护和展示。例如，在复建慈溪县衙时，对通过考古挖掘找到的位于县衙中心轴，建于唐代的一段砖铺甬道采取妥善措施进行保护和展示。这短短的一段古甬道是历史的见证，证明了慈城千年古县城的建城史，同时增加了复建县衙的历史真实感。

（二）活化：文旅融合复兴古城

在保护的基础上，如何让古城"活"起来，把文化资源转化为文化资本、文化产业，是慈城古城面临的一个重大问题。2019 年，慈城古城明确了创建国家级文旅融合示范区，打造融游览观光、休闲度假、文化体验于一体的国内著名旅游目的地的发展目标，文旅融合成为古城复兴的抓手。为此，慈城构建了古县城文旅融合发展"1-2-9-15"体系，该体系以"民艺复兴看慈城"为文化主题，包含主游线和东护城河夜游线两大特色游线，民艺街、国潮街等九大主题街区，以及运河盛宴非遗中心、城墙光影秀、数创艺术馆群等 15 个亮点项目。[①] 在此指导下，一批软硬件设施开始建设，古县城大东门城楼重建、解放河历史街区改造、南门火车站地块提升等项目相继实施；聚宽书院、溪上·走马楼、甬浩轩、浮碧山房等一批民宿和餐饮店先后建成营业；慈城历史文化展览馆、药商博物馆、年糕馆、囍园等博物馆和文化场所相继建成开放，为慈城古城文旅融合发展奠定了坚实基础。2021 年，慈城古城成为浙江千年古城复兴计划试点地区，

---

① 卓璇、杨芝、徐烽：《慈城镇：古韵新颜绘就复兴蓝图》，《宁波通讯》2020 年第22 期。

继续以文旅融合为指导方向，促进古迹保护与产业导入相协调，着力推进"博物馆旅游"。2022年，慈城古城荣获2021年"千年古城"复兴试点评估和省级小城市培育试点考核双优秀。文旅融合成为千年古城复兴的重要推动力。

（三）再生：融入当下和未来

2023年4月，宁波市人民政府审批通过《宁波市慈城古城控制性详细规划》，《规划》是对已有《宁波市慈城历史文化名镇保护规划》的细化和完善，为慈城古城进一步推进整体性保护、建设和管理提供法定依据。《规划》将慈城古城定位为"宁波翠屏山中央公园的门户、大运河国家文化公园核心文化展示园，是体现慈孝文化、耕读文化、建筑文化、药商文化特色的江南第一古县城"，并确定了"高标准创建文旅融合示范区，打造融游览观光、休闲度假、文化体验为一体的国内著名旅游目的地，建设民生幸福之城、古迹传承之城、文化体验之城、生态优美之城"的发展目标。文化、旅游、居住和生态成为慈城古城未来的四大主要功能，将慈城古城的过去与当下和未来连接在一起，融入当下和未来的千年古城在保护、利用和传承中得以再生。

第三节　诗意远方：打造民族精神家园

党的十八大以来，以习近平同志为核心的党中央高度重视构筑中华民族共有精神家园。在2014年召开的中央民族工作会议上，习近平总书记深刻指出："加强中华民族大团结，长远和根本的是增强文化认同，建设各民族共有精神家园，积极培养中华民族共同体意识。"中华民族共有精神家园是我国各民族人心凝聚、团结奋进的强大纽带，也是实现中华民族伟大复兴的磅礴精神伟力。浙东运河融汇了山水相谐之美、诗心寄寓之韵、古越文化之精、自在养性之适，诗路文化作为其文化精髓，体现着浙东运河沿线人民生生不息的文化创造力，是中华优秀传统文化的重要组成部分。在新时代推动诗路文化的保护、利用和传承应始终与国家同行，与时代同步，与生活同在，使诗意远方成为中华民族共有精神家园。

一、与国家同行：推进文化自信的新标杆

党的二十大报告从国家发展、民族复兴高度，提出"推进文化自信自强，铸就社会主义文化新辉煌"。这为新时代新征程上社会主义文化强国建设进一步指明了前进方向。诗路工程作为浙江的重大文化工程，具有从古至今并走向未来的重大意义，是文化浙江建设的一张"金名片"，也必将成为新时代文化强国建设的新标杆。浙东运河诗路文化的保护、利用、传承必须坚持中国特色社会主义文化发展道路，扛牢推进文化自信的时代担当。

（一）诗路文化：坚定文化自信的重要基础

2018 年 8 月 21 日习近平总书记在全国宣传思想工作会议上的讲话中提道："中华优秀传统文化是中华民族的文化根脉，其蕴含的思想观念、人文精神、道德规范，不仅是我们中国人思想和精神的内核，对解决人类问题也有重要价值。"这充分肯定了中华优秀传统文化在当代所具有的重要价值。诗路文化是中华优秀传统文化的重要组成部分，其中所蕴含的家国观、中国观和天下观是坚定文化自信的重要基础，具有非常高的当代价值。总的来说，诗路文化对于推进文化自信自强的价值主要表现在以下三个方面。

第一，诗路文化是涵养社会主义核心价值观的源泉。习近平总书记多次强调，培育和弘扬社会主义核心价值观必须立足中华优秀传统文化。诗歌文化是诗路文化的主要组成部分，也是中华民族的标志性文化符号之一，蕴含着中华民族悠远绵长的文化基因和历久弥新的精神力量，是涵养社会主义核心价值观的源泉。例如，唐诗中蕴含着对祖国大好河山、骨肉

同胞、灿烂文化和自己国家的热爱，以及团结统一、爱好和平、勤劳勇敢、自强不息的民族精神①，是社会主义核心价值观中所弘扬的爱国精神的主要历史源泉之一。

第二，诗路文化是推进文化自信自强的持久力量。党的二十大报告要求"推进文化自信自强，铸就社会主义文化新辉煌"。增强文化自信，须传承中华优秀传统文化。诗路文化作为中华优秀传统文化的重要组成部分，其中蕴含的思想观念、价值理念、人文精神、道德规范，是中国人思想和精神的内核，它们经受住了历史和现实的考验，为文化自信自强提供了底气和来源。

第三，诗路文化是展现中华文明独特魅力的重要窗口。在 2018 年 8 月召开的全国宣传思想工作会议上，习近平总书记强调要不断提升中华文化的影响力，要把优秀传统文化的精神标识和具有当代价值、世界意义的文化精髓提炼出来、展示出来。浙东运河是记载古丝绸之路历史的"活化石"之一，其承载的诗路文化是中华民族的标志性文化符号，也是展现中华文明独特魅力的重要窗口。

（二）标杆打造：浙江经验的总结提炼与推广

改革开放以来，浙江在文化遗产的保护、传承、利用方面进行了重要探索，尤其是 2003 年"八八战略"以来，浙江沿着习近平同志指引的方向，走出了一条具有中国特色、时代特征、浙江特点的文化遗产保护、传承、利用之路，许多做法先行全国。诗路文化带作为文化浙江建设的重要标志性工程，汇聚了浙江在文化遗产保护、传承、利用领域一系列好的理念、好的方法、好的案例和好的经验，应该对这些理念、方法、案例和经验进行深入研究，总结提炼，打造成为推进文化自信自强的新标杆，在全国起到示范引领作用。

第一，深入开展诗路文化保护、传承、利用的案例研究。浙江经济社

---

① 郝佳婧：《唐诗对民族精神教育的价值研究》，《牡丹江大学学报》2018 年第 6 期。

会的发展和变革在国内始终处于前列，文化遗产保护工作亦领跑全国。在对浙东运河诗路文化进行保护、传承、利用的过程中，涌现出许多值得深入研究的典型案例。例如，物质文化遗产保护、传承、利用领域的"五水共治"保护运河河道、浙东运河古纤道保护、绍兴越城区公益诉讼保护运河遗产、慈城古县城文旅融合发展等案例，非物质文化遗产保护、传承、利用领域有绍兴黄酒小镇、绍兴非遗集市、柯桥区"非遗进校园"、非遗工坊等案例。这些案例从不同角度展示了浙东运河沿线各地对诗路文化保护、利用、传承的主要做法，有很多值得借鉴的地方。

第二，总结提炼诗路文化保护、利用、传承的主要经验。在对相关案例深入研究的基础上，对诗路文化保护、利用、传承中的主要做法进行梳理总结，提炼出诗路文化保护、利用、传承的主要经验。进行诗路文化挖掘的文化基因解码工程即是其中之一。该工程是浙江省文化和旅游厅 2020 年启动的一项文化工程，旨在通过文化研究赋能旅游产业，推进文旅深度融合。文化基因解码工程分为"调查—解码—利用"3 个阶段，首先，全面调查和登记全省文化元素、文化形态；其次，选择其中具有代表性的文化元素进行基因解码，挖掘文化传承发展的物质基因、精神思想基因、规范制度基因和象征符号基因；最后，将解码结果用于和旅游融合发展，推进社会经济发展。以绍兴市越城区为例，该区的文化基因解码工程把文物、非遗、戏曲等不同领域的 441 项文化元素在统一的分类标准、采集标准下进行调查梳理，最终挑选出鲁迅故里、黄酒、绍剧等具有高辨识度和旅游产业开发潜力的 23 项文化元素进行解码，并利用基因解码结果拓展文旅融合新思维。例如，将黄酒文化基因解码得出的"三浆四水、以酸制酸"的工艺规范基因融入科普研学旅游产品开发，将女儿红、状元红等酒俗精准注入绍兴古城建设。

第三，做好诗路文化保护、利用、传承经验的示范与推广。2023 年 3 月起，浙江省发改委陆续在其微信公众号推出《诗路文化带建设典型案例》系列文章，以总结展示诗路文化带建设的阶段性成效，推广诗路沿线各地的典型经验。截至 2023 年 8 月初，共发布包括萧山在内的 18 个案例。这些案例集中呈现了诗路文化保护、利用、传承的主要做法和经验，起到了较好的示范作用。未来，还可以进一步做更加深入的学术研究，识别促成这些做法和经验的内部和外部共性要素，剖析这些要素在国内其他地区的适用性和可创造性，在此基础上将一些主要的做法和经验进行传播、推广。

二、与时代同行：助力"两个先行"新征程

在高质量发展中奋力推进共同富裕先行和省域现代化先行，是新时代中国特色社会主义建设征程中，国家赋予浙江的重大使命，也是引领浙江"十四五"时期发展的战略目标。诗路既是浙江的文脉，也是浙江的史脉，植根于浙江的历史，也必将在当下和未来闪现时代光芒。诗路文化带建设是浙江高质量发展建设共同富裕示范区的重要载体。保护、利用和传承诗路文化，让其成为促进浙江经济社会发展的积极力量，服务于擦亮"诗画浙江"金名片，助力"两个先行"建设。

（一）推进诗路文旅深度融合

《浙江省诗路文化带发展规划》对诗路文化带建设的战略定位之一是"串联浙江诗画山水的黄金旅游带"，诗路文化和旅游的融合发展是诗路文化带建设的重点。在对浙东运河的保护利用过程中，已经涌现出大量文旅融合发展的优秀案例，例如，绍兴围绕"重塑城市文化体系"的战略目标，推进大禹文化、阳明文化、鲁迅文化、书法文化、黄酒文化等多元文化元素和旅游融合发展，成为诗路文化和旅游融合发展的典范。但就浙东运河整体来看，诗路文化和旅游的融合发展还存在着不平衡、不充分的问题。文旅融合发展在不同地区的差异较大，深度也有待进一步挖掘。

党的二十大报告强调"坚持以文塑旅、以旅彰文，推进文化和旅游深度融合发展"，推进诗路文化和旅游的深度融合发展是未来诗路文化保护、利用、传承的主要任务之一。重点从以下几个方面发力：一是深化浙东运河诗路文化的挖掘与研究，编辑出版浙东运河诗词文献，制作浙东运河诗

路文化系列人文纪录片，建设诗路文化普及基地，加大浙东运河诗路文化的宣传推广，依托电视、广播、报纸等传统媒体和网络新媒体，全方位宣传浙东运河诗路文化。二是实施诗路文化游线交通串联工程，依托高铁、高速、国省道、四好农村路、全省绿道网等交通通道，串联会稽山、四明山、雪窦山等浙东名山，打造具有诗路文化韵味的名山风景道，加快推进一批沿河、滨湖、环山、环岛的诗路文化绿道建设，完善诗路标识和节点服务。三是依托沿线景观资源，重点打造水上诗路观光游、景观丽道自驾游、运河诗路研学游等精华旅游线路，完善游客休憩中心、厕所、房车基地、诗路驿站等基础设施，建设研学旅行实践教育基地（营地）。四是支持文旅企业做大做强，引进国际文化、知名旅游运营商、旅游组织、品牌连锁酒店、国际重要赛事活动落户浙东运河沿线城市。五是强化信息串联，推动旅游与公安、交通、通信等跨部门、跨行业的数据衔接共享，加快旅游景区、旅游度假区、诗路文化驿站等平台通信基础设施建设，景区主要节点实现无线网络全覆盖，探索开发支持多国语言的语音讲解系统，即时向游客呈现智慧化载体平台和展示窗口，开启浙东运河诗路文化智慧旅游新时代。

（二）高质量发展诗路文化产业

习近平总书记指出："要加强公共文化设施建设，推动文化产业高质量发展，更好满足人民精神文化生活新期待。"诗路文化的保护、利用、传承离不开诗路文化产业的高质量发展。实施诗路文化产业振兴工程，推动诗路文化产业高质量发展，推进诗路文化保护传承、创造性转化和创新性发展，对于统筹浙东运河沿线区域协调发展和带动沿线城市经济社会高质量发展具有重要意义。绍兴黄酒小镇等文化产业平台、鲁镇演艺有限公司等文化企业都是诗路文化产业高质量发展的代表。未来，更需结合互联网大数据、人工智能等新一代信息技术，加快构建浙东运河诗路文化产业体系，推动诗路文化的创造性转化和创新性发展，让优秀传统文化活起来、传下去。

具体而言，一是依托全省传统工艺振兴计划。深入挖掘黄酒、青瓷、铜雕等经典产业文化内涵，建设一批诗路文化创意产品设计研发中心或产教融合实训基地，推动传统工艺产品与旅游市场、展会活动和电商平台等的结合，打造代表性文化产业平台，形成一批具有示范效应的文创产业集群。二是打响诗路文化演艺品牌。继续打响鲁镇演艺品牌，依托会稽山、鉴湖等景区，联合国内外优秀导演团队，创作一批有国际影响力的诗路山水实景演出项目，打造诗路文化演艺核心品牌。支持各地结合自身文化资源来发展旅游，鼓励古城、古镇、古村和4A级以上景区打造文化演艺节目，展现传统戏剧、曲艺、音乐、舞蹈、民俗等独具地方魅力的非遗项目。支持有实力的演艺企业做大做强，促进演艺业全产业链发展。三是创作诗路影视动漫品牌。引导和扶持一批以诗路为主题的影视产品，以知名影视制作机构为主体，发挥省内外高校学科资源优势，开展诗路文化影视精品创作，培育一批富有活力和较强竞争力的影视、曲艺制作企业和工作室。设计创作诗路动漫形象系列产品，加强动漫影视作品、游戏、玩具、场景、生活用品等衍生产品的开发，积极在中国国际动漫节等平台大力推广。四是壮大主要文化产业品牌。加快发展文化艺术创作、文化艺术表演、文化艺术培训，促进传统文化与创意融合，与技术融合。支持发展工艺美术设计、文化品牌设计等专业设计服务，做强绍兴黄酒小镇等知名文化产业，加快培育文化特色小镇、文玩创意产业街区、美食文化街区、文化产业园区、文化创意街区、重点文化企业和成长型文化企业。

三、与生活同行：书写惠民之河新篇章

党的二十大报告将"坚持以人民为中心的发展思想"明确为前进道路上必须牢牢把握的五条重大原则之一，要求"维护人民根本利益，增进民生福祉，不断实现发展为了人民、发展依靠人民、发展成果由人民共享，让现代化建设成果更多更公平惠及全体人民"。诗路文化保护、传承、利用同样应当坚持以人民为中心的思想，即为了人民而保护、利用、传承，

依靠人民保护、利用、传承，保护、利用、传承的成果由人民共享。诗路文化的保护、利用、传承最终应落脚在惠及运河沿线和更广大区域的人们的现实生活，使浙东运河成为一条便民利民、宜业宜居的惠民之河。

（一）社会化参与：诗路文化"为有源头活水来"

诗路文化保护、利用、传承的源头活水在基层、在民间，民众是诗路文化遗产的持有者，也是保护者和传承者，只有充分发挥民众的主体作用，构建社会化参与机制，才能使诗路文化在生产生活中更好地生存与发展。首先，社会化参与需要唤醒公众的文化自觉，加强对公众参与诗路文化保护、传承、利用的引导，让群众认识到每个社会个体在诗路文化保护中的重要性，自愿参与沿线文化资源保护、非遗传承、诗路文化传播等多个环节，真正成为自己精神家园的守护者、管理者。其次，社会化参与需要调动包括基层乡村与社区、民间组织、志愿者团体等在内的各方力量。浙东运河沿线有大量基层乡村与社区，它们构成了诗路文化的生态环境和人文背景，乡村与社区力量的参与不仅能使诗路沿线的自然文化景观可持续存在，而且能够根据生活之需进行不断的再创造，使诗路文化遗产得以在生产生活中保护与传承。各种社团组织、学术团体、志愿者组织也是可以充分发动的力量，他们的参与将会给诗路文化保护、传承、利用增添巨大的力量。最后，社会性参与机制的构建必须坚持诗路文化利用中的主客共享。尤其是在诗路文化和旅游融合发展的过程中，更需统筹规划，突出当地社区的主体地位，拒绝只考虑游客需求，粗暴地进行封闭式开发与管理。尊重当地历史传统和风俗文化，重视诗路文化保护中社区居民的情感价值，让他们能够充分享受到诗路文化利用所带来的多方价值，从而对诗路文化保护、利用、传承产生强烈的认同感。

（二）青少年教育：诗路文化"未来引领与实践"

遗产教育的根本目的，在于帮助人们理解和认知文化遗产中蕴含的强大精神力量，这种精神力量不仅能够增强本民族的文化自信，而且能够增进全球不同文明的交流互鉴。青少年是遗产教育的重要目标群体。世界遗产大国，如英国、法国等历来重视对青少年的遗产教育，他们培养的不仅是未来的遗产保护实践者，更是未来的遗产保护引领者。长期以来，联合国教科文组织持续推进青少年世界遗产教育①。近些年，国内出现了研学旅行热，博物馆等公共文化场所和旅游的融合发展也为青少年遗产教育提供了契机。浙东运河沿线的研学旅行、博物馆旅游在这一趋势下也得到了很好的发展，各地都推出了以诗路文化为主题的研学旅行产品，众多的博物馆也成为热门旅游地。2023年3月，绍兴被评为"中国研学旅行优秀目的地·标杆城市"，"研学游"已成为绍兴诗路文化保护利用的闪亮品牌。但由于遗产教育是一项系统性的工作，应实现多元教育的目标（教育不应只是为了知识的传达，还应包括价值观、思维方式、态度等内容），未来还需要思考关于系统推进青少年遗产教育的多个问题，例如，遗产教育如何有机嵌入更宏观的教育体系当中；遗产教育在追求与学校教育的衔接、补充或延展的同时，如何才能避免趋同并发挥出自身更独特的社会教育或素质教育式的功能等②。2022年4月，浙江省文化和旅游厅、浙江省教育厅联合印发了《关于进一步推进非物质文化遗产融入现代国民教育体系的实施意见》，对如何在学校开展非物质文化遗产教育进行了宏观规划③。这对于促进诗路文化遗产教育路径的多元化具有重要作用。在当前的环境下，除了通过实践研学交流深化世界遗产教育、将世界遗产教育纳入国民教育体系外，还应充分运用互联网赋能世界遗产教育，以促进世界遗产教育在未来的可持续发展④。

---

① 联合国教科文组织于1994年发起了一项名为"青年参与世界遗产保护和宣传"的特别计划，目的在于使青年人获得更多机会为世界遗产保护积极发声和行动。2004年，在中国苏州举行的第28届世界遗产大会通过了《世界遗产青少年教育苏州宣言》，呼吁与会各国把青少年作为世界遗产保护教育的重点对象。

② 王思渝：《遗产教育的多元可能性》，《自然与文化遗产研究》2023年第1期。

③ 唐西胜：《非物质文化遗产融入中小学教育：意义、机制与路径——以浙江省为例》，《教学月刊·中学版（教学管理）》2022年第2期。

④ 周娟娟、张骏：《青少年世界遗产教育三维空间路径探析》，《宁德师范学院学报（哲学社会科学版）》2022年第3期。

（三）生活性保护：诗路文化"民族精神之家园"

诗路文化来源于生活，也发展和繁荣于生活中，既要做到代代守护、薪火相传，又要做到守正创新、与时俱进，找好与现代生活的连接点，将其充分融入社会生产生活中。这要求对诗路文化进行生活性保护，所谓生活性保护，不是要民众简单地回到过去的生活状态中去，而是要在动态延续发展中，在与民众生活的不断调试中，形成文化遗产与人们生活新的融通关系[①]。在生活性保护之下，诗路文化不应是"养在深闺人未识"的文化遗产，而应当成为"飞入寻常百姓家"的生活元素。"飞入寻常百姓家"意味着诗路文化不再是"高冷"的精英遗产，而应成为"亲民"的生活元素，与人民生活能相互供养，这是冻结化、格式化开发理念所不能实现的。唯如此，诗路文化才能发挥陶冶人民群众美好情操、滋养人民群众生活品格、增强自我身份认同、树立文化自信自强、构建民族精神家园的功能。

---

① 李荣启：《非物质文化遗产生活性保护的理念与方法》，《艺术百家》2016 年第 5 期。

后　记

在中国的历史长河中，浙东运河是一条承载着丰富文化底蕴的人工运河。它有着深厚的历史渊源，为中华文明的发展和繁荣做出了卓越贡献。习近平总书记十分关心大运河文化保护、传承、利用工作，曾先后多次作出重要指示。2023 年 9 月 20 日，习近平总书记考察浙东运河文化园，步行察看浙东运河古运河河道和周边历史文化遗存，作出重要指示，大运河是世界上最长的人工运河，是十分宝贵的文化遗产。大运河文化是中华优秀传统文化的重要组成部分，要在保护、传承、利用上下功夫，让古老大运河焕发时代新风貌。习近平总书记的重要指示，为浙东运河的保护、传承、利用提供了根本遵循。

浙东运河位于浙江省东北部、杭州湾南翼，是中国古代人工挖掘的一条重要运河。浙东运河的开凿，不仅大大缩短了交通运输的时间，进一步改善了农田灌溉的效益，还有效地促进了沿岸城市的经济发展和文化交流，曾为中国南北政治、经济、文化交流做出了巨大的贡献。浙东运河研究是以陈桥驿先生为代表的一代又一代的专家学者呕心沥血的努力成果，无论是为浙东运河"取名"、为大运河"正名"、大运河的保护，还是大运河的申遗，都离不开包括绍兴专家学者在内的社会各界的大力支持和持续关心。

本课题系"浙东运河文化研究"的子课题之一，从 2021 年 8 月填写申报表、搜集资料开始，到2023年9月完成初稿，历时2年，经过课题组全体成员认真研究，通力合作，终于完成《浙东运河诗路文化》一书，本书同时进行了以下三方面的努力探索，同样取得了可喜成果。

第一，努力进行多学科研究。该课题属于自然科学结合人文科学的研究项目。涉及学科包括自然科学的水利史、历史地理、城市学，人文学科的历史学、文学、管理学、经济学等。多学科交叉研究，既能够拓展研究的视野，又能够加大研究的深度，有利于提高研究成果的质量，在无形之中也增加了不同学科之间的整合难度。例如李白《送王屋山人魏万还王屋》诗句"涛卷海门石，云横天际山"，历史学、文学对"海门"、"天际"的解释，可能会局限于"入海口"和"入海口附近山脉"，但从水利史、历史地理的角度研究，就能得出唐代龛山与赭山之间的南大门是钱塘江的入海口，李白诗不仅是钱塘江入海口的最早记载，还为以下提供线索：钱塘江入海口由南大门转入中小门和北大门的历史；从越国时到1999年确认外移至宁波外游山至上海南汇芦潮港连线，延续时间约2500年。从而增强了李白诗句的历史价值和技术价值。

第二，努力进行多文化研究。包括尧舜禹文化、越国文化、孝德文化、梁祝文化、山水文化和诗路文化等，拓展、增强了运河诗路文化的广度、深度和空间。

第三，努力进行创新实践。除上述进行多学科研究外，本课题还致力于以下三方面的创新实践。一是首次提出了"运河诗路文化"这个新的学术概念。现在学界流行认可的运河与诗路关系的学术概念，只有唐诗之路或浙东唐诗之路。唐诗之路以诗人、诗路为主体，运河（包括其他水道及陆道）为载体，两者是主体与载体的关系。而运河诗路文化，以运河文化为母文化，诗路文化为子文化，是母文化与子文化的关系。从目前掌握的资料看，中国大运河的三大组成河段中的隋唐运河与京杭运河，至今还没有提出"运河诗路文化"（以专题学术会议和学术专著为参考）的学术概念，所以本课题提出的"浙东运河诗路文化"是一个从浙东运河文化派生出来的新的子概念，犹如一个呱呱坠地的新生婴儿，需要我们共同来关爱、呵护，帮助它茁壮成长。二是首次进行了从越国"候人兮猗"南音之始，到当代文化旅游线形成的 2500 年浙东运河诗路文化历史的比较系统研究。三是首次提出了"海上诗歌之路"的观点。海上诗路起始于唐代日本空海与侄子圆珍二代高僧，二人分别于贞元二十年（804）、大中七年（853）来大唐求法，他们漂洋过海，留下诗作，与越地诗人结下深厚友谊，形成海上诗路。留存至今的见证这段历史的唐代越州都督府签发的过所（通行证），历尽 1160 多年的岁月沧桑，依然字迹清晰、红印深沉，印证着大唐王朝开放的自信和法典的威严。2023 年 5 月，该过所等唐代相关文献，被联合国科教文组织列入《世界记忆名录》。

在本课题的推进过程中，得到了很多人的关心和指导。一是绍兴市社科联的领导和专家，提供课题经费，指导课题研究；二是绍兴市鉴湖研究会，作为系列课题的承担单位，对本课题的关心、支持和帮助；三是浙江外国语学院大运河国际研究中心和参与老师们的辛勤劳动。

展望未来，浙东运河文化的传承和发展前景充满着无限的潜力。随着大运河国家文化公园建设的不断纵深推进和文旅深度融合的持续发展，浙东运河将有望在未来的交通运输和旅游观光中发挥更大的作用。通过加强海内外文化的交流，浙东运河文化还将有望在国际舞台上展现出更加璀璨的光辉。囿于时间和精力，本研究难免存在不足之处，衷心希望各位专家学者不吝批评与指导。再次感谢。